管子

[唐] 房玄齡 注
[明] 劉 績 補注
劉曉藝 校点

上海古籍出版社

图书在版编目（CIP）数据

管子／（唐）房玄龄注；（明）刘绩补注. —上海：
上海古籍出版社，2015.8（2017.5 重印）
（国学典藏）
ISBN 978-7-5325-7733-0

Ⅰ.①管… Ⅱ.①房… ②刘… Ⅲ.①法家②《管子》
—注释 Ⅳ.①B226.12

中国版本图书馆 CIP 数据核字（2015）第 173244 号

国学典藏

管子

[唐]房玄龄 注
[明]刘 绩 补注

上海世纪出版股份有限公司
上海 古 籍 出 版 社 出版
（上海瑞金二路 272 号　邮政编码 200020）
（1）网址：www.guji.com.cn
（2）E-mail：guji1@guji.com.cn
（3）易文网网址：www.ewen.co
上海世纪出版股份有限公司发行中心发行经销
上海展强印刷有限公司印刷

开本 890×1240　1/32　印张 15.5　插页 5　字数 335,000
2015 年 8 月第 1 版　2017 年 5 月第 3 次印刷
印数：4,151—6,250
ISBN 978-7-5325-7733-0

B·903　定价：39.00 元

如有质量问题，请与承印公司联系

前　言

刘晓艺

　　管仲，名夷吾，春秋时期著名的哲学家、政治家、军事家，辅佐齐桓公九合诸侯，一匡天下，成为一代霸主。他的事迹在《史记》、《左传》、《国语》中都有不少记载，稍晚的孔子更是称赞他"微管仲，吾其被发左衽矣"（《论语·宪问》）。所以，在整个中国历史中，管仲即便算不上圣人，至少也是大贤的形象。而管仲恰恰又有一部《管子》流传后世，为后人研究其思想提供了宝贵的资料。

　　《管子》一书是西汉时期刘向最先加以整理的，据序中所载，刘向当时共得见管子书564篇，删除重复后定为86篇。到后来又亡佚10篇，所以今人所得见的《管子》总计76篇。其内容大致可以分为三类，一是关于施政的对话或案例，主角以齐桓公和管仲为主；二是关于齐桓公、管仲二人的一些经历本事的记载；三是所谓《解》，即针对书中某些篇章作的解读，犹如《韩非子》中的《解老》篇，不过《解老》解的是《老子》，而《管子》的解却是针对其自身的某些篇章内容。

　　《管子》中所提出的治国理政的各种主张，在现存的先秦诸子著作中显得比较丰满而有特色。《汉书·艺文志》将其归入子部道家类，《隋书·经籍志》以后，又将其归入法家类。《管子》其书并非成于一人一时，先秦诸子的门户分野也并非泾渭分明，道家的范本著作当然首推《老子》和《庄子》，但二书在内容上都是以理论思辨为主，看起来和大谈政治实践的《管子》完全不同。但事实上，道家思想并非不能用于政治实践，西汉初年便以黄老之术为治国的基本原则，而道家

· 1 ·

付诸政治实践的津梁，通常正是法家，《韩非子》中有《解老》和《喻老》正能证明这一点，而另一部法家著作《慎子》更是有着鲜明的道家色彩。同样，《管子》中也常常展现出道家的观念，甚至有许多直接引用老子的话。所以，与其去辨析《管子》究竟属于法家还是道家，不如说它是一部主张以道为体、法为用的著作，而管仲也正是先秦诸子中政治实践最为成功、经验最为丰富的一个。

　　然而，《管子》其书之难读，在历史上也是十分著名的，这与该书的形成、流传都有着密切的关系。

　　首先，先秦古籍流传后世的，数量上并不为多，其中又有一部分是被后世列为经书的，如《尚书》、《论语》、《孟子》等。由于两千年来的人为推崇，经书及其相关附件的保存、研究、梳理都相对比较到位，而其他的先秦文献多半是历经了劫火之后，经由西汉刘向等人的整理才流传下来的。然而，在刘向的时代，不仅没有印刷术，甚至他当时所面对的原始文献也多是断编残简，加之先秦的中国文字并不统一，所以刘向所整理出来的最初文本就未必是完美的原文。刘向身后一千馀年，雕版印刷才被普遍用于一般古籍的复制出版，也就是说，所有的先秦古籍都经历了两汉魏晋、六朝唐宋的辗转抄录，这个过程又势必滋生许多谬误。于是，大多数非经书的先秦古籍，在宋以后人看来往往都有可读性差的问题，唯其程度不同而已。如《晏子》、《战国策》、《山海经》等，书中往往存在很多不可理解的文句段落，历来读者和研究者都无可奈何，《管子》也是如此。而这些问题，有先秦文字的古奥所致，但更多的是因为刘向整理时原文献的残缺错乱，或后人转抄时有意或无意的改动。所以，后人虽以宋版书为贵，但对于千年流传的古籍，宋版书的价值也只是在于它所依据的母本更为近古，并不能解决其流传过程中早已形成的种种错误。

　　其次，先秦古籍著述的体例不同于后世，如诸子著作虽题为某人所著，然事实上并非均出自其人之手，这一点自宋以后，到清代已成为学界共识。章学诚《文史通义·诗教上》专以《管子》为说："春秋之时，管子尝有书矣，然载一时之典章政教，则犹周公之有《官礼》也。记管子之言行，则习管氏法者所缀辑，而非管仲所著述也。或谓管仲之书，不当称桓公之谥。阎氏若璩又谓'后人所加，非《管子》之本文'，皆不知古人并无私自著书之事，皆是后人缀辑。"以此而论，即便刘向当初所见是完整无误的所谓《管子》一书，那也只是一部杂成于众手的资料汇编，不仅重复龃龉在所难免，也未必不包含一些辑录者的心得旁批，乃至整段的原创内容——现在我们看到《管子》书中所记齐桓公及管仲本人的身后事，便属此类。

既然如此，辗转传抄了千年之后，多有令人难于索解之处，也就不足为怪了。虽不入经书的行列，但《管子》终究是一部很有价值的著作，而且有十多万字，在先秦古籍中也算体量很大的一种，于是，很自然地便有人为其作注。现在可见最早的《管子注》出于唐代，可是注者究竟是谁，在唐代就已经莫衷一是了。杜佑曾写过《管子指略》，其中提到他所见的《管子注》，称注者是初唐名相房玄龄，但杜佑对此表示怀疑，以为注语浅陋，不像出自房玄龄这样的大家，于是据另一说认定注者为尹知章。尹知章稍晚于房玄龄，也是当时一位很有造诣的学者，曾注过《老子》、《庄子》、《孝经》等多部典籍，仅仅因为"浅陋"而将作注者归为尹知章，恐未必令人信服。对此，清代《四库全书提要》也有专议（见本书附录）。但无论如何，从唐代以来，《管子》是有注的，但注者究竟是谁，有两种不同的说法。据唐代的官方书目，《管子注》有三十卷，到了北宋晁公武的《郡斋读书志》只有24卷，正文也从刘向说的86篇减为76篇，有10篇只剩下标题了。这和我们现在能看到的最早的版本，即宋代杨忱序的刻本是一致的。

到了明代，出现了多种《管子》的版本，但主要分属两个系统。

第一个系统的源头是一种名为《管子补注》的本子，是一个名叫刘绩的人在24卷本的基础上进行加工补注的成果，大约出现于明代弘治年间。但奇怪的是这个刘绩究竟是何人，学界还有不同的意见，据郭沫若考证，史上留名的刘绩有四个，明朝人多以为刘绩是宋以前人，清人则多以为是弘治三年（1490）的江夏进士刘绩——所以民国时卢靖编《湖北先正丛书》将其纳入。至于郭沫若本人则提出这个刘绩是辽代人。无论刘绩究竟是谁，他的《管子补注》在当时曾一度流行，有多种版本存世，其中有朱东光刻《中都四子集》便将其收入，而《湖北先正丛书》所收即据《中都四子集》本影印。

第二个系统的源头是明代万历十年（1582），赵用贤编的丛书《管韩合刻》，收录《管子》、《韩非子》注本各一种。其中的《管子》是以宋代的杨忱序本为基础加以校订，同时吸收了刘绩的成果。这个版本后来居上，成为明清许多翻刻本的祖本，即便是后来编《四库全书》时，也是以之为蓝本进行加工的。

以版本流行情况来看，对于《管子》的研读，是从明代开始的，但正如郭沫若所说："明人嗜好《管子》，但大抵重视其文藻，不脱高头讲章式之恶习，且喜为删节移易，而于校释之业甚疏。"（《管子集校·叙录》）至清代朴学兴起，由于《管子》流传过程中夹杂了许多窜乱讹误，所以大批学者将其视为磨砺小学功力的大好范本，高邮王氏父子、洪颐煊、宋翔凤、丁士涵、俞樾等都相继做了大量的校订辨析工作，或指某处为错简，或以某处为衍文，或称某处为通假，而同时的日本人猪饲彦博、安井衡等也进行了类似的工作。虽然，对于《管子》这样存在着大量断编残简的古籍，这些工作很难彻底将其厘清，而且对于同一个问题，这些不同的学者往往也是各有己见，但必须承认他们的工作对于今人解读《管子》有着重大帮助。今人研究《管子》的两部最重要的整理本，即郭沫若、许维遹、闻一多合著的《管子集校》

和黎翔凤的《管子校注》都将这些成果尽量罗列。

　　然而，似乎从清代开始，学者们都是将精力放在了几近猜谜的训诂工作中，却很少有人去关注《管子》的原始文本。如上所述，流传至今的最早版本是宋代杨忱序本，这个版本后来在《四部丛刊》中得以影印并广为流传。而在此之前，清人以下研究《管子》大多还是依据传自赵用贤的版本，其中浙江书局的刻本在清代晚期最为流行。但是，从杨忱序本到赵用贤《合刻》本，再到浙江书局本，虽递有修正，却是同源的。而同样为《管子》做过很多工作的刘绩本，却因为被赵用贤收入了其成果，致使罕有人注意到它事实上与杨忱序本是不同的来源，无论是对正文还是对房玄龄或尹知章的注文而言，两个版本都有很强的互补性。郭沫若、黎翔凤都仔细研究过《管子》的各种版本，他们都认为二者相较，刘绩本质量稍差。于是，《管子》一书的研究注释，最终形成这样一个面貌，正如《管子集校》所展现的：一句原文之下，往往各家聚讼纷纷，或片言只语，或连篇累牍。比如，杨忱序本《五行篇》"故使为土师"，刘绩本"土"作"工"，注文同为"即司空也"。显然这是一个刘本正确、杨本错误的字。郭沫若和黎翔凤都对此出校，并引俞樾说，证明此字当为"工"。同时郭沫若又出己见，以为既非"土"亦非"工"，而应是"士"；黎翔凤又称"土"较"工"为优。对于深入研究的学者来说，博采众说固然可取，但对一般读者，这实在是繁冗不堪。又如《小问》"桓公与管仲闭门而谋伐莒"处，杨忱本有一段阙文，致使语句明显不通，黎翔凤以为所脱二十七字是赵本妄加，理由是"赵本非别有可据之善本"，然而这一段文字实是刘绩本所有，是否"妄加"固然见仁见智，但加者是刘非赵，黎氏不免微误。至于《管子集校》，同意据补，但并未引原文，许维遹称脱去二十八字，郭沫若承其说也称二十八字，不知是多数一字，还是他们所见本固多一字。读者要想弄清究竟，不去检核三五个版本，终是难以明白原委。

基于前述刊行与研究的现状，《管子》一书事实上并不能做到如唐宋以下一般古籍那样通过注释而使一般读者完全顺畅地阅读。明清以来学者研究《管子》又多以隶属于赵用贤《管韩合刻》本的体系中的版本为依据，虽也有学者将刘绩的《补注》本作为校本使用，但通过比对发现，之所以刘绩《补注》本口碑不佳，是由于一些地方有大段的缺失或错位，或相对密集的错误。然而，刘绩和赵用贤所用的版本应该是不同的，而赵用贤所用，很可能就是杨忱序本，所以也有很多文字出入之处，是刘本明显优于赵本或杨本的，且赵本多有人为臆改的痕迹。如此看来，明清以来对于刘绩的这个版本的关注度是不够的。

现在，《国学典藏》丛书面向普通读者，拟印行横排简体的《管子》。我们取《湖北先正丛书》中的《管子补注》为底本，以杨忱序本（简称杨本）、浙江书局光绪二年（1876）刻本（在赵用贤《管韩合刻》基础上加以修订而得，故简称赵本）为校本，书中文字异同中大量两可或两不可解之处，俱依底本，凡杨忱本于义为长处出校说明，另外少数几处也参考了郭沫若、许维遹、闻一多合著的《管子集校》和黎翔凤的《管子校注》。至于清代以下学者所进行的考据辨析，由于过于繁复，非普及本所应展示，对具体问题有意深入的读者，可另行在郭沫若、黎翔凤两部著作中查询线索。

刘绩《管子补注》的校订稿至今未能得见，本书权作一个阶段性成果；对前人研究《管子》的各种成果的收集整理，郭、黎二书虽收罗颇富，却也并不能遽称为尽善，这个工作又当期待有志于此的学人勉力完成。

目　录

卷第一

牧民第一

国颂　四维　四顺　士经　六亲五法

凡有地牧民者，务在四时，^①守在仓廪。^②国多财则远者来，地举辟则可留处。^③仓廪实则知礼节，衣食足则知荣辱。上服度则六亲固，^④四维张则君令行。故省刑之要，在禁文巧；^⑤守国之度，在饰四维；顺民之经，在明鬼神，祇山川，^⑥敬宗庙，恭祖旧。^⑦不务天时则财不生，不务地利则仓廪不盈。野芜旷则民乃菅，^⑧上无量则民乃妄，文巧不禁则民乃淫，不璋两原则刑乃繁，^⑨不明鬼神则陋民不悟，^⑩不祇山川则威令不闻，^⑪不敬宗庙则民乃上校，^⑫不恭祖旧则孝悌不备，四维不张，国乃灭亡。

右国颂^⑬

①四时，所以生成万物也。

②食者，人之天也。

③举，尽也。言地尽辟，则人留而安居处也。

④服，行也。上行礼度，则六亲各得其所，故能感恩而结固也。

⑤文巧者，刑罚所由生。

⑥鬼神、山川，皆有尊卑之序，故敬明之。

⑦谓恭承先祖之旧法。

⑧菅，当为"奸"。

⑨璋，当为"章"，明也。两原，谓妄之原，上无量也。淫之原，不禁文巧也。能明此法者则刑简。

⑩不悟鬼神有尊卑之异也。

⑪言能登封降禅，祇祀山川，则威令远闻。

⑫校，效也。君无所尊，人亦效之。

⑬颂，容也。谓陈为国之形容。

国有四维，一维绝则倾，二维绝则危，三维绝则覆，四维绝则灭。倾可正也，危可安也，覆可起也，灭不可复错也。何谓四维？一曰礼，二曰义，三曰廉，四曰耻。礼不逾节，义不自进，①廉不蔽恶，②耻不从枉。③故不逾节则上位安，不自进则民无巧诈，不蔽恶则行自全，不从枉则邪事不生。

右四维④

①自进，谓不由荐举也。

②隐蔽其恶，非贞廉也。

③诡随邪枉，无羞之人。

④绩按，维，网罟之纲所以张之者。此四者所以立国，故曰维。

政之所兴，在顺民心；政之所废，在逆民心。民恶忧劳，我佚乐之；民恶贫贱，我富贵之；民恶危坠，我存安之；民恶灭绝，我生育之。能佚乐之，则民为之忧劳；①能富贵之，则民为之贫贱；能存安之，则民为之危坠；能生育之，则民为之灭绝。故刑罚不足以畏其意，杀戮不足以服其心。②故刑罚繁而意不恐，则令不行矣；杀戮众而心不服，则上位危矣。故从其四欲，则远者自亲；行其四恶，则近者叛之。故知予之为取者，政之宝也。③

右四顺

①君于平康，能佚乐人，及其危，人必为之忧劳。下三顺皆然。

②畏意、服心，在于顺其所欲，不在刑罚杀戮。

③谓与之生全，取其死难也。○绩按，予谓佚乐、富贵、存安、生育也，取谓忧劳、贫贱、危坠、灭绝也。

错国于不倾之地，积于不涸之仓，^①藏于不竭之府，下令于流水之原。使民于不争之官，明必死之路，开必得之门。不为不可成，不求不可得，不处不可久，不行不可复。错国于不倾之地者，授有德也；积于不涸之仓者，务五谷也；藏于不竭之府者，养桑麻、育六畜也；下令于流水之原者，令顺民心也；使民于不争之官者，使各为其所长也。^②明必死之路者，严刑罚也；开必得之门者，信庆赏也。不为不可成者，量民力也；不求不可得者，不强民以其所恶也；不处不可久者，不偷取一世也；^③不行不可复者，不欺其民也。^④故授有德则国安，务五谷则食足，养桑麻、育六畜则民富，令顺民心则威令行，使民各为其所长则用备，严刑罚则民远邪，信庆赏则民轻难。量民力则事无不成，不强民以其所恶则诈伪不生，不偷取一世则民无怨心。不欺其民则下亲其上。

右士经^⑤

①涸，竭也。

②各长其所长，则顺而悦，故不争也。○绩按，长，长短之长，谓使之各尽其才能所长，不限量之，则各得所，故不争。

③谓所处必可使百代常行。

④复，重也。欺民之事，不可重行也。

⑤士，事也。经，常也。谓陈事之可以常行者也。

以家为乡，乡不可为也；^①以乡为国，国不可为也；以国为天下，天下不可为也。以家为家，^②以乡为乡，^③以国为国，^④以天下为天下。^⑤毋曰不同生，远者不听；^⑥毋曰不同乡，远者不行；毋曰不同国，远者不从。如地如天，何私何亲，^⑦如日如月，唯君之节，^⑧御民之辔，在上之所贵，^⑨道民之门，在上之所先。^⑩召民之路，在上之所好恶。故君求之则臣得之，^⑪君嗜之则臣食之，^⑫君好之则臣服之，君恶之则臣匿之。^⑬毋蔽汝恶，毋异汝度，^⑭贤者将不汝助。言室满室，言堂满堂，是谓贤王。^⑮城郭沟渠不足以固守，兵甲强力不足以应敌，博地多财不足以有众。^⑯唯有道者能备患于未形也，故祸不萌。^⑰天下不患无臣，患无君以使之；天下不患无财，患无人以分之。^⑱故知时者可立以为长，无私者可置以为政，审于时而察于用而能备官者，可奉以为君也。^⑲缓者后于事，吝于财者失所亲信，小人者失士。^⑳

右六亲五法

①言有家之亲，斥以为乡之疏，必^[1]生怨，故不可为也。下三事同此。

②一亲也。

③二亲也。

④三亲也。

⑤四亲也。

⑥谓家也。言有家之亲，而谓之曰不与汝同家而生，用此以相疏远者必不听。下同此。

⑦五亲也。

⑧六亲也。天地日月，取其耀临，言人君亲下，当如天地日月之无私也。○绩按，乡大于家，言以为家者为乡，则乡必不治，等而上之皆然。故才有大小，而治亦随大小也。故治天下者不拘于同家、同乡、同国，而量如天地日月无私，然后能治天下也。

⑨言人从上之所贵，如马之从辔。

⑩上所先行，人必行之，其从之若由门矣。

⑪君将求之，臣也先索得之也。○绩按，指所贵。

⑫绩按，指所先。

⑬一法也。○绩按，指好恶。

⑭汝，君也。

⑮二法也。言堂室事而令满，取其露见不隐也。○绩按，室在内，堂在外。人君在内言于室，在外言于堂，皆非私曲隐匿，充满堂室，使人人皆知之，无所

---

[1]必，原本误作"心"，据杨本改。

蔽异也。

⑯言城郭、兵甲、博地不足以固守、应敌、有众。其固守、应敌、有众更在有道者也。[1]

⑰三法也。

⑱可以分与财者，贤人也。

⑲四法也。

⑳五法也。

形势第二①   经言二

山高而不崩，则祈羊至矣；渊深而不涸，则沈玉极矣。②天不变其常，地不易其则，春秋冬夏不更其节，古今一也。③蛟龙得水而神可立也，虎豹托幽而威可载也，④风雨无乡而怨怒不及也。⑤贵有以行令，贱有以忘卑，⑥寿夭贫富无徒归也。⑦衔命者，君之尊也；受辞者，名之运也。⑧上无事而民自试，⑨抱蜀不言而庙堂既修。⑩鸿鹄锵锵，唯民歌之。⑪

①自天地以及万物，关诸人事，莫不有形势焉。夫势必因形而立，故形端者势必直，状危者势必倾。触类莫不然，可以一隅而反。○绩按，此注多非。当依后《形势解》自明。

②极，至也。山不崩，渊不涸，兴雨之祥，故羊玉而祈祭。烹羊以祭，故曰祈羊。【补】极，至也。《淮南子》"非积则祸极"注"极"亦解至。又"凤麟极"。沉玉，如汉武帝沉白马、璧玉祭瓠子河。两者皆有大德，为民所爱戴之譬。

③今之天地即古之天地，今之四时即古之四时，故曰古今一也。[2]

④至德处盛位，天下可平。载，行也。

---

[1]此条注语原本脱，据杨本补。
[2]此条注语原本脱，据杨本补。

⑤乡,方也。既无方所,故无从而怨怒也。

⑥贵而行令,令乃行。贱而忘卑,卑可移。

⑦皆有理在焉。

⑧言受君之辞以出命,则名必运。运,行也。○绩按,受辞,谓君出言顺理而民受之无异也。名运,谓名声彰于四方也。

⑨试,用也。

⑩抱,持也。蜀,祠器也。君人者,但抱祠器,以身率导,虽复静默不言,庙堂之政既以修理矣。【补】"蜀"乃"器"字之误书耳。抱者,持也。抱蜀即持器也。所谓祠器者,圭瓒之类,人君所执以临祭者。无言,奏假无言之意,言人君祭于宗庙,惟存诚敬以执圭瓒,无有言说,则神明自然来格,而庙堂享帝享亲之礼已修也,此乃人主垂拱无为而治之譬。

⑪感德化也。

　　济济多士,殷民化之。纣之失也,^①飞蓬之问,不在所宾;燕雀之集,道行不顾。^②牺牷圭璧不足以享鬼神,^③主功有素,宝币奚为?^④羿之道非射也,造父之术非驭也,奚仲之巧非斲削也。^⑤召远者使无为焉,亲近者言无事焉,唯夜行者独有之也。^⑥平原之隰,奚有于高;^⑦大山之隈,奚有于深。^⑧訾讆之人,勿与任大。^⑨譕[1]臣者可与远举,^⑩顾忧者可与致道。^⑪其计也速,而忧在近者,往而勿召也。^⑫举长者,可远见者也。^⑬裁大者,众之所比也。^⑭

①戒纣之失,故化文王。

②蓬飞因风动摇不定,喻二三之声问,明主所不宾敬。燕爵翔集,事之常细也,故行道之人忽而不顾。谓小事非大人所宜知。【补】问,声问也。飞蓬之问,乃飞扬不根之誉也,明主在所必察,不轻信之以为宾客而礼之也。

③鬼神享德,不在圭璧。

④主能立功,可谓有素。有素则诸侯不敢犯,宝玉币帛,何所为乎?

_____

[1]譕,原本误作"无",据杨本改。

⑤羿之射,贵其肆武服戎,不在其落鸟中鹄。造父之驭,贵其军容致远,不在辙迹遍天下也。奚仲之巧,贵其大车以载,不在斲削成光鉴也。○绩按,三子技名世,必有所以致之,非在弓矢、操辔、斲削之末。

⑥远使无为,所以优远方也。亲于近者,贵于恩厚,不在于虚言。夜行谓阴行其德,则人不与之争,故独有之也。

⑦言平隰之泽,虽有小封,不成于高。喻人有大失,小善不成其美。隰,下泽也。

⑧隈,山曲也。言山既大矣,虽有小隈,不成于深。喻人有高行,虽有小过,非不肖也。

⑨訾,毁贤。奮,誉恶也。如此之人,任之则乱大邦也。

⑩言行莫先,谓之譕臣。有大言行者,可与图国之远也。○绩按,譕音无。

⑪顾忧,谓忠事勤臣道。有如此者,可致于道者也。○绩按,顾忧,谓虑后患也。

⑫小人之计,得之虽速,祸败寻至,则忧及之。此人亲近,推之令去,不须召也。

⑬举用长利,众皆见之,故曰"远见"。○绩按,举长则所见不止一方一时。

⑭裁,断也。能断大事,众必比之。

美人之怀,定服而勿厌也。①必得之事不足赖也,必诺之言不足信也。②小谨者不大立,饕食者不肥体。③有无弃之言者,必参之于天地也。④坠岸三仞,人之所大难也,而猿猱饮焉。故曰:伐矜好专,举事之祸也。⑤

①欲令人贵美而怀归者,须安定服行道德,勿有疲厌。

②一人于事,莫为疑动,言必得应诺如此,虚诞者耳,不足赖信也。○绩按,二句释皆非,观解自明。

③言人无弘[1]量,但有小谨,不能大立也。訾,恶言。恶食之人,忧嫌致

---

[1]弘,原本误作"引",据杨本改。

瘠,故不能肥体。○绩按,瘠,疾移切,嫌食而多恶。

④言无可弃,动为法则,若天地之无不容载,故曰参之天地。

⑤猿遇坠岸而能饮,喻智者逢祸而能息也。○绩按,解作蝯、蛫古字同,喻使人器之不求备也。伐矜好专,举事之祸,谓自用则小之弊。经文不应有"故曰",此二字疑衍。

不行其野,不违其马,^①能予而无取者,天地之配也。^②怠倦者不及,^③无广者疑神。神者在内,不及者在门。^④在内者将假,在门者将待。^⑤曙戒勿怠,后稚逢殃。^⑥朝忘其事,夕失其功。邪气袭内,正色乃衰。君不君则臣不臣,父不父则子不子。上失其位,则下逾其节。上下不和,令乃不行。衣冠不整则宾者不肃,进退无仪则政令不行,且怀且威则君道备矣。

①马有识道之性,不违马而自得涂。喻未经其事,问其所经。○绩按,喻养民于无事时。

②天地施生,不求所报,与而不取,可以配天地也。○绩按,言以一人养天下,不以天下养一人也。

③倦怠之人,触涂废滞,故多不及。

④无得以己及不及,疑神不神。神虽无形,常在于内,故曰在内也。不及外见,故曰在门也。

⑤将假,谓神将借己也。待,谓须自厉以待。○绩按,言人懈惰者不能及时成事,故曰"不及"。操要者忽然成事,故曰"疑神"。若能审内外,能立操要之神,则懈惰不及者亦从而能矣。假,至也。

⑥每曙而戒,所以戒此日之事以待也。曙戒,戒勿为倦怠也。

莫乐之则莫哀之,^①莫生之则莫死之。^②往者不至,来者不极。^③道之所言者,一也,而用之者异。^④有闻道而好为家者,一家之人也;^⑤有闻道而好为乡者,一乡之人也;有闻道而好为国者,一国之人也;有闻道而好为天下者,天下之人也;^⑥有闻道而好定万物者，天下之配也。⑦

①常能乐人，及其有难，人必哀之也。

②常能生人，及其有危，人必死之。

③此往不至，则彼来意不极也。

④道之所言，其理本一，但用之不同，其事遂异也。

⑤虽闻道，但好理家，此但一家之人耳。言无广远。

⑥此亦仁者见之谓之仁，智者见之谓之智也。

⑦此则君子体斯道也。

道往者其人莫来，道来者其人莫往。道之所设，身之化也。①持满者与天，安危者与人。失天之度，虽满必涸；上下不和，虽安必危。②欲王天下而失天之道，天下不可得而王也。得天之道，其事若自然；失天之道，虽立不安。其道既得，莫知其为之；其功既成，莫知其释之。藏之无形，天之道也。疑今者察之古，不知来者视之往。万事之任也，异趣而同归，古今一也。

①道者，均彼我，忘是非，故无来往之体。然道之所设，身必与之化也。○绩按，道往莫来，道来莫往，谓人从上所好。

②能持满者则与天合，能安危者则与人合。不合于天，虽满必涸；不合于人，虽安必危。

生栋覆屋，怨怒不及。弱子下瓦，慈母操箠。①天道之极，远者自亲；②人事之起，近亲造怨。③万物之于人也，无私近也，无私远也。④巧者有馀，而拙者不足。⑤其功顺天者天助之，其功逆天者天违之。天之所助，虽小必大；天之所违，虽成必败。顺天者有其功，逆天者怀其凶，不可复振也。乌鸟之狡，虽善不亲。⑥不重之结，虽固必解。

①言人以生栋造舍，虽至覆屋，但自咎而已，不敢怨及他人。至弱子下瓦，所损不多，慈母便操箠而怒之。喻人主过由己作，虽大而吞声；过发他人，

虽小而振怒也。【补】无心之覆，所覆虽大不怨怒，以生栋无心也。有心之下，所下虽小辄操棰，即庄子虚舟之譬。故下云天道之极。怨怒不及，不及栋也。注非。

②天道平分，远近无二，故远者自亲也。

③人事则爱恶相攻，故有近亲造怨也。○绩按，出于理曰天道，出于欲曰人事。

④动物则有识而无知，植物则有生而无识，故于人也，无私远近。

⑤万物既无私于人，故巧者用之有馀，拙者用之不足。

⑥狡，谓猜也。言乌鸟之性多猜，初虽相善，后终不亲。○绩按，当依解作"乌集之交"。

道之用也，贵其重也。毋与不可，毋强不能，毋告不知。与不可，强不能，告不知，谓之劳而无功。见与之友，几于不亲；①见哀之役，几于不结。②见施之德，几于不报。③四方所归，心行者也。④独王之国，劳而多祸。⑤独国之君，卑而不威。自媒之女，丑而不信。未之见而亲焉，可以往矣。⑥久而不忘焉，可以来矣。日月不明，天不易也。山高而不见，地不易也。⑦言而不可复者，君不言也；行而不可再者，君不行也。⑧凡言而不可复，行而不可再者，有国者之大禁也。

①见，谓不忘而恃之也。与，亲与也。

②役而哀之，虽有恻然，见而不忘，故彼不结也。○绩按，当依解作"见爱之交"。

③虽有恩施之德，然见而不忘，故彼不报也。

④心行能不见，则四方归之。

⑤独王，谓无四邻之援也。○绩按，当依解作"独任之国"。

⑥未见而亲，亲必无终，故可往矣。

⑦日月无不明，假令不明，是天有云气而不易也。山高无不见，假令不见，是地多险阻不平易也。

⑧谓臣有忠言,不可复言者,则由君不言故也。臣有善行,不可再行者,则由君不行故也。○绩按,注非,观解自明。

权修第三①   经言三

万乘之国,兵不可以无主;②土地博大,野不可以无吏;③百姓殷众,官不可以无长;④操民之命,朝不可以无政。地博而国贫者,野不辟也;民众而兵弱者,民无取也。⑤故末产不禁则野不辟,赏罚不信则民无取。野不辟,民无取,外不可以应敌,内不可以固守,故曰:有万乘之号而无千乘之用,而求权之无轻,不可得也。⑥

①权者,所以知轻重也。君人者,必知事之轻重,然后国可为,故须修权。

②无所主,则无所统一也。[1]

③无吏,则不厉于垦辟。

④无长,则无所禀命也。

⑤兵无主,故无所取则。

⑥国号万乘,及其兵用不备于千乘,如此者,权必自轻也。

地辟而国贫者,舟舆饰,台榭广也。赏罚信而兵弱者,轻用众,使民劳也。舟车饰,台榭广,则赋敛厚矣。轻用众,使民劳,则民力竭矣。赋敛厚则下怨上矣,民力竭则令不行矣。下怨上,令不行,而求敌之勿谋己,不可得也。

欲为天下者,必重用其国。欲为其国者,必重用其民。欲为其民者,必重尽其民力。①无以畜之,则往而不可止也;②无以牧

---

[1]此条注语原本脱,据杨本补。

之，则处而不可使也。③远人至而不去，则有以畜之也；民众而可一，则有以牧之也。

①重为矜惜之也。

②往，谓亡去也。

③人虽留处，无畜牧之道，故不可使也。

见其可也，喜之有徵；①见其不可也，恶之有刑。赏罚信于其所见，虽其所不见，其敢为之乎？②见其可也，喜之无徵；见其不可也，恶之无刑。赏罚不信于其所见，而求其所不见之为之化，不可得也。

①徵，验也。必有恩锡以验之，见喜无空然矣。

②所见之处，赏罚既信，则所不见，惧而从教，不敢为非。

厚爱利足以亲之，明智礼足以教之。上身服以先之，①审度量以闲之，②乡置师以说道之，然后申之以宪令，劝之以庆赏，振之以刑罚，③故百姓皆说为善，则暴乱之行无由至矣。

①服，行也。凡所欲教人，在上必身自行之，所以率先于下也。[1]

②所以防闲其奸伪也。[2]

③振，整也。

地之生财有时，民之用力有倦，而人君之欲无穷。以有时与有倦，养无穷之君，而度量不生于其间，①则上下相疾也。②是以臣有弑其君，子有杀其父者矣。故取于民有度，用之有止，国虽小必安。取于民无度，用之不止，国虽大必危。地之不辟者，非吾地也；民之不牧者，非吾民也。

①度量不生，则赋役无限也。

---

[1]"凡所……下也"十九字原本脱，据杨本补。

[2]注语②、③原本脱，据杨本补。

②上疾下之不供,下疾上之无穷。

　　凡牧民者，以其所积者食之，不可不审也。其积多者其食多，其积寡者其食寡，无积者不食。或有积而不食者，则民离上；有积多而食寡者，则民不力；其积寡而食多者，则民多诈；有无积而徒食者，则民偷幸。故离上、不力、多诈、偷幸，举事不成，应敌不用。故曰：察能授官，班禄赐予，使民之机也。

　　野与市争民，^①家与府争货，^②金与粟争贵，^③乡与朝争治。^④故野不积草，农事先也；府不积货，藏于民也；市不成肆，家用足也；朝不合众，乡分治也。^⑤故野不积草、府不积货、市不成肆、朝不合众，治之至也。人情不二，故民情可得而御也。审其所好恶，则其长短可知也；观其交游，则其贤不肖可察。二者不失，则民能可得而官也。^⑥地之守在城，城之守在兵，兵之守在人，人之守在粟。故地不辟则城不固。有身不治，奚待于人？^⑦有人不治，奚待于家？有家不治，奚待于乡？有乡不治，奚待于国？有国不治，奚待于天下？天下者，国之本也；国者，乡之本也；乡者，家之本也；家者，人之本也；人者，身之本也；身者，治之本也。故上不好本事，则末产不禁；末产不禁，民则缓于时事而轻地利；轻地利而求田野之辟、仓廪之实，不可得也。

　　①民务本业,则野与市争民。

　　②下务藏积,则家与府争货。

　　③所宝惟谷,故金与粟争贵。

　　④官各务其职,故乡与朝争治。

　　⑤【补】所谓制国,以二十一乡分国以为五乡之谓也。

　　⑥二者,谓好恶、交游也。[1]【补】二者,贤不肖能察。

---

[1]此条注语原本脱,据杨本补。

⑦待,谓将治之。言身既不能自治,则无以治人也。[1]

商贾在朝则货财上流,①妇言人事则赏罚不信,②男女无别则民无廉耻。货财上流,赏罚不信,民无廉耻,而求百姓之安难、兵士之死节,不可得也。

①若桓、灵之卖官也。[2]

②妇者,所以休其蚕织,此之不为,辄言人事,妇人之性险波,故赏罚不信矣。

朝庭不肃,贵贱不明,长幼不分,度量不审,衣服无等,上下凌节,而求百姓之尊主政令,不可得也。

上好诈谋间欺臣下,①赋敛竞得,使民偷一,②则百姓疾怨,而求下之亲上,不可得也。

①间,隔也。有所隔碍而欺诳也。

②偷取一时之快。

有地不务本事,①君国不能一民,而求宗庙社稷之无危,不可得也。

①本事谓农。

上恃龟筮,好用巫医,则鬼神骤祟。故功之不立,名之不章,为之患者三:①有独主者,②有贫贱者,有日不足者。③一年之计莫如树谷,十年之计莫如树木,终身之计莫如树人。④一树一获者,谷也;一树十获者,木也;⑤一树百获者,人也。⑥我苟种之,如神用之。⑦举事如神,唯王之门。⑧

①苟功不立、名不章,必为三患,谓独王、贫贱、日不足是也。

[1]此条注语原本脱,据杨本补。
[2]注语①、②原本脱,据杨本补。

②谓无党也。

③有日不足之费也。

④树人，谓济我而立之。

⑤果木过十年渐就枯悴，故曰"十获"也。

⑥人有百年之寿，虽使无百年，子孙亦有嗣之而报德者，故曰百获也。

⑦一种百获，近识者莫能测其由，故曰"如神用"也。

⑧王者贵神道设教也。

凡牧民者，使士无邪行，女无淫事。士无邪行，教也；女无淫事，训也。教训成俗而刑罚省，数也。①凡牧民者，欲民之正也。欲民之正，则微邪不可不禁也。微邪者，大邪之所生也。微邪不禁，而求大邪之无伤国，不得也。凡牧民者，欲民之有礼也。欲民之有礼，则小礼不可不谨也。小礼不谨于国，而求百姓之行大礼，不可得也。凡牧民者，欲民之有义也。欲民之有义，则小义不可不行也。小义不行于国，而求百姓之行大义，不可得也。凡牧民者，欲民之有廉也。欲民之有廉，则小廉不可不修也。小廉不修于国，而求百姓之行大廉，不可得也。凡牧民者，欲民之有耻也。欲民之有耻，则小耻不可不饰也。小耻不饰于国，而求百姓之行大耻，不可得也。凡牧民者，欲民之修小礼、行小义、饰小廉、谨小耻、禁微邪，此厉民之道也。民之修小礼、行小义、饰小廉、谨小耻、禁微邪，治之本也。

①所角反。[1]

凡牧民者，欲民之可御也。欲民之可御，则法不可不审。法者，将立朝廷者也。将立朝廷者，则爵服不可不贵也。爵服加于不义，则民贱其爵服。民贱其爵服，则人主不尊。人主不尊，则令不行矣。法者，将用民力者也。将用民力者，则禄赏不可不

---

[1]此条注语原本脱，据杨本补。

重也。禄赏加于无功，则民轻其禄赏。民轻其禄赏，则上无以劝民。上无以劝民，则令不行矣。法者，将用民能者也。将用民能者，则授官不可不审也。授官不审，则民间其治。民间其治，则理不上通。理不上通，则下怨其上。下怨其上，则令不行矣。法者，将用民之死命者也。用民之死命者，则刑罚不可不审也。刑罚不审，则有辟就。有辟就，则杀不辜而赦有罪。杀不辜而赦有罪，则国不免于贼臣矣。故夫爵服贱、禄赏轻、民间其治、贼臣首难，此谓败国之教也。

立政第四 经言四

三本 四固 五事 首宪 首事 省官 服制 九败 七观

国之所以治乱者三，杀戮刑罚不足用也。①国之所以安危者四，城郭险阻不足守也。②国之所以富贫者五，轻税租、薄赋敛不足恃也。③治国有三本，而安国有四固，而富国有五事。五事，五经也。④

①三，谓三本也，谓治乱法各有三也。

②四，谓四固。

③五，谓五事。

④自三本已上总其目。

君之所审者三：一曰德不当其位，二曰功不当其禄，三曰能不当其官。此三本者，治乱之原也。故国有德义未明于朝者，则不可加于尊位；功力未见于国者，则不可授与重禄；临事不信于民者，则不可使任大官。故德厚而位卑者谓之过，德薄而位尊者谓之失。宁过于君子，而毋失于小人。过于君子，其为怨浅；失于小人，其为祸深。是故国有德义未明于朝，而处尊位者，则良臣不进；有功力未见于国，而有重禄者，则劳臣不劝；有临事不信于民，而任大官者，则材臣不用。三本者审，则下不敢求。三本者不审，则邪臣上通，而便辟制威，如此则明塞于上而治壅于下，正道捐弃而邪事日长。三本者审，则便辟无威于国，道涂无行禽，①疏远无蔽狱，孤寡无隐治。故曰：刑省治寡，朝不合众。

①无禽兽之行。

右三本

君之所慎者四：一曰大德不至仁，不可以授国柄。①二曰见贤不能让，不可与尊位。三曰罚避亲贵，不可使主兵。四曰[1]不好本事，不务地利而轻赋敛，不可与都邑。此四务者，安危之本也。故曰，卿相不得众，国之危也；大臣不和同，国之危也；兵主不足畏，国之危也；民不怀其产，国之危也。故大德至仁，则操国得众；见贤能让，则大臣和同；罚不避亲贵，则威行于邻敌；好本事，务地利，重赋敛，则民怀其产。

右四固

①德虽大而仁不至，或包藏祸心，故不可授国柄。

君之所务者五：一曰山泽不救于火，草木不殖于成，国之贫也。二曰沟渎不遂于隘，障水不安其藏，国之贫也。三曰桑麻不殖于野，五谷不宜其地，国之贫也。四曰六畜不育于家，瓜瓠荤菜百果不备具，国之贫也。五曰工事竞于刻镂，女事繁于文章，国之贫也。故曰，山泽救于火，草木殖成，国之富也；沟渎遂于隘，障水安其藏，国之富也；桑麻殖于野，五谷宜其地，国之富也；六畜育于家，瓜瓠荤菜百果备具，国之富也；工事无刻镂，女事无文章，国之富也。

右五事

---

[1]曰，原本误作"者"，据杨本改。

分国以为五乡，乡为之师。分乡以为五州，州为之长。分州以为十里，里为之尉。分里以为十游，游为之宗。十家为什，五家为伍，什伍皆有长焉。筑障塞匿，^①一道路，博出入，审闾闬，慎筦键。筦藏于里尉，置闾有司，以时开闭。闾有司观出入者，以复于里尉。^②凡出入不时，衣服不中，圈属^③群徒^④不顺于常者，闾有司见之，复无时。若在长家子弟、臣妾、属役、宾客，则里尉以谯于游宗，^⑤游宗以谯于什伍，什伍以谯于长家。谯敬而勿复，^⑥一再则宥，三则不赦。凡孝悌、忠信、贤良、隽材，若在长家子弟、臣妾、属役、宾客，则什伍以复于游宗，游宗以复于里尉，里尉以复于州长，州长以计于乡师，^⑦乡师以著于士师。^⑧凡过党，其在家属，及于长家。^⑨其在长家，及于什伍之长。其在什伍之长，及于游宗。其在游宗，及于里尉。其在里尉，及于州长。其在州长，及于乡师。其在乡师，及于士师。三月一复，六月一计，十二月一著。凡上贤不过等，^⑩使能不兼官，罚有罪不独及，^⑪赏有功不专与。孟春之朝，君自听朝，论爵赏校官，终五日。季冬之夕，君自听朝，论罚罪刑杀，亦终五日。正月之朔，百吏在朝，君乃出令布宪于国。^⑫五乡之师，五属大夫，皆受宪于太史。大朝之日，五乡之师，五属大夫，皆自习宪于君前。太史既布宪，入籍于太府，^⑬宪籍分于君前。五乡之师出朝，遂于乡官，致于乡属，及于游宗，皆受宪。^⑭宪既布，乃反致令焉。^⑮然后敢就舍。宪未布，令未致，不敢就舍，就舍谓之留令，死罪不赦。五属大夫，皆以行车朝，出朝不敢就舍，遂行。至都之日，^⑯遂于庙，致属吏，皆受宪。宪既布，乃发使者，致令以布宪之日，蚤晏之时。宪既布，使者已发，然后敢就舍。宪未布，使者未发，不敢就舍。就舍谓之留令，罪死^[1]不赦。宪既布，有不行宪者，谓之不从令，罪死不赦。考宪而有不合于太

---

[1]罪死，原本误作"死罪"，据杨本改。

府之籍者，侈曰专制，⑰不足曰亏令，⑱罪死不赦。首宪既布，⑲然后可以布宪。⑳

右首宪

①匿，隐。

②复，白。

③羊豕之类也。

④众作役也。

⑤【补】谯，责让也。《史记》"有过失不谯让"注云："责让也。"

⑥既谯，能敬而从命，无事可白，则是教令行。[1]

⑦【补】计，即考计、上计之计，考课之谓也。

⑧【补】著，标著也。使俦曹署著其名。

⑨【补】及，坐及也。

⑩谓上贤虽才用绝伦，无得过其劳级。[2]

⑪罪必有首从及党与也。[3]

⑫【补】宪，法也，悬之象魏者。刘向《新序》："书宪书教品。"

⑬入籍者，入取籍于太府也。[4]

⑭宪所以察时令，籍所以视功过。

⑮致令于君。

⑯五属之都。

⑰绩按，谓增之。

⑱绩按，谓损之。

⑲岁朝之宪。

⑳宪，谓月朝之宪。

凡将举事，令必先出，曰事将为，其赏罚之数必先明之，立

---

[1] 此条注语原本脱，据杨本补。
[2] 此条注语原本脱，据杨本补。
[3] 此条注语原本脱，又原本"及"与"赏"误乙，于义不通，均据杨本补改。
[4] 注语⑬至⑮原本脱，据杨本补。

事者谨守令以行赏罚。计事致令,复赏罚之所加。有不合于令之所谓者,虽有功利,则谓之专制,罪死不赦。首事既布,然后可以举事。

右首事

修火宪,敬山泽林薮积草。[1]夫财之所出,以时禁发焉。使民于宫室之用,薪蒸之所积,虞师之事也。决水潦,通沟渎,修障防,安水藏,使时水虽过度,无害于五谷,岁虽凶旱,有所粉获,司空之事也。[2]相高下,视肥硗,观地宜,明诏期前后,农夫以时钧修焉,使五谷桑麻皆安其处,由田之事也。行乡里,视宫室,观树蓺,简六畜,以时钧修焉,劝免百姓,使力作毋偷,怀乐家室,重去乡里,乡师之事也。论百工,审时事,辩功苦,上完利,监一五乡,以时钧修焉,使刻镂文采毋敢造于乡,工师之事也。

右省官

①绩按,敬,同"儆",戒也。
②绩按,粉,扶问切,亦获也。

度爵而制服,量禄而用财。饮食有量,衣服有制,宫室有度,六畜人徒有数,舟车陈器有禁。修生则有轩冕、服位、谷禄、田宅之分,死则有棺椁、绞衾、圹垄之度。虽有贤身贵体,毋其爵不敢服其服;虽有富家多资,毋其禄不敢用其财。天子服文有章,而夫人不敢以燕以飨庙。将军[1]大夫以朝,官吏以命,士止于带缘。散民不敢服杂采,百工商贾不得服长鬈貂,[2]刑馀戮民不敢服絻,[3]不敢畜连乘车。

右服制

①绩按,此有缺文误字。
②绩按,鬈音权。《记》云:"燕则鬈首。"注:"分发为鬈紒。"
③一本作"丝"。

寝兵之说胜，则险阻不守；①兼爱之说胜，则士卒不战；②全生之说胜，则廉耻不立；③私议自贵之说胜，则上令不行；群徒比周之说胜，则贤不肖不分；金玉货财之说胜，则爵服下流；观乐玩好之说胜，则奸民在上位；④请谒任举之说胜，则绳墨不正；谄谀饰过之说胜，则巧佞者用。

右九败

①言事者竞陈寝兵，其说见用而得胜，则武术必偃，虽有险阻，不能守矣。[1]

②兼爱之说胜，则徐偃弱而行仁，宋襄惑而慕古也。

③全生之说胜，则王孙自奉千金，何侯日食一万。

④观乐玩好之说胜，则费仲以奉奇异而居显位，董贤以柔曼而处朝谒也。

期而致，使而往，百姓舍己，以上为心者，教之所期也；始于不足见，终于不足及，一人服之，万人从之，训之所期也；①未之令而为，未之使而往，上不加勉而民自尽竭，俗之所期也；②好恶形于心，百姓化于下，罚未行而民畏恐，赏未加而民劝勉，诚信之所期也；③为而无害，成而不议，得而莫之能争，天道之所期也；④为之而成，求之而得，上之所欲，小大必举，事之所期也；令则行，禁则止，宪之所及，俗之所被，⑤如百体之从心，政之所期也。

右七观

①谓君将行令，始独发于心，故不足见。终则功成事遂，故不可及也。

②君既尽心于俗，所以能期于此也。

③君之好恶才形于心，百姓已化于天下。

④君能奉顺天道，所以能期于此。

⑤被，合也。谓俗与宪合。

---

[1]此条注语原本脱，据杨本补。

乘马第五 经言五

立国　大数　阴阳　爵位　务市事　士农工商　圣人　失时　地里

　　凡立国都，非于太山之下，必于广川之上，高毋近旱而水用足，下毋近水而沟防省，因天材，就地利，故城郭不必中规矩，道路不必中准绳。

右立国

　　无为者帝，为而无以为者王，为而不贵者霸。不自以为所贵，则君道也。贵而不过度，则臣道也。

右大数

　　地者，政之本也。①朝者，义之理也。②市者，货之准也。③黄金者，用之量也。诸侯之地，千乘之国者，器之制也。五者其理可知也，为之有道。

①政从地生。
②义因朝起。
③市所以准货。

　　地者政之本也，是故地可以正政也。①地不平均和调，则政不可正也，②政不正则事不可理也。春秋冬夏，阴阳之推移也。③时之短长，阴阳之利用也。④日夜之易，阴阳之化也。⑤然则阴阳正矣，虽不正，有馀不可损，不足不可益也。⑥天地莫之能益也。⑦然则可以正政者，地也，故不可不正也。正地者，其实必正，长亦正，短亦正，小亦正，大亦正。长短小大尽正。正不正则官不理，⑧官不理则事不治，事不治则货不多。是故何以知货之多也？曰事治。何以知事之治也？曰货多。货多事治，则所求于天下者寡矣，为之有道。

右阴阳⑨

①地平可以正政。

②不均平和调,则地利或几于息,故不可正政也。

③夏秋推阳以生阴,冬春推阴以生阳。

④必长短相摩,然后成阴阳之用也。

⑤昼热夜寒,交易其气,此阴阳之化也。

⑥假令时有盈缩不正,则百六之运数当然也。虽有尧汤之圣,不能免之,故不可损益也。

⑦天地亦准阴阳,不可损益也。

⑧谓天地之正不正,官不可得理。

⑨绩按,此释地者政之本也。

朝者,义之理也。是故爵位正而民不怨,民不怨则不乱,然后义可理。理不正则不可以治,而不可不理也。故一国之人不可以皆贵,皆贵则事不成而国不利也。①为事之不成,国之不利也。使无贵者,则民不能自理也。是故辨于爵列之尊卑,则知先后之序、贵贱之义矣,为之有道。

右爵位②

①皆贵则无为事者,故事不成也。

②绩按,此释"朝者,义之理也"。

市者,货之准也。是故百货贱则百利不得,①百利不得则百事治,百事治则百用节矣。是故事者生于虑,②成于务,③失于傲。④不虑则不生,不务则不成,不傲则不失。故曰:市者可以知治乱,可以知多寡,而不能为多寡,为之有道。

右务市事⑤

①谓不得过常之利也。

②谋虑则事生也。

③专务则事成也。

④轻傲则失事也。

⑤绩按，此释市者货之准也。

黄金者，用之量也。辨于黄金之理，则知侈俭，知侈俭则百用节矣。故俭则伤事，侈则伤货。俭则金贱，金贱则事不成，故伤事。侈则金贵，金贵则货贱，故伤货。货尽而后知不足，是不知量也。事已而后知货之有馀，是不知节也。不知量，不知节，不可谓之有道。①

①绩按，此释黄金者用之量也。

天下乘马服牛，而任之轻重有制。有一宿之行，①道之远近有数矣。是知诸侯之地，千乘之国者，所以知地之小大也，所以知任之轻重也。重而后损之，是不知任也。轻而后益之，是不知器也。不知任，不知器，不可谓之有道。②

①一宿有定准，则百宿可知也。

②绩按，此释诸侯之地千乘之国器之制也。

地之不可食者，山之无木者，百而当一。涸泽，百而当一。地之无草木者，百而当一。樊棘杂处，民不得入焉，百而当一。薮，镰缠得入焉，九而当一。①蔓山，其木可以为材，可以为轴，斤斧得入焉，九而当一。泛山，其木可以为棺，可以为车，斤斧得入焉，十而当一。流水，网罟得入焉，五当一。林，其木可以为棺，可以为车，斤斧得入焉，五而当一。泽，网罟得入焉，五而当一。命之曰地均，以实数。②方六里命之曰暴，五暴命之曰部，五部命之曰聚。聚者有市，无市则民乏。五聚命之曰某乡，四乡命之曰方，官制也。官成而立邑，五家而伍，十家而连，五连而暴，五暴而长，命之曰某乡，四乡命之曰都，邑制也。邑成而制事。四聚为一离，五离为一制，五制为一田，二田为一夫，二夫为一家，事制也。事成而制器。方六里为一乘之地也，一乘者，四马也。一马，其甲七，其蔽五，^③四乘，其甲二十有八，其蔽二十，白徒三十人奉车两，器制也。^④

①绩按，镰，刈割器。缠，捆缚索。

②绩按，此一节言土地。就中论不可食者而除之，纪其可食之实，不可徒论广狭也。

③蔽，所以护车马。

④绩按，此一节言官邑事器之制。

方六里，一乘之地也。方一里，九夫之田也。黄金一镒，百乘一宿之尽也。无金则用其绢，季绢三十三，制当一镒。^①无绢则用其布，经暴布百两当一镒。一镒之金，食百乘之一宿，则所市之地六步一斗，^②命之曰中岁，有市、无市则民不乏矣。方六里名之曰社，有邑焉，名之曰央，亦关市之赋。^③黄金百镒为一箧，其货一谷宠为十箧。^④其商苟在市者三十人，其正月、十二月黄金一镒，命之曰正分。春曰书比，立夏曰月程，秋曰大稽，与民数得亡。三岁修封，五岁修界，十岁更制，经正也。^⑤

①三等，其下者曰季。【补】季绢，细绢也。暴布，白布也。

②一本作"一升"。

③命出关市之赋。

④宠音笼。

⑤绩按，此节言既立制而遂定赋也。

十仞见水不大潦，^①五尺见水不大旱，十一仞见水轻征，^②十分去二三，^③二则去三四，^④四则去四，^⑤五则去半，比之于山，五尺见水，^⑥十分去一，四则去三，^⑦三则去二，二则去一，二尺而见水，比之于泽。^⑧

①大潦,一本作"大续",继也,预贮水也。

②征,税也。

③谓去十仞之二三。

④谓去十仞之三。

⑤谓去十仞之四。

⑥言平地五仞见水,同于山五尺见水。

⑦八尺曰仞。分九仞,则屈每分有二仞二尺,去其三,则馀有一丈八尺。

⑧绩按,言地高则难涝,故曰十仞见水不大涝。地低则难旱,故曰五尺见水不大旱。当涝之时,若高亢地十一仞见水,则常征十分中免二三分,十二仞见水则免三四分,十四仞见水则免四分,十五仞见水则免五分,以其极高难灌溉,可以比于山也。当旱之时,若污下地五尺见水,则常征十分免四分,四尺见水则免三分,三尺见水则免二分,二尺见水则免一分,以其极低易灌溉,可以比于泽也。十分去一,当作"十分去四",乃字之误也。

距国门以外,穷四竟之内,丈夫二犁,童五尺一犁,以为三日之功。正月令农始作,服于公田,农耕。及雪释,耕始焉,芸卒焉。士闻见博学意察,而不为君臣者,与功而不与分焉。①贾知贾之贵贱,日至于市而不为官贾者,与功而不与分焉。工治容貌功能,日至于市,而不为官工者,与功而不与分焉。②不可使而为工,则视货离之实而出夫粟,是故智者知之,愚者不知,不可以教民。③巧者能之,拙者不能,不可以教民。④非一令而民服之也,不可以为大善。非夫人能之也,不可以为大功。是故非诚贾不得食于贾,非诚工不得食于工,非诚农不得食于农,非信士不得立于朝。是故官虚而莫敢为之请,君有珍车珍甲而莫之敢有。君举事,臣不敢诬其所不能。君知臣,臣亦知君知己也,故臣莫敢不竭力,俱操其诚以来。

①此人学以为君之臣也,然以高尚其事而不为。若此者,预食农收之功,

而不受力作之分也。

②绩按,此言士贾工,虽习其业,不在官者,正月亦与耕公田三日,借民力以尽地利也。

③教民必以有智者。

④教人为工,必以巧者,欲令愚智之仁尽晓知之,然后可以教人也。○绩按,此言教人当使知愚皆知,巧拙皆能。

道曰:均地分力,使民知时也。民乃知时日之蚤晏,日月之不足,饥寒之至于身也。是故夜寝蚤起,父子兄弟不忘其功,为而不倦,民不惮劳苦。故不均之为恶也,地利不可竭,民力不可殚,不告之以时而民不知,不道之以事而民不为,与之分货则民知得正矣。审其分则民尽力矣,是故不使而父子兄弟不忘其功。

*右士农工商*①

①绩按,此篇言均地、立制、定赋之法,率民尽地力,终之以人君出令之事,末又言均地分力,使民知时,为下三节之纲。谓之士农工商,不知何说也。

圣人之所以为圣人者,善分民也。①圣人不能分民,则犹百姓也,于己不足,安得名圣?②是故有事则用,③无事则归之于民,④唯圣人为善托业于民。⑤民之生也辟则愚,⑥闭则类,⑦上为一,下为二。⑧

*右圣人*⑨

①善令人知分,故名为圣人。

②不能令人知分,则己尚不足,何名为圣人?

③用谓人也。

④谓令人退归而居也。

⑤谓托人以成功业也。

⑥纵其淫辟,则昏愚也。

⑦类,善也。闭其淫辟则自善。

⑧下之效上,必倍之也。

⑨绩按,此释上分力,非言圣人也。

时之处事精矣,不可藏而舍也。①故曰：今日不为,明日亡货。②昔之日已往而不来矣。③

右失时④

①时至则为之,不可藏而舍息也。

②言不为则失时。

③言日既往,不还来也。

④绩按,此释上使民知时。

上地方八十里,万室之国一,千室之都四。中地方百里,万室之国一,千室之都四。下地方百二十里,万室之国一,千室之都四。以上地方八十里,与下地方百二十里,通于中地方百里。

右地里①

①绩按,此释上均地。

卷第二

七法第六①

四伤　百匿　为兵之数　选陈

　　言是而不能立，言非而不能废，②有功而不能赏，有罪而不能诛，若是而能治民者，未之有也。是必立，非必废，有功必赏，有罪必诛，若是安治矣，未也。③是何也？曰：形势器械未具，犹之不治也。形势器械具，四者备，治矣，④不能治其民而能强其兵者，未之有也。⑤能治其民矣，而不明于为兵之数，犹之不可，⑥不能强其兵，而能必胜敌国者，未之有也。能强其兵，而不明于胜敌国之理，犹之不胜也，⑦兵不必胜敌国，而能正天下者，未之有也。兵必胜敌国矣，而不明正天下之分，犹之不可。故曰：治民有器，为兵有数，胜敌国有理，正天下有分。⑧则、象、法、化、决塞、心术、计数，⑨根天地之气，寒暑之和，水土之性。人民、鸟兽、草木之生物，虽不甚多，皆均有焉，而未尝变也，谓之则。⑩义也，名也，时也，似也，类也，比也，状也，谓之象。⑪尺寸也，绳墨也，规矩也，衡石也，斗斛也，角量也，谓之法。⑫渐也，顺也，靡也，久也，服也，习也，谓之化。⑬予夺也，险易也，利害也，难易也，开闭也，杀生也，谓之决塞。⑭实也，诚也，厚也，施也，度也，恕也，谓之心术。⑮刚柔也，轻重也，大小也，实虚也，远近也，多少也，谓之计数。⑯不明于则，而欲出号令，⑰犹立朝夕于运均之上，担竿而欲定其末，⑱不明于象，而欲论材审用，犹绝长以为短，续短以为长。⑲不明于法，而欲治民一众，犹左书而右息之。⑳不明于化，而欲变俗易教，犹朝揉轮而夕欲乘车。不明于决塞，而欲欧众移民，犹使水逆流。不明于心术，而欲行令于人，犹倍招而必拘之。㉑不明于计数，而欲举大事，犹无舟楫而欲经于水险也。故曰：错仪画制，不知则不可。论材审用，不知象不可。和民一众，不知法不可。变俗易教，不知化不可。欧众移民，不知决塞不可。布令必行，不知心术不可。举事必成，不知计数不可。

右四伤[1]

①谓则、象、法、化、决塞、心术、计数。[2]

②谓之是，不能立其人而用之；谓之非，不能废其人而退之。

③能此四者，可以安治矣，而犹未者，则以未具下事故。

④四者备，谓立是、废非、赏功、诛罪。

⑤能治民，然后能强兵。

⑥虽能治民，而欲强兵，必明于为兵之数，然后可。

⑦虽能强兵，其欲胜敌国，必须明审其理，理之不明，犹是不胜也。

⑧器、数、理、分，即下之七法也。

⑨此七法之目也。

⑩根，本也。生万物者，天地之元气也。

⑪义者，所以合也。名者，所以命事也。时者，名有所当也。似、类、比、状，谓立法者必有所仿效，不徒然也。

⑫角亦器量之名。凡此十二事，皆立政者所以为法也。

⑬渐，谓革物当以渐也。顺也、靡也，谓物顺教而风靡也。久也、服也、习也，谓人服习教命之久。

⑭凡此十二事，皆为政者所以决断而窒塞也。

⑮凡此六者，皆自心术生也。

⑯凡此十二事，必计之以知其数也。

⑰明则然后可以出号令。

[1]四伤，原本误作"七法"，据杨本改。
[2]此条注语原本脱，据杨本补。

⑱均，陶者之轮也。定朝夕，所以定东西也。今均既运，则东西不可准也。担，举也，夫欲定末者，必先静其本。今既举竿之本，其末不定也。【补】运，转也，即钧。钧，轮也。古人称天为洪钧者，盖言天是一大车钧也。立朝夕于转轮之上者，即朝夕立于转轮之上，无时而得安静也，此古人倒用句法之妙处。担，立也，亿也。定，栖止也。言欲栖于立竿之末，必危而不安也。

⑲鹤胫非所断，凫胫非所续也。

⑳息，止也。左手为书，右手从而止之，则无时成书矣。【补】人右手能书，而左手不能书也。今反用左手书，而右手息而不动，倒行逆施之譬。

㉑物有倍叛，而招之者必有以慰之，令其感服。今反拘留之，则彼逾叛矣。【补】招，所以羁鹿豕之足者。倍，犹弃也。言弃舍其招，而欲徒鹿豕，必不能也。

百匿伤上威，①奸吏伤官法，奸民伤俗教，贼盗伤国众。②威伤则重在下，③法伤则货上流，教伤则从令者不辑，众伤则百姓不安其居。重在下则令不行，货上流则官徒毁。④从令者不辑，则百事无功；百姓不安其居，则轻民处而重民散。⑤轻民处，重民散，则地不辟。地不辟，则六畜不育。六畜不育，则国贫而用不足。国贫而用不足，则兵弱而士不厉。兵弱而士不厉，⑥则战不胜而守不固。战不胜而守不固，则国不安矣。故曰，常令不审则百匿胜，官爵不审则奸吏胜，符籍不审则奸民胜，刑法不审则盗贼胜。国之四经败，⑦人君泄，则言实之士不进；言实之士不进，则国之情伪不竭于上。⑧世主所贵者，宝也；所亲者，戚也；所爱者，民也；所重者，爵禄也。亡君则不然，致所贵非宝也，⑨致所亲非戚也，致所爱非民也，致所重非爵禄也。故不为重宝亏其命，故曰令贵于宝；⑩不为爱亲危其社稷，故曰社稷戚于亲；⑪不为爱人枉其法，故曰法爱于人；⑫不为重禄爵分其威，故曰威重于爵禄。⑬不通此四者，则反于无有。⑭故曰：治人如治水潦，⑮养人如养六畜，⑯用人如用草木。⑰居身论道行理，则群臣服教，百吏严断，莫敢开私焉。⑱论功计劳，未尝失法律也。便辟、左右、大族、尊贵大臣，不得增其功焉。疏远、卑贱、隐不知之人，不忘其劳。故有罪者不怨上，⑲爱赏者无贪心，⑳则列陈之士皆轻其死而安难，以要上事，㉑本兵之极也。㉒

右百匿[1]

①百，百官也。言百官皆匿情为私，则上威伤。

②盗贼之人常欲损教于物也。

③君威伤则臣反得尊重。

④官者既不以德进，但以货成，故官徒毁。徒，事也。

⑤轻民，谓为盗者。用盗致富，故处。重民，谓务农者，为盗破产，故散。

⑥厉，奋也。

⑦【补】四经，谓上常令、官爵、符籍、刑法四者。人君泄，见危。谓常令、官爵、符籍、刑法四者，为政之经。四者既败，则是君泄其事。君泄其事，则其位危矣。[2]

⑧下皆隐实言虚，则是国情不竭于上。

⑨【补】致，至也。又委致之致。

⑩重宝而全命，则当弃，是令贵于宝。

⑪社稷者，身之存亡，故弃亲而存社稷。

⑫法者，崇替所由，故弃所爱而存其法。

⑬威者，人君以服海内，必不得已，宁散爵禄，不可分威也。

⑭不达于四者，国非其国，故曰反于无有。

⑮治水潦者，必峻其堤防也。

⑯养六畜者，必致其闲皂，坚其羁绊。

⑰用草木者，时入山林，轮辕不失其宜，樵苏各得其所。

⑱君之于民，其犹居身，治之、养之、用之，三者各各得宜，论道而行理，则无私不服也。

---

[1] 百匿，原本误作"四伤"，据杨本改。
[2] 注语⑦、⑧及以下注语⑩至⑲原本脱，据杨本补。

⑲罪得其人,故不怨。

⑳赏不逾等,故息其贪也。

㉑赏罚不滥,则立功要功之士知其不诬,故竞而为之。

㉒为兵之本,其极要者在于明赏罚也。

　　为兵之数,存乎聚财而财无敌,①存乎论工而工无敌,②存乎制器而器无敌,③存乎选士而士无敌,存乎政教而政教无敌,④存乎服习而服习无敌,⑤存乎遍知天下而遍知天下无敌,⑥存乎明于机数而明于机数无敌。⑦故兵未出境而无敌者八,是以欲正天下,财不盖天下,不能正天下。⑧财盖天下而工不盖天下,不能正天下。工盖天下而器不盖天下,不能正天下。⑨器盖天下而士不盖天下,不能正天下。士盖天下而教不盖天下,不能正天下。教盖天下而习不盖天下,不能正天下。习盖天下而不遍知天下,不能正天下。遍知天下而不明于机数,不能正天下。故明于机数者,用兵之势也。大者时也,小者计也。⑩王道非废,而天下莫敢窥者,王者之正也。⑪衡库者,天子之礼也。⑫是故器成卒选,则士知胜矣。⑬遍知天下,审御机数,则独行而无敌矣。所爱之国而独利之,所恶之国而独害之,则令行禁止,是以圣王贵之,⑭胜一而服百,则天下畏之矣。立少而观多,则天下怀之矣。⑮罚有罪,赏有功,则天下从之矣。故聚天下之精财,论百工之锐器,春秋角试,以练精锐为右。⑯成器不课不用,不试不藏。⑰收天下之豪杰,有天下之骏雄,故举之如飞鸟,动之如雷电,发之如风雨,莫当其前,莫害其后,独出独入,莫敢禁圉,成功立事,必顺于理义,故不礼不胜天下,不义不胜人。故贤知之君必立于胜地,故正天下而莫之敢御也。

右为兵之数

　　①存,谓专立意存之。居无财,士不来,故存意于聚财,则彼国之财不能敌也。

②工者,造军之器用也。

③器,谓兵器。

④政教,军中号令。

⑤服,便也。谓便习武艺。

⑥遍知天下,谓遍知其地形险易,主将工拙,士卒勇怯。[1]

⑦机者,发内而动外,为近而成远,不速而疾,不行而至,见其为之,不知其所以为。有数存焉于其间,故曰"机数"也。

⑧财,货财。不能盖天下,则无以正天下也。

⑨财虽盖天下而工与器不能盖,则无以正天下。馀皆放此。

⑩王者征伐,能立大功者,在于合大时也。至小者捷胜,亦在人计谋也。

⑪大宝之位,神器也,古今所共传,非有黜废。而天下莫敢窥窬者,以王者当乐推之运,应天人之正也。

⑫衡者,所以平轻重;库者,所以藏宝物,不令外知者也。言王者用心,常当准平天下,既知轻重,审用于心,无令长耳目者所得,此则天子之礼然也。

⑬选,谓简其精练。

⑭贵,谓贵兵。

⑮立少,谓兴亡国,虽少,天下共观之,故曰观多。桓公救邢迁卫,用此术也。或曰"观"当为"劝"。

⑯右,上也。

⑰兵器虽成,未经课试则不用不藏。

　　若夫曲制时举,不失天时,①毋圹地利,其数多少,其要必出于计数。②故凡攻伐之为道也,计必先定于内,然后兵出乎境。计未定于内,而兵出乎境,是则战之自胜,攻之自毁也。③是故张军而不能战,围邑而不能攻,得地而不能实,三者见一焉,则可破毁也。故不明于敌人之正,不能加也。④不明于敌人之情,不可约也。⑤不明于敌人之将,不先军也。不明于敌人之

[1]"工拙士卒勇怯"六字原本脱,据杨本补。

士，不先阵也。是故以众击寡，以治击乱，以富击贫，以能击不能，以教卒练士击欧众白徒，⑥故千战千胜，百战百胜。故事无备，兵无主则不蚤知。⑦野不辟，地无吏，则无畜积。官无常，下怨上，则器械不功。⑧朝无政，则赏罚不明。赏罚不明，则民幸生。⑨故蚤知敌人如独行，⑩有蓄积则久而不匮，器械功则伐而不费，赏罚明则人不幸，人不幸则勇士劝之。故兵也者，审于地图，谋十官，⑪日量蓄积，齐勇士遍知天下，审御机数，兵主之事也。故有风雨之行，故能不远道里矣；⑫有飞鸟之举，故能不险山河矣；⑬有雷电之战，故能独行而无敌矣；⑭有水旱之功，故能攻国救邑；⑮有金城之守，故能定宗庙育男女矣；有一体之治，故能出号令、明宪法矣。⑯风雨之行者，速也；飞鸟之举者，轻也；雷电之战者，士不齐也。⑰水旱之功者，野不收、耕不获也；⑱金城之守者，用货财、设耳目也；⑲一体之治者，去奇说、禁雕俗也。⑳不远道里，故能威绝域之民；不险山河，故能服恃固之国。独行无敌，故令行而禁止，故攻国救邑，不恃权与之国。故所指必听，㉑定宗庙，育男女，天下莫之能伤，然后可以有国。制仪法，出号令，莫不向应，然后可以治民一众矣。

右选陈

①制虽委曲，顺天而举，不失天时也。

②圹，空也，天之所覆空。地，谓山河陂泽，所以誉作而兴利者也。必计数其多少之要，然后度材而用之。

③自胜，谓自胜于己，其败可知也。

④不明敌政，未可加兵。

⑤不明敌情，未可约士约誓也。

⑥白徒，谓不练之卒，无武艺。

⑦既无备无主，故敌来攻，不能先知之。

⑧功，谓坚利。

⑨侥幸以偷生也。

⑩蚤知敌人,则有以备之。敌人望风自退,故曰独行也。

⑪地图,谓敌国险易之形,军之部置。十官,必伍什则有长,故曰十官。又须谋得其人也。

⑫行疾如风雨,故不以道里为远。

⑬轻捷如飞鸟,故不以山河为险。

⑭雷电,天之威怒,故莫敢为战。

⑮谓其功可以为彼水旱。

⑯谓上下同心,其犹一体也。

⑰惧雷电之威,故彼士不齐。

⑱能令彼有水旱,故不得使收获也。

⑲货财,所以养敢死之士;耳目,所以听邻国之动静,令必知之。

⑳奇说,谓谲诈之言。雕俗,谓浮伪之俗。

㉑虽有权与之国,不顾而恃之。权与,谓权为亲与也。

版法第七① 经言七

　　凡将立事,②正彼天植,③风雨无违,④远近高下,各得其嗣。⑤三经既饰,君乃有国。⑥喜无以赏,怒无以杀。喜以赏,怒以杀,怨乃起,令乃废。骤令不行,民心乃外。⑦外之有徒,祸乃始牙。⑧众之所忿,置不能图。⑨举所美必观其所终,⑩废所恶必计其所穷,⑪庆勉敦敬以显之,⑫富禄有功以劝之,⑬爵贵有名以休之,⑭兼爱无遗,是谓君心,必先顺教,万民乡风。⑮旦暮利之,众乃胜任。⑯取人以己,成事以质。⑰审用财,慎施报,察称量。故用财不可以啬,用力不可以苦。用财啬则费,⑱用力苦则劳。民不足,令乃辱。⑲民苦殃,令不行。施报不得,祸乃始昌。而不寤,民乃自图。⑳正法直度,罪杀不赦。㉑杀僇必信,民畏而惧。武威既明，令不再行。顿卒怠倦以辱之，^㉒罚罪有过以惩之，杀僇犯禁以振之。植固不动，倚邪乃恐。^㉓倚革邪化，令往民移。^㉔法天合德，^㉕象地无亲，^㉖参于日月，^㉗伍于四时。^㉘悦在爱施有，^㉙众在废私，^㉚召远在修近，^㉛闭祸在除怨，^㉜修长在乎任贤，^㉝安高在乎同利。^㉞

①选择政要，载之于版，以为常法。○绩按，此注多非，当依后《版法解》自明。

②立经国之事。

③谓顺天道以种植，必令得上正。

④君道不亏，则风雨无违也。

⑤高下，犹多少也。谓君之赋税，因其远近之别，以多少之差，轻重合宜，故可嗣之以常行。嗣，续也。

⑥三经，谓上天植、风雨、高下也。是三者既以饰整，故君可以有国也。○绩按，谓天也，风也，雨也。

⑦有外叛之心也。

⑧徒，谓党与也。外叛者有党与，祸由是生，故曰"始牙"。

⑨众忿难犯，故必置之，谁能图之。○绩按，当依解作"寡不能图"。

⑩凡人之情，靡不有初，鲜克有终，故须观之。

⑪蜂虿有毒，故必计其所穷，知困兽犹斗，其所终将何为也？

⑫人有敦敬，则庆勉以显之也。

⑬人之有功，则富贵以劝之。[1]

⑭贤者有名，则爵贵以休之。

⑮上之敦敬，有功名之士，必爵禄顺而与之，所以教之急也。如此，则民向化而从化。

⑯有功名之士，既旦暮得利，众自厉而胜任。

⑰将欲取人，必先审己才略能用彼否。质，谓准的。将欲成事，必先立其准的。事不违质，然后为善。

---

[1]此条注语原本脱，据杨本补。

⑱啬吝用财，不以赏赐，则立功之士懈怠，敌人来侵，其费专多。啬，吝。

⑲民不足，则令不行，故辱也。

⑳谋为叛己。

㉑夫[1]正直之法度，罪杀有过，终不免赦。

㉒顿卒，犹困苦。其有怠倦不勤，则困苦以辱之。

㉓言执法者必当深植而固守，则不可动移。若乃顿倚而邪，则法乱而身危，故可恐也。〇绩按，倚，解作"奇"。邪，谓偏邪不正之人也。恐，谓恐惧迁善，不敢为恐也。

㉔既能正倚化邪，归于正直。如此化出，令才往则民移。

㉕天之资始，无有移德。

㉖地之资生，无所施亲。

㉗日月无私耀也。

㉘赏以春夏，刑以秋冬。

㉙将悦于下，在施无令之有。〇绩按，当作"悦众在爱施"。解作"说在爱施"，脱一"众"字。注以"有"字属上句，非。盖言能废私然后有众也。

㉚将欲齐众，在于废私。

㉛修道则远者至。

㉜除怨则祸端塞。

㉝任贤则国祚长。

㉞与下同利则高位安。

---

[1]夫，原本误作"去"，据杨本改。

卷第三

幼官第八^①　　　　　　　　　　经言八

　　若因夜虚守静，人物人物则皇。^②五和时节，^③君服黄色，味甘味，听宫声，^④治和气，^⑤用五数，^⑥饮于黄后之井，^⑦以俸兽之火爨。^⑧藏温濡，^⑨行欧养，^⑩坦气修通。^⑪凡物开静，形生理，常至命。^⑫尊贤授德则帝，^⑬身仁行义、服忠用信则王，^⑭审谋章礼、选士利械则霸，^⑮定生处死、谨贤修伍则众，^⑯信赏审罚、爵材禄能则强，^⑰计凡付终、务本饬末则富，^⑱明法审数、立常备能则治，^⑲同异分官则安。^⑳通之以道，畜之以惠，亲之以仁，养之以义，报之以德，结之以信，接之以礼，和之以乐，期之以事，攻之以官，^㉑发之以力，威之以诚。一举而上下得终，^㉒再举而民无不从，三举而地辟散成，^㉓四举而农佚粟十，^㉔五举而务轻金九，^㉕六举而絮知事变，^㉖七举而外内为用，^㉗八举而胜行威立，九举而帝事成形。^㉘九本抟大，人主之守也。^㉙八分有职，卿相之守也。十官饰胜备威，将军之守也。六纪审密，贤人之守也。五纪不解，庶人之守也。动而无不从，静而无不同。^㉚治乱之本三，卑尊之交四，富贫之终五，盛衰之纪六，安危之机七，强弱之应八，存亡之数九。练之以散群傛署，^㉛凡数财署，^㉜杀僇以聚财，^㉝劝勉以迁众，^㉞使二分具本。^㉟发善必审于密，^㊱报威必明于中。^㊲此居图方中。^㊳

　　①幼，始也。陈从始辅官齐政之法。

　　②言欲候气听声，以知凶吉，必因夜虚之时，守其安静，以听候人物。此时人物则皇暇，故吉凶之验不妄。【补】此二句有误，书有衍文，当依后《东方副

· 39 ·

图》作"虚时守静,人物则皇"。"夜"字与"处"相似而误书。《淮南子》有"夜行",高诱注:"夜行谕阴行也。阴行神化,故能有天下。"则"夜"字为是。二"人物"字则衍文也。物,事也。皇,大也。言人君能处虚守静则发之人事者盛大也。

③土生数五,土气和则君顺时节而布政。

④此土王之时,故服黄、味甘、听宫也。然土虽均王四季,而正位在六月也。○绩按,别本注:用土之物也。

⑤土主和,故治和气。

⑥绩按,诸本脱此一句,非。

⑦中央井也。

⑧倮兽,谓浅毛之兽,虎豹之属。

⑨藏,谓苞之在心。君之所藏者,温和濡缓,所以助土气。○绩按,濡,古"软"字。

⑩谓禽兽之属能为苗害者,时欧逐之,所以养嘉谷也。○绩按,行对藏而言,谓行之于身也。下放此。

⑪坦,平也。平土政,则其气修通。

⑫凡土王之时所生之物,但开通安静,则其形自生。既循理之常,则无残尽于所赋之命也。○绩按,当"理"字为句。

⑬帝者之民,其实师也,故尊贤授德,则可为帝也。

⑭服,行。

⑮章,明。

⑯生者安定之。死者处置之,敛葬其枢。

⑰有材者爵之,有能者禄之。

⑱凡,谓都数也。付终,谓财。日月既终,付之后人。

⑲常,谓五常也。备能,谓才能之士备有之。

⑳同异之职,分官而治。

㉑攻,治。○绩按,当依后作"考之以言"。

㉒谓初会诸侯,上下得终其礼。自此至九举,说九合诸侯之所致。

㉓成,谓诸侯自盟要,不事于齐。至三会则诸侯散其成而朝齐。

㉔四会之后,徭役减省,故农人佚乐而粟得十全。

㉕五会之后,兵战既息,事务转轻,而金得九分,一以供官也。

㉖絜,围度也。

㉗外,谓诸侯。

㉘九会之后,威行海内,虽居侯伯,帝王之事既以成形。

㉙自九本以下,管氏但举其目,或有数在于他篇。但此书多从散逸,无得而知。然九本所以抟击强大,故人主守之。

㉚强动弱必从,强静弱必同。

㉛偹,犹曹也。凡上之诸数既已精练,然后散之于众,使偹曹署著其名以司之。○绩按,偹音朋。

㉜数,谓国用之数,使财者署。

㉝或因亡国致聚其财。[1]

㉞劝勉贫弱之民。

㉟二分者,国谷三分,上岁之二分在下,下岁之二分在上。本,农务也。使二分在下以备农务。[2]

㊱善之发在慎于隐密之时。

㊲报威,行威也。必适于中。[3]

㊳此立时之政,管氏别五其图,谓之方图,而土位居中。[4]【补】图,明堂图也。图方中即《月令》中央土,天子居大庙大室也。大庙大室乃明堂之中,居于东方,方外即明堂之青阳左个右个之说也。馀仿此。

　　春行冬政肃,^①行秋政雷,^②行夏政阉。^③十二地气发,戒春事。^④十二小卯,出耕。^⑤十二天气下,赐与。十二义气至,修门闾。十二清明,发禁。十二始卯,合男女。十二中卯,十二下

---

[1] 此注杨本作"或因亡国,或因灭家,莫不籍没其财,故曰'杀戮以聚财'也"。

[2] 此注杨本作"使上之偹署、财署分知其事,各具其名籍之本,则财署知聚财,偹署知迁众"。

[3] 此注杨本作"发善谓行赏,执威谓行刑"。

[4] 此条注语原本脱,据杨本补。

卯，三卯同事。^⑥八举时节，^⑦君服青色，味酸味，^⑧听角声，^⑨治燥气，^⑩用八数，^⑪饮于青后之井，^⑫以羽兽之火爨，^⑬藏不忍，^⑭行欧养，坦气修通。凡物开静，形生理。合内空周外，^⑮强国为圈，弱国为属。^⑯动而无不从，静而无不同。^⑰举发以礼，时礼必得。^⑱和好不基，贵贱无司，事变日至。^⑲此居于图东方方外。

①阴气肃杀。[1]

②阴阳之气击抟。[2]

③阳气独盛。[3]

④春时地气动。[4]

⑤【补】《幼官图》乃当时因时立政之法也。与吕不韦《月令》相似。其中言服色、食味、听声、用数皆与《月令》脗合，但十二小卯、十二小郢诸说不知何谓，疑是节气名目，如谷雨、惊蛰之类者。

⑥谓三卯所用事同。他皆仿此。[5]

⑦木成数八。木气举，君则顺时节而布政。

⑧此木王之时，故服青、味酸也。

⑨角，东方之声，属木。

⑩燥气，火气。木生火。[6]

⑪八为木之成数。

⑫青帝，东方井也。

⑬羽兽，谓兽毛之似羽者。[7]

⑭不忍之心为仁君藏苞仁心，所以助东方木气。

---

[1] 此注杨本作"肃，寒也。冬气乘之故也"。
[2] 此注杨本作"春阳秋阴，阴乘阳，故雷"。
[3] 此注杨本作"春既阳，夏又阳，阳气猥并，故掩闭也"。
[4] 此注杨本作"自此已下，阴阳之数，日辰之名，于时国异政，家殊俗。此但齐独行，不及天下。且经秦焚书，或为煨烬，无得而详焉，阙之以待能者"。
[5] 此条注语原本脱，据杨本补。
[6] 此注杨本作"春多风而旱，故治燥气"。
[7] 此注杨本作"羽，南方朱鸟。用南方之火，故曰羽兽之火"。

⑮春主仁,故所藏者不忍之,理合聚于内,出空于外。[1]

⑯强国所以禁御弱国,弱国圈然也。

⑰强动弱必从,强静弱必同。

⑱强国举发,必当以礼。时也礼也,必得其宜。

⑲邻国和好不基,贵贱之位无司存,如此,则事变日至,无宁居。基,渐。

　　夏行春政风,①行冬政落,②重则雨雹,③行秋政水。④十二小郢,至德。十二绝气下,下爵赏。十二中郢,赐与。十二中绝,收聚。十二大暑至,尽善。十二中暑,十二小暑终,三暑同事,七举时节,⑤君服赤色,味苦味,⑥听羽声,⑦治阳气,⑧用七数,⑨饮于赤后之井,⑩以毛兽之火爨。⑪藏薄纯,⑫行笃厚,⑬坦气修通。凡物开静,形生理,⑭定府官,明名分,而审责于群臣有司,则下不乘上,贱不乘贵。法立数得,而无比周之民,则上尊而下卑,远近不乖。此居于图南方方外。

①春箕宿,多风也。

②寒气肃杀,故凋落也。

③其灾重则雨雹,水寒所致。

④秋毕宿,多霖雨。

⑤火成数七,火气举,君则顺时节而布政。

⑥此火王之时,故服赤味苦也。○绩按,别本注:用火之物也。

⑦羽,北方声也。火王之时,不听徵而听羽者,所以抑盛阳也。

⑧绩按,诸本无此句,非。

⑨七亦火之成数。

⑩南方井也。

⑪毛兽,西方白虎。用西方之火,故曰"毛兽之火"。

⑫盛阳之性,失在奢纵,故所藏者省薄纯素也。

———————————

[1]注语⑮至⑱原本脱,据杨本补。

⑬阳性宽和,故行笃厚。

⑭物理既生,自然修理而长育也。

秋行夏政叶,^①行春政华,^②行冬政耗。^③十二期风至,戒秋事。十二小卯,薄百爵。十二白露下,收聚。十二复理,赐与。十二始节,赋事。十二始卯,合男女。十二中卯,十二下卯,三卯同事。九和时节,^④君服白色,味辛味,听商声,^⑤治湿气,^⑥用九数,^⑦饮于白后之井,^⑧以介虫之火爨。^⑨藏恭敬,^⑩行抟锐,^⑪坦气修通。凡物开静,形生理,间男女之畜,^⑫修乡间之什伍,^⑬量委积之多寡,定府官之计数,养老弱而勿通,^⑭信利周而无私。^⑮此居于图西方方外。

①盛阳气乘之,故卉木生叶。

②少阳气乘之,故卉木更生华。

③盛阴肃杀,故虚耗也。

④金成数九。金气和,君则顺时节而布政。

⑤此金王之时,故服白、味辛、听商。○绩按,别本注:用金之物也。

⑥秋多霖雨水,故治湿。

⑦九亦金之成数。

⑧西方井也。

⑨介虫,北方玄武也。用北方之火,故曰"介虫之火"。

⑩金性廉洁,故所藏者恭敬也。

⑪兑金性劲锐,时方肃杀,故曰以劲锐抟击,所以顺杀气也。

⑫男女之畜,有内外之异,故须间之也。

⑬杀气方至,可以出征伐,故修什伍。

⑭老少异粮,故其养勿通。

⑮曰布秋利,既令周遍,无得有私。○绩按,周,当依后作"害"。

冬行秋政雾,^①行夏政雷,^②行春政烝泄。^③十二始寒,尽

刑。十二小榆，赐予。十二中寒，收聚。十二中榆，大收。十二寒至，静。十二大寒之阴，十二大寒终，三寒同事。六行时节，^④君服黑色，味咸味，^⑤听徵声，^⑥治阴气，^⑦用六数，^⑧饮于黑后之井，^⑨以鳞兽之火爨。^⑩藏慈厚，^⑪行薄纯，^⑫坦气修通。凡物开静，形生理。器成于傃，^⑬教行于钞，^⑭动静不记，行止无量。^⑮戒审四时以别息，^⑯异出入以两易，^⑰明养生以解固，^⑱审取与以总之。^⑲一会诸侯，令曰：非玄帝之命，毋有一日之师役。^⑳再会诸侯，令曰：养孤老，食常疾，收孤寡，三会诸侯，令曰：田租百取五，^㉑市赋百取二，关赋百取一，毋乏耕织之器。四会诸侯，令曰：修道路，偕度量，一称数，^㉒薮泽以时禁发之。[1]^㉓五会诸侯，令曰：修春秋冬夏之常祭食，^㉔天壤山川之故祀必以时。六会诸侯，令曰：以尔壤生物共玄官，^㉕请四辅，^㉖将以礼上帝。七会诸侯，令曰：官处四体而无礼者，流之焉莸命。^㉗八会诸侯，令曰：立四义而毋议者，尚之于玄官，听于三公。^㉘九会诸侯，令曰：以尔封内之财物，国之所有为币。^㉙九会，大命焉出，常至。^㉚千里之外，二千里之内，诸侯三年而朝，习命。^㉛二年，三卿使四辅。^㉜一年，正月朔日，令大夫来修，受命三公。^㉝二千里之外，三千里之内，诸侯五年而会，至习命。^㉞三年，名卿请事。二年，大夫通吉凶。十年，重适入正礼义。^㉟五年，大夫请受变。^㊱三千里之外，诸侯世一至。^㊲置大夫以为廷安，^㊳入共受命焉。^㊴此居于图北方方外。

①秋多阴雾。

②盛阳乘盛阴，故雷也。

③少阳乘阴，故炁泄也。

④水成数六。水气行，君则顺时节而布政。

⑤此水王之时，故服黑、味咸。○绩按，别本注：用水之物也。

⑥不听羽而听徵者，亦所以抑盛阴也。

[1]此句原本脱，据杨本补。

⑦不治则盛阴太过,太过则治阴气也。[1]

⑧六亦水之成数。

⑨北方井也。

⑩鳞兽,东方青龙也。用东方之火,故曰"鳞兽之火"。

⑪君人者,好生恶杀,故于刑杀之时,藏于慈厚,所以示其不忍也。

⑫冬物朴素,故行省薄纯俭。

⑬冬行刑之时,故成僇器也。

⑭钞,末也。冬为四时之末,岁之将终也。

⑮记静动则行止可量。

⑯息,生也。四时生物各有不同,故须别之。

⑰出入既异,又并令无差,故曰"两易"也。

⑱固,谓护吝也。生既须养,则物不可吝,故曰"解固"。

⑲又恐所养过时,故审取与之多少,以总统之。

⑳玄帝,北方之帝。齐桓初会,命诸侯不使非时出师,故令曰:若非玄帝有命之时,毋得有一日之师役。一日尚不可,况多乎?

㉑百分取五分。

㉒偕,同也。称,斤两也。数,多少也。[2]

㉓草木零落,然后入山林。獭祭鱼,然后修泽梁也。

㉔常所祭,常所食,各有时物也。

㉕玄官,主[3]礼天之官也。

㉖四辅,即三公四辅也,所以助行祭礼。

㉗官处,谓处官也。处官位而四体无礼者,谓之莠命而流放焉。莠命者,谓秽乱教命,若莠之秽苗也。

㉘四义者,谓无障谷,无贮粟,无易树子,无以妾为妻。诸侯能顺命而无异议者,则尚之于天子玄官,听三公之锡命。尚,上也。

---

[1] "听徵声"、"治阴气" 二句及注原本脱,据杨本补。

[2] 此条注语原本脱,据杨本补。

[3] 主,原本误作 "生",据杨本改。

㉙为币礼。

㉚谓上九会，既出大令，故天下诸侯常至。非此之外，则朝聘之数远近各有差也。○绩按，谓大命诸侯出常来朝会之命，即下文是也。

㉛因朝而习教命。

㉜诸侯三卿使天子四辅，以受节制也。

㉝习所受命于三公。

㉞因会而至，以习命也。

㉟重适，谓承重也。适，诸侯之世子也。

㊱请所变更之教令也。

㊲道路既远，故[1]世一至。

㊳其远国大夫，则为置廷馆。每来，于此以安之也。

㊴入共国所有，因以受命。

必得文威武，官习胜。①务时因胜之，②终无方胜之，③几行义胜之，④理名实胜之，⑤急时分胜之，⑥事察伐胜之，⑦行备具胜之，⑧原无象胜之。⑨本定独威胜，⑩定计财胜，⑪定闻知胜，⑫定选士胜，⑬定制禄胜，⑭定方用胜，⑮定纶理胜，⑯定死生胜，定成败胜，定依奇胜，⑰定实虚胜，定盛衰胜，举机诚要则敌不量，⑱用利至诚则敌不校，⑲明名章实则士死节，⑳奇举发不意则士欢用，㉑交物因方则器械备，㉒因能利备则求必得，㉓执务明本则士不偷，㉔备具无常，无方应也。㉕听于钞，故能闻未极；㉖视于新，故能见未形；㉗思于浚，故能知未始；㉘发于惊，故能至无量；㉙动于昌，故能得其宝；㉚立于谋，故能实不可故也。㉛器成教守则不远道里，㉜号审教施则不险山河，㉝博一纯固则独行而无敌，㉞慎号审章则其攻不待，㉟权与明必胜则慈者勇，㊱器无方则愚者智，㊲攻不守则拙者巧，㊳数也。动慎十号，㊴明审九章，饰习十器，善习五官，谨修三官，必设常主，计必先定。㊵求天

---

[1]故，原本误作"改"，据杨本改。

下之精材，㊶论百工之锐器，器成角试否臧。收天下之豪杰，有天下之称材，㊷说行若风雨，发如雷电。此居于图方中。㊸

①善胜敌者，必得文德之威，武艺之官，与之练习士卒，则可以胜之。

②时，是也。务时因修，不逆于理，可以得胜也。

③从始至终，计出无方者胜。

④庶几行义者可以胜。

⑤整理名实不缪妄，可以得胜。

⑥败敌所得之物，应受分者，急分与之，可以得胜。

⑦伐功行赏之事，必察有功，不令无功者妄受，可以得胜。

⑧行师用兵，必备其攻战之具，可以得胜。

⑨奇计若神，无象可原者胜。

⑩用师之本定，能独威者胜。

⑪计谋财用，先审定者胜。

⑫闻知敌谋，能审定者胜。

⑬精选士卒，能审定者胜。

⑭制禄亦与有功，能审定者胜也。

⑮异方所用，各有不同，能审定者胜也。

⑯经纶之理，能审定者胜也。

⑰所依奇策，能审定者胜。

⑱发举兵机，诚得其要，则敌不能量也。

⑲用兵便利，又能至诚，则敌不敢校也。

⑳明忠义之名，章功劳之实，士则死节，不求苟生。

㉑奇谋之举，发彼不意，则士乐为用。

㉒交质之物，因方所有，则器械备具也。

㉓因彼所能所利而以备之，则所求必得。

㉔执所营之务，明所为之本，则士不苟且。

㉕其所备具无有常者，所以应敌无方。

㉖钞，深远也。所听在于深远，故能闻于极理。

㉗未形者,新事将起,所视者在新,故见未形也。

㉘未始者,事之深浚者,所思在深,故知未始。

㉙发举可惊,故敌不能量。

㉚举动昌盛,故敌惧而输宝也。

㉛其所建立,皆用深谋,故常坚实,不复衰故。○绩按,别本注:立谋能有实效,不使衰故也。

㉜器用完成,教令坚守,故欲往则至,不惮道里之远也。

㉝号令审悉,教命施行,则赴汤火而不顾,岂险难于山河也?

㉞德博而一,行纯而固,则仰我如时雨,欢我如椒兰,谁能敌之?

㉟慎号令,审旗章,则攻者争先登,岂顾后而相待乎?

㊱权谋明略,必能胜敌,则慈仁者犹致勇奋,况恶少哉?

㊲器用无方,应卒必备,则愚者习而成智,况不愚乎?

㊳我攻既妙,彼不能守,则拙者习而成巧,况不拙乎?

㊴兵既数动,必慎十号九章等。此有数,在他篇。

㊵军之主将,既必有常,军之计谋,亦须先定。

㊶精材,可以为军之器用者。

㊷称材,谓材称其所用也。

㊸此中图之副也。

旗物尚青,^①兵尚矛,^②刑则交寒害鈇。^③器成不守,^④经不知,^⑤教习不著,^⑥发不意。^⑦经不知,故莫之能围;发不意,故莫之能应。莫之能应,故全胜而无害;莫之能围,故必胜而无敌。四机不明,不过九日而游兵惊军,^⑧障塞不审,不过八日而外贼得间;^⑨由守不慎,不过七日而内有谗谋;^⑩诡禁不修,不过六日而窃盗者起;^⑪死亡不食,不过四日而军财在敌。^⑫此居于图东方方外。^⑬

①木用事,故尚青。【补】天子之旌旗、羽盖、仪仗之诸物也。

②象春物之芒锐。

③其行刑戮，则于初旦夜尽之交。其时尚寒主春，人不得已而行刑，故离害而釱禁。釱，或为"铍"。○绩按，釱，钳械人足也。恐当作"辖釱"。

④器用既成，则敌不能围守也。

⑤经，法也。用兵之法，敌不能知也。

⑥我之教习，敌不能著。犹明著。

⑦其所举发出敌不意。

⑧四机，即上不守、不知、不著、不意也。

⑨障塞者，所以防守要路也。

⑩由守，所由而防守者。

⑪诡禁，所以禁诡常也。

⑫死亡者不享食，鬼神必怒怨，故军财在敌。

⑬此东图之副也。

旗物尚赤，①兵尚戟，②刑则烧交疆郊。③必明其一，④必明其将，必明其政，必明其士。四者备，则以治击乱，以成击败。数战则士疲，数胜则君骄，骄君使疲民，则国危。至善不战，⑤其次一之。⑥大胜者积众，⑦胜而无非义者焉，可以为大胜。⑧大胜，无不胜也。此居于图南方方外。⑨

①火用事，故尚赤。

②象夏物之森耸。

③其用刑，则于疆郊焚烧而交也。

④一，谓号令不二。

⑤用兵之善者，其唯不战乎。

⑥其次善者，虽战万，号令一。○绩按，"一之"解见《兵法》，此注非。

⑦积众，然后可以大胜。

⑧所以胜皆大义，故成大胜也。

⑨此南图之副也。

旗物尚白，^①兵尚剑，^②刑则绍昧断绝，^③始乎无端，卒乎无穷。始乎无端，道也。卒乎无穷，德也。道不可量，德不可数。不可量则众强，不能图、不可数则为诈不敢乡。^④两者备施，^⑤动静有功。畜之以道，养之以德。畜之以道则民和，养之以德则民合，和合故能习，习故能偕。^⑥偕习以悉，^⑦莫之能伤。此居于图西方方外。^⑧

①金用事，故尚白。

②象金性之利也。

③其用刑，则继昼之昧，断绝而戮之也。

④绩按，乡、向同。

⑤两者，谓道德也。

⑥偕，谓同为其事。〇绩按，《兵法》作"和合故能谐，[1] 谐故能辑。谐辑以悉，莫之能伤"，则"习"乃"辑"声之误。后放此。

⑦悉，尽也。

⑧此西图之副也。

旗物尚黑，^①兵尚胁盾，^②刑则游仰灌流，^③察数而知治，审器而识胜，明谋而适胜，通德而天下定。定宗庙，育男女，^④官四分，则可以立威行德，制法仪，出号令。^⑤至善之为兵也，非地是求也，罚人是君也。^⑥立义而加之以胜，至威而实之以德，守之而后修，胜心焚海内。^⑦民之所利立之，所害除之，则民人从。^⑧立为六千里之侯，则大人从。^⑨使国君得其治，则人君从会。^⑩请命于天，地知气和，则生物从。^⑪计缓急之事，则危危而无难。^⑫明于器械之利，则涉难而不变。察于先后之理，则兵出而不困。通于出入之度，则深入而不危。审于动静之务，则功得而无害也。著于取与之分，则得地而不执。^⑬慎于号令之官，则举事而有功。此居于图北方方外。^⑭

---

[1] "和"下原衍一"何"字，"谐"字原本脱，据《兵法》篇改。

①水用事,故尚黑。

②象时物之闭。盾或署之于胁,故曰"胁盾"。

③其用刑,则游纵之所使仰药死,既而乃投之于灌流。

④宗庙存,则男女育矣。

⑤择才授官,四面分设。

⑥至善之兵,不求其地,所以君可罚人,若纣桀之人,比屋可诛也。

⑦既获敌人之国,顺民守之,然后修其法制。如此,则强胜之心可以焚灼于海内。

⑧立利除害,则人从也。

⑨既九会之后,天子加命,立为侯伯,而各三千里,四方相距六千里。大人,谓天子三公四辅也。

⑩国君,谓天下同盟诸侯。

⑪谓郊祀天地神祇,使之合德,则四气和可知,故生物从之。

⑫缓急之事,皆已计定,则二者之危无所难。缓急之事,皆有可危之理,故曰"危危"。○绩按,别本注:缓急之事已有定计,虽危,其可危终无所难也。

⑬谓不吝执。

⑭此北图之副也。

幼官图第九 经言九

西方本图　西方副图　南方本图　中方本图　北方本图
南方副图　中方副图　北方副图　东方本图　东方副图

秋行夏政叶,行春政华,行冬政耗。十二期风至,戒秋事。十二小卯,薄百爵。十二白露下,收聚。十二复理,赐予。十二始前节,第赋事。①十二始卯,合男女。十二中卯,十二下卯,三卯同事。九和时节,君服白色,味辛味,听商声,治湿气,用九数，饮于白后之井，以介虫之火爨。藏恭敬，行抟锐，坦气修通。凡物开静，形生理，间男女之畜，修乡里之什伍，量委积之多寡，定府官之计数，养老弱而勿通，信利害而无私。此居于图西方方外。

右西方本图

①绩按，前作"十二始节赋事"，无"前"、"第"二字。

旗物尚白，兵尚剑，刑则绍昧断绝。始乎无端，卒乎无穷。始乎无端，道也。卒乎无穷，德也。道不可量，德不可数。不可量，则众强不能图；不可数，则为诈不敢乡。两者备施，动静有功。畜之以道，养之以德。畜之以道则民和，养之以德则民合。和合故能习，习故能偕，偕习以悉，莫之能伤也。此居于图西方方外。

右西方副图

夏行春政风，行冬政落，重则雨雹，行秋政水。十二小郢，至德。十二绝气下，下爵赏。十二中郢，赐与。十二中绝，收聚。十二大暑至，尽善。十二中暑，十二[1]小暑终，三暑同事。七举时节，君服赤色，味苦味，听羽声，治阳气，用七数，饮于赤后之井，以毛兽之火爨。藏薄纯，行笃厚，坦气修通。凡物开静，形生理，定府官，明名分，而审责于群臣有司，则下不乘上，贱不乘贵。法立数得，而无比周之民，则上尊而下卑，远近不乖。此居于图南方方外。

右南方本图

若因处虚守静，人物则皇。①五和时节，君服黄色，味甘味，听宫声，治和气，用五数，饮于黄后之井，以倮兽之火爨。

---

[1]二，原本误作"三"，据杨本改。

藏温濡，行欧养，坦气修通。凡物开静，形生理，常至命。尊贤授德则帝，身仁行义、服忠用信则王，审谋章礼、选士利械则霸，定生处死、谨贤修伍则众，信赏审罚、爵材禄能则强，计凡付终、务本饰末则富，明法审数、立常备能则治。同异分官则安。通之以道，畜之以惠，亲之以仁，养之以义，报之以德，结之以信，接之以礼，和之以乐，期之以事，考之以言，发之以力，威之以诚。一举而上下得终，再举而民无不从，三举而地辟散成，四举而农佚粟十，五举而务轻金九，六举而絜知事变，七举而内外为用，八举而胜行威立，九举而帝事成形。九本抟大，人主之守也。八分有职，卿相之守也。十官饰胜备威，将军之守也。六纪审密，贤人之守也。五纪不解，庶人之守也。动而无不从，静而无不同。②治乱之本三，卑尊之交四，富贫之终五，盛衰之纪六，安危之机七，强弱之应八，存亡之数九。练之以散群偁署，凡数财署，杀僇以聚财，劝勉以迁众，使二分具本。发善必审于密，执威必明于中。此居图方中。

右中方本图

①绩按，前作"若因夜虚守静人物人物则皇"。
②绩按，此二句旧缺。

　　冬行秋政雾，行夏政雷，行春政烝泄。十二始寒，尽刑。十二小榆，赐予。十二中寒，收聚。十二中榆，大收。十二寒至，静。十二大寒之阴，十二大寒终，三寒同事。六行时节，君服黑色，味咸味，听徵声，治阴气，用六数，饮于黑后之井，以鳞兽之火爨。藏慈厚，行薄纯，坦气修通。凡物开静，形生理，器成于傮，教行于钞，动静不记，行止无量。戒审四时以别息，异出入以两易，明养生以解固，审取与以总之。一会诸侯，令曰：非玄帝之命，毋有一日之师役。再会诸侯，令曰：养孤老，食常疾，收孤寡。三会诸侯，令曰：田租百取五，市赋百取二，关赋百取一，毋乏耕织之器。四会诸侯，令曰：修道路，偕度量，一称数，毋征薮泽，以时禁发之。五会诸侯，令曰：修春秋冬夏之常祭食，天壤山川之故祀必以时。六会诸侯，令曰：以尔壤生物共玄官，请四辅，将以礼上帝。七会诸侯，令曰：官处四体而无礼者，流之焉莠命。八会诸侯，令曰：立四义而无议者，尚之于玄官，听于三公。九会诸侯，令曰：以尔封内之财物，国之所有为币。九会，大令焉出，常至。千里之外，二千里之内，诸侯三年而朝，习命。二年，三卿使四辅。一年，正月朔日，令大夫来修，受命三公。二千里之外，三千里之内，诸侯五年而会，至，习命。三年，名卿请事。二年，大夫通吉凶。七年，重适入正礼义。五年，大夫请变。三千里之外，诸侯世一至，置大夫以为廷安。入共受命焉。此居于图北方方外。

右北方本图

旗物尚赤，兵尚戟，刑则烧交疆郊。必明其一，必明其将，必明其正，必明其士。四者备，则以治击乱，以成击败。数战则士疲，数胜则君骄。骄君使疲民，则国危。至善不战，其次一之。大胜者，积众胜而无非义者焉，可以为大胜。大胜，无不胜也。此居于图南方方外。

右南方副图

必得文威武，官习胜之，务时因胜之，终无方胜之，几行义胜之，理名实胜之，急时分胜之，事察伐胜之，行备具胜之，原无象胜之。本定独威胜，定计财胜，定闻知胜，定选士胜，定制禄胜，定方用胜，定纪理胜，定死生胜，定成败胜，定依奇胜，定虚实胜，定盛衰胜。举机诚要则敌不量，用利至诚则敌不校，明名章实则士死节，奇举发不意则士欢用，交物因方则械器备，因能利备则求必得，执务明本则士不偷。备具无常，无方应也。

听于钞故能闻无极，视于新故能见未形，思于浚故能知未始，发于惊故能至无量，动于昌故能得其宝，立于谋故能实不可故也。器成教守则不远道里，号审教施则不险山河，博一纯固则独行而无敌，慎号审章则其攻不待权与。明必胜则慈者勇，器无方则愚者智，攻不守则拙者巧，数也。动慎十号，明审九章，饰习十器，善习五官，谨修三官，必设常主，计必先定。求天下之精材，论百工之锐器，器成角试否臧。收天下之豪杰，有天下之称材，说行若风雨，发如雷电。此居于图方中。

右中方副图

旗物尚黑，兵尚胁盾，刑则游仰灌流。察数而知治，审器而识胜，明谋而适胜，通德而天下定。定宗庙，育男女，官四分，则可以立威行德，制法仪，出号令。至善之为兵也，非地是求也，罚人是君也。立义而加之以胜，至威而实之以德，守之而后修，胜心焚海内。民之所利立之，所害除之，则民人从。立为六千里之侯，则大人从。使国君得其治，则人君从。会请命于天地，知气和，则生物从。计缓急之事，则危危而无难。明于器械之利，则涉难而不变。察于先后之理，则兵出而不困。通于出入之度，则深入而不危。审于动静之务，则功得而无害也。著于取与之分，则得地而不执。慎于号令之官，则举事而有功。此居于图北方方外。

右北方副图

春行冬政肃，行秋政雷，行夏政则阉。十二地气发，戒春事。十二小卯，出耕。十二天气下，赐与。十二义气至，修门闾。十二清明，发禁。十二始卯，合男女。十二中卯，十二下卯，三卯同事。八举时节，君服青色，味酸味，听角声，治燥气，用八数，饮于青后之井，以羽兽之火爨。藏不忍，行欧养，坦气修通。凡物开静，形生理。合内空周外，强国为圈，弱国为属。动而无不从，静而无不同。举发以礼，时礼必得。和好不基，贵贱无司，事变日至。此居于图东方方外。

右东方本图

旗物尚青，兵尚矛，刑则交塞害鈇。器成不守，经不知教。习不著，发不意。经不知，故莫之能围；发不意，故莫之能应。莫之能应，故全胜而无害；莫之能围，故必胜而无敌。四机不明，不过九日而游兵惊军；障塞不审，不过八日而外贼得间；由守不慎，不过七日而内有逸谋；诡禁不修，不过六日而窃盗者起；死亡不食，不过四日而军财在敌。此居于图东方方外。

右东方副图

五辅第十^①　　　　外言一

古之圣王所以取明名广誉，厚功大业显于天下，不忘于后世，非得人者，未之尝闻。^②暴王之所以失国家，危社稷，覆宗庙，灭于天下，非失人者，未之尝闻。^③今有土之君，皆处欲安，动欲威，战欲胜，守欲固。大者欲王天下，小者欲霸诸侯，^④而不务得人。是以小者兵挫而地削，大者身死而国亡。^⑤故曰：人不可不务也，^⑥此天下之极也。曰：然则得人之道，莫如利之。利之之道，莫如教之以政。故善为政者，田畴垦而国邑实，朝廷闲而官府治，公法行而私曲止，仓廪实而囹圄空，贤人进而奸民退。其君子上中正而下谄谀，其士民贵武勇而贱得利，^⑦其庶人好耕农而恶饮食，^⑧于是财用足，^⑨而饮食薪菜饶。^⑩是故上必宽裕而有解舍，^⑪下必听从而不疾怨，上下和同而有礼义。故处安

管 子

而动威,战胜而守固,是以一战而正诸侯。不能为政者,田畴荒而国邑虚,朝廷凶⑫而官府乱,⑬公法废而私曲行,仓廪虚而囹圄实,贤人退而奸民进。其君子上谄谀而下中正,其士民贵得利而贱武勇,其庶人好饮食而恶耕农,于是财用匮而饮食菜薪乏。上弥残苟⑭而无解舍,下愈覆鸷而不听从,⑮上下交引而不和同。⑯故处不安而动不威,战不胜而守不固,是以小者兵挫而地削,大者身死而国亡。故以此观之,则政不可不慎也。

①谓六兴、七体、八经、五务、三度。此五者,可以辅弼国政也。[1]

②不得于人,而能使名誉显当时,功业流后世者,则未尝闻。

③不失于人,而能使失国覆宗者,亦未尝闻。

④言诸侯欲大利则王天下,欲小利则霸诸侯也。

⑤言不得人,必致祸,小则地削,大则国亡。

⑥当务得之于人。

⑦贱苟得之利也。

⑧恶费用之饮食。

⑨好耕农,故财用足。

⑩省费用,则薪菜饶。○绩按,恶饮食,故饮食薪菜饶。

⑪解,放也。舍,免也。○绩按,舍,同"释"。

⑫小人竞进,故凶。

⑬小人用,故法乱。

⑭居上位者小人,故残贼苟且也。○绩按,当作"残苟",乃字之误也。

⑮覆,察也。鸷,疑也。上既贼苟而不舍,故下伺察而怀疑。

⑯上引下以供御,下引上以恩覆,二俱不得,故不和同也。

德有六兴,义有七体,礼有八经,法有五务,权有三度。所以六兴者何? 辟田畴,利坛宅,①修树蓺,劝士民,勉稼穑,修墙

[1]注语①至④原本脱,据杨本补。

· 58 ·

屋。此谓厚其生。^②发伏利，^③输㙌积，^④修道途，便关市，^⑤慎将宿，^⑥此谓输之以财。^⑦导水潦，利陂沟，决潘渚，^⑧溃泥滞，^⑨通郁闭，^⑩慎津梁。此谓遗之以利。^⑪薄徵敛，轻征赋，施刑罚，赦罪戾，宥小过，此谓宽其政。^⑫养长老，慈幼孤，恤鳏寡，问疾病，吊祸丧，此谓匡其急。^⑬衣冻寒，食饥渴，匡贫窭，赈罢露，^⑭资乏绝，此谓赈其穷。^⑮凡此六者，德之兴也。六者既布，则民之所欲无不得矣。夫民必得其所欲，然后听上，听上然后政可善为也。故曰：德不可不兴也。

①坛，堂基。

②上六者，可以厚养其生也。

③利人之事积久隐伏者，发而用之。

④㙌，贮积也。

⑤谓所置关市，皆令要便也。

⑥将送货财，必慎止宿。

⑦上五者，皆生财之术，故曰"输财"，所以纳财于民。

⑧潘，溢也。渚潘溢者，疏决之令通。○绩按，《列子》："水之溢洄曰潘。"

⑨泥涂为滞者，亦溃决之令通也。

⑩郁闭，亦谓决溃有遏塞者。

⑪上之六者，所以遗利于民。

⑫上之五者，所以宽裕其政。

⑬上之五者，所以救民之急。

⑭疾恙裸露者，有以振救之。

⑮上之五者，所以振民之穷乏。

曰：民知德矣，而未知义，然后明行以导之义。^①义有七体，七体者何？曰：孝悌慈惠以养亲戚，恭敬忠信以事君上，中正比宜以行礼节，^②整齐撙诎以辟刑僇，^③纤啬省用以备饥馑，^④敦蒙纯固而备祸乱，⑤和协辑睦以备寇戎。凡此七者，义之体也。夫民必知义然后中正，中正然后和调，和调乃能处安，处安然后动威，动威乃可以战胜而守固。故曰：义不可不行也。

①行即七义。

②比，合也。既中正而又合宜也。

③撙，节也。言自节而卑屈也。

④纤，细也。啬，吝也。既细又吝，故财用省也。

⑤蒙，厚也。

曰：民知义矣，而未知礼，然后饰八经以导之礼。所谓八经者何？曰：上下有义，贵贱有分，长幼有等，贫富有度。凡此八者，礼之经也。故上下无义则乱，贵贱无分则争，长幼无等则倍，①贫富无度则失，②上下乱，贵贱争，长幼倍，贫富失，而国不乱者，未之尝闻也。是故圣王饰此八礼以导其民。八者各得其义，则为人君者中正而无私，为人臣者忠信而不党，为人父者慈惠以教，为人子者孝悌以肃，为人兄者宽裕以诲，为人弟者比顺以敬，③为人夫者敦蒙以固，为人妻者劝勉以贞。夫然，则下不倍上，臣不弑君，贱不逾贵，少不陵长，远不间亲，新不间旧，小不加大，淫不破义。凡此八者，礼之经也。夫人必知礼然后恭敬，恭敬然后尊让，尊让然后少长贵贱不相逾越，少长贵贱不相逾越，故乱不生而患不作。故曰：礼不可不谨也。

①倍，乖戾也。

②失其节制。

③比，和。

曰：民知礼矣，而未知务，然后布法以任力。任力有五务，五务者何？曰：君择臣而任官，大夫任官辩事，①官长任事守职，士修身功材，②庶人耕农树艺。君择臣而任官，则事不烦

乱；大夫任官辩事，则举措时；官长任事守职，则动作和；士
修身功材，则贤良发；庶人耕农树蓺，则财用足。故曰：凡此五
者，力之务也。夫民必知务，然后心一，心一然后意专，心一而
意专，然后功足观也。故曰：力不可不务也。

　　①辩，明也。能明所任之事也。[1]

　　②材，谓艺能。士既修身，必于艺能有功也。

　　曰：民知务矣，而未知权，然后考三度以动之。所谓三度者
何？曰：上度之天祥，下度之地宜，中度之人顺。此所谓三度。
故曰：天时不祥则有水旱，地道不宜则有饥馑，人道不顺则有
祸乱。此三者之来也，政召之。曰：审时以举事，①以事动民，②
以民动国，③以国动天下，④天下动，然后功名可成也。故民必知
权，然后举错得，⑤举错得则民和辑，民和辑则功名立矣。故曰：
权不可不度也。

　　①时合则事可举。[2]

　　②事宜则民可动。

　　③民昌则国可动。

　　④国强则天下可动也。

　　⑤权，然后知三度。

　　故曰：五经既布，然后逐奸民，诘诈伪，屏谗慝，而毋听淫
辞，毋作淫巧。若民有淫行邪性，树为淫辞，作为淫巧，以上謟
君上，而下惑百姓，移国动众，以害民务者，其刑死流。①故曰：
凡人君之所以内失百姓，外失诸侯，兵挫而地削，名卑而国亏，
社稷灭覆，身体危殆，非生于淫謟者，未之尝闻也。何以知其
然也？曰：淫声謟耳，淫观謟目，耳目之所好謟心，心之所好伤

---

[1]注语①、②原本脱，据杨本补。

[2]此注杨本作“时则天祥、地宜、人顺之时也。得其时则事可成”。

民，民伤而身不危者，未之尝闻也。曰：实圹虚，垦田畴，修墙屋，则国家富。节饮食，撙衣服，则财用足。举贤良，务功劳，布德惠，则贤人进。逐奸人，诘诈伪，去谗慝，则奸人止。修饥馑，救灾害，赈罢露，则国家定。明王之务，在于强本事，去无用，然后民可使富。②论贤人，用有能，而民可使治。薄税敛，毋苟于民，③待以忠爱，而民可使亲。三者霸王之事也，事有本，而仁义其要也。今工以巧矣，而民不足于备用者，其悦在玩好。④农以劳矣，而天下饥者，其悦在珍怪，方丈陈于前。⑤女以巧矣，而天下寒者，其悦在文绣。⑥是故博带梨，⑦大袂列，⑧文绣染，⑨刻镂削，⑩雕琢采，⑪关几而不征，⑫市廛而不税，⑬古之良工，不劳其知巧以为玩好，是故无用之物，守法者不失。⑭

①大罪死，小罪流。

②本事，谓农工也。无用，谓末作也。

③谓无苟取于民。

④君悦玩好，则民务末作，故备用不足。

⑤方丈陈前，则役用广，故农劳而不免饥。

⑥君悦文绣，则女工伤而天下寒。

⑦梨，割也。梨博带以就狭也。

⑧列大袂以从小。

⑨染文绣为纯色。

⑩削刻镂为纯素。

⑪采雕琢为纯漫。【补】梨，刊也，谓刊落。列、裂同，决之也。刻镂，刻去其镂饰之器也。削，雕削，毁其雕巧之具也。琢采，琢磨也，采色之物则磨而灭之也。数者皆去奢就俭之事也。注"刻镂"读句，非。

⑫几，察也。与"讥"同。[1]

⑬廛，市中置物处。但籍知其数，不税敛。[2]

---

[1]"与讥同"，杨本作"但使察非常，而不征赋也"。

[2]此条注语原本脱，据杨本补。

⑭或为无用物,守法者必得而诛之,不使漏失也。

卷第四

宙合第十一^①

左操五音，右执五味。^②怀绳与准钩，多备规轴，减溜大成，是唯时德之节。^③春采生，秋采蔍，夏处阴，冬处阳。大贤之德长。^④明乃哲，哲乃明，奋乃苓，明哲乃大行。^⑤毒而无怒，怨而无言，欲而无谋。^⑥大揆度仪，若觉卧，若晦明，若敖之在尧也。^⑦毋访于佞，毋蓄于谄，毋育于凶，毋监于谗。不正广其荒。^⑧不用其区区，鸟飞准绳。^⑨谫充末衡，易政利民。^⑩毋犯其凶，毋迣其求，而远其忧。高为其居，危颠莫之救。^⑪可浅可深，可浮可沉，可曲可直，可言可默。^⑫天不一时，地不一利，人不一事，^⑬可正而视，定而履，深而迹。^⑭夫天地一险一易，若鼓之有捊，擿挡则击。^⑮天地万物之橐，宙合有橐天地。^⑯

①古往今来曰宙也。所陈之道，既通往古，又合来今，无不包罗也。

②第一举目。

③第二举目。

④第三举目。

⑤第四举目。

⑥第五举目。

⑦第六举目。

⑧第七举目。

⑨第八举目。

⑩第九举目。○绩按，谫，火县反。

⑪第十举目。

⑫第十一举目。

⑬绩按，第十一举目当在此。

⑭第十二举目。

⑮别本注：捃，宅耕反。擿，丁历反。挡，丁用反。[1]○绩按，第十二举目当在此。

⑯第十三举目。

左操五音，右执五味，此言君臣之分也。①君出令佚，故立于左；②臣任力劳，故立于右。③夫五音不同声而能调，此言君之所出令无妄也，④而无所不顺，顺而令行政成。⑤五味不同物而能和，此言臣之所任力无妄也。⑥而无所不得，得而力务财多。⑦故君出令，正其国而无齐其欲，⑧一其爱而无独与是，⑨王施而无私，则海内来宾矣。臣任力，同其忠而无争其利，不失其事而无有其名，分敬而无怃，则夫妇和勉矣。君失音则风律必流，⑩流则乱败。臣离味则百姓不养，⑪百姓不养则众散亡。君臣各能其分，则国宁矣。故名之曰不德。

①左阳，君道；右阴，臣道。故曰"君臣之分"也。

②君但出令，故曰"佚"。凡右为用事，故左佚而右劳。

③臣则任力，故曰"劳"。[2]

④五音虽有不同，乐师则能调之。喻百度虽各有别，君则尽能裁之，故所出无妄。

⑤君出令，皆顺奉之，则政成。[3]

⑥五味，宰夫能和之。百职，臣守任之而无妄也。

⑦臣能任职，得宜务而财必多也。

⑧民欲既异，常随其欲而教之也。

---

[1]此注原本作"捃，年耕反；擿，丁用反"，误，据杨本改。
[2]此条注语原本脱，据杨本补。
[3]此条注语原本脱，据杨本补。

⑨王臣其爱,宜一率土周之,无所独与,则是爱能一、毋独与是也。

⑩流,谓荡散。

⑪臣离昧,百职旷,故百姓不养也。

怀绳与准钩,多备规轴,减溜大成,是唯时德之节。夫绳扶掇以为正,准坏险以为平。①钧入枉而出直。②此言圣君贤相之制举也,③博而不失,因以备能而无遗。④国犹是国也,民犹是民也,桀纣以乱亡,汤武以治昌。⑤章道以教,明法以期,民之兴善也如化,汤武之功是也。⑥多备规轴者,成轴也。⑦夫成轴之多也,其处大也不究,其入小也不塞。⑧犹迹求履之宪也,⑨夫焉有不适善?⑩适善,备也,仙也,是以无乏,⑪故谕教者取辟焉。⑫天清阳,无计量;地化生,无法崖。⑬所谓是而无非,非而无是,⑭是非有,必交来。苟信是,以有不可先规之。⑮必有不可识虑之。然将卒而不戒,⑯故圣人博闻多见,畜道以待物,⑰物至而对,形曲均存矣。⑱减,尽也。溜,发也。言遍环毕,莫不备得,故曰:减溜大成。⑲成功之术,必有巨获,⑳必周于德,审于时。时德之遇,事之会也,若合符然。故曰:是唯时德之节。㉑

①准必坏旧高[1]峻,而后以为平也。

②工人用钧,则就枉取直也。

③言制以举贤之法用钧也。

④所举既博,则枉直咸尽,故无所失。虽鸡鸣狗盗,无所不取,皆有所长,各备其能也。

⑤汤之国人,亦桀之国人。武之国人,亦纣之国人。桀纣以之亡,乱之故也。汤武以之昌,治之故也。[2]

⑥汤武之昌,教化明也。人之兴善,亦章明也。

⑦规者,正圆器。轴者,转规。大小悉须备,故多备。方主严刚,圆主柔和。

---

[1]高,原本误作“商”,据杨本改。

[2]此条注语原本脱,据杨本补。

今用规者,欲施恩引物也。

⑧究,穷也。大轴用大处,小用小故,因物施宜,故有大小也。○绩按,别本注:成轴既多,因物施宜,随大小而用之者也。

⑨迹者,履之所出。善者,恩之所生。宪,法也。拟迹而求履法,履法可得。施恩而求善心,善心可生也。

⑩以恩驱善,故无不适也。

⑪仙,轻顺貌。既皆适善能备,以恩为善轻顺,人君善既备顺,何所乏哉?则求者无不善也。

⑫辟,法也。取为规矩也。

⑬淯,古"育"字。天以阳气育生万物,物生不可计量。地以阴气化万物,物之生化,无有崖畔。君之恩,法天地之厚广也。

⑭亦既行恩,又须顺物,当顺而是之,不得有非;当顺而非之,不得有是也。

⑮是非既有,必使二者俱来,得以验之。是既信之有矣,非则不可掩,故先以恩意令息改也。

⑯不可识,谓其非谋隐伏,意在不测,或包藏祸心,故必有以防虑之。如其事将终,必当阴备待之,不可戒告之彼也。

⑰以道待物,物无不容也。

⑱对,配也。物至矣,以多少之恩,配大小之形,如此,则均平皆在于恩中,无遗失也。

⑲减溜,尽发。君既均施以恩,故物尽发于善,亦既尽善,君教不遍减,顺环圆之周,无不备得也。

⑳巨,大也。功,大成大获。

㉑德既周,时又审,二者遇会,若合符契,则何功而不成也。

春采生,秋采蓏,夏处阴,冬处阳,此言圣人之动静、开阖、诎信、涅①儒、取与之必因于时也。时则动,不时则静,是以古之士有意而未可阳也,故愁其治,言含愁而藏之也。②贤人之处乱世也，知道之不可行，则沉抑以辟罚，静默以侔免，[3]辟之也，犹夏之就清，冬之就温焉，可以无反于寒暑之菑矣，[4]非为畏死而不忠也。[5]夫强言以为僇，而功泽不加，[6]进伤，为人君严之义；[7]退害，为人臣者之生，[8]其为不利弥甚。[9]故退身不舍端，修业不息版，[10]以待清明。[11]故微子不与于纣之难，而封于宋，以为殷主，先祖不灭，后世不绝。故曰：大贤之德长。[12]

①绩按，涅，弋并切。

②有意济世，时乱方殷，未可明伦，故曰：理代之言，阴愁而藏之。

③侔，取也。

④夏不就清，冬不就温，更以寒暑致灾，终无益助。喻贤者不避乱世，更招刑谴，何荣之可得哉？

⑤贤人之避乱世，岂畏死而不忠哉？但以无益而徒死也。

⑥时非所言，必致刑僇，既刑僇矣，何功泽之加哉？

⑦臣进而遇伤，人君因此益加其严酷也。

⑧退而不遇害，而人臣因此转更偷生也。

⑨不避乱世而遇害，则君益其严酷，臣益偷生，不利弥甚也。

⑩版，牍也。

⑪贤者虽复退身，终不舍其端操。不息修业，亦不息其版籍，所以俟乱世清明，俟风云以举翼也。

⑫可大可久，则贤人之德业。

明乃哲，哲乃明，奋乃苓，明哲乃大行，此言擅美主盛自奋也。以琅汤凌轹人，[1]人之败也常自此。是故圣人著之简筴，传以告后进曰：奋盛苓落也。盛而不落者，未之有也。故有道者不平其称，不满其量，不依其乐，不致其度。[2]爵尊即肃士，禄丰则务施，功大而不伐，业明而不矜。夫名实之相怨久矣，是故绝而无交。[3]惠者知其不可两守，乃取一焉，故安而无忧，[4]毒而无怒，此言止忿速，济没法也。[5]怨而无言。言不可不慎也。言不周密，反伤其身。⑥故曰：欲而无谋。言谋不可以泄，谋泄菑极。⑦夫行忿速，遂没法，贼发言，轻谋泄，菑必及于身。故曰：毒而无怒，怨而无言，欲而无谋。

①绩按，汤，一本作"璙"。

②有道者，则汤武也。所以不平称、满量、依乐、致度者，所以晦其明。

③有名有实，必为人怨，其来久。所以绝四邻之好，杜宾客之交，恶其名实之闻也。

④名实不可两守，故但存其一，怨从此而息，所以安安而无忧也。

⑤毒者阴为贼害，从而怒之。彼知其所以行毒，怨恨续赴，其行毒之法没而不用。今不为怒者，所以止此忿速济断设法也。

⑥凡怨怒，但可藏之在心，不言之口，以泄其根。阴怀他计，反被伤身也。

⑦既欲其事，方始图之，无使谋泄。泄谋，灾必至。故曰灾极至。

大揆度仪，若觉卧，若晦明，①言渊色以自诘也。静默以审虑，依贤可用也。②仁良既明，通于可不利害之理，循发蒙也。③故曰：若觉卧，若晦明，若敖之在尧也。④毋访于佞，言毋用佞人也。用佞人则私多行。毋蓄于谄，言毋听谄，听谄则欺上。毋育于凶，言毋使暴，使暴则伤民。毋监于谗，言毋听谗，听谗则失士。夫行私、欺上、伤民、失士，此四者用，所以害君义失正也。夫为君上者，既失其义正，而倚以为名誉，为臣者不忠而邪，以趋爵禄，乱俗败世，以偷安怀乐，虽广其威可损也。故曰：不正广其荒。是以古之人阻其路，塞其遂，守而物修，故著之简筴，传以告后世人曰：其为怨也深，是以威尽焉。

①言人君材质虽不惠，但大揆度仪法，有疑则问之贤，若觉而卧悟，若从晦而视明，可以成大也。

②君有所未晓，当渊寂其色，以自穷诘，静默其神，以审思虑。有所不晓，依贤以问之，故其为可用也。

③问于仁良，其事既明，见利害之理则通晓，循而用之，其蒙自发明也。

④敖，尧子丹朱，慢而不恭，故曰敖。敖在尧时，虽凡下材，但以圣人在上，贤人在下位，动而履规矩，常自礼法，竟以改邪为明，故宾虞朝，让德群后。《书》曰："无若丹朱敖。"

不用其区区者，虚也，人而无良焉，故曰虚也。凡坚解而不动，赌堤而不行，其于时必失，失则废而不济。失植之正而不谬，不可贤也。植而无能，不可善也。所贤美于圣人者，以其与变随化也。渊泉而不尽，微约而流施，是以德之流，润泽均加于万物，故曰：圣人参于天地。鸟飞准绳，此言大人之义也。①夫鸟之飞也，必还山集谷，不还山则困，不集谷则死。山与谷之处也，不必正直，而还山集谷，曲则曲矣，而名绳焉。以为鸟起于北，意南而至于南；起于南，意北而至于北。苟大意得，不以小缺为伤。②故圣人美而著之，③曰：千里之路，不可扶以绳；④万家之都，不可平以准。⑤言大人之行，不必以先帝常义立之谓贤。⑥故为上者之论其下也，⑦不可以失此术也。⑧

①鸟飞准绳，曲以为直。大人之义，权而合道。

②鸟意将集南北，亦随山谷而曲飞，苟遂南北之大意，不以曲飞小缺为伤。圣人行权，亦犹是也。苟得合义之大致，不以反经小过而为伤也。

③美鸟飞之事，著之简策也。

④绳直千里，路必穷也。

⑤平准万家，居必塞也。

⑥守常违变，道必踬也。

⑦议欲理也。

⑧此术，权也。

謥充，言心也，心欲忠。①末衡，言耳目也，耳目欲端。中正者，治之本也。耳司听，听必顺闻，闻审谓之聪；②目司视，视必顺见，见察谓之明；③心司虑，虑必顺言，言得谓之知。④聪明以知则博，博而不惛，所以易政也。⑤政易民利，利乃劝，劝则告。⑥听不慎不审不聪，⑦不审不聪则缪。视不察不明，不察不明则过。虑不得不知，不得不知则惛。缪过与惛则忧，忧则所以伎苛，⑧伎苛所以险政，政险民害，害乃怨，怨则凶。故曰：谗充末衡，言易政利民也。

①绩按，别本注：谗，远也。

②耳之所闻，既顺且审，故谓之聪。

③目之顺视曰明。

④心之所虑，既顺且得，故谓之智。

⑤听也，明也，智也，三者既博，故事无过，举乃得中，可制礼作乐，易先古政。○绩按，易政，所谓平易近民也。

⑥民既劝勉，故可以礼乐告之。○绩按，告，当作"吉"，对下"凶"字。

⑦听不能详审，则虽聪不聪也。馀仿此。

⑧绩按，伎，梁纪切。

毋犯其凶，言中正以蓄慎也。毋迩其求，言上之败常贪于金玉马女，而丢爱于粟米货财也。厚藉敛于百姓，则万民怨怨，远其忧，言上之亡其国也。常迩其乐立优美，而外淫于驰骋田猎，内纵于美好音声，下乃解怠惰失，百吏皆失其端，则烦乱以亡其国家矣。高为其居，危颠莫之救，此言尊高满大，而好矜人以丽，主盛处贤而自予雄也。①故盛必失而雄必败。夫上既主盛处贤以操士民，国家烦乱，万民心怨，此其必亡也。犹自万仞之山，播而入深渊，其死而不振也必矣。故曰：毋迩其求而远其忧，高为其居，危颠莫之救也。

①言君王豪盛，处己以贤，自许以为英雄。予，许也。

可浅可深，可沉可浮，可曲可直，可言可默，此言指意要功之谓也。①天不一时，②地不一利，③人不一事，④是以著业不得不多，人之名位不得不殊。⑤方明者察于事，故不官于物而旁通于道。⑥道也者，通乎无上，详乎无穷，运乎诸生。⑦是故辩于一言，察于一治，政于一事者，可以曲说，而不可以广举。⑧圣人由此知言之不可兼也。故博为之治而计其意，⑨知事之不可兼也，故名为之说而况其功。⑩岁有春秋冬夏，月有上下中旬，日有朝暮，夜有昏晨，半星⑪辰序各有其司，故曰"天[1]不一时"。⑫山陵岑岩，渊泉闳流，泉逾瀷⑬而不尽，薄承瀷而不满，⑭高下肥硗，物有所宜，故曰"地不一利"。⑮乡有俗，国有法，食饮不同味，衣服异采，世用器械，规矩绳准，称量数度，品有所成，故曰"人不一事"。⑯此各事之仪，其详不可尽也。⑰

①凡此浅深曲直诸事，皆可详之。言之指意，要必得此，然可以成功。

②春夏秋冬，各有其时。

③五土十地，各有其利。

④士农工商，各有其事。

⑤天时地利犹有不一，况于人之所著事业及其名位，岂得不多而殊乎？

⑥方，谓法术。言法术通明之士，察于天地，知不可专一。官，主也。故云不主一物，功用无方，旁通于道也。

⑦诸物由道而生。

⑧言寡能之人，但辩一言，察一理，政一事。如此者，唯可以示一曲之说，未足以广包也。

⑨知一言不可兼群言，故博为理众言，而复计度所言之意，以告喻之也。

⑩又知一事不足以兼众事，故每事皆立名而为此说。又恐未明其功，故比况而晓告之。

⑪星半隐半见也。

⑫此以上各举天时不一。半星辰序，言其星辰昼隐夜出，常见半，至于次序，有司[2]以为法也。

---

[1]"天"下原衍"多"字，据杨本删。

[2]司，原本误作"何"，据杨本改。

⑬潎，凑漏之流也。○绩按，潎，余力、昌力二切。

⑭泉逾而前，潎随而后，欲其流不尽。至溪谷小既停，薄随至而泄，虽承潎而常不满之流也。

⑮此以上略言地利不一也。

⑯此以上举人之事不一也。

⑰此天地人三者之仪，但略举之，故其详不尽也。

可正而视，言察美恶，审别良善，不可以不审。操分不杂，故政治不悔，定而履，言处其位，行其路，为其事，则民守其职而不乱，故葆统而好终。深而迹，言明墨章书，道德有常，则后世人人修理而不迷，故名声不息。夫天地一险一易，若鼓之有桴，①摘挡则击，②言苟有昌之，必有和之，和之不差，因以尽天地之道。③景不为曲物直，响不为恶声美。④是以圣人明乎物之性者，必以其类来也。⑤故君子绳绳乎慎其所先。

①桴，当为"响"。

②险易，犹否泰也。夫天地否泰，应德而至，犹鼓之含响，应击而鸣者也。【补】桴，鼓枹也。摘挡，鼓声也，犹镗鞳也。言鼓之有摘挡之声，由枹有以击之也。

③唱则击也。小则小和，大则大和，故曰"和击而不差"。应击为响，象天地也。应德为否泰也。

④物曲则影曲，声恶则响恶，亦以天道福善祸淫，随事而至也。

⑤恶声往则恶响来，犹积善馀庆，积恶馀殃。

天地，万物之橐也，①宙合有橐天地，②天地苴万物，故曰"万物之橐"。③宙合之意，上通于天之上，下泉于地之下，外出于四海之外，合络天地以为一裹。④散之至于无间，不可名而山，⑤是大之无外，小之无内，故曰"有橐天地"。其义不传，⑥一典品之，不极一薄，然而典品无治也。⑦多内则富，时出则当，而圣人之道，富贵以当。奚谓当？本乎无妄之治，运乎无方之事，应变不失之谓当。变无不至，无有应，当本错，不敢忿，⑧故言而名之曰"宙合"。⑨

①君子知善恶必报，绳绳戒顺，先天地以类善，天地万物从而应之。则善在先，应在后，如橐之盛物也。故曰"天地万物之橐"。

②宙合之道，教以先天地行善，故橐天地也。○绩按，有，又也。

③苴裹万物，在天地之中，故为橐也。

④宙合，广积善以通天上，入地下，包络天地为一裹也。

⑤宙合之裹故散，其终上能无偷观，犹不可得其名，若山然也。○绩按，山，乃"止"字误。

⑥苟非其人，道不虚行，故其不可名，则义不可妄传也。

⑦典，常也。宙合之道，专一而能常行，则不有穷，若乃轻薄不能崇重，则此道或几乎息矣。常品之人，不能重理也。

⑧当，谓行赏以当功。当功所以错而不用者，则以变不至也。故虽不用物，不敢忿怒也。

⑨寻古遗言之立名，名曰"宙合"也。

枢言第十二①   外言三

管子曰：道之在天者，日也。②其在人者，心也。③故曰：有气则生，无气则死。生者以其气。④有名则治，无名则乱。治者以其名，⑤枢言曰：爱之，利之，益之，安之。四者道之出[1]，⑥帝王者用之，而天下治矣。帝王者审所先所后，先民与地则得矣，⑦先贵与骄则失矣。⑧是故先王慎贵在所先所后，人主不可以不慎贵，不可以不慎民，不可以不慎富。慎贵在举贤，慎民在置

---

[1]"四者道之出"五字原本脱，据杨本补。

官，慎富在务地。故人主之卑尊轻重，在此三者，不可不慎。⑨
国有宝，有器，有用。城郭、险阻、蓄藏，宝也。⑩圣智，器
也。⑪珠玉，末用也。⑫先王重其宝器而轻其末用，故能为天下。
生而不死者二，⑬立而不立者四，⑭喜也者，怒也者，恶也者，欲
也者，天下之败也，而贤者宝之。为善者，非善也，⑮故善无以为
也。故先王贵善，⑯王主积于民，⑰霸主积于将士，⑱衰主积于贵
人，⑲亡主积于妇女珠玉，⑳故先王慎其所积。疾之疾之，万物之
师也；为之为之，万物之时也；强之强之，万物之指也。

①枢者，居中以运外，动而不穷者也。言则虑心而发口，变而无主者也。其
用若枢，故曰《枢言》。

②日者，万物由之以照，万象由之以显，功莫大焉，故谓之道也。

③心者，万物由之以虑，万理由之以断，云为莫大焉，故谓之道。

④日与心以生成为功，而生成以气为主。此言气者，道之用也，尤宜重也。
○绩按，诸本无"生者以其气"五字，非。

⑤物既生成，须立法以治之，在于名实相副，故实称其名则治，名重其实
则乱。

⑥四者从道而生，故曰"道之出"也。

⑦民者君之本，地者民之天，先此二者，则无所不得矣。

⑧贵而不已则骄，骄而不已则亡。先此二者，则无所不失矣。

⑨慎三则尊以重，忽三则卑以轻。

⑩城郭完，险阻修，则寇盗息，蓄藏积，民无饥，故为宝也。

⑪圣无不通，智无遗策，二者可操以成事，故曰"器"。

⑫珠玉者，饥不可食，寒不可衣，费多而益少，故为末用也。

⑬谓宝与器。

⑭人君虽欲自立而重珠玉，则不令得立者四，谓喜怒恶欲。

⑮非善此珠玉也。

⑯贵善蓄藏。

⑰无不足。○绩按，言广人民也。

⑱卒勇奋。

⑲益其骄。○绩按,多贵宠。

⑳速其亡也。

凡国有三制。有制人者,有为人之所制者,有不能制人人亦不能制者。何以知其然? 德盛义尊而不好加名于人,①人众兵强而不以其国造难生患,②天下有大事而好以其国后。③如此者,制人者也。④德不盛,义不尊,而好加名于人。人不众,兵不强,而好以其国造难生患。恃与国,幸名利,⑤如此者,人之所制也。⑥人进亦进,人退亦退,人劳亦劳,人佚亦佚,进退劳佚,与人相胥。⑦如此者,不能制人,人亦不能制也。

①加名于人者,人亦加之也。

②患难于人者,人亦患难之。

③谦受益也。

④下人者,在人上。

⑤言恃党与之国,又不为推让,每辄幸其名利也。

⑥陵人者,人反陵之。息侯伐郑之比。

⑦胥,视也。常视人,与之俱进退劳佚也。

爱人甚而不能利也,①憎人甚而不能害也,②故先王贵当,③贵周。④周者,不出于口,不见于色,一龙一蛇,⑤一日五化之谓周。⑥故先王不以一过二,⑦先王不独举,不擅功。⑧先王不约束,不结纽。约束则解,⑨结纽则绝,⑩故亲不在约束结纽。⑪先王不货交,⑫不列地,⑬以为天下,不可改也,⑭而可以鞭箠使也。⑮时也,利也,出为之也。⑯馀目不明,馀耳不聪,⑰是以能继天子之容。⑱官职亦然。⑲时者得天,义者得人,⑳既时且义,故能得天与人。先王不以勇猛为边境则边境安,边境安则邻国亲,邻国亲则举当矣。人故相憎也,人之心悍,故为之法。法出于礼，礼出于治。治、礼，道也，万物待治、礼而后定。凡万物阴阳两生而参视，先王因其参而慎所入所出。以卑为卑，卑不可得；以尊为尊，尊不可得，桀舜是也。先王之所以最重也，得之必生，失之必死者，何也？唯无得之，尧舜禹汤，文武孝已，斯待以成，天下必待以生，故先王重之。一日不食比岁歉，三日不食比岁饥，五日不食比岁荒，七日不食无国土，十日不食无畴类，尽死矣。先王贵诚信，诚信者，天下之结也。㉑贤大夫不恃宗室[1]，士不恃外权，坦坦之利不以功，坦坦之备不为用。㉒故存国家，定社稷，在卒谋之间耳。圣人用其心，沌沌乎博而圜，豚豚乎莫得其门，㉓纷纷乎若乱丝，遗遗乎若有所从治。故曰：欲知者知之，欲利者利之，欲勇者勇之，欲贵者贵之。彼欲贵，我贵之，人谓我有礼。彼欲勇，我勇之，人谓我恭。彼欲利，我利之，人谓我仁。彼欲知，我知之，人谓我憨。戒之戒之，微而异之，㉔动作必思之，无令人识之，卒来者必备之。信之者仁也，不可欺者智也，既智且仁，是谓成人。

①爱甚不利,生其怨心。

②憎甚不害,生其贼心。

③爱必利,憎必害。

④深密不测则周也。

⑤一则为龙,一则为蛇,喻人行藏。

⑥行藏五变,故曰"五化"。

⑦以少喻多,众所惊也。

⑧独举擅功,人之所疾。

⑨有束,故可得而解。

⑩有纽,故可得而绝。

⑪相亲,从心生也。

⑫货交,则人心有亲疏。

[1]室,原本误作"至",据杨本改。

⑬列地,则人心有向背。

⑭亲疏向背,是其改也。改,谓分别。

⑮若乃不改,而以鞭萑威之,则无思不服。

⑯先王有所出为,必上得天时,下尽地利。

⑰苟非时利,虽目视有馀,不用其明,耳听有馀,不用其聪也。

⑱天子之容,时利而已。

⑲亦时利也。

⑳义即利也。

㉑信诚者,所以结固天下之心也。

㉒坦坦,谓平平。非有超而异者,故不能立功而成用也。

㉓一本作"沌沌乎博而圂,豚豚乎莫得而闻也"。

㉔人心不同,其犹面焉。令既顺欲获,失时无所收。

贱固事贵,不肖固事贤。贵之所以能成其贵者,以其贵而事贱也。贤之所以能成其贤者,以其贤而事不肖也。恶者,美之充也;卑者,尊之充也;贱者,贵之充也。故先王贵之。天以时使,地以材使,人以德使,鬼神以祥使,禽兽以力使。所谓德者,先之之谓也。故德莫如先,应适莫如后。先王用一阴二阳者霸,尽以阳者王。以一阳二阴者削,尽以阴者亡。量之不以少多,称之不以轻重,度之不以短长,不审此三者,不可举大事。能戒乎?能敕乎?能隐而伏乎?能而稷乎?能而麦乎?春不生而夏无得乎?众人之用其心也,爱者憎之始也,德者怨之本也。唯贤者不然。先王事以合交,德以合人。二者不合,则无成矣,无亲矣。

凡国之亡也,以其长者也。人之自失也,以其所长者也。故善游者死于梁池,善射者死于中野。命属于食,治属于事,无善事而有善治者,自古及今,未尝之有也。

众胜寡,疾胜徐,勇胜怯,智胜愚,善胜恶,有义胜无义,有天道胜无天道，凡此七胜者贵众，用之终身者众矣。人主好佚欲、亡其身、失其国者殆，其德不足以怀其民者殆，明其刑而残其士者殆，诸侯假之威，久而不知极已者殆，身弥老，不知敬其适子者殆，蓄藏积陈朽腐，不以与人者殆。

凡人之名三：有治也者，有耻也者，有事也者。事之名二：正之，察之。五者而天下治矣。名正则治，名倚则乱，无名则死。故先王贵名。先王取天下，远者以礼，近者以体。体、礼者，所以取天下。远、近者，所以殊天下之际。日益之而患少者惟忠，日损之而患多者惟欲。多忠少欲，智也，为人臣者之广道也。为人臣者，非有功劳于国也，家富而国贫，为人臣者之大罪也。为人臣者，非有功劳于国也，爵尊而主卑，为人臣者之大罪也。无功劳于国而贵富者，其唯尚贤乎？

众人之用其心也，爱者，憎之始也；^①德者，怨之本也。^②其事亲也，妻子具则孝衰矣。其事君也，有好业、家室富足则行衰矣，爵禄满则忠衰矣。唯贤者不然，^③故先王不满也。

①爱尽而憎至。

②德竭而怨生。

③贤者有始有卒。

人主操逆，人臣操顺。先王重荣辱，荣辱在为。天下无私爱也，无私憎也，为善者有福，为不善者有祸。祸福在为，故先王重为。明赏不费，明刑不暴，赏罚明，则德之至者也，故先王贵明。天道大而帝王者用爱恶，爱恶天下可秘，爱恶重闭必固。釜鼓满则人概之，人满则天概之，故先王不满也。先王之书，心之敬执也，而众人不知也。故有事事也，毋事亦事也。吾畏事，不欲为事；吾畏言，不欲为言。故行年六十而老吃也。

八观第十三

大城不可以不完，郭周不可以外通，里域不可以横通，[①]间闾不可以毋阖，[②]宫垣关闭不可以不修。故大城不完，则乱贼之人谋。郭周外通，则奸遁逾越者作。里域横通，则攘夺窃盗者不止。间闾无阖，外内交通，则男女无别。宫垣不备，关闭不固，虽有良货，不能守也。故形势不得为非，则奸邪之人慤愿；[③]禁罚威严，则简慢之人整齐；宪令著明，则蛮夷之人不敢犯；赏庆信必，则有功者劝；教训习俗者众，则君民化变而不自知也。[④]是故明君在上位，刑省罚寡，非可刑而不刑，非可罪而不罪也。明君者闭其门，塞其涂，弇其迹，使民无由接于淫非之地，[⑤]是以民之道正行善也若性然，故罪罚寡而民以治矣。

①横通,谓从旁而通也。

②阖,扇也。

③禁御周固,形势不得为非,则奸邪之人无从生心而变为慤愿。

④习俗而善,不知善之为善,犹入芝兰之室,不知芳之为芳也。

⑤既闭出非之门,又塞生过之涂,成罪之迹,莫不掩匿。如此则自然端直,欲接淫非之地,其路无由也。

行其田野，视其耕芸，计其农事，而饥饱之国可以知也。其耕之不深，芸之不谨，地宜不任，草田多秽，耕者不必肥，荒者不必硗，以人猥计其野，[①]草田多而辟田少者，虽不水旱，饥国之野也。若是而民寡，则不足以守其地。若是而民众，则国贫民饥。以此遇水旱，则众散而不收。彼民不足以守者，其城不固。民饥者，不可以使战。众散而不收，则国为丘墟。故曰：有地君国而不务耕芸，寄生之君也。故曰：行其田野，视其耕芸，计其农事，而饥饱之国可知也。

①猥，众也。以人众之多少而计其野之广狭也。

行其山泽，观其桑麻，计其六畜之产，而贫富之国可知也。夫山泽广大，则草木易多也。壤地肥饶，则桑麻易殖也。荐草多衍，则六畜易繁也。①山泽虽广，草木毋禁。壤地虽肥，桑麻毋数。荐草虽多，六畜有征。②闭货之门。③故曰：时货不遂，金玉虽多，④谓之贫国也。故曰：行其山泽，观其桑麻，计其六畜之产，而贫富之国可知也。

①荐，茂草也。庄周曰："麋鹿食荐。"

②征，赋。

③无货可出，若闭门然。

④时货，谓谷帛畜产也。

入国邑，视宫室，观车马衣服，而侈俭之国可知也。夫国城大而田野浅狭者，不足以养其民。城域大而人民寡者，其民不足以守其城。宫营大而室屋寡者，其室不足以实其宫。室屋众而人徒寡者，其人不足以处其室。囷仓寡而台榭繁者，其藏不足以供其事。①故曰，主上无积而宫室美，氓家无积而衣服修。②乘车者饰观望，步行者杂文采，本资少而末用多者，③侈国之俗也。国侈则用费，用费则民贫，民贫则奸智生，奸智生则邪巧作。故奸邪之所生，生于匮不足。匮不足之所生，生于侈。侈之所生，生于无度。故曰：审度量，节衣服，俭财用，禁侈泰，为国之急也。不通于若计者，④不可使用国。故曰：入国邑，视宫室，观车马衣服，而侈俭之国可知也。

①囷仓所藏,不足以供台榭之费。

②氓家,谓民家也。

③本资,谓谷帛。

④若计,谓"审度量"以下。

课凶饥,计师役,观台榭,量国费,而实虚之国可知也。凡田野,万家之众可食之地,方五十里①可以为足矣。万家以下,则就山泽可矣。②万家以上,则去山泽可矣。③彼野悉辟,而民无积者,国地小而食地浅也。田半垦,而民有馀食,而粟米多者,国地大而食地博也。国地大而野不辟者,君好货而臣好利者也。④辟地广而民不足者,上赋重,流其藏者也。⑤故曰:粟行于三百里,⑥则国毋一年之积;粟行于四百里,则国毋二年之积;粟行于五百里,则众有饥色。其稼亡三之一者,命曰小凶。⑦小凶三年而大凶,⑧大凶则众有大遗苞矣。⑨什一之师,什三毋事,则稼亡三之一,⑩稼亡三之一而非有故盖积也,则道有损瘠矣。⑪什三之师,三年不解,非有馀食也,则民有鬻子矣。⑫故曰:山林虽近,草木虽美,宫室必有度,禁发必有时。是何也?曰:大木不可独伐也,大木不可独举也,大木不可独运也,大木不可加之薄墙之上。⑬故曰:山林虽广,草木虽美,禁发必有时。国虽充盈,金玉虽多,宫室必有度。江海虽广,池泽虽博,鱼鳖虽多,网罟必有正。⑭舨网不可一财而成也,⑮非私草木,爱鱼鳖也,恶废民于生谷也。故曰:先王之禁山泽之作者,博民于生谷也。彼民非谷不食,谷非地不生,地非民不动,⑯民非作力毋以致财。天下⑰之所生,生于用力,⑱用力之所生,生于劳身。是故主上用财毋已,是民用力毋休也。⑳故曰:台榭相望者,其上下相怨也。㉑民毋馀积者,其禁不必止。㉒众有遗苞者,其战不必胜。㉓道有损瘠者,其守不必固。㉔故令不必行,禁不必止,战不必胜,守不必固,则危亡随其后矣。故曰:课凶饥,计师役,观台榭,量国费，实虚之国可知也。

①绩按，方，一本作"百"。

②万家以下，其人少，可以就山泽逐便利。

③万家以上，其人多，则去山泽，就原陆，而山泽有禁也。

④君臣好货利，则妨农功，故其野不辟。

⑤上赋重，则人藏流散也。

⑥赋重则粟贱，故人远行而籴之，或远人来籴也。

⑦三分常稼而亡其一，时有凶灾故也，故谓"小凶"也。

⑧比三年不熟，故曰"大凶"也。

⑨时既大凶，无复蓄积，虽相振济，但苞裹升斗以相遗也。

⑩师，法也。十一而税，周礼之通法。今乃十三而税，无事于旧稼亡三之一也。○绩按，前作"计师役"，则此"师"乃师役也，谓兴师役一分则相逮者众而为三分，是十分中有三分无事农之人，而亡稼三之一矣。

⑪既已亡三之一，又无故积，则道行之人有毁损羸瘠者也。

⑫既师十一，三年而不解，此当有馀食而不馀，则以遇岁凶故也，所以人有鬻子者。○绩按，别本注：什三之税，三年不解弛，若非蓄积有馀，又遇岁凶，则民必鬻子矣。

⑬凡此必资众力，则妨农事，故宫室须有度，禁发须有时也。

⑭多少小大之正。

⑮必多财然后成。

⑯动，谓发生谷物。

⑰绩按，当作"夫财"，乃字之误也。

⑱天下所以有其生，各由用力也。

⑳财从力生，故用财不已，则用力不休也。

㉑上怨下不供，下怨上多税。

㉒民饥贫则为盗贼，故禁不止也。

㉓战士饥则力屈，故战不胜。

㉔损瘠则死期将至，故守不固也。

入州里，观习俗，听民之所以化其上，[①]而治乱之国可知也。州里不鬲，[②]闾闬不设，出入毋时，早晏不禁，则攘夺窃盗，攻击残贼之民毋自胜矣。[③]食谷水，巷凿井，[④]场圃接，[⑤]树木茂，[⑥]宫墙毁坏，门户不闭，外内交通，则男女之别毋自正矣。乡毋长游，[⑦]里毋士舍，[⑧]时毋会同，[⑨]丧蒸不聚，[⑩]禁罚不严，则齿长辑睦，毋自生矣。[⑪]故昏礼不谨则民不修廉，论贤不乡举则士不及行，货财行于国则法令毁于官，请谒得于上则党与成于下。乡官毋法制，百姓群徒不从，此亡国弑君之所自生也。故曰，入州里，观习俗，听民之所以化其上者，而治乱之国可知也。

①君斯作矣，人胥效矣，故人莫不化上。

②无堤鬲也。

③自，从也。便不设备，则盗贼无从而胜。

④谷水巷井，则出汲者生其淫放。

⑤邻家子女，易得交通。

⑥淫非者易为。

⑦什长游宗也。

⑧士，谓里尉。每里当置舍，使尉居焉。

⑨乡里每时当有会同，所以结恩好也。

⑩蒸，冬祭名。

⑪乡里长弟当以齿也。

入朝廷，观左右，本求朝之臣，[①]论上下之所贵贱者，而强弱之国可知也。功多为上，禄赏为下，则积劳之臣不务尽力。[②]治行为上，爵列为下，则豪杰材臣不务竭能。便辟左右不论功能而有爵禄，则百姓疾怨非上，贱爵轻禄。[③]金玉货财，商贾之人不论志行而有爵禄，[④]则上令轻，法制毁。权重之人不论财能而得尊位，则民倍本行而求外势。彼积劳之人不务尽力，则兵士不战矣。豪杰材臣不务竭能，则内治不别矣。百姓疾怨非上，贱爵轻禄，则上毋以劝众矣。上令轻，法制毁，则君毋以使臣，臣毋以事君矣。民倍本行而求外势，则国之情伪竭于敌国矣。⑤故曰：入朝廷，观左右，本求朝之臣，论上下之所贵贱者，而强弱之国可知也。

①谓原本寻求朝之得失。

②战功曰多，谓积劳之臣论其功多，则居于众上。及行禄赏，翻在众下，故不务尽力也。

③左右不论能而有爵禄，则百姓非但疾怨，又非上，轻贱爵禄也。

④不论志行，能使在爵禄之位也。

⑤人既倍本求外，则国之情伪尽在于敌矣。竭，尽也。

置法出令，临众用民，计其威严宽惠，行于其民与不行于其民可知也。法虚立而害疏远，①令一布而不听者存，②贱爵禄而毋功者富，③然则众必轻令而上位危。④故曰：良田不在战士，三年而兵弱。⑤赏罚不信，五年而破。上卖官爵，十年而亡。倍人伦而禽兽行，十年而灭。战不胜，弱也。地四削，入诸侯，破也。离本国，徙都邑，亡也。有者异姓，灭也。⑥故曰：置法出令，临众用民，计威严宽惠，而行于其民不行于其民可知也。

①谓其立法但能害疏远，而不行亲近，故曰虚立也。

②不听者存，是令不行[1]。

③无功者富，则有功者贫也。

④轻令则有无君之心，故上位危。

⑤良田所以赏战士，不赏则士无战志，故兵弱也。

⑥有异[2]国者，异姓之人，则宗庙灭，若齐之陈氏是也。

计敌与，量上意，察国本，观民产之所有馀不足，而存亡之国可知也。敌国强而与国弱，谏臣死而谀臣尊，私情行而公

[1] 行，原本误作“令”，据杨本改。
[2] 异，原本误作“其”，据杨本改。

法毁，^①然则与国不恃其亲，^②而敌国不畏其强，^③豪杰不安其位，而积劳之人不怀其禄。悦商贩而不务本货，则民偷处而不事积聚。豪杰不安其位，则良臣出。积劳之人不怀其禄，则兵士不用。民偷处而不事积聚，则困仓空虚。如是而君不为变，^④然则攘夺、窃盗、残贼、进取之人起矣。内者廷无良臣，^⑤兵士不用，^⑥困仓空虚，^⑦而外有强敌之忧，则国居而自毁矣。^⑧故曰，计敌与，量上意，察国本，观民产之所有馀不足，而存亡之国可知也。故以此八者观人主之国，而人主无所匿其情矣。

①绩按，一本作"公道"。

②谓党与之国不恃己以为亲也。

③寇敌之国不畏己以为强也。

④不改常而更化。

⑤豪杰不安其位。

⑥积劳之人不怀其禄故也。

⑦民偷处而不事积聚故也。

⑧居然自致灭毁。

法禁第十四　　　　　外言五

法制不议，则民不相私；^①刑杀毋赦，则民不偷于为善；^②爵禄毋假，则下不乱其上。^③三者藏于官则为法，施于国则成俗，其馀不强而治矣。^④君一置其仪，则百官守其法。上明陈其制，则下皆会其度矣。君之置其仪也不一，则下之倍法而立私理者必多矣。是以人用其私，废上之制，而道其所闻，^⑤故下与官列法，而上与君分威，国家之危必自此始矣。^⑥

①君出法制，下不敢议，则人奉公而不相与为私。

②有过必诛，则善恶明，故不为苟且之善。

③爵必有德，禄必有功，不妄假人，则人知君我者必贤德，故不乱于上。

④三者，即法、刑、爵也。藏于官，谓下不得擅其用。如此则法施俗成，自斯之外，虽不勉强，莫不从理矣。〇绩按，藏于官，谓收于君府。

⑤既废上之制，故竞道其所闻，以遂其私欲。

⑥下，谓庶人。上，谓权臣。列亦分也。〇绩按，言此用私之人自立一法，是下与守法官并陈法，上与制法君并操权而分其半矣。

昔者圣王之治其民也不然，废上之法制者必负以耻，①财厚博惠，以私亲于民者，正经而自正矣。②乱国之道，易国之常，赐赏恣于己者，圣王之禁也。③

①负，犹被也。废法制者必被之以耻辱也。

②臣厚财而作福，则正礼经以示之，其人自正矣。

③赐赏者，人君所独用也。臣为君事，故须禁之也。

圣王既没，受之者衰，①君人而不能知立君之道以为国本，则大臣之赘下而射人心者必多矣。②君不能审立其法以为下制，则百姓之立私理而径于利者必众矣。③昔者圣王之治人也，不贵其人博学也，欲其人之和同以听令也。④《泰誓》曰："纣有臣亿万人，亦有亿万之心。武王有臣三千而一心。"故纣以亿万之心亡，武王以一心存。故有国之君，苟不能同人心，一国威，齐士义，通上之治以为下法，则虽有广地众民，犹不能以为安也。

①嗣君不振。

②越职行恩曰赘。福下者，君之事也，今臣为之，故曰赘。臣之作福，所邀射人心，必使归己也。〇绩按，别本注：君既失德，则大臣必作福作威以射人心，使之归己也。

③径，谓邪行以趣疾也。

④博学而不听令,奸人之雄也。

君失其道,则大臣比权重,^①以相举于国,小臣必循利以相就也。故举国之士以为亡党,^②行公道以为私惠。^③进则相推于君,退则相誉于民,各便其身,而忘社稷以广其居,^④聚徒威群,^⑤上以蔽君,下以索民,^⑥此皆弱君乱国之道也,故国之危也。

①与权重者相比。

②为叛亡之党也。

③费公以树私也。

④容受博也。

⑤蓄党以威众。

⑥求人附己。

擅国权以深索于民者,圣王之禁也。其身毋任于上者,圣王之禁也。进则受禄于君,退则藏禄于室,毋事治职,但力事属私,^①王官私,君事去,^②非其人而人私行者,圣王之禁也。^③修行则不以亲为本,^④治事则不以官为主,^⑤举毋能,进毋功者,圣王之禁也。交人则以为己赐,^⑥举人则以为己劳,^⑦仕人则与分其禄者,^⑧圣王之禁也。交于利通而获于贫穷,^⑨轻取于其民而重致于其君,^⑩削上以附下,枉法以求于民者,^⑪圣王之禁也。用不称其人,家富于其列,其禄甚寡,而资财甚多者,^⑫圣王之禁也。拂世以为行,非上以为名,常反上之法制,以成群于国者,^⑬圣王之禁也。饰于贫穷,而发于勤劳,权于贫贱,^⑭身无职事,家无常姓,列上下之间,议言为民者,圣王之禁也。^⑮壶士以为亡资,修田以为亡本,^⑯则生之养私不死,^⑰然后失矫以深,与上为市者,^⑱圣王之禁也。审饰小节以示民,^⑲时言大事以动上,^⑳远交以逾群,假爵以临朝者,^㉑圣王之禁也。卑身杂处,^㉒隐行辟倚,^㉓侧入迎远,^㉔遁上而道民者,^㉕圣王之禁也。诡俗异礼,

大言法行，⑳难其所为而高自错者，㉗圣王之禁也。守委闲居，博
分以致众，㉘勤身遂行，说人以货财，㉙济人以买誉，㉚其身甚静
而使人求者，㉛圣王之禁也。行辟而坚，言诡而辩，术非而博，
顺恶而泽者，㉜圣王之禁也。以朋党为友，以蔽恶为仁，㉝以数
变为智，以重敛为忠，以遂恣为勇者，圣王之禁也。固国之本，
其身务往于上，深附于诸侯者，㉞圣王之禁也。圣王之身，治世
之时，德行必有所是，道义必有所明。故士莫敢诡俗异礼以自见
于国，莫敢布惠缓行，修上下之交以和亲于民，㉟故莫敢超等逾
官，渔利苏功以取顺其君。㊱圣王之治民也，进则使无由得其所
利，退则使无由避其所害，必使反乎安其位，乐其群，务其职，
营其名而后止矣。㊲故逾其官而离其群者，必使有害。不能其事
而失其职者，必使有耻。是故圣王之教民也，以仁错之，以耻使
之，修其能，致其所成而止。故曰，绝而定，㊳静而治，安而尊，
举错而不变者，圣王之道也。

①其所勉力事务者，但属意于私。

②王之官，私事则营之，君事则去之也。〇绩按，别本注：王官既私，君事
去矣。

③用既非其人，故其人但为私行，所以禁之也。

④简孝敬也。

⑤邀虚誉也。

⑥臣或下交于人，恃之以为己之恩赐。

⑦为国举贤，恃之以为己之功劳。

⑧荐人令仕，得禄与共分也。

⑨臣所与交通者，皆货利末业，则农桑废，政获于贫穷。

⑩下取于人，轻然不难，上致于君，伪饰成重。

⑪削上成用，附下成恩，枉君公法，求人私悦也。

⑫列，业也。臣有用少而家业富，禄寡而资财多，则以枉法取于人故也。

⑬拂世非上，反违法制，以结连朋党，亦所谓奸人之雄也。

⑭内富而外饰于贫穷,内逸而外发于勤劳,可以助势而权于贫穷也。

⑮姓,生也。身既无职事,家又无常生,自列于上下之间,其有言议,每辄为人以求名誉,非纯粹之道,故圣王禁之也。

⑯每以壶飧济士,以为亡去之资,若赵孟之为。又修营田业,以为亡去之本也。

⑰既有所备预,则私养其生,虽亡而不死也。

⑱自恃其备,然后君失必矫。其有不从,则示以去就之形而要之,故曰"与之为市"。

⑲钓虚誉也。

⑳示君以不测也。

㉑远交四邻,以越群党,虚假高节,威临本朝也。

㉒不简俦类。

㉓倚,依也。自隐其行以避所依也。○绩按,隐,索隐行怪之隐。辟倚,皆邪不正也。

㉔侧身而入国,挺出而迎远。

㉕卑身杂处,所以遁上。隐行避倚,所以道民。

㉖大为言誉以为法,使人遵行也。

㉗错,置也。

㉘守其委积以闲居,博分其财以致众。

㉙勤劳其身,以遂其行。施其货财,以悦于人。

㉚济施人货财,所以买其声誉。

㉛静而多财,故人求之。

㉜所顺习者恶事,善润饰之,令有光泽。

㉝朋党有恶,相为隐蔽,用此为仁。

㉞每国自有其本,臣无境外之交。今虽身务归于上,而心有异,托外深附于诸侯。

㉟从容养民,谓之缓行。

㊱饰诈以钓君利,谓之渔利。因少构多,谓之苏功。苏,生息也。

㊲能如上事，则止而循常也。

㊳绝邪僻之事也。

重令第十五　外言六

凡布国之重器，莫重于令。令重则君尊，君尊则国安。令轻则君卑，君卑则国危。故安国在乎尊君，尊君在乎行令，行令在乎严罚。罚严令行，则百吏皆恐。罚不严，令不行，则百吏皆喜。故明君察于治民之本，本莫要于令。故曰：亏令者死，益令者死，①不行令者死，留令者死，②不从令者死。五者死而无赦，惟令是视。③故曰：令重而下恐，为上者不明，令出虽自上，而论可与不可者在下。④夫倍上令以为威，则行恣于己以为私，百吏奚不喜之有？⑤且夫令出虽自上，而论可与不可者在下，是威下系于民也。⑥威下系于民而求上之毋危，不可得也。⑦令出而留者无罪，则是教民不敬也。⑧令出而不行者毋罪，行之者有罪，是皆教民不听也。⑨令出而论可与不可者在官，是威下分也。⑩益损者毋罪，则是教民邪途也。⑪如此则巧佞之人将以成私为交，比周之人将以此阿党取与，贪利之人将以此收货聚财，懦弱之人将以此阿贵事富，便辟伐矜之人将以此买誉成名。⑫故令一出，示民邪途五衢，⑬而求上之毋危，下之毋乱，不可得也。⑭

①增益令者杀无赦。

②令当行而故留之。

③设令者必不赦此五死也。

④不明之君，虽日出令，至于可否，必与下论而后定。如此者，臣反制君，何令之为？

⑤倍公则得成私，亏令而喜，不亦宜乎？

⑥可否定于下，则是威下系也。

⑦下强则上危也。

⑧王言如丝，其出如纶。所谓敬也。留者不诛，是教不敬。

⑨不行无罪，行之反诛，人之不听上教之然也。

⑩官，谓百官。可否定于百官，则是威下分也。

⑪益，谓增令者。损，谓亏令者。二者不罪，人为邪途，上教之然也。

⑫凡此皆上开其隙，则下得缘隙而成奸也。

⑬五衢，谓上之五死也。死之则五衢塞，生之则五衢开。

⑭五衢开故也。

菽粟不足，末生不禁，民必有饥饿之色。①而工以雕文刻镂相稚也，谓之逆。②布帛不足，衣服毋度，民必有冻寒之伤，而女以美衣锦绣綦组相稚也，谓之逆。万乘藏兵之国，卒不能野战应敌，社稷必有危亡之患，而士以毋分役相稚也，谓之逆。③爵人不论能，禄人不论功，则士无为行制死节，④而群臣必通外请谒，取权道行，事便辟以贵富，⑤为荣华以相稚也，谓之逆。⑥

①末生，谓以末业为生者也。

②稚，骄也。人有饥色，不息末以杀之，反以雕文相骄，故谓之逆。

③社稷有危，人人皆当效死，今反以无分役相骄，故谓之逆。

④爵不论能，故不为行制。禄不论功，故不为死节也。

⑤谄事便辟，以得贵富。

⑥不义富贵，志士所耻，反以为荣华而相骄，故以为逆。

朝有经臣，国有经俗，民有经产。①

①经，常也。

何谓朝之经臣？察身能而受官，不诬于上，①谨于法令以治，不阿党，②竭能尽力而不尚得，③犯难离患而不辞死，④受禄不过其功，⑤服位不侈其能，⑥不以毋实虚受者，⑦朝之经臣也。

何谓国之经俗？所好恶不违于上，[8]所贵贱不逆于令，[9]毋上拂之事，[10]毋下比之说，毋侈泰之养，[11]毋逾等之服，[12]谨于乡里之行，[13]而不逆于本朝之事者，[14]国之经俗也。何谓民之经产？畜长树蓺，[15]务时殖谷，力农垦草，禁止末事者，民之经产也。故曰：朝不贵经臣，则便辟得进，毋功虚取，奸邪得行，毋能上通。[16]国不服经俗，则臣下不顺而上令难行，[17]民不务经产，则仓廪空虚，财用不足。[18]便辟得进，毋功虚取，奸邪得行，毋能上通，则大臣不和。[19]臣下不顺，上令难行，则应难不捷。[20]仓廪空虚，财用不足，则国毋以固守。[21]三者见一焉，则敌国制之矣。[22]

①无能受官，谓之诬上。

②挠法从私谓之阿党。

③不贵苟得。

④致身受命。

⑤不以少求多也。

⑥不以小居大也。

⑦有功劳而后受禄。

⑧从君欲也。

⑨遵法制也。

⑩拂，违也。

⑪节而适也。

⑫礼而度也。

⑬信而悌也。

⑭行君令也。

⑮畜长，谓畜产也。

⑯贱经臣则邪臣进。

⑰俗无常故也。

⑱轻本务故也。

⑲小人好事。

⑳人心不一。

㉑人饥则逃散也。

㉒见一尚制,况兼有乎?

故国不虚重,兵不虚胜,民不虚用,令不虚行。凡国之重也,必待兵之胜也,而国乃重。凡兵之胜也,必待民之用也,而兵乃胜。凡民之用也,必待令之行也,而民乃用。凡令之行也,必待近者之胜也,而令乃行。^①故禁不胜于亲贵,罚不行于便辟,法禁不诛于严重而害于疏远,庆赏不施于卑贱三二而求令之必行,不可得也。能不通于官,受禄赏不当于功,号令逆于民心,动静诡于时变,有功不必赏,有罪不必诛,令焉不必行,禁焉不必止,在上位无以使下,而求民之必用,不可得也。将帅不严威,民心不专一,谏士不死制,卒士不轻敌,而求兵之必胜,不可得也。内守不能完,外攻不能服,野战不能制敌,侵伐不能威四邻,而求国之重,不可得也。德不加于弱小,威不信于强大,征伐不能服天下,而求伯于诸侯,不可得也。威有与两立,^②兵有与分争,^③德不能怀远国,令不能一诸侯,而求王天下,不可得也。

①先胜服近习,令乃得行。

②下亦有立威者。

③征伐有自诸侯出。

地大国富,人众兵强,此伯王之本也,然而与危亡为邻矣。天道之数,人心之变。^①天道之数,至则反,^②盛则衰。^③人心之变,有馀则骄,^④骄则缓怠。夫骄者,骄诸侯,骄诸侯者,诸侯失于外。^⑤缓怠者,民乱于内。^⑥诸侯失于外,民乱于内,天道也,^⑦此危亡之时也。若夫地虽大而不并兼,不攘夺;人虽众,不缓怠,不傲下;国虽富,不侈泰,不纵欲;兵虽强,不轻侮诸侯，动众用兵，必为天下政理。此正天下之本，而伯王之主也。

①所以与危亡为邻，则以天道数终，人心变易故也。

②终于下者则反于上。

③日中则昃，月盈则蚀。

④不足者必谦。

⑤天子骄则诸侯叛。

⑥缓急必轻于始，故民乱。

⑦骄怠者必失外乱内，此天之道。

凡先王治国之器三，攻而毁之者六。明王能胜其攻，故不益于三者而自有国正天下，①乱王不能胜其攻，故亦不损于三者而自有天下而亡。②三器者何也？曰：号令也，斧钺也，禄赏也。六攻者何也？曰：亲也，贵也，货也，色也，巧佞也，玩好也。三器之用何也？曰：非号令毋以使下，非斧钺毋以威众，非禄赏无以劝民。六攻之败何也？③曰：虽不听而可以得存者，④虽犯禁而可以得免者，⑤虽毋功而可以得富者。⑥凡国有不听而可以得存者，则号令不足以使下；有犯禁而可以得免者，则斧钺不足以威众；有毋功而可以得富者，则禄赏不足以劝民。号令不足以使下，斧钺不足以威众，禄赏不足以劝民，若此则民毋为自用。⑦民毋为自用，则战不胜。战不胜则守不固，守不固则敌国制之矣。然则先王将若之何？曰：不为六者变更于号令，不为六者疑错于斧钺，不为六者损益于禄赏，若此则远近一心。远近一心则众寡同力，众寡同力则战可以必胜，而守可以必固，非以并兼攘夺也，以为天下政治也。此正天下之道也。

①明王虽胜攻，于三器亦不加益即胜，能自有其国，兼正天下。○绩按，此言自诸侯而为天子。

②乱王既不能胜攻，三器自毁，更不灭此三者，纵有天下之大，而遂灭亡也。○绩按，此言自天子而取灭亡。

③言六攻能败三器者谓何也。

④谓亲贵也。

⑤谓货色也。

⑥谓巧佞玩法也。

⑦既有罪不诛,有功不赏,故人不自用其力也。

法法第十六　　　　外言七

不法法则事毋常，[①]法不法则令不行。[②]令而不行，则令不法也。法而不行，则修令者不审也。[③]审而不行，则赏罚轻也。[④]重而不行，则赏罚不信也。[⑤]信而不行则不以身先之也。[⑥]故曰：禁胜于身，[⑦]则令行于民矣。闻贤而不举，殆。[⑧]闻善而不索，殆。见能而不使，殆。亲人而不固，殆。同谋而离，殆。危人而不能，殆。[⑨]废人而复起，殆。[⑩]可而不为，殆。[⑪]足而不施，殆。[⑫]怨疾必生。几而不密，殆。[⑬]人主不周密则正言直行之士危，[⑭]正言直行之士危，则人主孤而毋内，[⑮]人主孤而毋内，则人臣党而成群，[⑯]使人主孤而毋内，人臣党而成群者，此非人臣之罪也，人主之过也。[⑰]

①不设法以法下，故事无常。

②虽复设法，不得法之宜，故令不行。

③法既得宜，而犹不行，则以修令者未审之故也。

④修令者既审，而犹不行，则以上轻于赏罚也。

⑤赏罚既重，而犹不行，虽赏罚而不信也。

⑥赏罚既信而犹不行，则以身不先自行其法也。

⑦身从禁也。

⑧闻贤不举，不若不闻，所以有殆。

⑨危人不能，不若不危。

⑩既废更起，或发其宿嫌。

⑪可为而不为，多生后悔。

⑫足而不施，怨疾必生。

⑬几事不密，则害成。

⑭所谓君不密则失臣。

⑮策谋毋自入也。

⑯君子道消，则小人道长也。

⑰君不密之过。

民毋重罪，过不大也。^①民毋大过，上毋赦也。^②上赦小过，则民多重罪，积之所生也。^③故曰：赦出则民不敬，^④惠行则过日益。^⑤惠赦加于民，而囹圄虽实，杀戮虽繁，奸不胜矣。^⑥故曰：邪莫如蚤禁之，^⑦赦过遗善，则民不励。^⑧有过不赦，有善不遗，励民之道于此乎用之矣。故曰：明君者，事断者也。

①有大过然后有重罪。

②不赦则惧而修德，不敢为非。

③所谓积小而成大。

④有罪不诛，则安用敬。

⑤特恩不恭，非过而何？

⑥造奸以待赦也。

⑦毋使滋蔓，蔓难图也。

⑧善，即惠也。

君有三欲于民，三欲不节，则上位危。三欲者何也？一曰求，二曰禁，三曰令。求必欲得，禁必欲止，令必欲行。求多者其得寡，^①禁多者其止寡，^②令多者其行寡。^③求而不得，则威日损。^④禁而不止，则刑罚侮。^⑤令而不行，则下凌上。^⑥故未有能多求而多得者也，未有能多禁而多止者也，未有能多令而多行者也。故曰：上苟则下不听，下不听而强以刑罚，则为人上者众谋矣。为人上而众谋之，虽欲毋危，不可得也。

①无厌则难供,故其得寡。

②法令滋章,盗贼多有。

③再三则渎,故其行寡。

④独唱莫和,非损而何?

⑤愈禁愈犯,非侮而何?

⑥不禀其命,非凌而何?

号令已出又易之,礼义已行又止之,度量已制又迁之,刑法已错又移之,如是则庆赏虽重,民不劝也;杀戮虽繁,民不畏也。故曰:上无固植,^①下有疑心。国无常经,民力必竭。数也。^②

①植,志。

②数,理也。国无常经,人力必竭,而曰"不竭"者,此非理之言也。

明君在上位,民毋敢立私议自贵者。^①国毋怪严,毋杂俗,毋异礼,士毋私议。^②倨傲易令,错仪画制,议者尽诛。^③故疆者折,锐者挫,坚者破,引之以绳墨,绳之以诛僇,故万民之心皆服而从上。推之而往,引之而来,彼下有立其私议自贵,分争而退者,则令自此不行矣。^④故曰:私议立则主道卑矣。况主倨傲易令,错仪画制,变易风俗,诡服殊说犹立。^⑤上不行君令,下不合于乡里,变更自为,易国之成俗者,命之曰不牧之民。^⑥不牧之民,绳之外也,绳之外诛。使贤者食于能,斗士食于功。贤者食于能,则上尊而民从。斗士食于功,则卒轻患而傲敌。上尊而民从,卒轻患而傲敌,二者设于国,则天下治而主安矣。

①立私议者必自恃为贵也。

②国不作奇怪,则严肃而无杂,俗有常礼,士皆公议。

③易令,谓变令。错仪,谓别置仪。画制,谓更画制。凡此尽以法诛之。

④立议分争,退而不诛,从此之后,令不复行。

⑤立私说尚能卑主，况其倨傲易风俗而犹有立者乎？

⑥于上不行君令，于下不合乡里，但率意自为，易国之成俗，故曰"不牧之民"，言其不可养也。

凡赦者，小利而大害者也，①故久而不胜其祸。②毋赦者，小害而大利者也，③故久而不胜其福。④故赦者，犇马之委辔；⑤毋赦者，痤⑥睢之矿石也。⑦

①苟悦众心，故曰"小利"。人则习而易犯法，故曰"大害"也。

②犯法渐广，转欲危君，故曰不胜其祸。

③人初不悦，故曰"小害"。创而修德，故曰"大利"也。

④家正而天下定，则太平可致。故曰"不胜其福"也。

⑤必致覆伏也。

⑥疖也。

⑦疾可瘳也。○绩按，睢，恐"疽"或"痈"字。

爵不尊，禄不重者，不与图难犯危，以其道为未可以求之也。①是故先王制轩冕，足以著贵贱，不求其美。设爵禄，所以守其服，不求其观也。使君子食于道，小人食于力。君子食于道则上尊而民顺，小人食于力则财厚而养足。上尊而民顺，财厚而养足，四者备体则胥足，上尊时而王不难矣。②

①以其道未可求，故不与尊爵重禄。既与之尊爵重禄，则可与之图难犯危也。

②胥，相也。

文有三侑，①武毋一赦。惠者，多赦者也，先易而后难，久而不胜其祸。法者，先难而后易，久而不胜其福。故惠者，民之仇雠也；②法者，民之父母也。③太上以制制度，其次失而能追之，④虽有过亦不甚矣。

①侑，宽也。

②惠者召其祸，故为仇雠也。

③法者生其福，故为父母也。

④能追悔也。

　　明君制宗庙，足以设宾祀，不求其美。为宫室台榭，足以避燥湿寒暑，不求其大。为雕文刻镂，足以辩贵贱，不求其观。故农夫不失其时，百工不失其功，商无废利，民无游日，①财无砥墆。②故曰：俭其道乎。令未布而民或为之，而赏从之，则是上妄予也。③上妄予则功臣怨，功臣怨而愚民操事于妄作，愚民操事于妄作则大乱之本也。令未布而罚及之，④则是上妄诛也。上妄诛则民轻生，民轻生则暴人兴，⑤曹党起而乱贼作矣。令已布而赏不从，则是使民不劝勉，不行制，不死节。民不劝勉，不行制，不死节，则战不胜而守不固。战不胜而守不固，则国不安矣。令已布而罚不及，则是教民不听。民不听则强者立，强者立则主位危矣。故曰：宪律制度必法道，号令必著明，赏罚必信密，此正民之经也。

①无游闲之日。

②墆，久积也。

③未布而为，所谓先时者也。当刑而赏，故曰"妄予"也。

④所谓不令而罚。

⑤轻生，故为暴乱。

　　凡大国之君尊，小国之君卑。大国之君所以尊者何也？曰：为之用者众也。小国之君所以卑者何也？曰：为之用者寡也。然则为之用者众则尊，为之用者寡则卑，则人主安能不欲民之众为己用也？使民众为己用奈何？曰：法立令行，则民之用者众矣。法不立，令不行，则民之用者寡矣。故法之所立，令之所行者多而所废者寡，则民不诽谤，^①民不诽谤则听从矣。法之所立，令之所行，与其所废者钧，则国无常经，国无常经，则民妄行矣。法之所立，令之所行者寡，而所废者多，则民不听，民不听则暴人起而奸邪作矣。计上之所以爱民者，为用之爱之也。为爱民之故，不难毁法亏令，则是失所谓爱民矣。夫以爱民用民，则民之不用明矣。^②夫至用民者，杀之，危之，劳之，苦之，饥之，渴之。用民者将致之此极也，而民毋可与虑害己者。^③明王在上，道法行于国，民皆舍所好而行所恶。^④故善用民者，轩冕不下儗，而斧钺不上因。^⑤如是则贤者劝而暴人止，贤者劝而暴人止，则功名立其后矣。蹈白刃，受矢石，入水火，以听上令。上令尽行，禁尽止。引而使之，民不敢转其力；^⑥推而战之，民不敢爱其死。不敢转其力，然后有功；不敢爱其死，然后无敌。进无敌，退有功，是以三军之众皆得保其首领，父母妻子完安于内。故民未尝可与虑始，而可与乐成功。是故仁者、知者、有道者，不与大虑始。^⑦

①绩按，当依下作"议"。

②夫好人者，当以法令以爱人。废法而用之，则人不可用也。

③至，善也。夫善用人者必以法，其不从法，甚者危杀之，其次劳苦饥渴之。将欲用之，必至此极，则奸者不敢为非，善者悦而从命，欲求可与谋害己者，其可得哉？

④所好者，私欲也。所恶者，公义也。○绩按，言爱人不足用民，及至能用民者，反杀危劳苦饥渴之，以至此极，民遂为之用，而无谋害上者。盖以法素行，民皆舍好之私而行此恶之公也。

⑤不以下有私宠，妄以轩冕有所许儗。不因上有私憾，妄以斧钺有所诛戮也。

⑥转，犹避也。○绩按，转，犹展转，推避也。

⑦大，犹众也。

国无以小与不幸而削亡者，必主与大臣之德行失于身也，官职、法制、政教失于国也，诸侯之谋虑失于外也，故地削而国危矣。①国无以大与幸而有功名者，必主与大臣之德行得于身也，官职、法制、政教得于国也，诸侯之谋虑得于外也，然后功立而名成。②然则国何可无道，人何可无求？得道而道之，得贤而使之，将有所大期于兴利除害，期于兴利除害，莫急于身而君独甚伤也，必先令之失。③人主失令而蔽，④已蔽而刭，已刭而弑。

①言国无以小与不幸而削亡者，其削亡，则以臣主有失故也。

②言国无以大与幸而有功名者，其有功名也，则以臣主有得故也。

③先身无害而有利，然后可以及物。今君独立无与，则是有害，故甚可伤。所以然者，则由先令之失也。

④失令则为下所蔽塞也。

凡人君之所以为君者，势也。故人君失势则臣制之矣，势在下则君制于臣矣，势在上则臣制于君矣。故君臣之易位，势在下也。在臣期年，臣虽不忠，君不能夺也。①在子期年，子虽不孝，父不能服也。②故《春秋》之记，③臣有弑其君，子有弑其父者矣。故曰：堂上远于百里，堂下远于千里，门廷远于万里。今步者一日，百里之情通矣。堂上有事，十日而君不闻，④此所谓远于百里也。步者十日，千里之情通矣，堂下有事，一月而君不闻，此所谓远于千里也。步者百日，万里之情通矣，门廷有事，期年而君不闻，此所谓远于万里也。故请入而不出谓之灭，⑤出而不入谓之绝，⑥入而不至谓之侵，⑦出而道止谓之壅，⑧灭绝侵壅之君者，非杜其门而守其户也，为政之有所不行也。⑨故曰：令重于宝，社稷先于亲戚，法重于民，威权贵于爵禄。故不为重宝轻号令，不为亲戚后社稷，不为爱民枉法律，不为爵禄分威权。故曰：势非所以予人也。⑩

①言臣若得势期年，君虽知其不忠，而不能夺，无如之何也。

②亦无如之何。

③《春秋》即周公之凡例，而诸侯之国史也。

④其事适在堂上耳，而君遂十日不闻。

⑤臣有请告，既入而不出，此则左右不为通于下，其事遂消灭也。

⑥其事既出而不入，此则左右不为通于上，其事遂断绝也。

⑦其事既入，不得至于君，此则左右侵君事故也。

⑧其事既出，中道而止，此则左右壅君事故也。

⑨政之不行，自致侵壅，非由杜门守户也。

⑩凡此上事，其势不当与人，故君专之。

　　政者，正也。正也者，所以正定万物之命也。①是故圣人精德立中以生正，②明正以治国，故正者所以止过而逮不及也。③过与不及也，皆非正也，④非正则伤国一也。⑤勇而不义伤兵，⑥仁而不法伤正。⑦故军之败也，生于不义；⑧法之侵也，生于不正。⑨故言有辩而非务者，⑩行有难而非善者。⑪故言必中务，不苟为辩；行必思善，不苟为难。规矩者，方圆之正也，虽有巧目利手，不如拙规矩之正方圆也。故巧者能生规矩，不能废规矩而正方圆，虽圣人能生法，不能废法而治国。故虽有明智高行，倍法而治，⑫是废规矩而正方圆也。

①万物之命由正而定。

②德精而不过，其正自生也。

③二者中立，故过者令止之，不及者令逮之。

④正在于中立。

⑤过与不及，伤国一也。

⑥不及于勇，故伤兵也。

⑦不及于仁，故伤正。

⑧不义则失宜，故军败。

⑨不正则入邪，故法侵也。

⑩言辩而浮诞，则非要务也。

⑪行难而诡怪，故非正善也。

⑫绩按，倍，古"背"字同。馀放此。

一曰，①凡人君之德行威严，非独能尽贤于人也。②曰人君也，故从而贵之，不敢论其德行之高卑。③有故为其杀生，急于司命也。④富人贫人，使人相畜也。⑤贵人贱人，使人相臣也。⑥人主操此六者，以畜其臣，⑦人臣亦望此六者以事其君。⑧君臣之会，六者谓之谋。⑨六者在臣期年，臣不忠，君不能夺。在子期年，子不孝，父不能夺。故《春秋》之记，臣有弑其君，子有弑其父者。得此六者，而君父不智也。⑩六者在臣则主蔽矣。主蔽者，失其令也。故曰：令入而不出谓之蔽，令出而不入谓之壅，令出而不行谓之牵，⑪令入而不至谓之瑕。⑫牵瑕蔽壅之事君者，非敢杜其门而守其户也，为令之有所不行也。此其所以然者，由贤人不至，而忠臣不用也。故人主不可以不慎其令。令者，人主之大宝也。

①管氏称古言，故云"一曰"。〇绩按，此乃集书者再述异闻。

②人君之德行虽当威严，既不能事事尽贤，亦须纳贤者自辅，故曰：能自得师者王。

③人曰，此人君也。谓其道备德成，不察其是非，即从而贵之，岂敢更论其高卑乎？

④乘人君之势，怒则伏尸流血，喜则轩冕塞路，故急于司命也。

⑤人君富人亦可，贫人亦可，使人以富畜贫亦可。

⑥贵人亦可，贱人亦可，使人以贵臣贱亦可。

⑦六者，谓生、杀、富、贵、贫、贱。

⑧人臣事君，亦望操此六者以御下。

⑨君臣所以相合，皆欲谋操六者。

⑩令臣子得此六者，是君父之不智也。

⑪牵于左右。

⑫君臣相间，故曰"瑕"。

一曰，贤人不臣谓之蔽，忠臣不用谓之塞，令而不行谓之障，禁而不止谓之逆。蔽塞障逆之君者，不敢杜其门而守其户也，为贤者之不至，令之不行也。

凡民从上也，不从口之所言，从情之所好者也。上好勇则民轻死，上好仁则民轻财，故上之所好，民必甚焉。是故明君知民之必以上为心也，故置法以自治，立仪以自正也。故上不行则民不从，彼民不服法死制，则国必乱矣。是以有道之君行法修制，先民服也。①

①服，行也。先自行法以率人。[1]

凡论人有要。①务物之人，无大士焉。②彼矜者，满也。满者，虚也。③满虚在物，在物为制也。④矜者，细之属也。⑤凡论人而远古者，无高士焉。⑥既不知古而易其功者，无智士焉。⑦德行成于身而远古卑人也，事无资遇时而简其业者，愚士也。⑧钓名之人无贤士焉，⑨钓利之君无王主焉。⑩贤人之行其身也，忘其有名也。王主之行其道也，忘其成功也。贤人之行，王主之道，其所不能已也。⑪明君公国一民，以听于世。⑫忠臣直进，以论其能。⑬明君不以禄爵私所爱，⑭忠臣不诬能以干爵禄，⑮君不私国，臣不诬能，行此道者，虽未大治，正民之经也。⑯今以诬能之臣事私国之君，而能济功名者，古今无之。诬能之人易知也。⑰臣度之先王者，⑱舜之有天下也，禹为司空，契为司徒，皋陶为李，⑲后稷为田。此四士者，天下之贤人也，犹尚精一德，⑳以事其君。今诬能之人，服事任官，皆兼[2]四贤之能，自此观之，功

[1]此条注语原本脱，据杨本补。

[2]兼，原本误作"廉"，据杨本改。

名之不立，亦易知也。^㉑故列尊禄重，无以不受也。^㉒势利官大，无以不从也。^㉓以此事君，此所谓诬能篡利之臣者也。世无公国之君，则无直进之士；无论能之主，则无成功之臣。昔者三代之相授也，安得二天下而杀之？^㉔贫民伤财，莫大于兵；危国忧主，莫速于兵。此四患者明矣，古今莫之能废也。兵当废而不废，则古今惑也。^㉕此二者不废而欲废之，则亦惑也。^㉖此二者伤国一也。^㉗黄帝唐虞，帝之隆也，资有天下，制在一人。^㉘当此之时也，兵不废。今德不及三帝，天下不顺，^㉙而求废兵，不亦难乎？故明君知所擅，知所患，国治而民务积，此所谓擅也。^㉚动与静，此所患也。^㉛是故明君审其所擅，以备其所患也。

①论人才行各有纲要。[1]

②大士不矜谦以接物。

③所谓满招损者也。

④既满而虚，则制之在物。

⑤自矜者，小人之类。

⑥高士必顺考古道也。

⑦智士必知古而谨功也。

⑧德行虽日成，而乃远古卑人，则是事无资禀。若遇有道之时，其业必见简弃，如此者可谓愚士。

⑨贤士必修实而成名。

⑩王主必度义而取利。

⑪不能已而后动。

⑫贤明之君，必公诚于国，以一其民人之心。

⑬忠臣必直道而求进。

⑭唯贤是与。

⑮量能而受禄也。

⑯治虽未大，足成正民之经。

---

[1]注语①至⑫及⑭原本脱，据杨本补。

⑰诬能之人,功名所以不济,易可知。起下文也。

⑱臣,管氏自称也。

⑲古治狱之官,作此李官。○绩按,李,同"理"。

⑳谓各精一事也。

㉑结上文也。

㉒德不足以与其位也。

㉓直以势利官大,故每举必从之。

㉔三代无能授于有能,桀纣失之,汤武得之。今之天下即古之天下,岂有二天下而行其刑杀哉?

㉕兵有四患,则当废也。五材并用,则不当废。废兴之理难明,故惑也。

㉖二者,谓废与不废。既不废矣,又欲废之,则亦惑也。

㉗废之,则寇来无以御,因伤国。不废,则费财忧主,亦伤国也。故曰一也。

㉘资,用也。率土之滨,莫非王臣。故曰"制在一人"。

㉙三帝之时,天下皆服,不须用兵。[1]

㉚擅,专也。君之所专为,在于国家治民务积聚也。

㉛动静失宜,则患生也。

猛毅之君,不免于外难;懦弱之君,不免于内乱。猛毅之君者轻诛,轻诛之流,道正者不安,①道正者不安,则材能之臣去亡矣。彼智者知吾情伪,为敌谋我,则外难自是至矣。②故曰:猛毅之君不免于外难,懦弱之君者重诛,③重诛之过,行邪者不革,行邪者久而不革则群臣比周,群臣比周则蔽美扬恶,④蔽美扬恶则内乱自是起。故曰:懦弱之君不免于内乱。

①轻诛则乖正,故道正之士不安。

②智者则道正之士。从此亡之敌国,既知我情,必为敌谋我,所以外难至也。

[1]此条注语原本脱,据杨本补。

③难为诛罚。

④蔽君美，扬君恶。

明君不为亲戚危其社稷，社稷戚于亲；不为君欲变其令，令尊于君；不为重宝分其威，威贵于宝；不为爱民亏其法，法爱于民。

兵法第十七　　　　　　外言八

明一者皇，察道者帝，通德者王，①谋得兵胜者霸。②故夫兵虽非备道至德也，然而所以辅王成霸。③今代之用兵者不然，不知兵权者也。④故举兵之日而境内贫，⑤战不必胜，胜则多死，⑥得地而国败，⑦此四者，用兵之祸者也。⑧四祸其国，而无不危矣。⑨大度之书曰：⑩举兵之日而境内不贫，战而必胜，胜而不死，得地而国不败。为此四者若何？⑪举兵之日而境内不贫者，计数得也。战而必胜者，法度审也。胜而不死者，教器备利而敌不敢校也。得地而国不败者，因其民也，因其民则号制有发也。⑫教器备利则有制也，⑬法度审则有守也，⑭计数得则有明也。⑮治众有数，⑯胜敌有理，⑰察数而知理，审器而识胜，⑱明理而胜敌，⑲定宗庙，⑳遂男女，㉑官四分，㉒则可以定威德，制法仪，出号令，然后可以一众治民。兵无主则不蚤知敌，㉓野无吏则无蓄积，㉔官无常则下怨上，㉕器械不巧则朝无定，㉖赏罚不明则民轻其产。㉗故曰：早知敌则独行，有蓄积则久而不匮，器械巧则伐而不费，赏罚明则勇士劝也。三官不缪，五教不乱，九章著明，则危危而无害，穷穷而无难。㉘故能致远以数，纵强以制。㉙

　　①一者，气质未分，至一者也。德者，道由以成者也。夫皇帝王道，随世立

名者也,其实则一也。

②所谋必得,用兵必胜,故霸。

③兵者不祥之器,不得已而用之,故于道则未备,于德则未至,然用之,上可以辅王,下可以成伯。

④权者,所以知轻重。既不知兵权,则失轻重之节。

⑤行师十万,日费千金。

⑥虽令得胜,死者已多。

⑦虽复得地,既贫且死,所以国败。

⑧四者谓内贫、不胜、多死、国败也。

⑨一举兵而国四祸,则何为而不危矣。

⑩谓大陈法度之书。

⑪四者谓不贫、得胜、不死、不败也。[1]

⑫号令制度,因彼而发。

⑬有制则能备利。

⑭有所守则法度审也。

⑮有明则计数得。

⑯自治其军,有数存焉。

⑰胜于敌国,有理存焉。

⑱器备利则敌可胜也。

⑲胜敌者在于明理也。

⑳寇宁则宗庙定。

㉑人安则男女遂。

㉒既定且能,则四分官以守之。

㉓一无主则人怀苟且,故不能知敌。

㉔野无田吏,则人惰本业,故无蓄积。

㉕官无常,则徵赋不节,故下怨上。

㉖器械不巧,则寇敌见凌,故朝无定。

[1]此条注语原本脱,据杨本补。

㉗赏罚不明,则人无聊生,故轻其产。

㉘危危、穷穷,皆重有其事。

㉙有数则远可致,有制则强可纵。

三官,一曰鼓。鼓所以任也,[①]所以起也,所以进也。二曰金。金所以坐也,所以退也,所以免也。三曰旗。旗所以立兵也,所以利兵也,所以偃兵也。此之谓三官。有三令而兵法治也。

①任,犹载也,谓今之傤装也。

五教,一曰教其目以形色之旗,[①]二曰教其身以号令之数,[②]三曰教其足以进退之度,四曰教其手以长短之利,[③]五曰教其心以赏罚之诚。[④]五教各习,而士负以勇矣。[⑤]

①五色之旗各有所当,若春尚青,夏尚赤之类。

②谓坐起之数。

③长兵、短兵各有所利,远用长,近用短也。

④贪赏畏罚,士乃自厉。

⑤负,恃也。恃其便习而勇也。

九章,一曰举日章则昼行,二曰举月章则夜行,三曰举龙章则行水,四曰举虎章则行林,五曰举鸟章则行陂,六曰举蛇章则行泽,七曰举鹊章则行陆,八曰举狼章则行山,九曰举韠章则载食而驾。[①]九章既定而动静不过。

①韠,韬也。谓韬其章而举之,则载其所食而驾行矣。

三官、五教、九章,始乎无端,卒乎无穷。[①]始乎无端者,道也。卒乎无穷者,德也。道不可量,德不可数也。故不可量则众强不能图,不可数则伪诈不敢向。两者备施,则动静有功,径乎不知,[②]发乎不意。径乎不知,故莫之能御也。发乎不意,故莫之能应也。故全胜而无害。

　　①无端、无穷,皆出敌不意,彼不能测知也。

　　②径,谓卒然直指,故敌不知。

　　因便而教,准利而行。教无常,①行无常,②两乃备施,动乃有功。③器成教施,追亡逐遁若飘风,击刺若雷电,绝地不守,④恃固不拔,⑤中处而无敌,令行而不留。⑥器成教施,散之无方,聚之不可计。教器备利,进退若雷电,而无所疑匮。⑦一气专定,则傍通而不疑。⑧厉士利械,则涉难而不匮。⑨进无所疑,退无所匮,敌乃为用。⑩凌山坑不待钩梯,⑪历水谷不须舟楫,⑫径于绝地,攻于恃固,独出独入,而莫之能止。⑬宝[1]不独入,而莫之能止。⑭宝不独见,⑮故莫之能敛。⑯无名之至尽,⑰尽而不意,故不能疑神。⑱畜之以道则民和,养之以德则民合,和合故能谐,谐故能辑,谐辑以悉,莫之能伤。⑲

　　①教既因便,故无常也。

　　②行既准利,故亦无常也。

　　③两者谓教与行。

　　④谓孤绝之地无险固可恃,故不守。

　　⑤拔恃固之守,必多费而无功也。

　　⑥用兵之道,常能处可否之中,则彼远避而不能敌,有令必行而不留也。○绩按,中处无敌,谓身居中,四方皆避之,不敢与敌。令行不留,谓法行彼四方,皆遵之不敢留难。

　　⑦匮,竭也。

　　⑧精一其气,专而且定,故不疑。

　　⑨士既厉械之利,故不匮。

　　⑩既无疑匮,敌乃服从而为己用。

　　⑪习山故也。

---

[1]宝,原本误作"实",据杨本改。

⑫泗水故也。历,谓远历而度。

⑬见其陳故。

⑭俘厥宝玉,必选精勇与俱,故曰"不独入"也。○绩按,宝,疑"实"字误。谓虽曰独入,实与众俱入,非独也,故不能止。下放此。

⑮与精勇俱见之。

⑯宝玉所以礼神,使无水旱之灾,故取之不嫌也。【补】宝,得保也。言保守不敢轻独入,然后乃能独入,破敌而敌人不能止也。惟保重基谋见,与众共谋之而不主一见,然后能出乎险而不为敌人所收敛也。

⑰其取宝玉也,潜伏不名,至能尽获而不匮也。

⑱既尽宝玉,皆非彼所意,故不能疑度,谓之为神。

⑲我之军士,悉以谐辑,故敌不能伤也。

定一至, 行二要, 纵三权, 施四教, 发五机, 设六行, 论七数, 守八应, 审九器, 章十号,①故能全胜大胜。②无守也, 故能守胜。③数战则士罢, 数胜则君骄。夫以骄君使罢民, 则国安得无危? 故至善不战,④其次一之。⑤破大胜强, 一之至也。⑥乱之不以变,⑦乘之不以诡,⑧胜之不以诈,⑨一之实也。⑩近则用实, 远则施号,⑪力不可量, 强不可度, 气不可极, 德不可测, 一之原也。⑫众若时雨, 寡若飘风, 一之终也。⑬利适, 器之致也。⑭用敌, 教之尽也。⑮不能致器者不能利适, 不能尽教者不能用敌。⑯不能用敌者穷,⑰不能致器者困,⑱远用兵则可以必胜,⑲出入异涂则伤其敌,⑳深入危之则士自修,㉑士自修则同心同力。善者之为兵也, 使敌若据虚,㉒若抟景。㉓无设无为焉, 无不可以化也。㉔此之谓道矣。㉕若亡而存, 若后而先, 威不足以命之。㉖

①自一至已下,管氏不言其数,无得而知也。

②全胜,谓全我而胜彼。大胜,谓遍服诸国。

③无守,谓不守一数,故能常[1]守其胜也。

---

[1]常, 原本误作"当", 据杨本改。

④服之以德。

⑤虽胜不胜。

⑥不以胜为胜,故能破大胜强也。

⑦乱敌不设计变也。

⑧乘敌不以诡计。

⑨胜敌不以诈谋。

⑩凡此皆至一之实也。

⑪谓十号。

⑫原,本也。凡此皆我守其一,彼不能知。

⑬用众贵详审,故若时雨之渐。用寡贵机速,故若飘风之卒。至此[1]以一为本,故能终致此道。

⑭兵刃利而适者,其器得宜之至。○绩按,致,中致也。

⑮士卒用命而敌者,则教练之尽。

⑯器既不利,教又不尽,敌则不服,岂能用之哉?

⑰既不能用敌,敌则反侵,故穷也。

⑱不能致器,则无以应敌,故困也。

⑲兵远用,所以绝其反顾之心,故必胜。

⑳出入异涂,或有所伤也。有迷而失道,故为敌所伤也。

㉑深入敌国,其处又危,所谓置之死地,故士自修以求生也。

㉒居常畏惧。

㉓击无所获。

㉔无形可以睹,无计可以为,所在皆无,故不可以变化也。

㉕无形迹可寻诘者,道之谓。

㉖善用兵者,体道以为变化者也,故若亡者而乃存,若后者而乃先。今以威武命之,去之远矣。

---

[1]此,原本误作"皆",据杨本改。

大匡第十八① 内言一

　　齐僖公生公子诸儿、公子纠、公子小白。使鲍叔傅小白，鲍叔辞，称疾不出。管仲与召忽往见之，曰："何哉不出？"鲍叔曰："先人有言曰：知子莫若父，知臣莫若君。今君知臣之不肖也，是以使贱臣傅小白也。②贱臣知弃矣。"③召忽曰："子固辞无出，吾权任子以死亡，必免子。"④鲍叔曰："子如是，何不免之有乎？"⑤管仲曰："不可，⑥持社稷宗庙者不让事，不广闲。⑦将有国者未可知也。⑧子其出乎。"召忽曰："不可。吾三人者之于齐国也，譬之犹鼎之有足也，去一焉，则必不立矣。⑨吾观小白必不为后矣。"⑩管仲曰："不然也。夫国人憎恶纠之母，以及纠之身，而怜小白之无母也。诸儿长而贱，事未可知也。夫所以定齐国者，非此二公子者，将无已也。⑪小白之为人，无小智，惕而有大虑。⑫非夷吾莫容小白，⑬天不幸降祸加殃于齐，纠虽得立，事将不济。非子定社稷，其将谁也？"⑭召忽曰："百岁之后，吾君卜世[1]，犯吾君命而废吾所立，夺吾纠也，虽得天下，吾不生也，⑮兄与我齐国之政也。受君令而不改，奉所立而不济，是吾义也。"⑯管仲曰："夷吾之为君臣也，⑰将承君命，奉社稷，以持宗庙，岂死一纠哉！⑱夷吾之所死者，社稷破，宗庙灭，祭祀绝，则夷吾死之。非此三者，则夷吾生。夷吾生则齐国利，夷吾死则齐国不利。"鲍叔曰："然则奈何？"管子曰："子

---

[1]世，原本误作"也"，据杨本改。

出奉令则可。"⑲鲍叔许诺，乃出奉令，遂傅小白。鲍叔谓管仲曰："何行？"⑳管仲曰："为人臣者，不尽力于君则不亲信，㉑不亲信则言不听，言不听则社稷不定。夫事君者无二心。"㉒鲍叔许诺。

①谓以大事匡[1]君。

②鲍叔以小白年幼，又不肖而贱，故难为之傅也。

③绩按，言君知己不肖，使傅小白。于次，小白不得立，是君有意弃我，故我不出。

④任，保也。君若有疑，我当保子以疾困，至于死亡，此可以免子之身。〇绩按，言子固辞傅，称疾不出，君不信我，权保子以死亡，则君不疑，必免子之傅矣。

⑤言必免也。

⑥以召忽言非。

⑦社稷宗庙至重，故不可让难事而广求闲安。

⑧于三公子，未可的知其人。

⑨言三人不可异其出处。

⑩绩按，此言三人于齐犹鼎足，俱事一公子，则所事者能立，若去一人，则必不立。今已既事纠，故知小白必不能立为后。

⑪二公子，谓诸儿、子纠。言二子既不能定齐国，而又不立小白，即是将更无所用。谓小白必得立矣。〇绩按，二公子指纠、小白也。已、以同。言定齐必此二人也。

⑫言虽无小智，能惕惧而有大虑。

⑬小白既无小智，必乖迕于俗人，故非夷吾莫能容。

⑭纠既不济，次在小白。辅[2]小帝而定社稷，非子而谁？子，谓[3]召忽。

⑮吾君卜世，谓僖公之子小白等也。君命，谓僖公之命使立子纠。今而夺焉，我当致死。

---

[1] 匡，原本误作"国"，据杨本改。

[2] 辅，原本误作"朝"，据杨本改。

[3] 谓，原本误作"为"，据杨本改。

⑯召忽称管仲为兄。与我齐国之政,谓使知政也。今受君令而立子纠,不改其所奉,更有所立,不济而死,是为臣之义也。○别本注:虽许我齐国之政,然受君令而立子纠,若不济,以死继之,是为臣之义。○绩按,兄,故"况"字。言犯命废纠,虽得天下尚不生,况定齐社稷一国之政乎?

⑰言己立君臣之义与召忽异。

⑱言当为宗庙社稷致死,不死于一纠。

⑲子出奉令,则小白有所依,故曰可。

⑳问其事君当何所行。

㉑不为君亲信。

㉒此事君之所行。

僖公之母弟夷仲年生公孙无知,有宠于僖公,衣服礼秩如适。①僖公卒,以诸儿长得为君,是为襄公。襄公立后,绌无知。无知怒。公令连称、管至父戍葵丘,曰:"瓜时而往,及瓜时而来。"期戍,公问不至,请代,不许,故二人因公孙无知以作乱。鲁桓公夫人文姜,齐女也。公将如齐,与夫人偕行。②申俞谏曰:"不可。③女有家,男有室,④无相渎也,谓之有礼。"公不听,遂以文姜会齐侯于泺。文姜通于齐侯[1],桓公闻,责文姜。文姜告齐侯,齐侯怒,飨公[2],使公子彭生乘鲁侯,胁之,⑤公薨于车。竖曼曰:⑥"贤者死忠以振疑,百姓寓焉。⑦智者究理而长虑,身得免焉。⑧今彭生二于君,⑨无尽言而谀行,以戏我君,使我君失亲戚之礼命,⑩又力威吾君之祸,以构二[3]国之怨,⑪彭生其得免乎?祸理属然。⑫夫君以怒遂祸,⑬不畏恶亲,闻容昏生,无丑也,⑭岂及彭生而能止之哉?⑮鲁若有诛,必以彭生为说。"二月,鲁人告曰:"寡君畏君之威,不敢宁居,来修旧好,

---

[1] "侯"字原本脱,据杨本补。
[2] "公"字原本脱,据杨本补。
[3] 二,原本误作"一",据杨本改。

礼成而不反，无所归死，请以彭生[1]除之。"齐人为杀彭生以谢于鲁。五月，襄公田于贝丘，见豕彘。从者曰："公子彭生也。"公怒，曰："公子彭生安敢见！"射之。豕人立而啼。公惧，坠于车下，伤足亡履。反，诛屦[2]于徒人费，不得也。⑯鞭之见血。费走而出，遇贼于门，胁而束之。费袒而示之背，贼信之，使费先入，伏公而出，斗死于门中。石之纷如死于阶下。孟阳代君寝于床，贼杀之，曰："非君也，不类。"见公之足于户下，遂杀公，而立公孙无知也。

①言无知之宠与适子同。

②公，谓桓公。

③申俞，鲁大夫也。

④女有夫之家，男有妻之室。

⑤乘，谓扶公升车。拉其胁而杀之。

⑥竖曼，齐大夫也。

⑦振，救也。贤者死于忠义，以救当时之疑，故百姓有所托焉。寓，寄托也。

⑧智者既尽理[3]，而谋虑又长，故免于危亡。

⑨不以正道傅君，而从君于昏，故曰二。

⑩无尽言，谓不忠谏。襄公通其妹，故曰"失亲戚之礼命"。

⑪恃其多力，拉杀鲁君，故曰"力威吾君之祸"。

⑫祸败之理属于彭生。

⑬君怒鲁桓，彭生则遂成其祸。

⑭君而通妹，是谓恶亲。不畏此事远闻，而容忍之，然此昏愚之生于不识其类，故曰"昏生无丑"。丑[4]，类也。

⑮及，如也。祸由彭生，则彭生力能之。今而成祸，故当诛之。

---

[1]生，原本脱，据杨本补。
[2]反诛屦，原本脱，据杨本补。
[3]理，原本误作"礼"，据杨本改。
[4]丑，原本脱，据杨本补。

⑯诛,责。

鲍叔牙奉公子小白奔莒,管夷吾、召忽奉公子纠奔鲁。九年,公孙无知虐于雍廪,雍廪杀无知也。桓公自莒先入,鲁人伐齐,纳公子纠,战于干,管仲射桓公中钩。鲁师败绩。桓公践位,于是劫鲁,使鲁人杀公子纠。①桓公问于鲍叔曰:"将何以定社稷?"鲍叔曰:"得[1]管仲与召忽,则社稷定矣。"公曰:"夷吾与召忽,吾贼也。"鲍叔乃告公其故图。②公曰:"然则可得乎?"鲍叔曰:"若亟召则可得也,不亟不可得也。夫鲁施伯知夷吾为人之有慧也,其谋必将令鲁致政于夷吾。夷吾受之,则彼知能弱齐矣。夷吾不受,彼知其将反于齐也,必将杀之。"③公曰:"然则夷吾将受鲁之政乎?其否乎?"鲍叔对曰:"不受。夫夷吾之不死纠也,为欲定齐国之社稷也。今受鲁之政,是弱齐也。夷吾之事君无二心也,虽知死,必不受也。"④公曰:"其于我也曾若是乎?"⑤鲍叔对曰:"非为君也,为先君也。其于君不如亲纠也,⑥纠之不死,而况君乎?⑦君若欲定齐之社稷,则亟迎之。"⑧公曰:"恐不及,奈何?"鲍叔曰:"夫施伯之为人也,敏而多畏。"⑨公曰:"先及,恐注怨焉,必不杀也。"⑩公曰:"诺。"⑪

①劫,谓兴兵胁之。

②故图,谓管仲始谋令鲍叔傅小白,将立之故。

③既不受鲁政而反于齐,恐其将为鲁害,故杀之。

④君,谓桓公。

⑤曾,则也。则能无二心如是乎?

⑥言管仲亲纠多于小白也。

⑦亲尚不死,疏则可知。

---

[1]得,原本脱,据杨本补。

⑧管仲既志在定齐社稷,故须急迎之。[1]

⑨多畏则念虑深。

⑩若先及管仲而施伯杀之,齐必注怨,故不敢。

⑪从鲍叔之言也。

　　施伯进对鲁君曰:"管仲有急,其事不济。今在鲁,君其致鲁之政焉。①若受之,则齐可弱也。若不受,则杀之,杀之以说于齐也。与同怒,尚贤于已。"②君曰:"诺。"鲁未及致政,而齐之使至,曰:"夷吾与召忽也,寡人之贼也。今在鲁,寡人愿生得。若不得也,是君与寡人贼比也。"鲁君问施伯,施伯曰:"君与之。臣闻齐君惕而亟骄,虽得贤,庸必能用之乎?③及齐君之能用之也,管子之事济矣。④夫管仲,天下之大圣也。今彼天下皆乡之,岂独鲁乎?今若杀,此鲍叔之友也,鲍叔因此以作难,君必不能待也,⑤不如与之。"鲁君乃遂束缚管仲与召忽。管仲谓召忽曰:"子惧乎?"召忽曰:"何惧乎?吾不蚤死,将胥有所定也。⑥今既定矣,⑦令子相齐之左,必令忽相之右。虽然,杀君而用吾身,是再辱我也。⑧子为生臣,忽为死臣。⑨忽也知得万乘之政而死,公子纠可谓有臣死矣。子生而霸诸侯,公子纠可谓有生臣矣。死者成行,⑩生者成名,⑪名不两立,⑫行不虚至。⑬子其勉之。死生有分矣。"乃行,入齐境,自刿而死。管仲遂入。君子闻之曰:"召忽之死也,贤其生也。⑭管仲之生也,贤其死也。"⑮

　　①有急难之事,与小白争国。其事既不济,故来在鲁,可因此事而致政。

　　②施伯恐管仲及齐为害,欲杀之。托言以说于齐,若与齐同怒,如此犹贤于不杀也。

　　③庸,犹何也。

[1]此条注语原本脱,据杨本补。

④及，犹就也。就而能用之，管子之事必济也。

⑤齐国强，鲍叔贤，故不能待。待，犹拟。

⑥胥，待。

⑦谓小白已定齐。

⑧君，谓子纠。

⑨生则定社稷，死则显忠义。

⑩死者忠义之行。

⑪生定社稷之名。

⑫既成生名，不可又成死名。

⑬必致身受命，乃谓之行也。

⑭召忽之生，不能霸诸侯。

⑮管仲之死，不成九合之功。

　　或曰，明年①襄公逐小白，小白走莒。三年，襄公薨，公子纠践位，国人召小白。鲍叔曰："胡不行矣？"小白曰："不可。夫管仲智，召忽强武，虽国人召我，我犹不得入也。"鲍叔曰："管仲得行其智于国，国可谓乱乎？②召忽强武，岂能独图我哉？"③小白曰："夫虽不得行其知，岂且不有焉乎？④召忽虽不得众，其及岂不足以图我哉？"⑤鲍叔对曰："夫国之乱[1]也，智人不得作内事，⑥朋友不能相合摎，而国乃可图也。"⑦乃命车驾，鲍叔御，小白乘而出于莒。小白曰："夫二人者奉君令，吾不可以试也。"⑧乃将下。鲍叔履其足曰："事之济也在此时，事若不济，老臣死之，公子犹之免也。"⑨乃行，至于邑郊，鲍叔令车二十乘先，十乘后。⑩鲍叔乃告小白："夫国之疑二三子，莫忍老臣，⑪事之未济也，老臣是以塞道。"⑫鲍叔乃誓曰："事之济也，听我令。事之不济也，免公[2]子者为上，死者为下。

[1]乱，原本误作"纠"，据杨本改。
[2]"公"下原有"其从于鲍叔而言"，据杨本删。

吾以五乘之实距路。"⑬鲍叔乃为前驱，遂入国，逐公子纠。管仲射小白，中钩。管仲与公子纠、召忽遂走鲁。桓公践位，鲁伐齐，纳公子纠而不能。

①集书者更闻异说，故言"或曰"。明年，襄公立之明年也。

②管仲得行其知于国，国则不乱。今乱，是不得行其智。

③国人既召小白，则召忽不能独图我。

④直是智不行，不得言无智。【补】维不得行而仲之智自在也，岂不有乎？且，犹自也。有，犹在也。

⑤召忽虽不得众，若及，独能图我。○绩按，及，谓所从党与也。

⑥智人作内事，则其国理。○绩按，指管仲。

⑦摎，交入也。朋友不能相交合，则党与弱，故乃可图。○绩按，指召忽。

⑧二人，谓[1]管仲、召忽。奉君令，则致死拒我，故不可试也。

⑨鲍叔言事若不济，则己致死，公子犹可得免脱。

⑩二十乘先，鲍叔欲与之入国。十乘后，令卫公子。

⑪二三子，谓从小白者。不忍遗老臣，故相从，中心实疑。

⑫以事未济，故以二十乘先行塞道。○绩按，鲍叔言齐国人疑立君未定，必不忍杀己。若事不济，己尚足以塞道而先小白也。

⑬鲍叔于前二十乘，更将五乘先行距路，不令子纠之党得及小白。

桓公二年践位，①召管仲，管仲至，公问曰："社稷可定乎？"管仲对曰："君霸王，社稷定。君不霸王，社稷不定。"公曰："吾不敢至于此其大也，定社稷而已。"管仲又请，君曰："不能。"管仲辞于君曰："君免臣于死，臣之幸也。然臣之不死纠也，为欲定社稷也。社稷不定，臣禄齐国之政而不死纠也，[2]臣不敢。"②乃走出。至门，公召管仲。管仲反，公汗出曰："勿已，其勉霸乎。"③管仲再拜稽首而起，曰："今日君成

---

[1]谓，原本误作"于"，据杨本改。

[2]"为欲……纠也"二十一字，原本脱，据杨本补。

霸，臣贪承命。"④趋立于相位，④乃令五官行事。

①入国二年方得践位。

②既不死紃[1]，空食齐政之禄而不定社稷，臣则不敢。言将致死。

③必欲令霸王而不已，我将勉力而求霸也。

④君既许霸，臣贪于承命，故趋立相位。

异日，公告管仲曰："欲以诸侯之间无事也，小修兵革。"管仲曰："不可。百姓病，公先与百姓而藏其兵。①与其厚于兵，不如厚于人。②齐国之社稷未定，公未始于人而始于兵，外不亲于诸侯而内不亲于民。"公曰："诺。"政未能有行也。③

①百姓困病，当先赋与之图，兵事且可藏。

②人厚兵自强。

③别本注：言未尽行也。

二年，桓公弥乱，①又告管仲曰："欲缮兵。"管仲又曰："不可。"公不听，果为兵。桓公与宋夫人饮船中，夫人荡公而惧公，公怒出之。宋受而嫁之蔡侯。②明年，公怒告管仲曰："欲伐宋。"管仲曰："不可。臣闻内政不修，外举事不济。"公不听，果伐宋。诸侯兴兵而救宋，大[2]败齐师。公怒，归告管仲曰："请修兵革。吾士不练，吾兵不实，诸侯故敢救吾雠。内修兵革。"管仲曰："不可。齐国危矣。内夺民用，士劝于勇，外乱之本也。③外犯诸侯，民多怨也。④为义之士，不入齐国，⑤安得无危？"鲍叔曰："公必用夷吾之言。"公不听，乃令四封之内修兵，关市之征侈之。⑥公乃遂用以勇授禄。⑦鲍叔谓管仲曰："异日者，公许子霸，今国弥乱，子将何如？"管仲曰："吾君惕，其智多诲。⑧姑少胥，其自及也。"胥，待也。待其自能及

[1]紃，原本误作"乱"，据杨本改。
[2]大，原本误作"不"，据杨本改。

道。鲍叔曰[1]："比其自及也，国无阙亡乎？"管仲[2]曰："未也。国中之政，夷吾尚微为，焉乱乎？尚可以待。⑨外诸侯之佐，既无有吾二人者，未有敢犯我者。"⑩明年，朝之争禄相刺，裂领而刜颈者不绝。⑪鲍叔谓管仲："国死者众矣，毋乃害乎？"管仲曰："安得已然。此皆其贪民也。⑫夷吾之所患者，诸侯之为义者，莫肯入齐，齐之为义者，莫肯仕。此夷吾之所患也。⑬若夫死者，吾安用而爱之？"⑭公又内修兵。

①不尽行夷吾之言，故弥乱。

②绩按，《左传》作蔡姬荡舟，事亦不同。

③修兵则用废，故曰"夺人用"。士所劝者唯勇，则轻敌，故为外乱之本也。

④外犯必多残害，故为人所怨。

⑤君为不义，故义士不归也。

⑥侈，谓过常也。谓重其税赋。

⑦士勇则与[3]之禄。

⑧智多则可试诲之也。

⑨国政微为，则未至乱，可待君自及也。

⑩诸侯之佐既无有如我二人，故不敢犯我

⑪裂，谓[4]掣断之也。

⑫贪人为禄自残，亦未能自为害也。

⑬有义之士，内外不归，乱亡立至，故可患也。

⑭贪人自相杀伤，吾何能惜之。

三年桓公将伐鲁，曰："鲁与寡人近，①于是其救宋也疾，②寡人且诛焉。"管仲曰："不可。臣闻有土之君不勤于兵，不忌

[1]自"吾君惕"至此原本脱，据杨本补。

[2]管仲，原误作"鲍叔"，据杨本改。

[3]"则与"二字，原本脱，据杨本补。

[4]谓，原本误作"为"，据杨本改。

于辱，不辅其过，则社稷安。勤于兵，忌于辱，辅其过，则社稷
危。"公不听。兴师伐鲁，造于长勺，鲁庄公兴师逆之，大败
之。桓公曰："吾兵犹尚少，吾参围之，安能围我？"③

①谓国相近邻。

②疾，谓先诸侯至。

③吾以三倍之兵围之，则何能围我。

　　四年，修兵，同甲十万，①车五千乘，谓管仲曰："吾士既
练，吾兵既多，寡人欲服鲁。"管仲喟然叹曰："齐国危矣。君
不竞于德，而竞于兵。②天下之国，带甲十万者不鲜矣。吾欲发
小兵以服大兵，③内失吾众。④诸侯设备，⑤吾人设诈，⑥国欲无
危，得已乎？"⑦公不听。果伐鲁，鲁不敢战，去国五十里而为
之关。⑧鲁请比于关内，以从于齐，齐亦无复侵鲁。⑨桓公许诺。
鲁人请盟，曰："鲁，小国也，固不带剑。今而带剑，是交兵闻
于诸侯。君不如已，⑩请去兵。"桓公曰："诺。"乃令从者毋以
兵。管仲曰："不可。诸侯加忌于君，君如是以退，可。⑪若鲁
弱于君，诸侯又加贪于君，⑫后有事，小国弥坚，大国设备，⑬非
齐国之利也。"桓公不听。[1]管仲又谏，曰："君必不去鲁，何
不用兵？曹刿之为人也，⑭坚强以忌，不可以约取也。"⑮桓公不
听，果与之遇，庄公自怀剑，曹刿亦怀剑。践坛，庄公抽剑其怀
曰："鲁之境，去国五十里，亦无不死而已。"左揕桓公，右自
承，曰："均之死也，戮死于君前。"⑯管仲走君，曹刿抽剑当两
阶之间，曰："二君将改图，无有进者。"⑰管仲曰："君与地，
以汶为境。"桓公许诺，以汶为境而归。桓公归而修于政，不修
于兵革，自圉辟人，以过弥师。⑱

①同甲，谓完坚齐等。

②人君当以德义服远，不当竞于兵也。

[1]此处原有"果与之遇，庄公自怀剑"，据杨本删。

③欲以齐国服诸侯而致霸王,故曰"以小兵而服大兵"也。

④谓数摇动之[1],则众疲而散。

⑤数见侵伐,故设备。

⑥力不足,则诈以继之。

⑦绩按,言天下兵多,齐发小兵以服之,内外俱失而国危矣。诈,一本作"诳"。

⑧更立国界而为之关。

⑨谓鲁请从服于齐,供其徵求,比于齐之关内。

⑩若以交兵闻于诸侯,不如止而不盟也。

⑪忌,怨也。诸侯欲以结盟致怨于君,今请不盟,从此即退可也。

⑫若果弱鲁君,又以贪名加之君。

⑬既有贪忌之名,故皆设备。

⑭绩按,刿,一作"沫"。下同。

⑮不可以盟取信也。

⑯左手举剑,将揕桓公,且以右手自承而言曰:"齐之迫鲁境亦死,今杀君亦死,同是死也,将杀君,次自杀。"故曰均之死也,不若戮死于君前。

⑰拔剑当阶,所以拒管仲。言鲁、齐二君将欲改先者之所图,今不当有进也。

⑱既不修其兵革,故出入自圉辟其人也。以先者之过,故弭息其师也。

五年,宋伐杞,桓公谓管仲与鲍叔曰:"夫宋,寡人固欲伐之,无若诸侯何。①夫杞,明王之后也。②今宋伐之,予欲救之,其可乎?"管仲对曰:"不可。臣闻内政之不修,外举义不信。君将外举义,以行先之,③则诸侯可令附。"桓公曰:"于此不救,后无以伐宋。"④管仲曰:"诸侯之君不贪于土,贪于土必勤于兵,勤于兵必病于民,民病则多诈。夫诈,密而后动者胜,⑤诈则不信于民。夫不信于民则乱,内动则危于身。是以古

---

[1]"之"原本误作"人",据杨本改。

之人闻先王之道者，不竞于兵。"⑥桓公曰："然则奚若？"管仲对曰："以臣则不然，⑦若令人以重币[1]使之。⑧使之而不可，⑨君受而封之。"⑩桓公问鲍叔曰："奚若？"鲍叔曰："公行夷吾之言。"公乃命曹孙宿[2]使于宋。宋不听，果伐杞。⑪桓公缘陵[3]以封之。⑫予车百乘，甲一千。⑬明年，狄人伐邢，邢君出致于齐。⑭桓公筑夷仪以封之，⑮予车百乘，卒千人。明年，狄人伐卫，卫君出致于虚。⑯桓公且封之。隰朋、宾胥无谏曰："不可。三国所以亡者，绝以小。⑰今君近封亡国，国尽若何？"⑱桓公问管仲曰："奚若？"管仲曰："君有行之名[4]，安得有其实[5]。⑲君其行也。"公又问鲍叔，鲍叔曰："君行夷吾之言。"桓公筑楚丘以封之，与车三百乘，甲五千。

①无若诸侯救宋何。

②杞，夏之后。

③以内行先之。

④今不救杞，后无辞以伐宋。

⑤密，静。

⑥兵者凶器，竞之则危。

⑦以臣之意，则不与君同。

⑧以重币使宋，令罢杞兵。

⑨谓宋不从令也。

⑩受杞告命而建封之。

⑪宋果伐杞。

⑫缘陵，杞城。

⑬谓与杞也。

---

[1]币，原本误作"弊"，据杨本改。

[2]宿，原本误作"叔"，据杨本改。

[3]陵，原本误作"令"，据杨本改，下注同。

[4]名，原本误作"实"，据杨本改。

[5]实，原本误作"名"，据杨本改。

⑭致命于齐以告急。

⑮夷仪,邢城。

⑯虚,地名。《诗》所谓"升彼虚矣,以望楚矣"。

⑰小国之亡,理则亡矣,不当封也。

⑱国之车尽于封亡国,其若之何?

⑲既有行封之名,则当虚国而为之,安得有其富实乎?

既以封卫,明年,桓公问管仲:"将何行?"①管仲对曰:"公内修政而劝民,可以信于诸侯矣。"君许诺。乃轻税,弛市之征,为赋禄之制。既已,②管仲又请曰:"问病臣,③愿赏而无罚,五年诸侯可令傅。"④公曰:"诺。"既行之。管仲又请:"诸侯之礼,⑤令齐以豹皮往,小侯以鹿皮报。齐以马往,小侯以犬报。"⑥桓公许诺,行之。管仲又请赏于国,以及诸侯。君曰:"诺。"行之。管仲赏于国中,君赏于诸侯。诸侯之君,有行事善者,以重币贺之。从列士以下有善者,衣裳贺之。⑦凡诸侯之臣,有谏于君而善者,以玺问之,以信其言。⑧公既行之,又问管仲曰:"何行?"管仲曰:"隰朋聪明捷给,可令为东国。⑨宾胥无坚强以良,可令为西土。⑩卫国之教,危傅以利。⑪公子开方之为人也,慧以给,不能久而乐始,可游于卫。⑫鲁邑之教,好迩而训于礼。⑬季友之为人也,恭以精,博于粮,多小信,可游于鲁。⑭楚国之教,巧文以利,不好立大义而好立小信。蒙孙⑮博于教,而又巧于辞,不好立大义而好结小信,可游于楚。小侯既服,大侯既附,⑯夫如是,则始可以施政矣。"君曰:"诺。"乃游公子开[1]方于卫,游季友于鲁,游蒙孙于楚。

①更问以所行之政也。

②谓已行上事。

③臣有病者,君当慰问之。

---

[1]开,原本脱,据杨本补。

④行此五年,可令诸侯亲附。

⑤请诸侯交聘之礼。

⑥往重报轻,所以大国善下小国,则取小国。

⑦列士,谓齐之列士。管仲以衣裳贺之。

⑧谓桓公以玺问之,以信验其所谏之言为善。

⑨东国,谓自齐东之国,令隰朋理之。

⑩西土,谓齐西[1]之土。令胥无理之。国与土交互言也。

⑪谓其教既高危,且相傅以利,谓以利成俗。

⑫其人性轻率,不能持久,所谓"靡不有初,鲜克有终"。故曰"乐始"。使此人游于卫,诱动之,令归于齐也。○绩按,《小匡》作"公子开方为人巧转而兑利",则不能久而乐始,谓退速进锐也。

⑬既训学于礼,礼者所以饰貌,故曰"好迩"。迩,近也。

⑭博于粮,谓多委[2]积。○绩按,《小匡》作"公子举博闻[3]而知礼,好学而辞逊,请使游于鲁",疑即一人。粮,乃"礼"字误也。

⑮《小匡》作"曹孙宿"。

⑯厚往轻报,所以服小侯。游三人于三国,所以服大侯。

五年,诸侯附,狄人伐。①桓公告诸侯曰:"请救伐。"诸侯许诺。大侯车二百乘,卒二千人,小侯车百乘,卒千人,诸侯皆许诺。齐车千乘,卒先致缘陵,②战于后故,败狄。③其甲与货,小侯受之。④大侯近者,以其县分之,不践其国。⑤北州侯莫来,⑥桓公遇南州侯于召陵,⑦曰:"狄为无道,犯天子令,以伐小国。⑧以天子之故,敬天之命,令以救伐。⑨北州侯莫至,上不听天子令,下无礼诸侯,寡人请诛于北州之侯。"诸侯许诺。桓公乃北伐令支,⑩下凫之山,斩孤竹,⑪过山戎,顾问管仲曰:

---

[1]西,原本误作"东",据杨本改。

[2]多委,原本误作"委多",据杨本改。

[3]子,原本脱,"闻"原本误作"问",据《小匡》改。

"将何行？"管仲对曰："君教诸侯为民聚食，诸侯之兵不足者，君助之发[1]，如此则始可以加政矣。"⑫桓公乃告诸侯，必足三年之食安，⑬以其馀修兵革，兵革不足以引其事，告齐，齐助之发。[2]⑭

①谓入伐齐。

②先者使卒戍缘陵，今有狄难，故致之。

③后故，地名。

④谓败狄所得车甲及货尽与小侯。

⑤近齐之大侯，则以齐县分之，终不践其国以侵之。

⑥谓不来救齐。北州，谓北之州，即幽州、营州等。

⑦谓伐楚，盟于召陵也。

⑧小国，齐自谓。

⑨言诸侯以敬顺天命，救齐伐狄。

⑩令支，国名。

⑪孤竹，国名。斩其君。

⑫既使诸侯足食足兵，然后可以加之政也。

⑬有三年食，然后可安。

⑭诸侯兵之不足，当引其事之阙者以告齐，齐当发卒以助之也。

既行之，公又问管仲曰："何行？"管仲对曰："君会其君臣父子，①则可以加政矣。"公曰："会之道奈何？"曰："诸侯无专立妾以为妻，毋专杀大臣，无国劳，毋专予禄。②士庶人毋专弃妻，毋曲妻，③毋贮粟，毋禁材，④行此卒岁，则始可以罚矣。"⑤君乃布之于诸侯。诸侯许诺，受而行之。卒岁，吴人伐谷。⑥桓公告诸侯未遍，诸侯之师竭至，以待桓公。⑦桓公以车千乘会诸侯于竟，都师未至，吴人逃。⑧诸侯皆罢。

---

[1]"诸侯……之发"十一字，原重出，据杨本删其一。

[2]前注"然后可安"至此，原本脱，据杨本补。

①会,谓考合其君臣父子之宜。

②于国无劳者,不得专于禄。

③所谓无障谷也。【补】曲之为言偏也,小也,侧也。曲妻即侧室。言士庶人不得有之也。

④山泽之材,当与人共之也。

⑤行之终[1]岁,而有不从者,可以加刑罚。

⑥谷,齐之下都,后以封管仲。

⑦竭至,言其尽来。

⑧齐都之师尚未至,而吴人逃也。

桓公归,问管仲曰:"将何行?"管仲曰:"可以加政矣。"①曰:"从今以往二年,适子不闻孝,不闻爱其弟,不闻敬老国良,②三者无一焉,可诛也。③诸侯之臣及国事,三年不闻善,可罚也。④君有过,大夫不谏,士庶人有善,而大夫不进,可罚也。士庶人闻之吏,贤孝悌可赏也。"⑤桓公受而行之,近侯莫不请事。⑥兵车之会六,⑦乘车之会三,⑧飨国四十有二年。

①诸侯服从如此,故可以加之政。

②其老者,国之贤良也。

③无一尚可诛,况无三乎?

④及国事,预知国政。三年不闻善,则不贤也,故可罚。

⑤士庶人有贤孝悌闻之于吏,则可赏也。

⑥近齐之诸侯皆请齐徵赋之事。

⑦兵车之会,谓兴兵有所伐。

⑧乘车之会,谓继好息民之会也。

桓公践位十九年,弛关市之征,①五十而取一,②赋禄以粟,案田而税,③二岁而税一。④上年什取三,中年什取二,下年什取

---

[1]终,原本误作"于",据杨本改。

一，岁饥不税。⑤岁饥弛而税。⑥桓公使鲍叔识君臣之有善者，晏
子识不仕与耕者之有善者，⑦高子识工价之有善者，国子为李，⑧
隰朋为东国，宾胥无为西土，弗郑为宅。⑨凡仕者近宫，⑩不仕与
耕者近门，⑪工贾近市，三十里置遽委焉，有司职之。⑫从诸侯欲
通，⑬吏从行者，令一人为负以车，⑭若宿者，令人养其马，食以
委。⑮客与有司别契，⑯至国八契，⑰费义数而不当，有罪。⑱凡庶
人欲通，乡吏不通，七日囚。⑲出欲通，吏不通，五日囚。⑳贵人
子欲通，吏不通，三日囚。凡县吏进诸侯士而有善，观其能之大
小以为之赏，有过无罪。㉑

①征，赋也。

②取其货贿五十之一。

③按知其壤堉而税也。

④率二岁而一税之。

⑤岁饥，谓时岁总饥，故不税。

⑥此岁饥，谓有饥者，有不饥者，故弛饥而税不饥。

⑦不仕谓馀子未仕者。

⑧李，狱官也。○绩按，李、理同。

⑨为宅，掌修除宫室。

⑩仕者有公事职务，故近宫。

⑪不仕与耕者当出入田野，故近于外门。

⑫遽，今之邮驿也。委，谓当有储积以供过者。立官以主之。

⑬谓从诸侯欲通于齐。

⑭其吏从行而来者，遽之有司，当令一人以车为负载其行装。

⑮其客若宿，即以所委食之。○绩按，一作"食其委"。

⑯别契，谓分别其契，以知真伪也。

⑰自郊至国八契，则二百里之郊地，相距为五百里，此周之大国也。

⑱义，谓供客之礼。徒费义数，而于事不当者，罪之。

⑲庶人有所陈诉通于君，乡吏抑而不通事，经七日者，则囚其吏，鞫劾其

所以也。

⑳出，谓欲适他国。○绩按，"出"疑"上"字误。

㉑赏虽过能，亦不罪也。○绩按，县吏进诸侯士有善则与其赏，有过则不与其罚。盖以他国，故不连及也。

令鲍叔进大夫，劝国家，①得之成而不悔为上举。②从政治为次。③野为原，又多不发，起讼不骄，次之。④劝国家，得之成而悔，从政虽治，而不能野原，及多发，起讼骄，行此三[1]者为下。令晏子进贵人之子，⑤出不仕，⑥处不华，⑦而友有少长，⑧为上举，⑨得二为次，⑩得一为下。士处靖，⑪敬老与贵，⑫交不失礼，行此三者为上举，得二为次，得一为下。耕者农农用力，⑬应于父兄，⑭事贤多，⑮行此三者为上举，得二为次，得一为下。令高子进工贾，应于父兄，事长养老，承事敬，⑯行此三者为上举，得二者为次，得一者为下。令国子以情断狱。⑰三大夫既已选，得使县行之。⑱管仲进而举言，上而见之于君，⑲以卒年君举。⑳

①升[2]进大夫，令之勉管国家之事。

②得此大夫，故有成功。终然允当，无有可悔。如此者举善之上。

③所进大夫，从政而能理者，次上成功也。

④所进大夫有能劝勉农人，开辟荒野，皆为原田。又教之和通，不相告发。虽有起而讼者，莫不恭恪，不为骄傲。此又其次也。

⑤晏子，平仲之先。

⑥不仕则乐道深。

⑦不华则无过失。

⑧友有少长则遵礼经。

⑨全此三者，故为上。

---

[1]三，原本误作"二人"，据杨本改。
[2]升，原本误作"外"，据杨本改。

⑩得二[1]，三之二也。

⑪靖，卑敬貌。

⑫敬老近于亲，敬贵近于君。

⑬勤而不惰。

⑭孝且义。

⑮择善而从，故能多。

⑯承奉君敬而从之也。

⑰定罪罚者，贵得其情。

⑱三大夫，谓鲍叔、晏子、高子。

⑲见三大夫所选举者。此言选举者，国子主断狱，故不在三大夫之数。

⑳卒年，谓终年如此。管仲所进者，君举用之也。

管仲告鲍叔曰："劝国家不得成而悔，从政不治，不能野原，又多而发，①讼骄，②凡三者有罪无赦。"告晏子曰："贵人子处华下，③交好饮食，④行此三者，有罪无赦。士出入无常，不敬老而营富，行此三者，有罪无赦。耕者出入不应于父兄，用力不农，不事贤，行此三者，有罪无赦。"告国子曰："工贾出入不应父兄，承事不敬，而违老治危，⑤行此三者，有罪无赦。"凡于父兄无过，州里称之，吏进之，君用之。⑥有善无赏，有过无罚。吏不进，廉意。⑦于父兄无过，于州里莫称，吏进之，君用之，善，为上赏。不善，吏有罚。⑧君谓国子："凡贵贱之义，入与父俱，⑨出与师俱，⑩上与君俱，⑪凡三者遇贼不死，不知贼则无赦。⑫断狱情与义易，义与禄易，⑬易禄可无敛，有可无赦。"⑭

①言相告发。

②既讼而骄。

③处华屋之下则淫泆。

[1]二，原本误作"上"，据杨本改。

④重交好,则挟朋党;嗜饮食,则道情薄。○绩按,"处华"句,照上"处不华"。下交,谓以贵凌人,使友居下也,照"友有少长"。"好饮食"照"出不仕"。

⑤危,倾险也。

⑥无过于父兄,见称于州里,吏[1]进此人,君必用之。

⑦有善不能赏,有过不能罚,吏则苟免而已,故不进,廉意也。

⑧虽无过于父兄,而州里不称,吏进此人,君承用之,其人善则吏受上赏,不善则吏当罚。○绩按,当人皆称其贤,而吏举善者,后有善者而举不赏罚,以其出于众人同然也。若吏以赏罚无与己而不举,则廉察其意而罪之。至于人不称其贤而吏举者,后有善过,赏罚其举者,以其出于一人独见也。

⑨父贵而子贱也。

⑩师贵而资贱也。

⑪君贵而臣贱。

⑫言人于此三者所在当致死,所谓在三如一。今贼将害此三者,遇之而不能死,有贼而又不知,则不臣不子也,故无赦也。

⑬凡断狱者,所以止罪邪。止罪邪,所以兴礼义。今犯罪者,非以乖僻易义,则以奸伪易禄也。

⑭奸伪易禄者,既已罚其罪,可无敛其禄。然今所有罪,必无赦之也。

---

[1] 吏,原本误作"更",据杨本改。

卷第八

中匡第十九 内言二

管仲会国用，三分二在宾客，①其一在国。管仲惧而复之。②
公曰："吾子犹如是乎？③四邻宾客，入者说，出者誉，④光名满
天下。入者不说，出者不誉，污名满天下。壤可以为粟，⑤木可
以为货，⑥粟尽则有生，货散则有聚。君人者，名之为贵，财安
可有？"⑦管仲曰："此君之明也。"公曰："民办军事矣，则可
乎？"对曰："不可。甲兵未足也，请薄刑罚以厚甲兵。"于是
死罪不杀，刑罪不罚，使以甲兵赎。⑧死罪以犀甲一戟，刑罚以
胁盾一戟，⑨过罚以金，⑩军无所计而讼者，成以束矢。⑪公曰：
"甲兵既足矣，吾欲诛大国之不道者，可乎？"对曰："爱四封
之内，而后可以恶竟外之不善者。⑫则安卿大夫之家，而后可以
危救敌之国。⑬赐小国地，而后可以诛大国之不道者。举贤良，
而后可以废慢法鄙贱之民。是故先王必有置也，而后必有发也。
必有利也，而后必有害也。"

①二以供宾客。

②复，白也。以宾客之费太半，故[1]白之。

③以吾子为贤，当以供宾之义为急务，尚惧而白之乎？

④入见礼而悦者，出必为延誉也。

⑤播壤则生粟。

⑥破木成器则货。

⑦吝财则失名，故不可有。

---

[1]故，原本误作"欲"，据杨本改。

⑧有罪，使出甲兵以赎之也。

⑨胁盾也，既出盾，又令出一戟也。

⑩过误致罚，出金以赎之。

⑪不计于军事，而以私讼[1]者，令出束矢，以平其罪。成，平也。

⑫先施爱于四封之内，则士致死，故可以恶外之不善。

⑬卿大夫家安，得大臣尽力，故以危救敌之国。

桓公曰："昔三王者既弑[2]其君，今言仁义，则必以三王为法度，不识其故何也？"对曰："昔者禹平治天下，及桀而乱之。汤放桀，以定禹功也。汤平治天下，及纣而乱之。武王伐纣，以定汤功也。且善之伐不善也，自古至今未有改之，君何疑焉？"公又问曰："古之亡国其何失？"对曰："计得地与宝，而不计失诸侯。计得财委，而不计失百姓。计见[3]亲，而不计见弃。三者之属，一足以削，遍而有者亡矣。古之隳国家、陨社稷者，非故且为之也，必少有乐焉，不知其陷于恶也。"

桓公谓管仲曰："请致仲父。"①公与[4]管仲父而将饮之，②掘新井而柴焉。③十日斋戒，召管仲。管仲至，公执爵，夫人执尊，觞三行，管仲趋出。公怒曰："寡人斋戒十日而饮仲父，寡人自以为修矣。仲父不告寡人而出，其故何也？"④鲍叔、隰朋趋而出，及管仲于途，曰："公怒。"管仲反，入，倍屏而立，公不与言。少进中庭，公不与言。少进中堂，公曰："寡人斋戒十日而饮仲父，自以为脱于罪矣。仲父不告寡人而出，未知其故也。"对曰："臣[5]闻之，沉于乐者洽于忧，⑤厚于味者薄于行，慢于朝者缓于政，害于国家者危于社稷。臣是以敢出

---

[1]讼，原本误作"说"，据杨本改。

[2]弑，原本误作"试"，据杨本改。

[3]见，原本脱，据杨本补。

[4]公与，原本误作"其桓公"，据杨本改。

[5]臣，原本脱，据杨本补。

也。"公遽下堂曰："寡人非敢自为修也，仲父年长，虽寡人亦衰矣，吾愿[1]一朝安仲父也。"⑥对曰："臣闻壮者无怠，老者无偷，顺天之道，必以善终者也。三王失之，非一朝之萃。⑦君奈何其偷乎？"管仲走出，君以宾客之礼再拜送之。明日，管仲朝，公曰："寡人愿闻国君之信。"对曰："民爱之，邻国亲之，天下信之，此国君之信。"公曰："善。请问信安始而可？"对曰："始于为身，中于为国，成于为天下。"公曰："请问为身。"对曰："道血气以求长年，长心，长德，⑧此为身也。"公曰："请问为国。"对曰："远举贤人，慈爱百姓，外存亡国，继绝世，起诸孤，⑨薄税敛，轻刑罚，此为国之大礼也。法行而不苟，刑廉而不赦，有司宽而不凌，⑩郁浊困滞，皆法度不亡，⑪往行不来，而民游世矣。⑫此为天下也。"

①仲父者，尊老有德之称。桓公欲尊事管仲，故以"仲父"之号致之。

②行饮酒礼，以尊显之。

③新井而又柴盖之，欲以洁清，示敬之。

④谓不辞而出，所以怒。

⑤乐过则忧博。

⑥言俱至于衰老，故欲一朝乐饮而为安。

⑦三代之季乱亡者，非一朝之故，其所由来者渐矣。萃，聚也。

⑧长心，谓谋虑远也。长德，谓恩施广也。

⑨孤，谓死王事者子孙。

⑩不虐悍独。

⑪郁浊，谓秽塞不洁清者也。困滞，谓疲羸微隐者也。有如此者，皆以法度加之，不令有所失亡也。

⑫其行法度者，但往行而进，不却来而退，而人以此自得行于世也。

---

[1]愿，原本误作"须"，据杨本改。

小匡第二十

内言三

桓公自莒反于齐，使鲍叔牙为宰。鲍叔辞曰："臣，君之庸臣也，君有加惠于其臣，使臣不冻饥，则是君之赐也。若必治国家，则非臣之所能也，其唯管夷吾乎。臣之所不如管夷吾者五：宽惠爱民，臣不如也；治国不失秉，臣不如也；①忠信可结于诸侯，臣不如也；②制礼义可法于四方，臣不如也；介胄执枹立于军门，使百姓皆加勇，臣不如也。③夫管仲，民之父母也，将欲治其子，不可弃其父母。"公曰："管夷吾亲射寡人，中钩，殆于死，今乃用之，可乎？"鲍叔曰："彼为其君动也，君若宥而反之，其为君亦犹是也。"公曰："然则为之奈何？"鲍叔曰："君使人请之鲁。"公曰："施伯，④鲁之谋臣也，彼知吾将用之，必不吾予也。"鲍叔曰："君诏使者曰：寡君有不令之臣在君之国，愿请之以戮于群臣。⑤鲁君必诺。且施伯之知夷吾之才，必将致鲁之政。⑥夷吾受之，则鲁能弱齐矣。夷吾不受，彼知其将反于齐，必杀之。"公曰："然则，夷吾受乎？"鲍叔曰："不受也。夷吾事君无二心。"公曰："其于寡人犹如是乎？"对曰："非为君也。为先君与社稷之故。君若欲定宗庙，则亟请之。不然无及也。"

①秉，柄也。柄所操以作事。国柄者，赏罚之纪律也。

②绩按，《齐语》"诸侯"作"百姓"。

③枹，击鼓槌。

④绩按，一本有"夫子"。

⑤戮以徇群臣。

⑥既知其材，故授以国政。

公乃使鲍叔行成。①曰："公子纠，亲也，请君讨之。"鲁人为杀公子纠。又曰："管仲，雠也，请受而甘心焉。"鲁君许诺。施伯谓鲁侯曰："勿予。非戮之也，将用其政也。^②管仲者，天下之贤人也，大器也。在楚则楚得意于天下，在晋则晋得意于天下，在狄则狄得意于天下。今齐求而得之，则必长为国忧。君何不杀而授之其政？"^③鲁君曰："诺。"将杀管仲。鲍叔进曰："杀之齐是戮齐也，^④杀之鲁是戮鲁也，^⑤弊邑寡君之贼，得之以徇于国，为群臣僇鲁也，^⑥若不生得，是君与寡君贼比也，^⑦非弊邑之君所谓也，^⑧使臣不能受命。"^⑨于是乎鲁君乃不杀，遂生束缚而枷以予齐。^⑩鲍叔受而哭之，三举。^⑪施伯从而笑之，^⑫谓大夫曰："管仲必不死。夫鲍叔之忍不僇贤人，^⑬其智称贤以自成也。^⑭鲍叔^[1]相公子小白，先入得国。^⑮管仲、召忽奉公子纠，后入，与鲁以战，能使鲁败。^⑯功足以得天与失天，其人事一也。^⑰今鲁惧，杀公子纠、召忽，囚管仲以予齐，鲍叔知无后事，^⑱必将勤管仲以劳其君，^⑲顾以显其功。众必予之，^⑳有德力死之功，犹尚可加也。显生之功，将何如是。^㉑昭德以贰君也。^㉒鲍叔之知不是失也。"^㉓

①成，平也。与鲁平。

②用之使知政也。

③绩按，一作"杀之而授其尸"。

④言戮以徇齐也。

⑤以诫群臣。^[2]

⑥戮之以诫群臣。

⑦言亲吾贼。

⑧绩按，一作"非敝邑之所请也"。

⑨能，一作"敢"。

⑩枷，槛。

⑪三举其声，伪哀其将死也。

[1]此处原有"曰"字，据杨本删。
[2]此条注语原本脱，据杨本补。

⑫笑伪哭也。

⑬言多所容忍，必不僇贤人。

⑭称，举也。

⑮得国人心。

⑯与鲁师与齐战，能使鲁败而齐克也。

⑰管仲本图将立小白，今能败鲁而胜齐，是其功也。故于齐为得天，于鲁为失天，至于能成人事则一。

⑱既得管仲，则知后无祸难之事也。

⑲必探管仲本败鲁胜齐之意，以成其功，勤而慰其君也。

⑳顾君施用管仲，以显其定齐之功，如此，众必与之，许与也。○绩按，言鲍叔知齐无他雠为后患，恐其君骄，故勤管仲，使君戒省不佚，且以显仲之功，则国众必归之。勤，孜孜也。

㉑假令管仲力死成功，但一时之事耳，犹尚可加，况不耻垢辱，忍而生全。齐将得之而霸，以显其本谋之功，何善如之，何言不可加也。○绩按，言常人有为君得曾力死为国者，功犹可贵。今鲍叔为桓得仲生者，则功无以加矣。

㉒言昭仲之德，以为君之副贰。○绩按，贰君，即前"劳君"，谓使桓公思前唯不一于安之矣。

㉓以鲍叔之智，能及此图，必不失也。

　　至于堂阜之上，①鲍叔袚而浴之三，②桓公亲迎之郊。管仲诎缨插衽，③使人操斧而立其后。④公辞斧三，然后[1]退之。⑤公曰："垂缨下衽，寡人将见。"管仲再拜稽首[2]曰："应公之赐[3]，杀之黄泉，死且不朽。"⑥公遂与归，礼之于庙，三酌而问为政焉。曰："昔先君襄公，高台广池，湛乐饮酒，田猎罼[4]弋，不听国政，卑圣侮士，唯女是崇。九妃六嫔，⑦陈妾数千，食

[1] 后，原本脱，据杨本补。
[2] 首，原本脱，据杨本补。
[3] 赐，原本误作"死"，据杨本改。
[4] 罼，原本误作"毕"，据杨本改。

必粱肉，衣必文绣，而戎士冻饥。戎马待游车之弊，[8]戎士待陈妾之馀，[9]倡优侏儒在前，而贤士大夫在后。是以国家不日益，不月长，吾恐宗庙之不扫除，社稷之不血食。敢问为之奈何？”管子对曰：“昔吾先王周昭王、穆王，世法文武之远迹，以成其名。[10]合群国，[11]比校民之有道者，设象以为民纪，[12]式美以相应，比缀以书，原本穷末，[13]劝之以庆赏，紃之以刑罚，粪除其颠旄，[14]赐予以镇抚之，以为民终始。”[15]公曰：“为之奈何？”管子对曰：“昔者圣王之治其民也，参其国而伍其鄙，定民之居，成民之事，以为民纪，谨用其六秉，如是而民情可得，而百姓可御矣。”桓公曰：“六秉者何也？”管子曰：“杀、生、贵、贱、贫、富，此六秉也。”桓公曰：“参国奈何？”管子对曰：“制国以为[1]二十一乡，商工之乡六[2]，士农之乡十五。公帅十一乡，高子帅五乡，国子帅五乡，参国故为三军。公立三官之臣，[16]市立三乡，[17]工立三族，[18]泽立三虞，山立三衡。[19]制五家为轨，轨有长。十轨为里，里有司。四里为连，连有长。十连为乡，乡有良人。五乡一帅。”桓公曰：“五鄙奈何？”管子对曰：“制五家为轨，轨有长。六轨为邑，邑有司。十邑为率，率有长。十率为乡，乡有良人。三乡为属，属有帅。五属一大夫，武政听属，[20]文政听乡，[21]各保而听，[22]毋有淫泆者。”

①堂阜，地名。

②祓，谓除其凶邪之气。

③示将就戮。○绩按，插，一本作“摄”，《弟子职》所谓“摄衽盥漱”。

④操斧者，将受斧钺之诛也。

⑤退操斧者。

⑥言君赐之死尚感恩不朽，况生之乎？

⑦九妃，谓诸侯所娶九女。天子九嫔，诸侯六也。

[1]为，原本误作“国”，据杨本改。
[2]六，原本脱，据杨本补。

⑧游车弊,然后以为戎车。

⑨陈妾食馀,然后可以食戎士。

⑩绩按,迹,《齐语》作"绩"。

⑪绩按,《齐语》作"叟"。

⑫校试其人有道者,与之设法象而为人纪。

⑬其所用美事,必令始终相应,然后次比缉缀,书之简策,故能原其本,穷其末,无不错综也。

⑭颠,谓高顶之人或不垦辟。旄者,所以誓勒[1]兵士。言能务农息兵,故粪其颠而除其旄也。

⑮绩按,设象即《周礼》所谓"县治象之法于象魏,使万民观治象"是也。本谓上之所设,末谓下之所行。粪,分也。《孟子》"百亩之粪"《王制》作"分"是也。旄,老人也,《国语》作"班序"也。言合群叟比校民之有道者,必先设象刑以为民法,其从而相应者比合缀连于书,推刑象之意而究其是非,合则劝以庆赏,违则纠以刑罚。于中又分异其老而赐予以镇抚之,犹"劳之来之"意也。终始,犹言常行也。

⑯谓三军之官也。○绩按,官,官府也,此言士之乡。

⑰绩按,此言商之乡。

⑱绩按,此言工之乡。

⑲自三乡已下,每皆置其官。○绩按,此二句言农之乡也。

⑳以武为政者听于属。

㉑绩按,《齐语》作:"制鄙三十家为邑,邑有司,十邑为率,率有率帅。十率为乡,乡有乡帅。三乡为县,县有县帅。十县为属,属有大夫。五属,故立五大夫。各使治一属焉。立五政,使各听一属焉。是故正之政听属,牧之政听县,下政听乡。"按后属退而修连,连退而修乡,乡退而修率,率退而修邑,则"三乡"下缺"为连连有帅十连"七字,但《国语》以连为县耳。后云"立五乡以崇化,逮五属以属武",则《国语》正政、牧政、下政皆误之也。

㉒乡属之听,各自保之。

---

[1] 勒,原本误作"勤",据杨本改。

桓公曰："定民之居，成民之事奈何？"管子对曰："士农工商四民者，国之石民也，①不可使杂处，杂处则其言咙，其事乱。②是故圣王之处士必于闲燕，③处农必就田壄，处士必就官府，处商必就市井。④今夫士群萃而州处闲燕，⑤则父与父言义，子与子言孝，其事君者言敬，长者言爱，幼者言弟，旦暮从事于此，⑥以教其子弟。少而习焉，其心安焉，不见异物而迁焉。⑦是故其父兄之教不肃而成，其子弟之学不劳而能。夫是故士之子常为士。

①四者国之本，犹柱之石也，故曰石。

②咙，乱也。

③处士闲燕，则谋议审。

④市井必四方，若造井之制，故曰市井。

⑤每州之士群萃共处。闲燕，谓学校之处。

⑥旦暮，犹朝夕也。

⑦异物，异事也。非其所当习者。

今夫农，群萃而州处，审其四时权节，①具备其械器用，②比耒耜谷芨。③及寒，击槁除田，以待时乃耕。④深耕均种疾耰，⑤先雨芸耨，以待时雨。时雨既至，挟其枪刈耨镈。⑥以旦暮从事于田壄，税衣就功，⑦别苗莠，列疏遫，⑧首戴茝蒲，⑨身服被[1]襜，⑩沾体涂足，暴其发肤，尽其四肢之力，以疾从事于田野。少而习焉，其心安焉，不见异物而迁焉。是故其父兄之教不肃而成，其子弟之学不劳而能。是故农之子常为农，朴野而不慝，⑪其秀材之能为士者，则足赖也。⑫故以耕则多粟，以仕则多贤，是以圣王敬畏戚农。有司见之而不以告，其罪[2]五，有司已于事而竣。⑬

---

[1]被，原本误作"拨"，据杨本改。

[2]告其罪，原本误作"罪其告"，据杨本改。

①于四时中又权量其节之早晚。

②械器皆谓田器。○绩按，当作"权节其用，备其械器"，乃字误乱，注皆非。《齐语》作"权节其用"，是也。

③比偶其耒耜及谷芨。谷芨小于耒耜[1]，一人执之，以随耒耜之后，重治其阙遗。

④冬寒之月，即击去其草之槁者，修除其田，以待春之耕也。

⑤耰，谓覆种。既足均种，当疾耰之。

⑥在腋曰挟。枪，桩也。刈，镰也。耨，镃基也。镈，鉏也。

⑦脱其常服，以就功役而便事而省费。

⑧邀，密也。谓苗之疏者当均列之。

⑨苎，蒋也。编苎与蒲以为笠。

⑩裋裰，谓麤坚之衣，可以任苦著者也。○绩按，音钵释。

⑪农人之子朴质而野，不为奸慝。

⑫农人之子，有秀异之材可为士者，即所谓生而知之，不习而成者也，故其贤足可赖也。

⑬以农民能致粟，又秀材生焉，故圣王敬畏农而戚近之。

今夫工，群萃而州处，相良材，审其四时，辨其功苦，①权节其用，论比计制，②断器尚完利。③相语[2]以事，相示以巧，相陈以功，相高以知事。④旦暮从事于此，以教其子弟，少而习焉，其心安焉，不见异物而迁焉。是故其父兄之教不肃而成，其子弟之学不劳而能。夫是故工之子常为工。

①功，谓坚美。苦，谓滥恶。

②绩按，《齐语》作"论比协材"。

③裁断为器，贵于完利。

④以能知器用之事相高尚。

---

[1] 耒耜，原本误作"耜耒"，据杨本改。

[2] 语，原本误作"与"，据杨本改。

　　今夫商，群萃而州处，观凶饥，审[1]国变，察其四时而监其乡之货，①以知其市之贾。负任担荷，服牛辂马，②以周四方，料多少，计贵贱，以其所有易其所无，买贱鬻贵。是以羽旄不求而至，竹箭有馀于国，奇怪时来，珍异物聚。旦暮从事于此，以教其子弟，相语以利，相示以时，③相陈以知贾，④少而习焉，其心安焉，不见异物而迁焉。是故其父兄之教不肃而成，其子弟之学不劳而能。夫是故商之子常为商。相地而衰其政，则民不移矣。⑤正旅旧则民不惰。⑥山泽各以其时至，则民不苟。⑦陵陆丘井田畴均，则民不惑。⑧无夺农时，则百姓富。牺牲不劳，则牛马育。⑨

　　①监，视也。

　　②绩按，辂，一作"轺"。

　　③绩按，时，《齐语》作"赖"。

　　④贾知物价，相与陈说。

　　⑤相地沃塉以差其政，则人安其沃塉而不移其衰也。○绩按，政，《齐语》作"征"。

　　⑥国之军旅，正之以从旧贯，则禀令而不惰。○绩按，《齐语》作"政不旅旧，则民不偷"。旅旧，弃故旧不用如旅也。或疑乃"施"字误，所谓故旧不遗则民不偷。

　　⑦苟，谓非时入山泽也。

　　⑧绩按，惑，《齐语》作"憾"。

　　⑨过用谓之劳。○绩按，劳，《齐语》作"略"。

　　桓公又问曰："寡人欲修政以干时于天下，其可乎？"①管子对曰："可。"公曰："安始而可？"管子对曰："始于爱民。"公曰："爱民之道奈何？"管子对曰："公修公族，家齐家族，使相连以事，相及以禄，则民相亲矣。②放旧罪，修旧宗，

――――――――――

[1]审，原本误作"塞"，据杨本改。

立无后，则民殖矣。③省刑罚，薄赋敛，则民富矣。乡建贤士，使教于[1]国，则民有礼矣。出令不改，则民正矣。此爱民之道也。"公曰："民富而以亲，则使而可之乎？"管子对曰："举财长工，以止民用。④陈力尚贤，以劝民知。⑤加刑无苛，以济百姓。行之无私，则足以容众矣。出言必信，则令不穷矣。此使民之道也。"

　①干，求也。时时见曰会。欲求天下修时见之会。

　②相连以事则人惯狎，相及以禄则恩情生，故有亲也。

　③放旧罪则全人命，修旧宗则收散亲，立无后则继绝世，故人殖。殖，生也。

　④工能积财，举而长之，民则慕而不费用矣。

　⑤贤能陈力而崇上之，民则劝而学知之矣。

　　桓公曰："民居定矣，事已成矣，吾欲从事于天下诸侯，其可乎？"①管子对曰："未可。民心未安。"公曰："安之奈何？"管子对曰："修旧法，择其善者，举而严用之。②慈于民，予无财，③宽政役，敬百姓，则国富而民安矣。"公曰："民安矣，其可乎？"管仲对曰："未可。君若欲正卒伍，修甲兵，则大国亦将正卒伍，修甲兵。君有征战[2]之事，则小国诸侯之臣有守圉之备矣。然则难以速得意于天下。公欲速得意于天下诸侯，则事有所隐而政有所寓。"④公曰："为之[3]奈何？"管子对曰："作内政而寓军令焉。为高子之里，为国子之里，为公里，三分齐国以为三军，择其贤民，使为里君。⑤乡有行伍卒长，则其制令，且以田猎，因以赏罚，⑥则百姓通于军事矣。"桓公曰："善。"于是乎管子乃制五家以为轨，轨为之长。十轨为里，里有司。四里为连，连为之长。十连为乡，乡有良人，以为

[1]使教于，原本误作"于使教"，据杨本改。
[2]"战"字原本脱，据杨本补。
[3]"之"字原本脱，据杨本补。

• 147 •

军令。是故五家为轨，五人为伍，轨长率之。十轨为里，故五十人为小戎，里有司率之。四里为连，故二百人为卒，连长率之。十连为乡，故二千人为旅，乡良[1]人率之。五乡一师，故万人一军，五乡之师率之。三军，故有中军之鼓，⑦有高子之鼓，有国子之鼓。春以田曰搜，振旅。⑧秋以田曰狝，治兵。⑨是故卒伍政定于里，军旅政定于郊，⑩内教既成，令不得迁徙。故卒伍之人，人与人相保，家与家相爱，少相居，长相游，祭祀相福，死丧相恤，祸福[2]相忧，居处相乐，行作相和，哭泣相哀。是故夜战其声相闻，足以无乱。昼战足以相识，目以相见，欢欣足以相死。是故以守则固，以战则胜。君有此教士三万人，以横行于天下。⑪诛无道以定周室。天下大国之君，莫之能圉也。

①欲从会事。

②绩按，严，《齐语》作"业"。皆敬也。

③贫无财者，当施予之。

④不显习其兵事，故曰"事有所隐"。军政寓之田猎，故曰"政有所寓"。

⑤每里皆使贤者为君。

⑥因田猎之功过[3]行赏罚。

⑦中军鼓，则公之里卒知所之也。

⑧因寓军政，而且正旅。

⑨顺杀气，因治兵。

⑩绩按，《齐语》"政"作"正"字。

⑪教士，谓先教习之士。

正月之朝，乡长复事，①公亲问焉，曰："于子之乡，有居处为义好学，聪明质仁，慈孝于父母，长弟闻于乡里者，有则以

---

[1]良，原本脱，据杨本补。
[2]福，原本脱，据杨本补。
[3]过，原本误作"道"，据杨本改。

告。有而不告，谓之蔽贤，其罪五。"[2]有司已于事而竣。[3]公又问焉，曰："于子之乡有拳勇股肱之力，筋骨秀出于众者，有则以告。有而不以告，谓之蔽才，其罪五。"有司已于事而[1]竣。公又问焉，曰："于子之乡有不慈孝于父母，不长弟于乡里，骄躁淫暴，不用上令于乡者，有则以告。有而不以告，谓之下比，[4]其罪五。"有司已于事而竣。于是乎乡长退而修德进贤。桓公亲见之，遂使役之官。[5]公令官长期而书伐以告，[6]且令选官之贤者而复之。曰："有人居我官，有功，休德维顺，[7]端悫以待时使，[8]使民恭敬以劝，其称秉言，则足以补官之不善政。"[9]公宣其乡里，而有考验，[10]乃召而与之坐，省相其质，以参其成功成事。[11]可立而时，设问国家之患而不肉，[12]退而察问其乡里，以观其所能，而无大过，登以为上卿之佐。[13]名之曰三选。[14]高子、国子退而修乡，[15]乡退而修连，[16]连退而修里，[17]里退而修轨，[18]轨退而修家。[19]是故匹夫有善，故可得而举也。匹夫有不善，故可得而诛也。政既成，乡不越长，朝不越爵。罢士无伍，[20]罢女无家。[21]士三出妻，逐于境外。[22]女三嫁，入于舂谷。[23]是故民皆勉为善士。与其为善于乡，不如为善于里，与其为善于里，不如为善于家。[24]是故士莫敢言一朝之便，皆有终岁之计。莫敢以终岁为议，皆有终身之功。[25]

①复，白也。○绩按，此即参国、五卿、一帅每岁报政于君。

②谓其罪当入于五刑而定其罚。

③既毕于上事而竣退。

④下与有罪者比而掩盖之。

⑤谓授之官而役之，所以历试其才能。

⑥伐，功也。

⑦绩按，一作"慎"。

⑧以悫善待时，待可用之时而使之也。

⑨谓此人所称柄之言,可以补不善之政。

⑩宣,遍也。遍问其乡里之人,以考其行,皆有事验。

⑪既有考验,召而与坐,更省视其质体,以参验其所成功之事也。

⑫其人既可,将立之,又时设问国家之患,以知其智谋之深浅,不[1]直相其骨肉而已。肉者,所谓皮相也。○绩按,《齐语》作"可立而授之,设之以国家之患而不疚",则"肉"乃"疚"之误。

⑬为卿大夫之佐。

⑭名此人曰三大夫所选。

⑮朝事[2]既毕,二选大夫前退修于乡。鲍在朝,故不言。

⑯绩按,即前十连为乡。

⑰绩按,即前四里为连。

⑱绩按,即前十里为轨。

⑲绩按,即前五家为轨。

⑳罢,谓乏于德义者。《周礼》所谓罢人,不义之众,耻以为伍也。

㉑罢女,犹罢士,众耻娶之,故无家。

㉒三出妻,所谓"士也罔极,二三其德"。为政者之所忌,故逐于境外也。

㉓三见出而嫁,是不贞顺者也,故入于春谷。

㉔家善则乡善矣,所谓居家治里,可移于官。

㉕修政则人无苟且。

正月之朝,五属大夫复事于公,①择其寡功者而谯之,曰:"列地分民者若一,何故独寡功?何以不及人?教训不善,政事其不治。一再则宥,三则不赦。"公又问焉,曰:"于子之属,有居处为义好学,聪明贤仁,慈孝于父母,长弟闻于乡里者,有则以告。有而不以告,谓之蔽贤,其罪五。"有司已事而竣。公

[1] 不,原本误作"又",据杨本改。
[2] 事,原本误作"士",据杨本改。

又问焉，曰："于子之属，有拳勇股肱之力，秀出于众者，[2]有则以告。有而不以告，谓之蔽才，其罪五。"有司已事而竣。公又问焉，曰："于子之属，有不慈孝于父母，不长弟于乡里，骄躁淫暴，不用上令者，有则以告。有而不以告者，谓之下比，其罪五。"有司已事而竣。于是乎五属大夫退而修属，属退而修连，[3]连退而修乡，乡退而修卒，[4]卒退而修邑，邑退而修家。是故匹夫有善，可得而举。匹夫有不善，可得而诛。政成国安，以守则固，以战则强。封内治，百姓亲，可以出征四方，立一霸王矣。[5]桓公曰："卒伍定矣，事已定矣，吾欲从事于诸侯，其可乎？"管子对曰："未可。若君令则吾既寄诸内政矣。夫齐国寡甲兵，吾欲轻重罪而移之于甲兵。"公曰："为之奈何？"管子对曰："制，重罪入以兵甲犀胁二戟，轻罪入兰盾鞈革二戟，[6]小罪入以金钧，[7]分宥薄罪入以半钧，[8]无坐抑而讼狱者，正三禁之而不直，则入一束矢以罚之。[9]美金以铸戈剑矛戟，试诸狗马。恶金以铸斤斧鉏夷锯欘，试诸木土。"[10]

①绩按，此即前五鄙五属大夫每岁报政于君。

②绩按，"秀"上前有"筋骨"二字。

③绩按，《齐语》作"县"下同。

④绩按，前作"率"，下同。

⑤可谓一霸王之功也。

⑥兰，即所谓兰锜，兵架也。鞈革，重革，当心著之，所以御矢。○绩按，《齐语》作"制，重罪赎以犀甲一戟，轻罪赎以鞼盾一戟"也。

⑦三十斤曰钧。

⑧分宥，谓从坐者分其首从而宽宥之。

⑨谓其人自无所坐，而被抑屈为讼者，正当禁之三日，得其不直者，则令入束矢也。○绩按，正如《春秋传》"正直为正"之正，言罪五刑本无所坐屈抑，讼狱者若为之正[1]，先已三禁之不从，成狱不直，则入束矢以罚其诬。《齐

---

[1]正，原本误作"王"，据杨本改。

语》作"索讼者三禁而不可,上下坐成以束矢"。

⑩夷,鉏类也。锯欘,镢类也。

桓公曰:"甲兵大足矣,吾欲从事于诸侯,可乎?"管子对曰:"未可。治内者未具也,为外者未备也。"故使鲍叔牙为大谏,①王子城父为将,弦子其为理,②宁戚为田,③隰朋为行,④曹宿孙处楚,商容处宋,季劳处鲁,⑤徐开封处卫,匽尚处燕,审友处晋。⑥又游士八千人,奉之以车马衣裘,多其资粮,财币足之,使出周游于四方,以号召收求天下之贤士。饰玩好,使出周游于四方,鬻之诸侯,以观其上下之所贵好。择其沉乱者而先政之。⑦

①所以谏正君。

②理,狱官也。

③教以农事。自此已上理内,已下理外。

④行,谓行人也,所以通使诸侯。

⑤绩按,前作"季友"。

⑥令此诸贤,各处诸侯之国者,所以讽动之,令归齐也。

⑦以政正也。○绩按,《齐语》作"择其淫乱者而先征之"则"政"乃"攻"字之讹[1]。

公曰:"外内定矣,可乎?"管子对曰:"未可。邻国未吾亲也。"公曰:"亲之奈何?"管子对曰:"审吾疆场,反其侵地,正其封界,毋受其货财,而美为皮币,以极聘俯于诸侯。①以安四邻,则邻国亲我矣。"桓公曰:"甲兵大足矣,吾欲南伐,何主?"②管子对曰:"以鲁为主。反其侵地常潜,③使海于有弊,④渠弥于有陼,⑤纲山于有牢。"⑥桓公曰:"吾欲西伐,何主?"管子对曰:"以卫为主。反其侵地吉台、原姑与柒里,⑦

---

[1]之讹,原本误作"讹注",据赵本改。

使海于有弊，渠弥于有陼，纲山于有牢。"桓公曰："吾欲北伐，何主？"管子对曰："以燕为主。反其侵地柴夫、吠狗，[8]使海于有弊，渠弥于有陼，纲山于有牢。"四邻大亲，既反其侵地，正其封疆，地南至于岱阴，[9]西至于济，北至于海，东至于纪随。[10]地方三百六十里。三岁治定，四岁教成，五岁兵出，有教士三万人，革车八百乘。诸侯多沉[11]乱，不服于天子，于是乎桓公东救徐州，分吴半，[12]存鲁蔡陵，[13]割越地，南据宋郑，[14]征伐楚，济汝水，[15]逾方地，[16]望汶山，使贡丝于室，[18]成周反祚于隆岳，[19]荆州诸侯，莫不来服。中救晋公，禽狄王，败胡貉，破屠何，[20]而骑寇始服。[21]北伐山戎，制泠支，斩孤竹，而九夷始听。海滨诸侯莫不来服。[1]西征，攘白狄之地，遂至于西河。[22]方舟设咐，[23]乘桴济河，至于石沈。[24]县车束马，逾大行。与卑耳之貉，拘秦夏。[25]西服流沙西虞，[26]而秦戎始从。故兵一出而大功十二。[27]故东夷西戎，南蛮北狄，中国诸侯，莫不宾服。与诸侯饰牲为载书，[28]以誓要于上下，荐神，[29]然后率天下，定周室，大朝诸侯于阳谷。故兵车之会六，乘车之会三，九合诸侯，一匡天下。甲不解累，兵不解翳，[30]弢无弓，服无矢，[31]寝武事，行文道，以朝天子。[32]

①俯，视也。

②谓以何国为征伐之主也。

③常潜，地名。〇绩按，《语》作"堂"。

④或遇水灾，教令泄于海，使有弊尽也。

⑤复教之穿渠，弥亘于河陼。

⑥教之立国，城必依山以为纲纪而有牢固。【补】《国语》注颇明。渠弥，裨海之名。言齐有高山大海，军士可依之为险阻也。

⑦皆地名。〇绩按，柒，《齐语》作"漆"。

⑧亦地名也。

---

[1]"中救晋公……不来服"，正文注语原本脱，据杨本补。

⑨谓岱山之北。

⑩纪随,地名。〇绩按,《齐语》作"鄅"。

⑪绩按,同"淫"。

⑫分吴地之半。

⑬蔡陵,地名。

⑭既割越地,又据宋郑之国以为亲援也。

⑮伐楚时渡汝水。

⑯谓方城之地。〇绩按,地,乃"城"字误,后亦作"方城"。

⑰楚山也。

⑱使贡楚丝,即所谓㡢丝者也。堪为琴瑟弦也。

⑲周室有事,归胙于齐。齐,太岳之后,故言"隆岳"。

⑳屠何,东胡之先也。

㉑北狄以骑为寇。

㉒谓龙门之西河。

㉓绩按,一作"投附"。

㉔石沈,地名。〇绩按,《齐语》作"石杭"。

㉕与卑耳之貉共拘秦夏之不服者。〇绩按,拘之秦夏乃地名,《齐语》作"拘夏"。

㉖西虞,国名。

㉗自救徐州已下有十二也。

㉘书,谓要盟之辞载之于策。

㉙谓以上下之神祇为盟[1]誓,又以其牲荐之于神。〇绩按,荐,当依《齐语》作"庶"。

㉚翳,所以蔽兵,谓胁盾之属。不解甲于累,不解兵于翳,言不用也。

㉛弢,弓衣也。无弓无矢,亦言不用也。

㉜绩按,《齐语》作"帅诸侯而朝天子"。

---

[1]盟,原本误作"民",据杨本改。

　　葵丘之会，天子使大夫宰孔致胙于桓公曰："余一人之命，有事于文武。①使宰孔致胙。"且有后命曰："以尔自卑劳，②实谓尔伯舅，毋下拜。"桓公召管仲而谋。管仲对曰："为君不君，③为臣不臣，④乱之本也。"桓公曰："余乘车之会三，兵车之会六，九合诸侯，一匡天下。北至于孤竹、山戎、秽貉、拘秦夏，西至流沙、西虞，南至吴、越、巴[1]、牂柯、䍧、不庾、雕题、黑齿，⑤荆夷之国，莫违寡人之命，而中国卑我。⑥昔三代之受命者，其异于此乎？"管仲对曰："夫凤皇鸾鸟不降，而鹰隼鸱枭丰。庶神不格，⑦守龟不兆，⑧握粟而筮者屡中。⑨时雨甘露不降，飘风暴雨数臻。五谷不蕃，六畜不育，而蓬蒿藜藿并兴。夫凤皇之文，前德义，后日昌。⑩昔人之受命者，龙龟假，⑪河出图，雒出书，地出乘黄。⑫今三祥未见有者，⑬虽曰受命，无乃失诸乎？"桓公曰，出见客，"天威不违颜咫尺，小白承天子之命，而毋下拜，恐颠蹶于下，以为天子羞。"遂下拜，登受赏。服大路，龙旗九游，渠门赤旗。⑭天子致胙于桓公而不受，天下诸侯称顺焉。

　　①有祭事于文王、武王之庙也。

　　②以尔自卑而劳弊。

　　③君命臣无下拜，是不君也。

　　④臣承命而不让，是不臣也。

　　⑤皆南夷之国号也。

　　⑥中国之人不尊崇乐推，使居臣位，是卑我也。

　　⑦庶神不至，则未歆其祭享。

　　⑧守龟，国之守龟。不兆，谓不以诚信告之。

　　⑨长者不告而短者告，是德之不至。传曰：龟长筮短。《诗》曰：握粟出卜。

【补】人君德之不修，故诸祥瑞不至，鬼神不享，守龟不兆，不告之以吉凶，反不如民间握粟以买卜筮，尚多灵验也。

———————

[1]巴，原本误作"邑"，据杨本改。

⑩前抱德义,后有日,明先德义,乃可以日昌。

⑪假,至也。

⑫乘黄,神马也。《山海经》载云。坤利牝马之贞,故从地出。若汉之渥洼神马之比。

⑬三祥,谓龟龙、图书、乘黄也。

⑭渠门,旗名。

桓公忧天下诸侯。鲁有夫人庆父之乱,而二君弑死,^①国绝无后。桓公闻之,使高子存之。男女不淫,^②马牛选具,^③执玉以见,请为关内之侯。^④而桓公不使也。狄人攻邢,桓公筑夷仪以封之。男女不淫,马牛选具,执玉以见,请为关内之侯,而桓公不使也。狄人攻卫,卫人出旅于曹,^⑤桓公城楚丘封之,其畜以散亡,故桓公与之系马三百匹,^⑥天下诸侯称仁焉。于是天下之诸侯知桓公之为己勤也,是以诸侯之归之也譬若市人。桓公知诸侯之归己也,故使轻其币而重其礼,故使天下诸侯以疲马犬羊为币,^⑦齐以良马报。诸侯以缕帛布鹿皮四分以为币,^⑧齐以文锦虎豹皮报。诸侯之使,垂橐而入,攟载而归。^⑨故钧之以爱,致之以利,结之以信,示之以武。是故天下小国诸侯既服桓公,莫敢之倍而归之,喜其爱而贪其利,信其仁而畏其武。桓公知天下小国诸侯之多与己也,于是又大施忠焉。可为忧者为之忧,可为谋者为之谋,可为动者为之动,伐谭、莱而不有也,^⑩诸侯称仁焉。通齐国之鱼盐于东莱,^⑪使关市几而不征,壥而不税,^⑫以为诸侯之利,诸侯称宽焉。筑蔡、鄢陵、培夏、灵父丘,^⑬以卫戎狄之地,所以禁[1]暴于诸侯也。筑五鹿、中牟、邺盖与牡丘,以卫诸夏之地,所以示劝于中国也。^⑭教之大成,是故天下之于桓公,远国之民望如父母,近国之民从如流水。故行地兹[2]远,得

[1]禁,原本误作"楚",据杨本改。
[2]兹,原本误作"滋",据杨本改。

人弥众，是何也？怀其文而畏其武。故杀无道，定周室，天下莫之能圉，武事立也。定三革，^⑮偃五兵，朝服以济河，而无怵惕焉。^⑯文事胜也。是故大国之君惭愧，小国诸侯附比。是故大国之君事如臣仆，小国诸侯骥如父母。夫然，故大国之君不尊，^⑰小国诸侯不卑，^⑱是故大国之君不骄，小国诸侯不慑。于是列广地以益狭地，损有财以与无财。周其君子，不失成功。^⑲周其小人，不失成命。^⑳夫如是，居处则顺，出则有成功，不称动甲兵之事，以遂文武之近于天下。^㉑桓公能假其群臣之谋，以益其智也。其相曰夷吾，大夫曰宁戚、隰朋、宾胥无、鲍叔牙。用此五子者何功。^㉒度仪光德，继法绍于天下，以遗后嗣。贻孝昭穆，大霸天下，名声广裕，不可掩也。则唯有明君在上，察相在[1]下也。

①庆父通庄公夫人姜氏，弑子般，又弑闵公。

②淫，乱杂也。

③选择其善者以成具，凡欲以贡齐也。

④请为齐关内之侯。

⑤旅，客也。客居曹也。

⑥谓在官厩系养之，言其良也。

⑦疲，谓瘦也。

⑧谓四分其鹿皮。○绩按，《霸形》作"缦帛鹿皮报"，则"缕"乃"缦"字误。《齐语》作"缕纂以为奉鹿皮四个"，注谓："奉，籍，所以藉玉之藻也。缕纂，以缕织纂，不用丝，取易供也。纂，织文也。个，枚也。"亦不甚通。

⑨垂橐，言其空也。攎，收拾也。

⑩绩按，《齐语》作"军谭遂而不有也"。

⑪自东莱通鱼盐于诸侯。

⑫几，察也。"讥"同。察其奸非，而不王税。[2]

---

[1]"在"字原本脱，据杨本补。
[2]"察其奸非而不王税"八字，原本脱，据杨本补。

⑬皆邑名。○绩按，《齐语》作"筑葵兹、晏负、夏领、釜[1]丘"。

⑭绩按，劝，《齐语》作"权"。

⑮车、马、人皆有革甲，曰"三革"。

⑯谓乘车之会，朝服济河，以与西诸侯盟也。

⑰不以国大加其尊礼。

⑱不以国小而卑其敬。

⑲周给君子，得其力用，故不失成功也。

⑳周给小人，怀德而归，故不失成命也。

㉑既以朝服济河，故不称甲兵，文德成也。大国畏威，事如臣仆，武功立[2]也。

㉒言何功而不成。

初，桓公郊迎管子而问焉。管仲辞，然后对以参国伍鄙，立五乡以崇化，建五属以厉武，寄兵于政，因罚备器械，加兵无道诸侯，以事周室。桓公大说，于是斋戒十日，将相管仲。管仲曰："斧钺之人也，幸以获生，以属其腰领，①臣之禄也。若知国政，非臣之任也。"公子曰："子大夫受政，寡人胜任。②子大夫不政，寡人恐崩。"管仲许诺，再拜而受相。三日，公曰："寡人有大邪三，其犹尚可以为国乎？"对曰："臣未得闻。"公曰："寡人不幸而好田，晦夜而至禽侧，③田莫不见禽而后反。④诸侯使者无所致，百官有司无所复。"⑤对曰："恶则恶矣，然非其急者也。"公曰："寡人不幸而好酒，日夜相继，诸侯使者无所致，百官有司无所复。"对曰："恶则恶矣，然非其急者也。"公曰："寡人有污行，不幸而好色，而姑姊有不嫁者。"对曰："恶则恶矣，然非其急者也。"公作色曰："此三者且可，则恶有不可者矣？"⑥对曰："人君唯优与不敏为不可。⑦优则亡众，

---

[1] 釜，原本误作"盐"，据《国语》改。
[2] "武功立"三字，原本脱，据杨本补。

不敏不及事。"公曰:"善。吾子就舍,异日请与吾子图之。"对曰:"时可将与夷吾,何待异日乎?"⑧公曰:"奈何?"对曰:"公子举,为人博闻而知礼,好学而辞逊,请使游于鲁,以结交焉。公子开方,为人巧转而兑利,请使游于卫,以结交焉。曹孙宿,其为人也小廉而苛状,⑨足恭而辞结,⑩正荆之则也,⑪请使往游,以结交焉。"遂立行三使者而后退。⑫相三月,请论百官。公曰:"诺。"管仲曰:"升降揖让,进退习闲,辨辞之刚柔,臣不如隰朋,请立为大行。⑬垦草入邑,辟土聚粟,多众,尽地之利,臣不如宁戚,请立为大司田。平原广牧,⑭车不结辙,士不旋踵,鼓之而三军之士视死如归,臣不如王子城父,请立为大司马。决狱折中,不杀不辜,不诬无罪,臣不如宾胥无,请立为大司理。犯君颜色,进谏必忠,不辟死亡,不挠富贵,臣不如东郭牙,请立以为大谏之官。此五子者,夷吾一不如,⑮然而以易夷吾,夷吾不为也。⑯君若欲治国强兵,则五子者存矣。若欲霸王,夷吾在此。"桓公曰:"善。"

①属,缀连也。

②言子受政而辅我,我则胜君之任也。

③言夙兴晦夜之时,已至禽之侧畔也。

④其田必见禽,多获而后反。

⑤既专于田,故使者不得致命,有司不得白事。

⑥此三者尚以为可,岂更有不可于此者?[1]

⑦优,谓委随不断。

⑧可言之时正与夷吾,不可待他日。[2]

⑨苛状,密宓也。言多所惯习也。状,近也。

⑩其辞能与人定交结。○绩按,《大匡》作"博于教而又巧于辞,不好立大义而好结小信",则"辞结"当作"辞给"。苛,微细也。

---

⑪言此人立行正与荆俗同,使之游荆,必得其欢心。上二人亦然。

⑫使三使行出然后退。[1]

⑬大行,大使之官。

⑭广远可牧之地。

⑮于五子各不如其一。

⑯以五子之能易夷吾之德,则夷吾所不能。[2]

王言第二十一

亡[3]

---

[1]此条注语原本脱,据杨本补。
[2]此条注语原本脱,据杨本补。
[3]亡,原本脱,按例补。

卷第九

霸形第二十二①

内言五

桓公在位，管仲、隰朋见，立有间，有二鸿飞而过之。桓公叹曰："仲父，今彼鸿鹄有时而南，有时而北，有时而往，有时而来，四方而远，所欲至而至焉，非唯有羽翼之故，是以能通其意于天下乎？"管仲、隰朋不对。桓公曰："二子何故不对？"管子对曰："君有霸王之心，而夷吾非霸王之臣也，是以不敢对。"桓公曰："仲父胡为然，盍不当言，寡人其有乡[1]乎？②寡人之有仲父也，犹飞鸿之有羽翼也，若济大水有舟楫也。仲父不一言教寡人，寡人之有耳，将安闻道而得度哉？"③管子对曰："君若将欲霸王，举大事乎，则必从其事矣。"桓公变躬迁席，拱手而问曰："敢问何谓其本？"管子对曰："齐国百姓，公之本也。人甚忧饥，而税敛重；人甚惧死，而刑政险；人甚伤劳，而上举事不时。公轻其税敛则人不忧饥，缓其刑政则人不惧死，举事以时则人不伤劳。"桓公曰："寡人闻仲父之言，此三者闻命矣，不敢擅也，将荐之先君。"④于是令百官有司，削方墨笔，⑤明日，皆朝于太庙之门。朝定，令于百吏。⑥使税者百一钟，⑦孤幼不刑，泽梁时纵，⑧关讥而不征，市书而不赋。⑨近者示之以忠信，远者示之以礼义。行此数年，而民归之如流水。

①陈霸言之形容。

②何不陈当言,令寡人有所归乡。

---

[1]乡,原本误作"卿",据杨本改。

③言何以自度,得至于霸王哉。

④不敢专擅,自发此命,将进之宗庙,告先君而后行,所谓以神道设教者
也。

⑤方,谓版牍也。凡此欲书其所令定也。

⑥因朝庙而定百吏之令也。

⑦下令百石而取一钟。

⑧放人入,不设[1]禁。

⑨书,谓录其名籍。〇绩按,"书"乃"廛"字误。

　　此其后,宋伐杞,狄伐邢、卫,桓公不救,裸体纫胸称
疾。①召管仲曰:"寡人有千岁之食,而无百岁之寿,今有疾病,
姑乐乎?"管子曰:"诺。"于是令之县钟磬之榬,②陈歌舞竽
瑟之乐,日杀数十牛者数旬。群臣进谏曰:"宋伐杞,狄伐邢、
卫,君不可不救。"桓公曰:"寡人有千岁之食而无百岁之寿,
今又疾病,姑乐乎。且彼非伐寡人之国也,伐邻国也,子无事
焉。"宋已取杞,狄已拔邢、卫矣。桓公起行笋虡之闲,管子从
至大钟之西,桓公南面而立,管仲北乡对之。大钟鸣。桓公视
管子曰:"乐夫仲父。"管子对曰:"此臣之所谓哀,非乐也。
臣闻之,古者之言乐于钟磬之间者,不如此。言脱于口,而令行
乎天下,③游钟磬之间,而无四面兵革之忧。今君之事,言出于
口,令不得行于天下,在钟磬之闲,而有四面兵革之忧。此臣之
所谓哀,非乐也。"桓公曰:"善。"于是伐钟磬之县,④并歌舞
之乐,⑤宫中虚无人。⑥桓公曰:"寡人已伐钟磬之县,并歌舞之
乐矣,请问所始,于国将为何行?"管子对曰:"宋伐杞,狄伐
邢、卫,而君之不救也,臣请以庆。⑦臣闻之,诸侯争于强者,勿
与分于强。⑧今君何不定三君之处哉?"⑨于是桓公曰:"诺。"

[1]入不,原本脱,据杨本补。

因命以车百乘，卒千人，以缘陵[1]封杞。车百乘，卒千人，以
夷仪封邢。车五百乘，卒五千人，以楚丘封卫。桓公曰："寡人
已定三君之居处矣，今又将何行？"管子对曰："臣闻诸侯贪于
利，勿与分于利，君何不发虎豹之皮、文锦以使诸侯？令诸侯
以缦帛、鹿皮报。"桓公曰："诺。"于是以虎豹皮、文锦使诸
侯，诸侯以缦帛、鹿皮报，则令固始行于天下矣。

①纫，犹摩也。自摩其胸，若有所痛患也。

②榱所以严饰文。

③脱，出也。

④伐，谓斫断也。

⑤并，除也。

⑥不令人掌守之。

⑦以不救为是，故庆之。

⑧若救三国，是分于强。

⑨三君既失国，当定其居处也。

此其后，楚人攻宋、郑，烧焫熯焚郑地，使城坏者不得复
筑也，屋之烧者不得复葺也。令其人有丧雌雄，①居室如鸟鼠处
穴，要宋田夹塞两川，使水不得东流，②东山之西，水不得东流，
水深灭垝，③四百里而后可田也。楚欲吞宋、郑而畏齐，曰："思
人众兵强能害己者，必齐也。"于是乎楚王号令于国中曰："寡
人之所明于人君者，莫如桓公。所贤于人臣者，莫如管仲。明其
君而贤其臣，寡人愿事。④谁能为我交齐者，寡人不爱封侯之君
焉。"于是楚国之贤士，皆抱其重宝币帛以事齐。桓公之左右，
无不受重宝币帛者。于是桓公召管仲曰："寡人闻之，善人者人
亦善之。今楚王之善寡人一甚矣，寡人不善，将拂于道，⑤仲父

---

[1]陵，原本误作"令"，据杨本改。

何不遂交楚哉？”管子对曰：“不可。楚人攻宋、郑，烧炳爇焚郑地，使城坏者不得复筑也，屋之烧者不得复葺也。令人有丧雌雄，居室如鸟鼠处穴。要宋田夹塞两川，使水不得东流，东山之西，水深灭埙，四百里而后可田也。楚欲吞宋、郑，思人众兵强而能害己者必齐也，是欲以文克齐，[6]而以武取宋、郑也。楚取宋郑而不止禁，是失宋、郑也。禁之则是又不信于楚也。知失于内，兵困于外，非善举也。”桓公曰：“善。然则若何？”管子对曰：“请兴兵而南存宋、郑，而令曰：无攻楚。言与楚王遇，[7]至于遇上，而以郑城与宋水为请，楚若许，则是我以文令也。楚若不许，则遂以武令焉。”桓公曰：“善。”于是遂兴兵而南存宋、郑，与楚王遇于召陵之上，而令于遇上曰：“毋贮粟，毋曲堤，无擅废适子，毋置妾以为妻。”[8]因以郑城与宋水为请于楚，楚人不许，遂退七十里而舍，使军人城郑南之地，立百代城焉。[9]曰：“自此而北，至于河者，郑自城之。”而楚不敢隳也。东发宋田，夹两川，使水复东流，而楚不敢塞也。遂南伐，及逾方城，济于汝水，望汶山，[10]南致楚、越之君，而西伐秦，北伐狄，东存晋公于南，[11]北伐孤竹，还，存燕公。兵车之会六，乘车之会三，九合诸侯，反位已霸，修钟磬而复乐。管子曰：“此臣之所谓乐也。”

①失男女之偶。

②楚人又遮取宋田，夹两川筑堤而雍塞之，故水不得东流。两川，盖睢、汴水也。

③埙，败也。

④既以其君臣为明贤，故愿事之。

⑤拂，违也。若不报善之，是违于道也。

⑥以宝币赂齐，而齐自服，故曰“以文克齐”。

⑦冬会曰遇。

⑧置之为言立也。

⑨取其虽百代而无敢毁者也。

⑩绩按,汶音岷。岷山,江水所从出。

⑪自伐秦而遂存晋。于晋之南,故曰"东存"。

霸言第二十三① 内言六

霸王之形,象天则地,②化人易代,③创制天下,④等列诸侯,⑤宾属四海,⑥时匡天下。⑦大国小之,曲国正之,强国弱之,轻国重之,乱国并之,⑧暴王残之。僇其罪,卑其列,维其民,然后王之。⑨夫丰国之谓霸,⑩兼正之国之谓王。⑪夫王者有所独明,德共者不取也,道同者不王也。⑫夫争天下者,以威易危,暴王之常也。⑬君人者有道,⑭霸王者有时。⑮国修而邻国无道,霸王之资也。⑯夫国之存也,邻国有焉。⑰国之亡也,邻国有焉。⑱邻国有事,邻国得焉。⑲邻国有事,邻国亡乎。⑳天下有事,则圣王利也。㉑国危则圣人知矣。㉒夫先王所以王者,资邻国之不当举也。㉓举而不当,此邻国敌之所以得意也。㉔

①谓此言足以成霸道。

②谓象天明,则地义。

③谓美教化,移风俗。

④与之更始。

⑤列爵惟五,各得其宜。

⑥宾礼四夷,以恩属之。

⑦时一会而正之。

⑧并乱所以总其威权。

⑨其王之匈暴者则残灭之,于国则戮其首罪,卑其爵列,维持其人众。

⑩但丰其国,自谓霸也。

⑪兼能正他国者王。

⑫夫能王天下者，必有独见之明，群物之所不违，若彼德与我共，彼道与我同，则不取而且不王。

⑬若以兵威易彼危乱，此固暴王之常也，非霸王之道也。

⑭有常道也。

⑮必遇其时，然后霸王。

⑯我修而彼暴，可以取乱侮亡，故曰资也。

⑰虽存而国小弱，必事邻国以为安，故曰"邻[1]国有焉"。

⑱因其亡而取之。

⑲邻国有征伐之事，因而败绩，故邻国得焉。

⑳或有征伐之事，大胜而多获，遂亡邻国。

㉑必有非常之事，然后有非常之人。

㉒怀独见之明，故先知也。

㉓举事皆当[2]，则我无因为功。

㉔不当所以资我，故得意也。

夫欲用天下之权者，必先布德诸侯。①是故先王有所取，有所与，②有所诎，有所信，③然后能用天下之权。④夫兵幸于权，权幸于地，⑤故诸侯之得地利者，权从之。失地利者，权去之。夫争天下者，必先争人。⑥明大数者得人，审小计者失人。得天下之众者王，得其半者霸。是故圣王卑礼以下天下之贤而王之，均分以钓天下之众而臣之，⑦故贵为天子，富有天下，而伐不谓贪者，其大计存也。⑧以天下之财，利天下之人。以明威之振，⑨合天下之权。⑩以遂德之行，结诸侯之亲。⑪以奸佞之罪，刑[3]天下之心。⑫因天下之威，以广明王之伐。⑬攻逆乱之国，赏有功

---

[1] "邻"字原本脱，据杨本补。

[2] 举，原本误作"奉"，据杨本改。当，原本误作"常"，据杨本改。

[3] 刑，原本误作"邢"，据杨本改。

之劳，封贤圣之德，明一人之行，而百姓定矣。⑭

①诸侯怀德而归，欲求无权，其可得乎？

②所谓将欲取之，必固与之。

③所谓尺蠖之屈，以求伸也。

④妙于前四事，故能用天下之权。

⑤兵幸在于有权，权从在于得地。幸，犹胜也。

⑥人惟邦本。

⑦既王有地，均分其禄，用此以引天下之众，故可得而臣之也。

⑧得地均分，可以臣彼。地自利彼，于我何贪。此其大计也。

⑨利天下之人，还用天下之财，于我无所减削，更可以明威权之振，所谓惠而不费者也。

⑩绩按，以我明威之振征伐人者，合天下之权而总之。注俱非。

⑪合天下之权，皆令在己，权总则德遂，德遂则亲成也。○绩按，遂德之行，犹成德之行也。如此者百遂。亲之，所谓亲有德也。

⑫所谓惩一而劝百。

⑬因天下所欲亡而亡之，则明王之伐自广。

⑭赏加一人而天下劝，罚加一人而天下畏，故曰明一人之行而百姓定矣。

夫先王取天下也术。①术乎大德哉！物利之会也。②夫使国常无患而名利并至者，神圣也。③国在危亡而能寿者，明圣也。④是故先王之所师者，神圣也。其所赏者，明圣也。⑤夫一言而寿，⑥国不听而国亡。若此者，大圣之言也。

①非术则无以取天下也。

②术可以取天下，故曰"大德"。然术之所归，在于令物得利也。

③神圣则多所感致。

④明圣则不失于机。

⑤赏，谓乐玩也。

⑥用其言,故寿也。

夫明王之所轻者马与玉,其所重者政与军。若失主不然,轻与人政而重与人马,轻予人军而重予人玉,重宫门之营而轻四竟之守,所以削也。夫权者,神圣之所资也。独明者,天下之利器也。独断者,微密之营垒也。①此二者,圣人之所则也。圣人畏微而愚人畏明。②圣人之憎恶也内,愚人之憎恶也外。③圣人将动必知,愚人至危易[1]辞。④圣人能辅时,不能违时。⑤知者善谋,不如当时。精时者日少而功多。夫谋无主则困,事无备则废。是以圣王务具其备而慎守其时。以备待时,以时兴事。时至而举兵,绝坚而攻国。⑥破大而制利,大本而小标。⑦堙近而攻远,⑧以大牵小,以强使弱,以众致寡,德利百姓,威振天下,令行诸侯而不拂。近无不服,远无不听。

①谓独断可以自营而即定,故曰“营垒”。

②圣人能知吉凶之先见,故曰“畏微”。愚人近火方知热,履冰乃知寒,故曰“畏明”也。

③圣人知心胸之奸谋,故曰憎内。愚人兵在颈方惧,故曰憎外也。

④圣人之动必闇知。愚者至危,不知祸之将至,尚有慢易之辞,然后汤武之师起也。○绩按,至人将动,先知其安危。若愚人,则至危之时方改易其平素言知之。

⑤圣人能因时来辅成其事,不能违时而立功,不有桀纣之暴,则无汤武之功。

⑥其兵超绝而又坚利,故能攻国。

⑦标,末也。本大而末小,则难崩也。

⑧所全之地近,故能攻远而有归。若高光之有关中、河内也。

夫明王为天下正理也,①按强助弱,②围暴止贪,存亡定危,

继绝世。此天下之所载也，③诸侯之所与也，④百姓之所利也，是故天下王之。⑤知盖天下，继最一世，⑥材振四海，王之佐也。千乘之国得其守，诸侯可得而臣，天下可得而有也。万乘之国失其守，国非其国也。天下皆理，己独乱，国非其国也。诸侯皆令，⑦己独令，国非其国也。邻国皆险，己独易，⑧国非其国也。此三者，亡国之徵也。夫国大而政小者，国从其政。⑨国小而政大者，国益大。⑩大而不为者复小，⑪强而不理者复[1]弱，⑫众而不理者复寡，⑬贵而无礼者复贱，⑭重而陵节者复轻，⑮富而骄肆者复贫。⑯故观国[2]者观君，⑰观军[3]者观将，⑱观备者观野。⑲其君如明而非明也，⑳其将如贤而非贤也，㉑其人如耕者而非耕也。㉒三守既失，国非其国也。㉓地大而不为，命曰土满。㉔人众而不理，命曰人满。㉕兵威而不止，命曰武满。㉖三满而不止，国非其国也。㉗地大而不耕，非其地也。㉘卿贵而不臣，非其卿也。㉙人众而不亲，非其人也。㉚夫无土而欲富者忧，㉛无德而欲王者危，㉜施薄而求厚者孤。㉝夫上夹而下茦，㉞国小而都大者弑。㉟

①修正理而动，故能成天下之功也。

②按，抑也。

③德义如此，故为天下所载也。

④与，亲也。

⑤天下乐推以为王。

⑥其继败续亡，能成天下之功也。

⑦皆从霸者之令。

⑧易，平易，不牢固，谓无守御之备也。

⑨小政蹴国，故国从其政。

---

[1]理者复，原本误作"复者故曰"，据杨本改。
[2]观国，原本误作"亲观"，据杨本改。
[3]军，原本误作"君"，据杨本改。

⑩大政开国,故国益大。

⑪大而不为则日损,故复小。

⑫强而不理则纲纪乱,故复弱也。

⑬众而不理则人散,故复寡。

⑭贵而无礼则位夺,故复贱也。

⑮重而陵节,故威不称,复轻也。

⑯富而骄肆则财竭,故复贫也。

⑰君为化主。

⑱将为兵本。

⑲野有障[1]塞则国不侵。

⑳外明而内暗也。

㉑外贤而内愚。

㉒虽耕而卤莽。

㉓三守,谓明、贤、耕。既失,谓是而非。

㉔谓土满而功狭也。

㉕谓人多而政少。

㉖所谓亢之为言也,知进而不知退也。

㉗三满不止,败亡立至。

㉘地大不耕则无所获。

㉙卿贵不臣,化为敌也。谓卿大夫。

㉚人众不亲,亡之者也。

㉛无土欲富,犹缘木而求鱼,故忧。

㉜无德而王,犹欲进而却行,故危。

㉝施薄求人厚,必不应,故孤。

㉞苴,苞裹也。上既狭,故为下所苞。

㉟此二者常有篡弑之祸。

---

[1]障,原本误作“阵”,据杨本改。

主尊臣卑，上威下敬，令行人服，理之至也。使天下两天子，天下不可理也。一国而两君，一国不可理也。一家而两父，一家不可理也。①夫令不高不行，不抟不听。②尧舜之人，非生而理也。③桀纣之人，非生而乱也。④故理乱在上也。夫霸王之所始也，以人为本。本理则国固，本乱则[1]国危。故上明则下敬，政平则人安，士教和则兵胜敌，使能则百事理，亲仁则上不危，任贤则诸侯服。霸王之形，⑤德义胜之，智谋胜之，兵战胜之，地形胜之，动作胜之，[2]故王之。⑥夫善用国者，因其大国之重，以其势小之。因强国之权，以其势弱之[3]。因重国之形，以其势轻之。⑦强国众，合强以攻弱以图霸。⑧强国少，合小以攻大以图王。⑨强国众而言王势者，愚人之智也。⑩强国少而施霸者，败事之谋也。⑪夫神圣视天下之形，知动静[4]之时。视先后之称，知祸福之门。强国众，先举者危，后举者利。⑫强国少，先举者王，后举者亡。战国众，后举可以霸。战国少，先举可以王。夫王者之心方而不最，⑬列不让贤，⑭贤不齿第择众，⑮是贪大物也。⑯是以王之形大也。⑰夫先王之争天下也以方心，⑱其立之也以整齐，⑲其理之也以平易。⑳立政出令用人道，㉑施爵禄用地道，㉒举大事用天心。㉓是故先王之伐也，伐逆不伐顺，伐险不伐易，伐过不伐不及。㉔四封之内以正使之，㉕诸侯之会以权致之，㉖近而不服者以地患之，㉗远而不听者以刑危之。㉘一而伐之，武也。㉙服而舍之，文也。㉚文武其满，德也。㉛

①凡此所谓两雄必争，乱之本也。

②抟，聚也。君命不高不聚而听之。

③化之而理。

④致之而乱。

---

[1] 本乱则，原本误作"则乱之"，据杨本补。

[2] "动作胜之"四字，原本脱，据杨本补。

[3] 其势弱之，原本误作"势国之弱"，据杨本改。

[4] 自"而不止，国非其国也"至此，原误置于下文"小国之形也自古以"下，据杨本改。

⑤说霸王之形容。

⑥有此五胜，故可以王。

⑦凡大、强、重者，皆国之盈盛也，然盛者有时而衰，盈者有时而息，故因其衰息之势，大者小之，弱者强之，重者轻之。

⑧谓时强国众多，吾国虽强，适可图霸。

⑨谓时强国既少，我则合众聚小以攻强大之国[1]，如此者可以图王。

⑩非言王之时。

⑪非施霸之时。

⑫强国众，先举必为强者所图，故危。

⑬心虽方直，未为其最。

⑭虽列爵位，不让贤后。

⑮虽称为贤，无优劣齿第，又非选众而举也。

⑯大物，谓大宝之位。有此数者，是徒贪大位之利，而无得位之实也。

⑰不可以小数得。

⑱心方而最，故可以争天下也。

⑲整齐而之，故可立也。

⑳平而易之，故可理。

㉑政令合人心。

㉒地道平而无私。

㉓心应天时，然后可以举大事。

㉔伐其太过也。

㉕以正使之，则人无怨。

㉖以权致之，则不敢不来。

㉗侵削其地则自服。

㉘兴师以征之。

㉙守一不移，兴师伐之，此其武也。

㉚既服舍之，绥之以德，此其文也。

---

[1]此处原衍"聚小"二字，据杨本删。

㉛唯文武诸功可以满其德。

夫轻重强弱之形，诸侯合则强，孤则弱。骥之材而百马伐之，骥必罢矣。强最一伐而天下共之，国必弱矣。强国得之也以小，其失之也以恃强。小国得之也以制节，①其失之也以离强。②夫国小大有谋，强弱有形，服近而强远，③王国之形也。合小以攻大，敌国之形也。以负海攻负海，④中国之形也。折节事强以避罪，小国之形也。自古以至今，未尝有能先作难，违时易形，以立功名者，无有。⑤常先作难，违时易形，无不败者也。

①制度合节,故得之。〇绩按,制节,谓事大国,受其法令。

②离强则乖节者也,故失。

③谓强兵威远国,故曰"强远"。

④谓以蛮夷攻蛮夷。负海以为固,故曰"负海"。

⑤言无有如此事也。

夫欲臣伐君，①正四海者，不可以兵独攻而取也。②必先定谋虑，便地形，利权称，亲与国。视时而动，王者之术也。夫先王之伐也，举之必义，用之必暴。③相形而知可，④量力而知攻，攻得而知时。是故先王之伐也，必先战而后攻，先攻而后取地。故善攻者，料众以攻众，⑤料食以攻食，料备以攻备。以众攻众，众存不攻。⑥以食攻食，食存不攻。以备攻备，备存不攻。释实而攻虚，⑦释坚而攻膬，释难而攻易。夫拚国不在敦古，⑧理世不在善攻，⑨霸王不在成曲。⑩夫举失而国[1]危，刑过而权倒，⑪谋易而祸反，⑫计得而强信，功得而名从，权重而令行，固其数也。⑬夫争强之国必先争谋，争刑，争权。⑭令人主一喜一怒者，谋也。⑮令国一轻一重者，刑也。⑯令兵一进一退者，权也。⑰故精于谋，则人主之愿可得，而令可行也。精于刑，则大

[1]失而国,原本误作"国而失",据杨本改。

国之地可夺，强国之兵可圉也。精于权，则天下之兵可齐，诸侯之君可朝也。夫神圣视天下之刑，知世之所谋，知兵之所攻，知地之所归，知令之所加矣。夫兵攻所憎而利之，此邻国之所不亲也。^⑱权动所恶，而实寡归者强。^⑲擅破一国，强在后世者王。^⑳擅破一国，强在邻国者亡。^㉑

    ①以臣伐君者，若汤武之于[1]桀纣也。

    ②谓当兼下事。

    ③其用师必加于暴乱。

    ④谓相其乱亡之形。

    ⑤量吾众寡可敌彼众，然后攻。馀放此。

    ⑥彼众存，则我不能亡之，故不攻。

    ⑦知其实而避之。

    ⑧在于合今时之宜。抟，聚也。

    ⑨在于权宜。

    ⑩在于全大体。

    ⑪刑罚过理，则权柄倒错。

    ⑫谋事易数，祸必反来。

    ⑬数，理也。

    ⑭先此三争，然后争强。

    ⑮谋得则喜，谋失则怒。

    ⑯怒刑则重，喜刑则轻。

    ⑰权重则进，权轻则退。

    ⑱兵攻所憎之国，而以攻得为利。德义不施，邻国必怨而不亲。

    ⑲其威权能动移所恶，而德义之实少为人所归，如此但强而已，不能至霸王也。

    ⑳今能专破一国，常守其强，传之后世，如此者王也。

    ㉑既破一国，不能守其强，令邻国秉而得之，如此者亡也。

---

[1]于，原本脱，据杨本补。

问第二十四①　　　　　　　内言七

凡立朝廷，问有本纪。②爵授有德，则大臣兴义。禄予有功，则士轻死节。上帅士以人之所戴[1]，则上下和。③授事以能，则人上功。④审刑当罪，则人不易讼。⑤无乱社稷宗庙，则人有所宗。⑥毋遗老忘亲，则大臣不怨。⑦举知人急，则众不乱行此道也。⑧国有常经，人知终始，此霸王之术也。⑨然后问事，事先大功，⑩政自小始。⑪问死事之孤，其未有田宅者有乎？⑫问少仕而未胜甲兵者几何人，⑬问死事之寡，其饩廪何如，⑭问国之有功大者何官之吏也，⑮问州之大夫也何里之士也。⑯今吏亦何以明之矣，⑰问刑论有常，以行不可改也，今其事之久留也何若。⑱问五官有度制，官都其有常断，今事之稽也何待。⑲问独夫、寡妇、孤寡、疾病者几何人也。⑳问国之弃人何族之子弟也。㉑问邻之良家，其所牧养者几何人矣。㉒问邑之贫人债而食者几何家。㉓问理园圃而食者几何家，人之开田而耕者几何家，士之身耕者几何家。[2]问乡之贫人何族之别也。㉔问宗子之牧昆弟者，以贫从昆弟者几何家。㉕馀子仕而有田者，今入几何人。㉖子弟以孝闻于乡里者几何人。馀子父母存，不养而出离者几何人。[3]㉗士之有田而不使者几何人，吏恶何事。㉘士之有田而不耕者几何人，身何事。㉙君臣有位而未有田者几何人，外人之来从而未有田宅者几何家，国子弟之游于外者几何人，贫士之受贵于大夫者几何人，㉚官贱行书身士，以家臣自代者几何人。㉛官承吏之无田饩而徒理事者几何人，㉜群臣有位事官大夫者几何人，㉝外人来游在大夫之家者几何人，㉞乡子弟力田为人率者几何人，㉟国子弟之无上事，衣食无节，率子弟不田弋猎者几何人。㊱男女不整齐，乱乡子弟

---

[1]戴，原本误作"载"，据杨本改。
[2]"人之……何家"十八字，原本脱，据杨本补。
[3]"馀子……何人"十四字，原本脱，据杨本补。

者有乎。㊲问人之贷粟米有别券者几何家。㊳问国之伏利，其可应人之急者几何所也。㊴人之所害于乡里者何物也。㊵问士之有田宅身在陈列者几何人，馀子之胜甲兵有行伍者几何人。问男女有巧伎能利备用者几何人，㊶处女操工事者几何人，㊷冗国所开口而食者几何人。㊸问一民有几年[1]之食也，问兵车之计几何乘也。牵家马、轭家车者几何乘。㊹处士修行足以教人，可[2]使帅众莅百姓者几何人。士之急难可使者几何人。㊺工之巧，出足以利军伍，处可以修城郭、补守备者几何人。㊻城粟军粮其可以行几何年也。㊼吏之急难可使者几何人。大夫疏器、㊽甲兵、兵车、旌旗、鼓铙、帷幕帅车之载几何乘。㊾疏藏器，㊿弓弩之张，51衣夹铗，52钩弦之造，53戈戟之紧，54其厉[3]何若。55其宜修而不修者故何视。56而造修之官出器处器之具，宜起而未起者何待。57乡师车辐造修之具，其缮何若。58工尹伐材用，毋于三时，群材乃植，而造器定冬，完良备用足。59人有馀兵诡陈之行，以慎国常。60时简稽帅马牛之肥腯，其老而死者皆举之。61其就山薮林泽食荐者几何，62出入死生之会几何。63若夫城郭之厚薄，沟壑之浅深，门闾之尊卑，宜修而不修者，上必几之。64守备之伍，器物不失其具，淫雨而各有处藏。65问兵官之吏，国之豪士，其急难足以先后者几何人。66夫兵事者，危物也，不时而胜，不义而得，未为福也。67失谋而败，国之危也，慎谋乃保国。问所以教选人者何事，68问执官都者其位事几何年矣。69所辟草莱有益于家邑者几何矣，所封表以益人之生利者何物也。70所筑城郭，修墙闭，绝通道阸阙，深防沟，以益人之地守者何所也。71所捕盗贼除人害者几何矣。

①谓为国所当察问也。【补】此篇指远辞奇，句法变换不穷，最千古妙

---

[1]年，原本误作"人"，据杨本改。
[2]可，原本误作"何"，据杨本改。
[3]厉，原本误作"疠"，据杨本改，下注同。

笔也。

②所问之事,必有根本纲纪。

③上帅其士所为者,皆人之所戴仰,故上下和。

④有能然后得事,故人上功也。

⑤易,犹交也。所刑皆当其罪,故人不交相讼。

⑥社稷宗庙各得其正,则人知所宗。

⑦大臣非国老,则君亲今不遗忘,故不怨。

⑧急,谓困难也。举困难之事以示人,则人不复行此道。

⑨国有常经,则人知终始之所归,霸王之术也。

⑩先问大功,则劳臣悦。

⑪为政先小,从微而著。

⑫未有则给与之。死事孤,谓死王事之子孙也。

⑬知其数则预有所准。

⑭寡,谓其妻。饩廪,言给其饩廪。饩,生食。廪,米粟之属也。

⑮问何官之吏,欲知其材之所当。

⑯问州里,欲知其风俗所好尚。

⑰问吏所明,欲知其优赏厚薄。

⑱罪既论定,国有常科,当奉而行之,此不可改易者也。今乃久留其事,将如之何?

⑲官都,谓总摄诸司者也。五官既各有制度,官都复自有常断。今稽其事而不行,将何待乎?

⑳知其人数,当有所廪饩。

㉑弃人为有过不齿,投之四裔者也。问之其族,欲有所收也。

㉒良家,谓善营生以致富者。牧养,谓其人不能自存,良家全活之。知其[1]所养之数,欲有所复除也。

㉓债而食,谓从富者出息以供食。知其家数,欲有所矜免也。

㉔知从何族而别,或从公族,当有所收恤也。

---

[1]"知其"二字,原本脱,据杨本补。

㉕以贫而从昆弟以求养者,与之从者各有几家也。

㉖谓收入其税者。

㉗出离,谓父母在,分居者。

㉘不使,谓不臣。其吏不恶此事,当恶何也。

㉙既不耕,此人身为何事。

㉚贫士无资而被大夫贵者有几人。

㉛其人居官,乃贱自行文书。身任士之职,能以家臣自代。亦须[1]知其数。

㉜承吏,谓摄官无饩而理事。

㉝群臣自有位事,乃左官于大夫。

㉞外人,谓外国人也。

㉟既自力田,又能率人。

㊱既无上事,乃率子弟不田农,但弋猎。

㊲谓不以礼交者。

㊳别券,谓分契[2]也。

㊴伏利,谓货利隐蔽不见,若铜银山及沟渎可决而溉灌者[3]。

㊵人之为害者何物也。〇绩按,物,事也。

㊶能利备器之用。

㊷能操女工之事,谓绮绣之属也。

㊸言其不农作,直开口仰食。

㊹牵家马,言真有马。轭家车,言真有车。相配以成乘。

㊺谓士之可以急难使者。

㊻其人既有技巧,出用则能利军,居处则可以修城补备也。

㊼行,由经也。城粟,谓守城之粟。军粮,谓出军之粮。二者可经几年。

㊽疏,饰画也。

---

[1]"亦须"二字,原本脱,据杨本补。

[2]契,原本误作"气",据杨本改。

[3]溉灌者,原本误作"已",据杨本改。

(49)载，谓其车盖。

(50)疏画而可以藏者。

(51)弓弩之可以[1]张者。

(52)铗，两刃铍也。衣夹，谓在腋也。

(53)钩弦所以挽弦。

(54)紧，谓其坚强者。

(55)其淬厉可用如何。

(56)视，比也。其器物宜修者，于故物何比。

(57)出器，谓可出用之器。处器，谓贮库而为备者。起，谓其材所经日月可起用者也。

(58)辎，谓车之有防蔽，可以重载者。

(59)工尹，工官之长。三时，谓春、夏、秋，此时木方生植不坚，攻不可伐材，其伐材必以冬也。

(60)方战，有馀兵不用，且诡而陈之，以为行伍，当慎而听命，遵国之常令也。

(61)军之统帅，常时简选稽考之，以知其能不，而有黜陟。至于马牛肥膌，及老而死者，皆举之以知其数也。

(62)荐，草之美者。

(63)会，谓合其数。

(64)几，察也。君必察知之。

(65)器物遇雨，必致腐败，故当有藏处。

(66)官吏国豪，有急难可令之先后者，当知其数。相导前后曰“先后”。《诗》曰：“予曰有先后。”

(67)必合于时义，然后为福。

(68)其教人、其选人者问以何事，欲知其勤，且观其材用也。

(69)执官都之职者，问其官位及执事，并建立之年数。

(70)谓其事业最可以益人者，遂封表以示之，问知是何物也。

[1] 可以，原本误作“之”，据杨本改。

⑦墙闭,谓筑墙有所遮闭,虽道路而为妨碍者,绝塞之。陁阙,空之处,亦当绝之。凡此守地者所以省其功费,故曰"益地[1]守"也。

制地,君曰,理国之道,地德为首。①君臣之礼,②父子之亲,③覆育万人,④官府之藏,强兵保国,城郭之险,外应四极,⑤具取之地。⑥而市者天地之财具也,⑦而万人之所和而利也,⑧正是道也。⑨民荒无苛,人尽地之职。一保其国,⑩各主异位,毋使谗人乱普而德,营九军之亲。⑪关者,诸侯之陁隧也,⑫而外财之门户也,⑬万人之道行也。⑭明道以重告之,⑮征于关者勿征于市,⑯征于市者勿征于关,⑰虚车勿索,⑱徒负勿入,⑲以来远人,⑳十六道同。㉑身外事谨,则听其名,㉒视其名,视其色,㉓是其事,稽其德,㉔以观其外,㉕则无敦于权人,以困貌德,㉖国则不惑,行之职也。㉗问于边吏曰,小利害信,小怒伤义,边信伤德,㉘厚和构四国,以顺貌德,㉙后乡四极。㉚令守法之官日行,㉛度必明,失经常。㉜

①当制地之时,君为此言,故言曰法地以为政,故曰"地德为首"。

②地有高下,君臣之礼也。

③高地下覆,下地上承,父子之亲也。

④百货出于地,人得以生焉,故曰"覆育万人"。

⑤四极,谓国之四鄙也。自官府已下,非地则无所容居。

⑥凡此皆因地而成,故曰"具取之地"。

⑦求天地之财,不登山,不入海,至于市求而得之,故曰"天地财具"。

⑧和,谓交易也。万人因市交易而得利。

⑨言市正合道之理。

⑩欲理荒人,无得苛虐,但使尽地之职,自然齐一而保国也。

⑪自君以下,其位既异,当各主之,无使谗人交间,普废其德。如此,则九军之亲也。

---

[1]地,原本脱,据杨本补。

⑫谓陬隅之道也。

⑬他国之财因之[1]而入。

⑭谓因此出入。

⑮当明道路之令,再重而告之。

⑯征于关,谓行商也。

⑰征于市,谓坐贾。

⑱索虚车,益其烦扰。

⑲徒负货既寡,故勿令入其征。

⑳关政如此,可以来远人。

㉑齐国凡有十六道,皆置关并道此令。

㉒谓出入于关者,身之外事既谨,而从令则当听其名之真伪者也。

㉓既知其名,又须视其色之是非。

㉔既知其色[2],又须是正其事以考合其德也。

㉕既知其德[3],又观其外以校量之也。

㉖敦,犹厚也。校察如此,则权诈之人无以成其厚。校察行,则困厚奸非困而不生,故曰"以困貌德"。

㉗国无奸人,所以不惑。凡此掌行者之职。

㉘边人失信,故伤德也。

㉙敦厚而和,可以构结四国。四国之来,皆以诚信,故曰以顺貌德。

㉚既结四国,然后向四极而抚安之。

㉛又令守法之官日行边鄙与关塞。

㉜其巡行之时,必明其制度,无得失于经常。

---

[1] "因之"二字,原本脱,据杨本补。
[2] 色,原本误作"德",据杨本改。
[3] 德,原本误作"色",据杨本改。

谋失第二十五

亡

卷第十

戒第二十六^①

内言九

　　桓公将东游，问于管仲曰："我游犹轴转斛，^②南至琅邪，司马曰：'亦先王之游已。'何谓也？"^③管仲对曰："先王之游也，春出，原农事之不本者，谓之游。^④秋出，补人之不足者，谓之夕。^⑤夫师行而粮食其民者，谓之亡。^⑥从乐而不反者，谓之荒。先王有游夕之业于人，无荒亡之行于身。"桓公退，再拜，命曰宝法也。^⑦

　　①所以陈戒桓公。

　　②言我之游必有所济，犹轴之转载斛石。○绩按，《孟子》："昔者齐景公问于晏子曰：吾欲观于转附、朝儛，遵海而南，放于琅邪。"此必"转附"^[1]之误也，但以之为景公晏^[2]子，未知孰是。【补】斛，斟也。言我欲周游齐之四境山川，如车转毂然，周览必遍也。

　　③春游而南行，故司马正令之为先王之游。公未达其意，故问管仲。

　　④原，察也。农事不依本务，当原察之。

　　⑤秋为西成，尚有不足者，当补之也。

　　⑥师行^[3]无成功，空费粮食，如此者必亡。

　　⑦谓其法可宝也。

　　管仲复于桓公曰："无翼而飞者，声也。^①无根而固者，情

---

[1]"附"上原有"朝"，据赵本删。
[2]晏，原本误作"景"，据赵本改。
[3]行，原本误作"成"，据杨本改。

也。②无方而富者，生也。③公亦固情谨声，以严尊生，④此谓道之荣。"⑤桓公退，再拜，请若此言。⑥

　　①出言门庭，千里必应，故曰"无翼而飞"。

　　②同舟而济，胡越不患异心，知其情也，故曰"无根而固"。

　　③生全则万方辐凑，生尽则鸿毛不振，故曰"无方而富"也。莫知生所在，故曰"无方"也。

　　④言当固物情，谨声教，严为防禁，以尊其生。无方而富之生。

　　⑤谓此三者顺道而光荣。

　　⑥若，顺也。

　　管仲复于桓公曰："任之重者莫如身，①涂之畏者莫如口，②期而远者莫如年。③以重任行畏涂，至远期，唯君子乃能矣。"桓公退，再拜之，曰："夫子数以此言者教寡人。"管仲对曰："滋味动静，生之养也。好恶喜怒哀乐，生之变。聪明当物，生之德也。④是故圣人齐滋味而动静，⑤御正六气之变，⑥禁止声色之淫。⑦邪行亡乎体，违言不存口，⑧静然定生，圣也。⑨仁从中出，义从外作。⑩仁，故不以天下为利。义，故不以天下为名。⑪仁，故不代王。⑫义，故七十而致政。⑬是故圣人上德而下功，尊道而贱物。⑭道德当身，故不以物惑。⑮是故身在草茅之中，而无慑意。⑯南面听天下，而无骄色。⑰如此而后可以为天下王。所以谓德，不动而疾，⑱不相告而知，⑲不为而成，⑳不召而至，是德也。㉑故天不动，四时云下万物化。㉒君不动，政令陈下而万功成。㉓心不动，使四肢耳目而万物情。㉔寡交多亲，谓之知人。㉕寡事[1]成功，谓之知用。㉖闻一言以贯万物，谓之知道。㉗多言而不当，不如其寡也。㉘博学而不自反，必有邪。㉙孝弟者，仁之祖也。㉚忠信者，交之庆也。㉛内不考孝弟，㉜外不正忠信，㉝泽其

————————
　　[1]事，原本误作"交"，据杨本改。

四经而诵学者，是亡其身者也。"㉞

①万事万行，非身不举，故曰任之重。

②枢机之发，荣辱之主，故可畏也。

③殇夭日闻，期颐实寡，故曰远期也。

④非礼勿视听，故曰当物。

⑤所以养其生也。

⑥所以循其变也。六气，即好、恶、喜、怒、哀、乐。

⑦所以成其德。

⑧体无邪行，口无违言。

⑨欲静则生定，如此者圣也。

⑩仁自心生，故曰中出。义因事断，故曰外作。

⑪若以天下为名利，则非仁义也。

⑫不以道辅君，而代之王者，非仁也。

⑬老而不致政，贪冒者耳，非义也。

⑭物，谓名利之事。

⑮身苟有道德，岂名利之物能惑哉。

⑯道德为重，何惧之有。

⑰神器傥来，何骄之有。

⑱德必冥通，故不动而疾。

⑲不出户牖，以知天下。

⑳无为而无不为。

㉑同声相应，同气相求，如此者，可谓至德也。

㉒天常无为，故曰不动。然四时云下，故万物化。云，运动貌也。○绩按，云，周旋也。

㉓君亦常无为，故曰不动。然政令陈列而下，故万物成也。

㉔心亦常无为，故曰不动。然四肢耳目，自心使万物，莫不存也，而得之所以然者必矣。○绩按，一本作"万情得"，是也。

㉕以其知人，故能交寡而亲多。

㉖以其知用,故能事寡而功成。

㉗以其知道,故能闻一言而得物贯也。

㉘故曰,狗不以善吠为良,人不以多言为贤。

㉙博学而不反修于其身,心曼衍者,故必有邪行。

㉚仁从孝弟生,故为仁祖。

㉛有忠信之心,故曰庆交友之善。

㉜言不仁。

㉝言不友。

㉞四经谓《诗》、《书》、《礼》、《乐》也。既无孝弟忠信,空使四经流泽,徒为诵学者,即四者可以亡身也。其邪行已矣。

　　桓公明日弋在廪,①管仲、隰朋朝。公望二子,弢弓脱焊,②而迎之,曰:"今夫鸿鹄,春北而秋南,而不失其时。夫唯有羽翼以通其意于天下乎? 今孤之不得意[1]于天下,非皆二子之忧也。"③桓公再言,二子不对。桓公曰:"孤既言矣,二子何不对乎?"管仲对曰:"今夫人患劳,而上使不时。人患饥,而上重敛焉[2]。人患死,而上急刑焉。如此而又近色,④而远有德,⑤虽鸿鹄之有羽翼,济大水之有邑也,其将若君何?"⑥桓公戚然逡遁。管仲曰:"昔先王之理人也,盖人有患劳,而上使之以时,则人不患劳矣。人患饥,而[3]上薄敛焉[4],则人不患饥矣。人患死,而上不刑焉,则人不患死矣。如此而近有德,而远有色,则四封之内视君其犹父母邪。四方之外归君,其犹流水乎!"公辍射,援绥而乘,自御,管仲为左,隰朋参乘。朔月三日,进二子于里官,⑦再拜顿首曰:"孤之闻二子之言也,耳加聪而视加明,于孤不敢独听之,荐之先祖。"⑧管仲、隰朋再

---

[1]意,原本脱,据杨本补。

[2]焉,原本脱,据杨本补。

[3]而,原本误作"则",据杨本改。

[4]焉,原本脱,据杨本补。

拜顿首曰："如君之王也，⑨此非臣之言也，君之教也。"⑩于是管仲与桓公盟誓，为令曰："老弱勿刑，参宥而友弊。⑪关几而不正[1]，市正而不布。⑫山林梁泽以时禁发而不正也。"⑬草封泽盐者之归之也，譬若市人。⑭三年教人，四年选贤以为长，五年始兴车践乘。遂南伐楚，门傅施城。⑮北伐山戎，出冬葱与戎菽，布之天下，⑯果三匡天子而九合诸侯。

①廪所以盛米粟，禽鸟或多集焉，故于此弋也。

②焊，所以钩弦。

③二子不能为羽翼，所以当忧。

④亲冶容。

⑤疏贤德。

⑥不飞，虽羽翼无益。不济，虽舟楫徒施。不听，虽谠言空设。故曰"其将若君何"。【补】"邑也"，字之误。言济大水之有舟楫也。桓公虽如鸿鹄之有羽翼，济大水之有舟楫，其如桓公之近色而远德，不飞不济何。

⑦里官，谓里尉也。齐国之法，举贤[2]必自里尉始，故令里官进二子，将推别而用之也。

⑧谓陈其所言以荐祖庙。

⑨君能如此，可以王也。

⑩此虽臣言，必君用之，然后成教，故[3]曰君之教。

⑪老弱犯刑者，无即刑之，必三宽宥而后断罪。参宥，即《周礼》三宥：一曰不识，二曰过悞，三曰老髦而已矣。【补】友，"反"字之误也，音翻，谓平反也。弊，即"蔽"，谓曲为蔽护也。皆祥刑之意。

⑫布，谓钱也，即其物而正之，不必分钱。

⑬獭祭鱼，然后入梁泽。豺[4]祭兽，然后入山林也。

⑭草封泽，多草。刈积成封，可用煮盐者也。其处既多盐，故归者譬若市

---

[1] 正，原本误作"征"，据杨本改。

[2] 贤，原本误作"矣"，据杨本改。

[3] 故，原本脱，据杨本补。

[4] 豺，原本脱，据杨本补。

人,言不设禁者而已也。

⑮施城,楚城名。谓[1]附至其下,以得其所也。

⑯山戎有冬葱、戎菽。今伐之,取其物布天下。戎菽,胡豆。

桓公外舍而不鼎馈。①中妇诸子谓宫人:"盍不出从乎?君将有行。"②宫人皆出从。公怒曰:"孰谓我有行者?"宫人曰:"贱妾闻之中妇诸子。"公召中妇诸子曰:"女言闻吾有行也?"对曰:"妾人闻之君外舍而不鼎馈,非有内忧,必有外患。今君外舍而不鼎馈,君非有内忧也,妾是以知君之将有行也。"公曰:"善。此非吾所与女及也,而言乃至焉,③吾是以语女。吾欲致诸侯而不至,为之奈何?"④中妇诸子曰:"自妾之身之不为人持接也,⑤未尝得人之布织也,意者更容不审邪?"⑥明日,管仲朝,公告之。管仲曰:"此圣人之言也,君必行也。"⑦

①外舍,谓出宿于外。不以鼎馈食,言其馈不盛也。

②中妇诸子,内官之号。君将有行,何不出乎?盍,何不也。

③言我本不与汝此谋,今汝言乃能至如此,谓能知我谋也。

④我欲诸侯之至而不至,今欲令其至,如何?

⑤为,犹与也。言妾身在深宫之中,未尝得出与人相持而接也。

⑥言中既少织纤[2]之事,又不得外人之布织。言此者既昧于人事,不当访以军谋。盖托不知以止君之行也,故言更当容我思其不审之事。○绩按,此言己不事人,未尝得人布织而衣,犹君不下小国,故诸侯不至也。意者或有不审致诸侯之道邪?注非。

⑦谓中妇诸子止君不行,此合圣人之言也,故令君行之。

管仲寝疾,桓公往问之。曰:"仲父之疾甚矣,若不可讳

---

[1]谓,原本误作"为",据杨本改。

[2]纤,原本误作"妇维",据杨本改。

也，不幸而不起此疾，彼政我将安移之？"管仲未对[1]。桓公曰："鲍叔之为人如何？"管仲对曰："鲍叔，君子也。千乘之国，不以其道予之，不受也。①虽然，不可以为政。其为人也，好善而恶恶已甚。②见一恶，终身不忘。"桓公曰："然则孰可？"管仲对曰："隰朋可。朋之为人，好上识而下问。③臣闻之，以德予人者谓之仁[2]，以财予人者谓之良。以善胜人者，未有能服人者也。④以善养人者，未有不服人者也。于国有所不知政，于家有所不知事，必隰朋乎。⑤且朋之为人也，居处不忘[3]公门，居公门不忘其家，事君不二其心，亦不忘其身。举齐国之币，握路家五十室，其人不知也。大仁也哉，其朋乎！"⑥公又问曰："不幸而失仲父也，二三大夫者，其犹能以国宁乎？"管仲对曰："君请譬已乎。⑦鲍叔牙之为人也，好直。宾胥无之为人也，好善。宁戚之为人也，能事。孙在之为人也，善言。"公曰："此四子者，其孰能一人之上也？寡人并而臣之，则其不以国宁，何也？"⑧对曰："鲍叔之为人，好直而不能以国诎。⑨宾胥无之为人也，好善而不能以国诎。宁戚之为人，能事而不能以足息。⑩孙在之为人，善言而不能以信默[4]。⑪臣闻之，消息盈虚，与百姓诎信，然后能以国。勿已者，朋其可乎！朋之为人也，动必量力，举必量技。"言终，喟然而叹曰："天之生朋，以为夷吾舌也。其身死，舌焉得生哉！"⑫管仲曰："夫江黄之国近于楚，为臣死乎，⑬君必归楚而寄之。⑭君不归楚，必私之，私之而不救也则不可；救之，则乱自此始矣。"⑮桓公曰："诺。"管仲又言曰："东郭有狗嘷嘷，旦暮欲啮我，猲而不使也。今夫易牙，子之不能爱，将安爱君？必去之。"公曰："诺。"⑯管子又言曰："北郭有狗嘷嘷，旦暮欲啮我，猲而不使也。今夫竖

---

[1]对，原本脱，据杨本补。

[2]仁，原本误作"人"，据杨本改。

[3]忘，原本误作"恶"，据杨本改。

[4]信默，原本误作"足息"，据杨本改。

刁，其身之不爱，焉能爱君？君必去之。"公曰："诺。"管子
又言曰："西郭有狗嘻嘻，且暮欲啮我，猳而不使也。今夫卫公
子开方，去其千乘之太子而臣事君，是所愿也得于君者，是将
欲过其千乘也。⑰君必去之。"桓公曰："诺。"管子遂卒。卒十
月，隰朋亦卒。桓公去易牙、竖刁、卫公子开方，五味不至，于
是乎复反易牙。宫中乱，复反竖刁。利言卑辞不在侧，复反卫
公子开方。桓公内不量力，外不量交，而力伐四邻。公薨，六子皆
求立，易牙与卫公子，内与竖刁，因共杀群吏而立公子无亏，故
公死七日不敛，九月不葬。孝公犇宋，宋襄公率诸侯以伐齐，战
于甗[1]，大败齐师，杀公子无亏，立孝公而还。襄公立十三年，
桓公立四十二[2]年。

　　①虽与千乘之国，不以其道，彼必不受。

　　②已，犹太也。言憎[3]恶恶人太甚。

　　③好上识，谓好知远大之事。

　　④以善胜人，人亦生胜己之心，故不服。

　　⑤若皆知之，则事钟于己，将不胜任而败。朋能有所不知，故可以移政。

　　⑥握，持也。或有举齐国之币，持与路旁之家五十室。言[4]其事大而且
易显，此皆自有主司，朋能不干预而强知此，所谓于国有所不知政，合于天地
之无不容载，故曰'大仁哉，其朋乎'也。【补】握，犹满也。言币帛满于道路而无
数也。室，妻也。家有五十室，言妻妾之众也。二者虽多，隰朋之为人有所不贪
不近也，即申明上文国有不知政、家有不知事也。

　　⑦瞿已，谓有所惊惧而问未止也。[5]

　　⑧言四子皆有超绝之材，无人能过其上。今吾并得臣之，国尚不宁，
何也？

---

　　[1]甗，原本误作"献"，据杨本改。
　　[2]四十二，原误用"十四"，据杨本改。
　　[3]憎，原本误作"曾"，据杨本改。
　　[4]言，原本脱，据杨本补。
　　[5]此条注语原本脱，据杨本补。

⑨不能为国以屈其直也。

⑩宁戚善于农植,贪于积聚,不能知足而息也。

⑪其所陈言,既见信用,不能尚默。凡此四子,皆矜其能太过,不能与时屈伸,故国[1]不宁也。

⑫言朋亦将随已早亡,不得久理齐政,故哀叹也。以先知未然,夷吾所以称圣也。

⑬二国既近于楚,必臣于楚,岂为齐臣而死乎?

⑭以二国归楚,若寄托然,则楚不得为私而齐犹[2]有望也。

⑮楚既私二国,二国有难,齐必不救,一为不救,则不可救。此救彼不臣,则构怨矣。故曰"乱自此始"。○绩按,臣,管仲自谓也。言江黄二国近楚[3],己死后君必归二国于楚,使楚知服己而不伐。若不归楚,为齐私国,楚必伐之。盟不救,固不可。若救,则远兴师旅而致乱矣。《穀梁[4]》曰:"贯之盟,管仲曰:'江黄远齐而近楚,楚为利之国也。若伐而不能救,则无以宗诸侯矣。'桓公不听,遂与之盟。管仲死,楚伐江灭[5]黄,桓公不能救,故君子闵之也。"

⑯东郭之狗喻易牙,言其人残忍同于狗矣。枷,谓以木连狗,取声为义,即国家也。言易牙终能亡国灭家,此不当使,必须去之也。〔绩〕按,嗤,鱼佳切,狗欲啮也。

⑰开方在卫,当嗣君之位,今弃而事齐,则所望不只千乘也,其意必得齐国,然后称所望也。

---

[1]国,原本误作"曰",据杨本改。
[2]犹,原本误作"尤",据杨本改。
[3]楚,原本误作"近利为利此始之国也为",据杨本改。
[4]梁,原本误作"粮",据杨本改。
[5]灭,原本误作"城",据杨本改。

地图第二十七　　　　　短语一

凡兵主者，必先审知地图。轘[1]辕之险，①滥车之水，②名山、通谷、经川、③陵陆、丘阜之所在，苴草、林木、蒲苇之所茂，④道里之远近，城郭之大小，名邑、废邑、困殖之地，⑤必尽知之。⑥地形之出入相错者，尽藏之。⑦然后可以行军袭邑，举错知先后，不失利，此地图之常也。人之众寡，士之精麤，器之功苦，尽知之，此乃知形者也。⑧知形不如知能，知能不如知意。故主兵必参具者也。主明、相知、将能之谓参具，⑨故将出令发士，期有日数矣。宿定所征伐之国，⑩使群臣、大吏、父兄、便辟、左右不能议成败，人主之任也。⑪论功劳，行赏罚，不敢蔽贤。⑫有私行用货财，供给军之求索，⑬使百吏肃敬，不敢解怠行邪，以待君之令，相室之任也。缮器械，选练士，为教服，⑭连什伍，⑮遍知天下审御机数，此兵主之事也。

①谓路形若辕，而又轘曲。猴[2]氏东南有轘辕道，是也。

②其水深渺，能泛车。

③谓常川也。

④苴草，谓其草深茂，能有所覆藏[3]。

⑤困，谓其地硗埆，不可种艺。殖，谓壤田可播殖者。

⑥凡此者皆兵主所当[4]知。

⑦藏，谓包蕴在心。

⑧形，谓兵之形。

⑨明、智、能三者合，故谓之参具。

⑩宿，犹先也。

---

[1]轘，原本误作“樏”，据杨本改。
[2]猴，原本误作“继”，据杨本改。
[3]藏，原本误作“载”，据杨本改。
[4]当，原本误作“常”，据杨本改。

⑪事之成败，明主独断于心，故其臣[1]不能议论。

⑫不敢蔽隐贤能。

⑬言相室或用私财供军所求，若窦婴、李牧之为也。

⑭设教令，使士服习。

⑮使其什伍各相钩连，有所统属。

参患第二十八①　　　短语二

凡人主者，猛毅则伐，懦弱则杀。猛毅者何也？轻诛杀人之谓猛毅。懦弱者何也？重诛杀人之谓懦弱[2]。此皆有失彼此。凡轻诛者杀不辜，而重诛者失有罪。故上杀不辜，则道正者不安；上失有罪，则行邪者不变。道正者不安，则才能之人去亡；行邪者不变，则群臣朋党。才能之人去亡，则宜有外难；②群臣朋党，则宜有内乱。③故曰：猛毅者伐，懦弱者杀也。君之所以卑尊，国之所以安危者，莫要于兵。故诛暴国必以兵，禁辟民必以刑。然则兵者，外以诛暴，内以禁邪，故兵者，尊主安国之经也，不可废也。若夫世主则不然，外不以兵而欲诛暴，则地必亏矣。④内不以刑而欲禁邪，则国必乱矣。⑤故凡用兵之计，三惊当一至，⑥三至当一军，⑦三军当一战。⑧故一期之师，十年之蓄积殚，⑨一战之费，累伐之功尽。⑩今交刃接兵而后利之，则战之自胜者也。⑪攻城围[3]邑，主人易子而食之，析骸而爨之，则攻之自拔者也。⑫是以圣人小征而大匡，不失天时，不空地利，用日维梦，其数不出于计。⑬故计必先定而兵出于竟，计未定而兵出于竟，则战之自败，攻之自毁者也。得众而不得其心，则与独行

---

[1]"故其臣"下，原衍"不心故其臣"，据杨本删。

[2]弱，原本脱，据杨本补。

[3]围，原本误作"为"，据杨本改。

者同实。^⑭兵不完利，与无操者同实。甲不坚密，与偄者同实。^⑮弩不可以及远，与短兵同实。射而不能中，与无矢者同实。中而不能入，与无镞者同实。将徒人，与偄者同实。^⑯短兵待远矢，与坐而待死者同实。^⑰故凡兵有大论，必先论其器，论其士，论其将，论其主。故曰，器滥恶不利者，以其士予人也。士不可用者，以其将予人也。将不知兵者，以其主予人也。^[1]主不积务于兵者，以其国予人也。故一器成，往夫具，而天下无战心。^⑱二器成，惊夫具，而天下无守城。^⑲三器成，游夫具，而天下无聚众。^⑳所谓无战心者，知战必不胜，故曰无战心。所谓无守城者，知城必拔，故曰无守城。所谓无聚众者，知众必散，故曰无聚众。

①太强亦有患,太弱亦有患,必参强弱之中,自致于无患也。

②能士去亡,必构邻来伐,故有外难也。

③群臣朋党,则狗变为虎,篡杀常因是生,故有内乱也。

④无兵诛暴,暴必内侵,故地亏。

⑤无刑禁邪,邪必上侵,故国乱。

⑥惊,谓耀威示武,能惊敌使惧。如此者三,可当师之一至敌国。

⑦师之三至,可当一军之用。

⑧军之三用,可成一战之功。

⑨师行一期,能尽十年之蓄积。

⑩倾国一战,能尽累伐之功。

⑪交刃接兵,必卒丧刃折,货财空耗,虽未被敌胜,先已自胜。^[2]

⑫主人食子爨骸,攻者必致智穷力竭,财殚士丧,城虽未攻,先已自拔。凡此皆庸主之师,非善计者也。

⑬小征^[3],谓诛暴国。大匡,谓正天下。既合天时,又得地利,用吉日,袭

---

[1]"士不……人也"二十二字,原本脱,据杨本补。

[2]此上正文及注语三十二字原本脱,据杨本补。

[3]征,原本误作"正",据杨本改。

吉梦,其数从何而生? 皆出于计谋者也。

⑭不得其心,则叛亡至[1],故与独行同实也。

⑮俴,谓无甲单衣者。

⑯徒人,谓无兵甲者。俴,单也。人虽众,无兵甲,则与单人同也。

⑰远矢至,短兵不能用,则坐而受死也。

⑱一器,谓师之[2]器也。既成,敢往之夫又具,则天下不敢生心战。

⑲二器,谓军之器。其器既成,惊敌之夫又具,则天下不敢守城而御也。

⑳三器,谓一国之器。其器既成,游务之夫又具,则天下之众惧而自散也。

【补】一器为弓矢剑戟之类。二器甲胄之属。三器成言车马具备也。往夫具者,勇往直前之夫具也。惊夫者,知谋惊众之夫。游夫,才辩游说之人也。三器三夫既具,攻必取,战必胜,天下无不破之城、不散之众也。

制分第二十九　　短语三

凡兵之所以先争,①圣人贤士不为爱尊爵,②道术知能不为爱官职,③巧伎勇力不为爱重禄,聪耳明目不为爱金财。故伯夷、叔齐非于死之日而后有名也,其前行多修也。④武王非于甲子之朝而后胜也,其前政多善矣。⑤故小征千里遍知之,⑥筑堵之墙,十人之聚,日五间之。⑦大征遍知天下,⑧日一间之。散金财,用聪明也。⑨故善用兵者,无沟垒而有耳目。⑩兵不呼儌,不苟聚,不妄行,不强进。呼儌[3]则敌人戒,苟聚则众不用。⑪妄行则群卒困,强进则锐士挫。故凡用兵者,攻坚则轫,⑫乘瑕则神,⑬攻坚则瑕者坚,⑭乘瑕则坚者瑕,⑮故坚其坚者,瑕其瑕

---

[1] 致,原本误作"致",据杨本改。

[2] 之,原本脱,据杨本补。

[3] 儌,原本脱,据杨本补。

者，⑯屠牛坦朝解[1]九牛，而刀可以莫铁，⑰则刃游间也。⑱故天道不行屈不足从。⑲人事荒乱，以十破百。⑳器备不行，以半击倍。㉑故军争者不行于完城池，㉒有道者不行于无君。㉓故莫知其将至也，㉔至而不可围[2]。莫知其将去也，㉕去而不可止。㉖敌人虽众不能止，㉗待㉘治者所道富也，治而未必富也。㉙必知富之事，然后能富。富者能道强也，而富未必强也。㉚必知强之数，然后能强。强者所以胜也，而强未必胜也，必知胜之理，然后能胜。胜者所道制也，而胜未必制也，必知制之分，然后能制。是故治国有器，富国有事，强国有数，胜国有理，制天下有分。

①谓欲用兵，所当先而争为者，谓下事。

②有圣人贤士，则以尊爵加之而不爱惜也。

③有道术智能则以官职加之也。

④由前行多修，故死后有[3]名。

⑤由前政多善，故甲子之朝一战大胜。

⑥小征，谓以诸侯之众有所征。古者诸侯大国有五百里者，今既举[4]众而征，己国与敌国皆当知之，故遍知千里。

⑦间，谓私候之。假令筑一堵之墙，或十人聚作，主者犹日五候之。况戎事之大，可以不遍知哉？

⑧大征，谓以天下之众有所征伐，天子以天下为家，故遍知天下也。

⑨夫动众，当令主者日一间候之，其间候之也，或散金财，有所慕赏，或用之聪明，度其不虞。

⑩沟垒，防御小。耳目，视[5]听远。

⑪无事徒聚，众必不用，若周之伪烽也。

⑫韧，牢固之名也。所攻既坚，则韧而难入。

---

[1]解，原本脱，据杨本补。

[2]围，原本误作"圉"，据杨本改。

[3]有，原本误作"多"，据杨本改。

[4]举，原本误作"与"，据杨本改。

[5]耳目视，原本误作"视日"，据杨本改。

⑬瑕,谓虚脆也。所乘既脆,繨然瓦解,故若神。

⑭所攻虽坚,能令脆者,则以士卒坚强故也。

⑮所乘虽脆,却为坚者,则以士卒[1]脆弱故也。

⑯谓强卒攻坚,弱卒攻脆。

⑰莫,犹削也。

⑱刃游理间,故刀不亏。

⑲用兵者不顺天道,不反天道之不行,必屈竭而不足。○绩按,"从"字为句。旧读下,非。

⑳敌国人事既荒且乱,故十可破百。

㉑敌国器备,不可施行,故此虽半,可以击彼之倍。

㉒行,谓先觇之也。欲以军争而行其城池,彼则知而备之也。

㉓觇彼无君,亦恐知而有备也。

㉔既不先觇以潜袭,所以不知其将至。

㉕不可围者,必潜而遁,故不知其将去。楚幕有乌之比。

㉖绩按,言至不可围,去不可止。

㉗去既不可止,虽众何[2]能止。

㉘绩按,"待"即上围意,注非,又不知此为句。

㉙有所待而治,其道当然,未能富也。

㉚富者,其道当强而未必为强也。

君臣上第三十　　　短语四

为人君者, 修官上之道, 而不言其中[3]。①为人臣者, 比官

---

[1] 此上注语及正文二十二字原本脱, 据杨本补。
[2] 何, 原本误作"可", 据杨本改。
[3] 中, 原本误作"国", 据杨本改。

中之事，而不言其外。^②君道不明，则受令者疑。权度不一，则修义者惑。民有疑惑贰豫之心，而上不能匡，则百姓之与间，^③犹揭表而令之止也。^④是故能象其道于国家，加之于百姓，而足以饰官下化者，明君也。^⑤能上尽言于主，下致力于民，而足以修义从令者，忠臣也。上惠其道，下敦其业，上下相希，^⑥若望参表，则邪者可知也。^⑦吏啬夫任事，^⑧人啬夫任教，^⑨教在百姓，论在不挠，^⑩赏在信诚。体之以君臣，其诚也以守战，^⑪如此则人啬夫之事究矣。吏啬夫尽有訾程事律，^⑫论法辟衡权升斛，文劾不以私论，而以事为正，^⑬如此则吏啬夫之事究矣。人啬夫成教，吏啬夫成律之后，则虽有敦悫忠信者，不得善也。^⑭而戏豫怠傲者，不得败也。^⑮如此则人君之事究矣。是故为人君者因其业，^⑯乘其事，^⑰而稽之以度，^⑱有善者，赏之以列爵之尊，田地之厚，而民不慕也。^⑲有过者，罚之以废亡之辱，僇死之刑，而民不疾。^⑳杀生不违而民莫遗其亲者，^㉑此唯上有明法而下有常事也。

①君在众官之上，但修此官上之道而已。至于官中之事，则有司存，非所言也。

②比，谓校次之也。若言官外，则为越职。

③间，谓隔碍不通也。人心有疑，君不能正，故其所与为多碍而不通也。

④揭，举也。表，谓以木为标，有所告示也。既使举于表，又令止之，是亦不信也，故以况人心之疑也。

⑤象，法也，谓能本道而立法。

⑥言相希准以为法也。

⑦参表，谓立表所以参验曲直。

⑧吏啬夫，谓检束群吏之官也，若督邮之比也。

⑨人啬夫，亦谓检束百姓之官。

⑩谓百姓有不从教，论其罪罚^[1]，不挠法以行私。

---

[1]罚，原本误作"法"，据杨本改。

⑪既赏信罚，必君臣合体，莫不致诚，故入可以守城，出可以野战也。

⑫訾，限也。程，准也。事律，谓每事据律而行也。

⑬辟，刑也。文劾，谓据文而举劾。谓法刑已下，当据事以为正，不曲从其私也已矣。

⑭人啬夫之教既成，则人皆忠信，故无有独得善者也。

⑮吏啬夫之律既成，人皆惧法，不敢为非，虽有豫怠，不得为败也。〇绩按，言教律既成，善恶不能损益。

⑯谓因人啬夫之业也。

⑰谓乘吏啬夫之事。

⑱又以国之法度考此二者。

⑲善自应赏，故不善者不敢横慕。

⑳过自应罚，故人不敢疾怒。

㉑或罚[1]而杀之，或赏[2]而生之，皆不违其理，则人知主德之有常，不轻为去就，故人不遗其亲也。

天有常象，①地有常形，②人有常礼，③一设而不更，此谓三常。兼而一之，人君之道也。④分而职之，⑤人臣之事也。君失其道，无以有其国；臣失其事，无以有其位。然则上之畜下不妄，而下之事上不虚矣。上之畜下不妄，则所出法制度者明也。下之事上不虚，则循义从令者审也。上明下审，上下同德，代相序也。⑥君不失其威，下不旷其产，而莫相德也。⑦是以上之人务德，而下之人守节。义礼成形于上，而善下通于民，则百姓上归亲于主，而下尽力于农矣。故曰，君明、相信、五官肃、士廉、农愚、商工愿，则上下体，⑧而外内别也。民性因，而三族制。⑨夫为人君者，荫德于人者也。⑩为人臣者，仰生于上者也。⑪为人上者，量功而食之以足。⑫为人臣者，受任而处之以

---

[1] 罚，原本误作"赏"，据杨本改。
[2] 赏，原本误作"罚"，据杨本改。

教。⑬布政有均，⑭民足于产，[1]则国家丰矣。以劳授禄，则民不幸生。⑮刑罚不颇，则下无怨心。名正分明，则民不惑于道。⑯道也者，上之所以道民也。是故道德出于君，⑰制令传于相，⑱事业程于官。⑲百姓之力也，胥令而动者也。⑳

①悬象著明，不改其真。

②山泽通气，不改其静。

③尊君父，卑臣子，其仪不易。

④人君无官，兼统众官，故曰"兼而一之"。

⑤各有司存。

⑥代，更[2]也。谓上明[3]下审，更相序次。

⑦君以威覆下，下以产供上，各有所职，故不相德。

⑧上下各得乎其体也。

⑨三族，谓农、商、工也。言因上下有体，内外有别，故此三族各得其制也。

⑩君者，以德荫人也。

⑪臣者，仰君而生。

⑫量其功之多少，制禄以食之，各得足也。

⑬受任者必设教也。

⑭绩按，指君食足。

⑮有劳者必得禄，人则致死以立功，不侥幸而偷生也。

⑯刑名职分明，则人于道不惑也。

⑰以道出令。

⑱令因相传。

⑲官各以其事业程于君也。

⑳胥，视也。视令而动，则所举不妄。

---

[1]"民足于产"四字，原本脱，据杨本补。

[2]更，原本误作"要"，据杨本改。

[3]明，原本误作"更"，据杨本改。

是故君人也者，无贵如其言。^①人臣^[1]也者，无爱如其力。^②言下力上，^③而臣主之道毕矣。是故主画之，相守之，^④相画之，官守之。官画之，民役之。^⑤则又有符节、印玺、典法、筴籍以相揆也，^⑥此明公道而灭奸伪之术也。论材量能，谋德而举之，^⑦上之道也。专意一心，守职而不劳，^⑧下之事也^[2]。为人君者，下及官中之事，则有司不任。^⑨为人臣者，上共专于上，则人主失威。^⑩是故有道之君，正其德以莅民，而不言智能聪明。智能聪明者，下之职也。所以用智能聪明者，上之道也。^⑪上之人明其道，下之人守其职，上下之分不同任，而复合为一体。^⑫是故知善，人君也。^⑬身善，人役也。^⑭君身善则不公矣。^⑮人君不公，常惠于赏而不忍于刑，^⑯是国无法也。治国无法，则民朋党而下比，饰巧以成其私。^⑰法制有常，则民不散而上合，竭情以纳其忠。^⑱是以不言智能，而顺事治，国患解，大臣之任也。不言于聪明，而善人举，奸伪诛，视听者众也。^⑲是以为人君者，坐万物之原，而官诸生之职者也。^⑳选贤论材而待之以法，举而得其人，坐而收其福，不可胜收也。^㉑官不胜任，犇走而奉，其败事不可胜救也。^㉒而国未尝乏于胜任之士，上之明适不足以知之，是以明君审知胜任之臣者也。故曰：主道得，贤材遂，百姓治。治乱在主而已矣。故曰：主身者，正德之本也。官治者，耳目之制也。^㉓身立而民化，德正而官治。治官化民，其要在上，是故君子不求于民。^㉔是以上及下之事谓之矫，^㉕下及上之事谓之胜。^㉖为上而矫悖也，为下而胜逆也。国家有悖逆反迕之行，^㉗有土主民者失其纪也。

①君以言制下，无言，则下无所禀令，故言最贵也。

②臣则宣力事君，故其力最可爱也。

③君言下于臣，臣力上于君也。

---

[1] 人臣，原本误作"臣人"，据杨本改。

[2] 也，原本脱，据杨本补。

④画,谓分别其所授事。君既尽其事,相则守而行之也。

⑤官既画之,民则役力以行其事。

⑥符节印玺,所以示其信也。典法筴籍,所以示之制也。凡此,可以考其真伪,定其是非,故曰"以相揆也"。

⑦谋知其德,然后举用[1]之。

⑧不以职事为劳苦。

⑨下及官中之事,则君夺臣职,故有司不任也。

⑩臣当[2]上供,从君之命,今乃专上之权,故主失威。○绩按,此言臣夺君职,供其专令。

⑪谓用下之智能聪明。

⑫君为元首,臣为股肱,故曰一体。

⑬知善则谋虑深远,故可以为人君也。

⑭身善则材能可任,故为人役也。

⑮君身善则智浅,故不公人也。○绩按,君任人而不自任,故知善而不身善,若身善则自用小而不公矣。

⑯不公则不识理之正,故惠赏而不忍刑也。

⑰绩按,此言君身善之弊。

⑱绩按,此言君不身善之益。

⑲绩按,此言君不言智能聪明,以此乃臣下之职,故曰,大臣之任也,视听者众也。

⑳谓授诸生之官,而任之以职也。生,谓知学之士也。○绩按,诸生之职犹言治乱所从起也。

㉑得人则福多,故不可胜收。

㉒不胜任则败广,故不可胜救。

㉓官禀君命而后行,若耳目待上制而后用,故曰官者耳目之制。

㉔立身正德而已。

---

[1]用,原本误作"明",据杨本改。
[2]当,原本误作"常",据杨本改。

㉕及，犹预也。矫，伪也。上预下事，则伪有馀而实不足也。

㉖下预[1]上[2]事，则威权胜君也。

㉗迕，背。

是故别交正分之谓理，①顺理而不失之谓道。德定而民有轨矣。有道之君者，善明设法而不以私防者也。而无道之君，既已设法，则舍法而行私者也。为人上者释法而行私，则为人臣者援私以为公。公道不违，则是私道不违者也。②行公道而托其私焉，寖久而不知，奸心得无积乎？③奸心之积也，其大者有侵偪弑上之祸，其小者有比周内争之乱，此其所以然者，由主德不立而国无常法也。主德不立，则妇人能食其意；④国无常法，则大臣敢侵其势。大臣假于女之能以规主情，⑤妇人嬖宠假于男之知以援外权，⑥于是乎外夫人而危太子，⑦兵乱内作，以召外寇，此危君之徵也。

①别上下之交，正君臣之分。

②臣之所以为公者，乃是私也。名曰不违公道，更是不违私道也。

③既久行私而不知，则是奸心之积也，故言"奸心岂无积乎"。

④君意委曲，随于女谒，若食之充口，故曰"妇人能食其意"。

⑤假，因也。因女之能食主意，以规度主之情也。

⑥妇人既得君之嬖，又因大臣之智以引其外权，则何为不成也？

⑦女有宠隆，又挟大臣之助，故夫人被外，太子见危。

是故有道之君，上有五官以牧其民，则众不敢逾轨而行矣。下有五横以揆其官，则有司不敢离法而使矣。①朝有定度衡仪以尊位主，②衣服紃縰尽有法度，③则君体法而立矣。④君据法而出令，有司奉命而行事，百姓顺上而成俗，著久而为常。⑤犯俗离

---

[1] 自正文"之人守其职"至此原本脱，据杨本补。

[2] 上，原本误作"下"，据杨本改。

教者，众共奸之，⑥则为上者佚矣。天子出令于天下，诸侯受令于天子，大夫受令于君，子受令于父母，下听其上，弟听其兄，此至顺矣。衡石一称，斗斛一量，丈尺一绲制，⑦戈兵一度，书同名，车同轨，此至正也。从顺独逆，从正独辟，此犹夜有求而得火也。奸伪之人，无所伏矣，⑧此先王之所以一民心也。是故天子有善，让德于天。诸侯有善，庆之于天子。⑨大夫有善，纳之于君。民有善，本于父，庆之于长老。此道法之所从来，是治本也。⑩是故岁一言者，君也。⑪时省者，相也。月稽者，官也。务四支之力，修耕农之业以待令者，庶人也。是故百姓量其力于父兄之间，听其言于君臣之义，而官论其德能而待之。⑫大夫比官中之事，不言其外，而相常具以给之。⑬相总要者，⑭官谋士，量实义美，匡请所疑。⑮而君发其明府之法瑞以稽之，⑯立三阶之上，南面而受要。⑰是以上有馀日，⑱而官胜其任，⑲时令不淫，而百姓肃[1]给。⑳唯此上有法制，下有分职也。

　　①横，谓纠察之官得入人罪者也。五官各有其横，曰五横。

　　②衡，正也。

　　③绲绕，古"衮冕"字。

　　④体，犹依也。

　　⑤著明而且久，积习而为常也。

　　⑥众以离教为奸而罪之也。

　　⑦所谓同律度量衡也。绲，古"准"字。准节律度量也，谓丈尺各有准限也。

　　⑧众皆从顺而有独逆者，众皆从正而有独辟者，必为顺正者所发也。

　　⑨诸侯有善，让于天子而庆也。

　　⑩道法以让为主。

　　⑪谓正岁之朝，布政县象。○绩按，一作"王省惟岁"，是也。

　　⑫谓百吏之官，各论其德能以待君命。○绩按，此言庶人。

---

[1]肃，原本误作"不"，据杨本改。

⑬具谓众官之法制也。○绩按，此言官。

⑭相无常官，所以总统百吏之官。

⑮士，事也。官各谋其职事也。又当量实宜其有美善者，用匡于所疑，必陈而请之也。○绩按，此上言相。

⑯府，谓百吏所居之官曹也。立府必有明法，故曰明府之法。瑞，君所与臣为信，珪璧之属也。又必合其瑞以考之也。

⑰君[1]之路寝前有三阶。要，为百吏之用也。○绩按，此以上言君明府之法瑞，谓大吏既布宪入籍于太府者，犹[2]象魏所县之法也，稽考其合否。瑞，或疑“端”字误。

⑱上唯受要，故有馀日。

⑲各理其职，故能胜任。

⑳言其敬而供上。

道者，诚人之姓也，非在人也。①而圣王明君善知而道之者也。②是故治民有常道，而生财有常法。道也者，万物之要也。为人君者，执要而待之，则下虽有奸伪之心，故不敢杀也。③夫道者虚设，④其人在则通，其人亡则塞者也，非兹是无以理人，非兹是无以生财。⑤民治财育，其福归于上，是以知明君之重道法而轻其国也。⑥故君一国者，其道君之也。⑦王天下者，其道王之也。⑧大王天下，小君一国，其道临之也。⑨是以其所欲者，能得诸民。⑩其所恶者，能除诸民。⑪所欲者，能得诸民，故贤材遂。所恶者，能除诸民，故奸伪省。如冶之于[3]金，陶之于埴，制在工也。⑫

①姓，生也。言道立人之生，人之所从出，故非在人。

②道，犹言也。圣王善知道理，故言而相教也。

---

[1] 君，原本误作“官”，据杨本改。

[2] 犹，原本误作“尤”，据杨本改。

[3] 于，原本脱，据杨本补。

③不敢杀君也。

④道无形而善应,故曰"虚设"。

⑤前"兹是",谓是道。

⑥得道之真以理身,绪馀以理国家,故重道轻国。

⑦道可为君,故君一国。

⑧道可王,故王天下。

⑨其道足以临国与天下也。

⑩君之所欲,人则顺之令得。[1]

⑪君之所恶,亦顺之而除也。

⑫废置之由君,若金埴之由工也。

是故将与之,惠厚不能供。^①将杀之^[2],严威不能振。^②严威不能振,惠厚不能供,声实有间也。^③有善者不留其赏,故民不私其利。^④有过者不宿其罚,故民不疾其威。^⑤威罚之制,无逾于民,^⑥则人归亲于上矣。如天雨然,泽下尺,生上尺^[3]。^⑦是以官人不官,事人不事,独立而无稽者,人主之位也。^⑧先王之在天下也,民比之神明之德,先王善牧之于民者也。夫民别而听之则愚,^⑨合而听之则圣。^⑩虽有汤武之德,复合于市人之言。是以明君顺人心,安情性,而发于众心之所聚。^⑪是以令出而不稽,^⑫刑设而不用。^⑬先王善与民为一体。^⑭与民为一体,则是以国守国,以民守民也。^⑮然则民不便^[4]为非矣。^⑯虽有明君,百步之外,听而不闻。^⑰环堵之墙,窥而不见也。^⑱而名为明君者,君善用其臣,臣善纳其忠也。^⑲信以继信,善以传善,^⑳是以四海之内可得而治。是以明君之举其下也,尽知其短长,知其所不能益,若任之以事。^㉑贤人之臣其主也,尽知短长,与身力之所不至,^㉒

---

[1]此条注语原本脱,据杨本补。

[2]之,原本脱,据杨本补。

[3]"生上尺"三字,原本脱,据杨本补。

[4]不便,原本误作"便不",据杨本改。

若量能而授官，^㉓上以此畜下，^㉔下以此事上，^㉕上下交期于正，^㉖则百姓男女皆与治焉。^㉗

①谓欲与人，虽有惠厚之意，财不能供。○绩按，此言留赏。

②谓欲杀人以致其理，然而严威销缩，不能振起也。○绩按，此言留罚。

③或有声无实，或有实无声，声实间碍，故不供不振也。

④善必得赏，私利何如？

⑤宿，犹[1]停也。罚得其过，则人不疾其威。疾，怨也。

⑥因人所欲罚而罚之，故不逾于人也。○绩按，威，当作"赏"，注非。

⑦泽从上降，润有一尺，则苗从下生，上引一尺。泽下降，苗上引，犹君恩下流，人心上就也。

⑧君者，与人之官而不自官，授人之事而不自事，独立于无过之地，臣下莫得而稽之，如此者，人主之位也。

⑨别而听之，则各信其一方，暗莫之发，故愚。

⑩合而听之，则得失相辅，可否相济。刍荛之言，贤圣不能易，故圣也。

⑪聚，谓所同归凑也。

⑫稽，留也。

⑬人不犯法，故无所用刑。

⑭以百姓心为心，故言一体。

⑮一国同一意，万人同一心。

⑯为非则失利，故不便。

⑰耳听有所极。

⑱目视有所穷。

⑲君能善用，臣能善纳，则何听而不闻，何视而不见。耳目不拥，非明而何也？

⑳君信而臣继之，君善而臣传之。

㉑夫任人以事者，必择其可不。君之举臣，亦犹是也。

㉒谓知君之短长及其身力所不至也。

---

[1]犹，原本误作"尤"，据杨本改。

㉓夫授人官者,亦择其可不。臣之择事,亦犹是也。

㉔择其可畜而畜之。

㉕择其可事而事之也。

㉖君有言臣,臣有令主,欲[1]求不正,其可得乎?

㉗君臣正,则百姓无自为淫辟也。

[1]欲,原本脱,据杨本补。

卷第十一

君臣下第三十一　　　短语五

古者未有君臣上下之别，未[1]有夫妇妃匹之合，兽处群居，以力相征。^①于是智者诈愚，强者凌弱，老幼孤独不得其所。故智者假众力以禁强虐，而暴人止。^②为民兴利除害，正民之德，^③而民师之。^④是故道术德行出于贤人，^⑤其从义理兆形于民心，则民反道矣。^⑥名物处违是非之分，则赏罚行矣。^⑦上下设，民生体，而国都立矣。^⑧是故国之所以为国者，民体以为国。^⑨君之所以为君者，赏罚以为君。^⑩致赏则匮，^⑪致罚则虐。^⑫财匮而令虐，所以失其民也。是故明君[2]审居处之教，而民可使，^⑬居治、战胜、守固者也。^⑭夫赏重则上不给也，^⑮罚虐则下不信也。^⑯

①若野兽之处，以群而居，力强者征于弱也。

②智者，即圣王也。

③正人之邪德。

④师智者也。

⑤贤人，知道术[3]德行者也。

⑥道术既出，故莫不从义而顺理之极，则无奸辟之事，始见于人心，则人无不道矣。○绩按，反，复还也。言民有所趋向则反道。

⑦人既反道，故以正其善恶之物，处其背理之违，则是非者自分矣。是非

---

[1]未，原本脱，据杨本补。

[2]君，原本脱，据杨本补。

[3]知道术，原本误作"之道"，据杨本改。

既分,故行赏罚以当其功过也。○绩按,处名物为是,违名物为非。

⑧上下既设,人则生其贵贱之礼,故国都立也。

⑨贵贱成礼,方乃为国。

⑩无赏罚,君不足贵。

⑪赏而不已则匮。

⑫罚而无节则虐。

⑬人从教,故可使。

⑭居处既治,战则胜,守则固。○绩按,言明不致赏罚,但审教可使民居国则治,以战则胜,以守则固也。

⑮赏重则使用多,故不给。

⑯令虐,则人无所措手足,故不信也。

　　是故明君饰食饮吊伤之礼,^①而物属之者也。^②是故厉之以八政,^③旌之以衣服,^④富之以国裹,^⑤贵之以王禁,^⑥则民亲君,可用也。民用,则天下可致也。天下道其道则至,^⑦不道其道则不至也。夫水,波而上,尽其摇而复下,其势固然者也。^⑧故德[1]之以怀也,威之以畏也,则天下归之矣。有道之国,发号出令,而夫妇尽归亲于上矣。布法出宪,而贤人列士尽功能于上矣。千里之内,束布之罚,^⑨一亩之赋,尽可知也。^⑩治斧钺者不敢让刑,^⑪治轩冕者不敢让赏。^⑫坟然若一父子,若一家之实,义礼明也。^⑬夫下不戴其上,臣不戴其君,则贤人不来。^⑭贤人不来,则百姓不用。^⑮百姓不用,则天下不至。^⑯故曰:德侵则君危,^⑰论侵则有功者危,^⑱令侵则官危,^⑲刑侵则百姓危,^⑳而明君者,审禁淫侵者也。上无淫侵之论,则下无冀幸之心矣。

①饮食,谓享燕。伤,谓丧祭也。

②礼行则物亲也。

③八政,谓《洪范》之八政。

---

[1]德,原本误作“得”,据杨本改。

④衣服所以表贵贱也。

⑤裹,谓财物所包裹而藏也。

⑥禁令行,然后知常者之可贵也。

⑦君得君道,则天下至。

⑧言水波涌而上,既尽其势,还复摇动归下而止。此自然之势,喻人怀德而来[1],畏威不去者也。

⑨束,谓帛也。布,谓钱也。古者罚刑,或令出钱帛也。○绩按,此即宅不种桑麻者有里布之类。

⑩贤人谓之视听,故无不知。

⑪让,犹拒也。当其罪,故不让刑也。

⑫赏当其功,故不让也。

⑬坟然,顺貌。或刑赏之,莫敢违逆。若子之从父,家之从长。如此者,礼义明故也。

⑭上下不交,则贤人隐。

⑮百姓无贤人,则不知所归,故百姓不用也。

⑯百姓不用,则天下无邦,将何至哉?

⑰君德见侵,不危何待。

⑱论议侵理,则功过不明,故有功者危。

⑲令侵则法不行,故官危也。

⑳刑侵则无辜受戮,故百姓危也。

为人君者,倍道弃法而好行私,谓之乱。为人臣者,变故易常而巧官以诣上,谓之腾。乱至则虐,腾至则北。①四者有一至,败,敌人谋之。②则故施舍优犹以济乱,则百姓悦。③选贤遂材而礼孝弟,则奸伪止。④要淫佚,别男女,则通乱隔。⑤贵贱有义,伦等不逾,则有功者劝。国有常式,故法不隐,则下无怨

---

[1]来,原本误作"求",据杨本改。

心。⑥此五者，兴德匡过，存国定民之道也。

①腾，谓凌驾于君。腾至则摧降，故败北。

②四者，即上之四危也。

③言施恩厚，舍罪罚，二者优厚，虽非用法，犹能济乱，故百姓悦之也。

④遂，达也。

⑤要，谓遮止之。言能止淫佚，别男女之先，虽通乱，今能隔阯也。

⑥隐，谓伏而不行。

夫君人者有大过，臣人者有大罪。国所有也，①民所君也，②有国君民，而使民所恶制之，此一过也。③民有三务不布，其民非其民也。④民非其民，则不可以守战，此君人者二过也。夫臣人者，受君高爵重禄，治大官，倍其官，遗其事，穆君之色，⑤从其欲，阿而胜之，⑥此臣人之大罪也。君有过而不改谓之倒，臣当罪而不诛谓之乱。君为倒君，臣为乱臣，国家之衰也，可坐而待之。是故有道之君者执本，相执要，大夫执法，以牧其群臣。群臣尽智竭力以役其上。⑦四守者，得则治，易则乱，故不可不明设而守固。⑧昔者，圣王本厚民生，审知祸福之所生，是故慎小事微，违非索辩以根之。⑨然则躁作奸邪伪诈之人，不敢试也。⑩此礼正民之道也。⑪

①国之所有也。

②民者，己之所君。

③言民恶君之制己，此亦君之过。

④三务，谓春夏秋务农。人不务之，则馁饿成变，故民非其民也。

⑤穆，犹悦也。

⑥阿，曲也。巧言令色，委曲从君，至于动也。刚渐以胜之，其终或至于篡弑，故曰阿而取胜之也。

⑦谓给上之役也。上即人君也。

⑧明设上四法，固而守之。

⑨谓有违非，必寻索分辨，其得根而止之也。

⑩不敢为非以尝，索分辨，得其根而止之也。

⑪制礼者用此道以正人也。

古者有二言，墙有耳，伏寇在侧。墙有耳者，微谋外泄之谓也。伏寇在侧者，沉疑得民之道也。微谋之泄也，狡妇袭主之请而资游慝也。①沉疑者[1]，得民者也[2]。前贵而后贱者，为之驱也。②明君在上，便[3]僻不能食其意[4]，③刑罚亟近之。④大臣不能侵其势，⑤比党者诛，明也。⑥为人君者，能远谗谄，废比党，淫悖行食之徒，⑦无爵列于朝者，此止诈拘奸厚国存身之道也。为人上者，制群臣百姓，通中央之人和。⑧是以中央之人，臣主之参也，⑨制令之布于民也，必由中央之人。中央之人，以缓为急，急可以取威；⑩以急为缓，缓可以惠民。⑪威惠于下，则为人上者危矣。贤不肖知之于上，必由中央之人。财力之贡于上，必由中央之人。能易贤不肖而可威，⑫党于下。⑬有能以民之财力上陷其主，而可以为劳于下。⑭兼上下以环其私，⑮爵制而不可加，则为人上者[5]危矣。⑯

①袭，入也。谓狡妇妖蛊人主，遂行请谒。谓所请既从外资游说为奸慝者也。

②所驱役之人，前得贵宠，今忽沦贱。然贱者常伺君兴祸，故谓之伏寇也。

③便僻者不能谄君以得意，故曰"不能食其意"也。

④既不能得君意，故刑罚数也。

⑤不能侵君之势。

---

[1]者，原本误作"之"，据杨本改。
[2]也，原本脱，据杨本补。
[3]便，原本脱，据杨本补。
[4]食其意，原本误作"意其食"，据杨本改。
[5]者，原本脱，据杨本改。

⑥君明,故比党者诛之。○绩按,言刑罚数加于近侍,故便辟不能食其意;比党者必诛之,故大臣不能侵其势。"明"字疑衍。

⑦行食,游食。

⑧中央之人,谓君之左右也。左右与君和之也。

⑨左右之人,谓臣主之参会共者也。

⑩君虽曰缓,左右行之乃为急,故能取威也。

⑪君虽曰急,左右行之为缓,故能惠人。

⑫实贤谓之不肖,实不肖为之贤,故曰"易贤不肖"也。

⑬绩按[1],威,当作"为",谓能易贤不肖而可以为朋党于下。注非。

⑭用人财力,上以陷主,即于下以为劳。○绩按,有,又也。

⑮上则擅君之柄,下则用人材力。上下之利皆用绕身,故曰"环其私"[2]也。

⑯势既凌君,故爵制不能加也。○绩按,爵,谓前贤不肖之知而加爵位也。智谓前财力之贡而有定制也。中人既皆罔上诬下以全其私,是人主之爵制不加于人,失君柄而危矣。

先其君以善者,侵其赏而夺之实者也。①先其君以恶者,侵其刑而夺之威者也。讹言于外者,胁其君者也。②郁令而不出者,幽其君者也。③四者一作,而上下不知也,则国之危可坐而待也。

①先君行善,则是侵君之赏,夺君之富贵也。

②假说[3]妖妄之言外以惑众,如此者欲胁君也。

③郁,塞也。君之令而不出者,行将欲幽君也。

神圣者王,仁智者君,武勇者长,此天之道,人之情也。

---

[1]按,原本脱,据例补。
[2]私,原本误作"利",据杨本改。
[3]说,原本误作"如",据杨本改。

天道人情，通者质，宠者从，此数之因也。①是故始于患者，不与其事；亲其事者，不规其道。②是以为人上者，患而不劳也。百姓劳而不患也。君臣上下之分素，③则礼智立矣。是故以人役上，④以力役明，⑤以刑役心，⑥此物之理也。心道进退，⑦而刑道滔赶，⑧进退者主制，⑨滔赶者主劳。主劳者方，主制者圆。⑩圆者运，运者通，通则和。⑪方者执，执者固，固则信。⑫君以利和，⑬臣以节信，⑭则上下无邪矣。故曰：君人者制仁，臣人者守信，此言上下之礼也。

①质，主也。能通于天道人情者，可以为士。其不能通，但宠贵之者，可以为从，从谓臣也。言臣主数，因此通而立也。

②言初始谋虑而忧患者，乃行其事，令人为之而不自与，此谓君也。○绩按，始于患者不与其事，即下患而不劳也。亲其事者不规其道，即下劳而不患也。

③有谋虑之患无别，谓上患而不劳也。

④人，谓百姓。百姓劳其身以供上之役也。

⑤谓臣勤力役，用其功而理其职。

⑥刑，法也。君则役心以出法制也。○绩按，以人役上，自君臣言。以力役明，自等类言。以形役心，自一身言。"刑"乃"形"字讹，下同。此注及下俱非。

⑦心则度量可否，故进退也。

⑧滔，谓充也。赶，谓逡巡曲也。设法有当否，故有合成也。○绩按，赶，巨[1]言切，走也。

⑨君心进退，所以主为制令。

⑩君臣之道主得制者，其事必有方有圆也。

⑪圆，谓君道也。圆而不滞，必运而无碍则通，通者必畅，故和也。

⑫方，谓臣道也。方而有常，故执而不舍则固，固而不妄则信也。

⑬君道和则利也。

⑭臣则守节。

---

[1]巨，原本误作"区"，据赵本改。

　　君之在国都也，若心之在身体也。道德定于上，则百姓化于下矣。戒心形于内，^①则容貌动于外矣。正也者，所以明其德。^②知得诸己，知得诸民，从其理也。^③知失诸民，退而修诸己，反其本也。^④所求于己者多，故德行立。^⑤所求于人者少，故民轻给之。^⑥故君人^[1]者上注，臣人者下注。上注者，纪天时，务民力。^⑦下注者，发地利，足财用也。^⑧故能饰大义，审时节，上以礼神明，下以义辅佐者。^⑨明君之道也，能据法而不阿，上以匡主之过，下以振民之病者，忠臣之所行也。明君在上，忠臣佐之，则齐民以政刑。牵于衣食之利，^⑩故愿而易使，愚而易塞。^⑪君子食于道，小人食于力，分民。^⑫威无势也无所立，^⑬事无为也无所生，^⑭若此则国平而奸省矣。^⑮君子食于道，则礼审而义明。^⑯义审而礼明，则伦等不逾，虽有偏卒之大夫，不敢有幸心，则上无危。^⑰齐民食于力则作本。作本者众，农以听命。是以明君立世，民之制于上，犹草木之制于^[2]时也。^⑱故民迁则流之，^⑲民流通则迁之。^⑳决之则行，塞之则止。虽有明君能决之，能塞之。决之则君子行于礼，塞之则小人笃于农。君子行于礼，则上尊而民顺。小人笃于农，则财厚而备足。上尊而民顺，财厚而备足，四者备体，^㉑顷时而王，不难矣。

　　①戒慎之心或形于内。

　　②必正然后德明。

　　③于己既不失，于人必不妄，如此者，从理故也。

　　④有失于人，必修己自责，如此者，反其本也。

　　⑤求己多者，必修德进业，故德行立之也。

　　⑥求人少者，必薄赋敛，故人轻于给也。

　　⑦上注，谓注意于上天，故纪要天时，务全人力也。

---

　　[1]君人，原本误作"人君"，据杨本改。
　　[2]于，原本误作"也"，据杨本改。

⑧下注,谓注意[1]于下地,故发地利,足于财用也。

⑨所谓辅佐,皆得其宜。

⑩君明臣忠则国理,国理则人重生,故人皆以养其形,而牵系于衣食之利也。

⑪塞,止也。易用法止也。

⑫食道力不同[2],故曰"分民"也。

⑬必有势然后有所立。

⑭必有为然后有所生。

⑮君子小人既食于道力,邪恶之人复无所立生,故国平而奸省。

⑯义不明,则无所食也。

⑰国既明礼义,伦等不逾,虽有大夫偏独出,伏罪而怨,不敢有幸乱心。

⑱草木必得时然后生。

⑲人太迂曲不行,则流通之。

⑳人太流荡,则迂屈[3]之。

㉑谓备具而成体。

四肢六道,身之体也。①四正五官,国之体也。②四肢不通,六道不达曰失。四正不正,五官不官曰乱。是故国君聘妻于异姓,设为侄娣命妇宫女,尽有法制,所以治其内也。明男女之别,昭嫌疑之节,所以防其奸也。是以中外不通,谗慝不生,妇言不及官事,而诸臣子弟无宫中之交,此先王所以明德围奸,昭公威私也。③明立宠设,不以逐子伤义。④礼私爱骥,势不并伦。⑤爵位虽尊,礼无不行。⑥选为都佼,冒之以衣服,旌之以章旗,所以重其威也。⑦然则兄弟无间郤,谗人不敢作矣。⑧故其

[1]意,原本脱,据杨本补。
[2]同,原本误作"可",据杨本改。
[3]屈,原本误作"出",据杨本改。

立相也，陈功而加之以德，论劳而昭之以法，参伍相德而周然举之，尊势而明信之。⑨是以下之人无谏死之諲，⑩而聚立者无郁怨之心，⑪如此则国平而民无慝矣。⑫其选贤遂材也，举德以就列，不类无德。⑬举能以就官，不类无能。以德弆劳，不以伤年。⑭如此，则上无困而民不幸生矣。⑮

①四肢，谓手足也。六道，谓上有四窍，下有二窍也。

②四正，谓君臣父子。五官，谓五行之官也。

③绩按，威，乃"戒"字误。

④明立正嫡，设其贵宠子，不令逐而废之，故不伤义也。

⑤嫡子者，所以传重也，故礼许私爱，虽骥之超异，可也。馀子之势终不得与之并伦也。

⑥言嫡子爵位虽复尊异，必须行之礼也。○绩按，言庶子为兄弟者，虽有才有宠，亦不以逐嫡子而伤义，故礼爱隆而不敢并嫡子，爵位尊而亦事嫡子也。注皆非。

⑦所立之嫡，必选其都雅佼好者，又以美衣丽服覆冒之，章表旗帜旌异之。凡此，皆所以重嫡子之威也。

⑧嫡威重则兄弟和，故谗人无所容，其谗不敢作矣。

⑨其谓国相，则功德两兼，劳法获美，于此也者参验伍偶，相与俱得。其事既周，然后举用之。既用之，尊势而明信之也。

⑩君明相贤，必从说如流，故无谏死之忌也。

⑪聚立，谓天下会同也。各得其所，故无怨望也。

⑫慝，奸恶者也。

⑬举有德者以就列位，不以无德之人为类。

⑭有德者超于上列，使在有功劳者之前，故曰有德弆劳。苟有德，虽年未至，而亦将用之，不主年以为之伤也。

⑮有功必赏用之，故人不以苟生为幸。

国之所以乱者四，其所以亡者二。内有疑妻之妾，此宫乱也。庶有疑嫡之子，此家乱也。朝有疑相之臣，此国乱也。任官无能，此众乱也。四者无别，^①主失其体，群官朋党以怀其私，则失族矣。^②国之几臣，阴约闭谋以相待也，则失援矣。^③失族于内，失援于外，此二亡者也。故妻必定，子必正，相必直立以听，官必中信以敬。故曰：有宫中之乱，有兄弟之乱，有大臣之乱，有中民之乱，^④有小人之乱，五者一作，则为人上者危矣。宫中乱曰妬纷，^⑤兄弟乱曰偏党，^⑥大臣乱曰称述，^⑦中民乱曰訾谆，^⑧小民乱曰财匮。^⑨财匮生薄，^⑩訾谆生慢，^⑪称述、党偏、妬分生变。^⑫故正名稽疑，刑杀亟近，则内定矣。^⑬顺大臣以功，顺中民以行，顺小民以务，^⑭则国丰矣。^⑮审天时，^⑯物地生，以辑民力。禁淫务，^⑰劝农功，以职其无事，^⑱则小民治矣。上稽之以数，^⑲下什伍以徵，^⑳近其罪伏，以固其意。^㉑乡树之师，以遂其学，^㉒官之以其能，及年而举，则士反行矣。^㉓称德度功，劝其所能，若稽之以众风，若任以社稷之任，^㉔若此，则士反于情矣。^㉕

①无别，谓妻妾嫡庶疑不分别也。○绩按，四者即上四乱也。

②国亡则宗族随之，故曰"失族"也。

③为国之机，臣下阴为要结，其所谋者闭而不泄，以此相待，人必怀疑而不相亲矣，故失其援也。

④中人，谓百吏之属也。

⑤言积妬纷然，所以乱。

⑥偏党，则忘分相凌，故乱也。

⑦各称述其己德之长而不相让，则乱也。

⑧谓以智诈訾恐谆质则乱。

⑨赋税重，故财匮，则乱。

⑩财不供，则礼义^[1]息，故薄也。

⑪不重谆质，而皆诈訾恐之，此其慢也。

⑫此三者或生篡君弑主，能为大变也。

---

[1] "义"字原本在"财"字下，据杨本改。

⑬正嫡庶之名，稽妻妾之疑，不正者之党数，取其逼近者而刑杀之，如此则党偏妬纷之变息，故内定。

⑭顺用其务农也。

⑮三者各称其所顺，故国丰矣。

⑯天时各有宜也。

⑰绣文刻镂，淫务。

⑱无物者皆令得职也。

⑲谓上欲有所徵发，必考其定数以命之也。

⑳既得其定数，下其什伍名以徵之也。

㉑日期既近，尚有不供者，则加以罪，权伏之，所以固供者之意也。

㉒每乡必立之师，以遂之也。

㉓举而有材能者，则授之以官。既有年矣，则举其功过而考[1]察之，如此则皆反其行矣。

㉔既称其德，又度其功，则其材能不可不知矣。既知其能，顺而考之，或使之莅众，以立风化。其材能尤高者，或授之以社稷之任者也。

㉕有能必任之以职，故士反于情也。

小称第三十二①　　　　短语六

　　管子曰：身不善之患[2]，毋患人莫己知。②丹青在山，民知而取之。美珠在渊，民知而取之。③是以我有过为，而民无过命。④民之观也察矣，不可遁逃，⑤以为不善。⑥故我有善则立誉我，我有过则立毁我。当民之毁誉也，则莫归问于家矣。⑦故先王畏民。⑧操名从人，无不强也。⑨操名去人，无不弱也。⑩虽有

---

　　[1]考，原本误作“功”，据杨本改。
　　[2]患，原本脱，据杨本补。

天子诸侯，民皆操名而去之，则捐其地而走矣，[11]故先王畏民。[12]
在于身者孰为利？气与目为利。[13]圣人得利而托焉，故民重而名
遂。[14]我亦托焉，圣人托可好，我托可恶。我托可恶以来美名，
其可得乎？[15]爱且不能为我能也。[16]毛嫱西施，天下之美人也。盛
怨气于面，不能以为可好。[17]我且恶面而盛怨气。怨气见于面，
恶言出于口，去恶充，[18]以求美名，又可得乎？[19]甚矣百姓之恶人
之有馀忌也。[20]是以长者断之[1]，短者续之，满者洫之，虚者实
之。[21]

①称，举也。小举其过，则当权而改之。

②言但患身之不善耳，无患人之不己知也。

③丹青与珠，各有可用之性，故虽在山泉而藏，人犹知而取之，况在于人
怀善而不知乎？

④我身有过，则民必知而名之，未有无过而妄命者也。

⑤有过必知之，故不可以逃。

⑥续按，此为句。言人之观我甚明，岂可遁逃以为不善也。

⑦人既毁矣，则己之善恶审矣，故不复问家。问家，则左右佞媚者，善掩其
过而饰其非也。

⑧民之毁誉，必当其过善，故畏之。

⑨谓君既行善，持名使之言誉，故强也。

⑩君既行善，持名即是去人善可称，故弱也。

⑪皆持其名而去于人，则过恶日闻，人共畏之，故弃其地而走也。

⑫无善名则弃之走，故畏人。

⑬气也者，所以生全其形。目也者，所以独见其运。为功用莫大焉，故最
为利也。

⑭圣人之圣，清而又神，托而行善，则誉满天下，故人重而名遂矣。

⑮我虽托，气浊而不神，所行皆可恶，用此招来美名，其可得乎？○续按，
别本注：圣人托之而可行善，故好。我托之，所行皆可恶，又安能美名招来乎？

---

[1]之，原本误作"其"，据杨本改。

管　子

⑯托既气浊，虽令人爱，犹[1]不得美名，况如恶之乎？

⑰嫱、施虽美，而面有怨气，亦不能为可好。喻圣人外见其恶，或不得其美名乎。

⑱所往去于人者，皆以恶事充。

⑲喻人君既内无圣德，外皆行恶，必无美之名也。

⑳恶人不善，更有馀忌。〇绩按，别本注：百姓见恶人之所忌。

㉑洫，虚也。长满者，人所忌，故或断之，或虚之。短虚者，人之所好，故或续之，或实之也。〇绩按，所谓无过不及也。

管子曰：善罪身者，民不得罪也。①不能罪身，民罪之。②故称身之过者，强也。③治身之节者，惠也。④不以不善归人者，仁也。⑤故明王有过，则反之于身。有善，则归之于民。有过则反之身则身惧，⑥有善而归之民，则民喜。⑦往喜民，⑧来惧身，⑨此明王之所以治民也。今夫桀纣不然，有善则反之于身，有过则归之于民。归之于民则民怒，反之于身则身骄。往怒民，来骄身，此其所以失身也。故明王惧声以感耳，⑩惧气以感目，⑪以此二者有天下矣，可毋慎乎！匠人有以感斤欘，故绳可得料也。羿有以感弓矢，故彀可得中也。造父有以感辔筴，故遬兽可及，远道可致。⑫天下者无常乱，无常治，不善人在则乱，善人在则治，在于既善所以感之也。⑬管子修恭逊敬爱辞让，除怨无争，以相逆也，⑭则不失于人矣。⑮尝试多怨争利，相为不逊，则不得其身。⑯大哉恭逊敬爱之道，吉事可以入察，凶事可以居丧，大以理天下而不益也，⑰小以治一人而不损也。⑱尝试往之中国诸夏蛮夷之国，以及禽兽昆虫，皆待此而为治乱。⑲泽之身则荣，去之身则辱。⑳审行之身毋怠，虽夷貉之民，可使而化之爱。㉑审去之身，虽兄弟父母，可使而化之恶。㉒故之身者使之爱恶，㉓名者使

---

[1]犹，原本误作"尤"，据杨本改。

之荣辱。㉔此其变名物也，如天如地，㉕故先王曰道。㉖

①成汤罪己，故人不罪之也。

②桀纣罪人，故人罪之。

③称身之过，即是谦受益也。

④怀智之人，然后治身节，故曰"惠"。

⑤不以不善之事归之于人，如此者，仁也。

⑥过反于身，则惧而修德也。

⑦民得善，故喜也。

⑧善往则人喜也。

⑨过来则惧身也。

⑩人以恶身惧己，耳闻而感，则心不敢念非之矣。

⑪人以恶气惧己，目见而感，则身不敢造恶。

⑫觳，谓射质栖皮者也。感，谓深得其妙，有应于心者也。

⑬既，尽。天下所以理，在于君人者[1]内外尽善之于人也。

⑭逆，迎也。谓用此恭逊等以相迎接也。

⑮逊以接人，有何失乎？

⑯苟为不逊，身尚不得，况于人乎？

⑰直恭逊敬爱，足以理天下，更不须益也。

⑱虽复一身，用恭逊敬爱理之，纔[2]可足耳，亦不须损也。

⑲有恭逊敬爱则理，无之则乱也。

⑳恭逊敬爱，身之粉泽也，故在身则荣，去身则辱也。

㉑夷貉之人残戾凶暴，苟以恭逊敬爱化之，可使生爱。

㉒父母兄弟，恩情结固，苟无恭逊敬爱化之，可令往恶。

㉓之，是也。同是此身，有逊爱恭敬则爱，无之则恶。

㉔同是此身之名，有恭逊敬爱则荣，无之则辱也。

㉕言恭逊敬爱可以变化爱恶荣辱。名物之善恶，如天地之生杀也。

---

[1] 者，原本误作"君"，据杨本改。

[2] 纔，原本误作"谗"，据杨本改。

㉖道者,贵作变化也。如此之道而已矣。

管仲有病，桓公往问之，曰："仲父之病病矣，若不可讳而不起此病也，仲父亦将何以诏寡人？"管仲对曰："微君之命臣也，故臣且谒之。①虽然，君犹不能也。"②公曰："仲父命寡人东，寡人东。令寡人西，寡人西。仲父之命于寡人，寡人敢不从乎？"管仲摄衣冠起，对曰："臣愿君之远易牙、竖刁、堂诬、公子开方。夫易牙以调和事公，公曰惟烝婴儿之未尝，于是烝其首子而献之公。人情非不爱其子也，于子之不爱，将何有于公？喜内而妒，竖刁自刑而为公治内。人情非不爱其身也，于身之不爱，将何有于公？公子开方事公十五年，不归视其亲。齐卫之间，不容数日之行。臣闻之，务为不久，③盖虚不长。④其生不长者，其死必不终。"⑤桓公曰："善。"管仲死，已葬。公憎四子者，废之官。逐堂巫而苛病起兵，⑥逐易牙而味不至，逐竖刁而宫中乱，逐公子开方而朝不治。桓公曰："嗟，圣人固有悖乎！"⑦乃复四子者。处期年，四子作难，围公一室，不得出。⑧有一妇人遂从窦入，得至公所。曰："吾饥而欲[1]食，渴而欲饮，不可得，其故何也？"妇人对曰："易牙、竖刁、堂巫、公子开方四人分其齐国，涂十日不通矣。⑨公子开方以书社七百下卫矣，⑩食将不得矣。"⑪公曰："嗟兹乎，圣人之言长乎哉！⑫死者无知则已，若有知，吾何面目以见仲父于地下？"乃援素帻以裹首而绝。⑬死十一日，虫出于户，乃知桓公之死也，葬以杨门之扇。⑭桓公之所以身死十一日，虫出户而不收者，以不终用贤也。

①谒,谓有所告之也。

②恐其不从,故以此言抑之。

③务时为事,久必发扬之也。

[1]欲,原本误作"得",据杨本改。

④覆盖虚妄,不得长掩,谓上三士皆务虚为盖者,其奸情终当彰露也矣。

⑤其所行之行,所长之性,其至于能,必将改复本性,未有能终为意也。言三士之为忠,皆伪忠耳,必将复其不忠也。

⑥苟,燥也。巫善,今既逐之,而公有烦苟之病,起兵妄征伐,无使疗之也。

⑦四子既逐而有四闃,故以管仲为悖。

⑧置公一室之中而围之,故不得出也。

⑨既有兵难,固国之道涂行旅十日不得通也。

⑩古者群居二十五家则共置社,以社[1]数书于策。谓用此七百之书社[2]降下于卫矣。

⑪作乱欲公之死,故不给之食。

⑫言其所见长远。

⑬幭,所以覆軫也。

⑭谓用门[3]扇以掩尸也。

桓公、管仲、鲍叔牙、宁戚四人饮,饮酣,桓公谓鲍叔牙曰:"阖不起为寡人寿乎?"①鲍叔牙奉杯而起曰:"使公无忘出如莒时也,使管子毋忘束缚在鲁也,使宁戚毋忘饭牛车下也。"桓公辟席再拜曰:"寡人与二大夫能无忘夫子之言,则国之社稷必不危矣。"

①奉尊者酒,祝令增寿。

---

[1] 原误衍"以社"二字,据杨本删其一。
[2] 此处原有"降魏",据杨本删。
[3] 用门,原本误作"门用",据杨本改。

四称第三十三^①　　　　短语七

桓公问于管子曰："寡人幼弱惛愚，不通诸侯四邻之义，仲父不当尽语我昔者有道之君乎？吾亦鉴焉。"管子对曰："夷吾之所能尽在君所矣。君胡^[1]有辱令？"^②桓公又问曰："仲父，寡人幼弱惛愚，不通四邻诸侯之义，仲父不当尽告我昔者有道之君乎？吾亦鉴焉。"管子对曰："夷吾闻之于徐伯曰：昔者有道之君，^[2]敬其山川、社稷、宗庙及至先故之大臣，收聚以忠而大富之。^③固大武臣，宣用其力。圣人在前，贞廉在侧，竞称于义，上下皆饰。刑政明察，四时不贷，民亦不忧。五谷蕃殖，外内均和，诸侯臣服，国家安宁，不用兵革。受其币帛，以怀其德，昭受其令，以为法式。^④此亦可谓昔者有道之君也。"桓公曰："善哉。"

①谓称有道之君、无道之君、有道之臣、无道之臣以戒桓公。

②言能已不尽皆知于君，无所隐藏，今何劳辱君令，而从己言之乎？

③先故之臣，谓祖考时旧臣也。今以忠诚收聚而赒恤之，令其大富也。

④邻国以币帛来聘，当取之以怀来有德，其或以制令来告者，则君受之，以为法式乎。

桓公曰："仲父既已语我昔者有道之君矣，不当尽语我昔者无道之君乎？吾亦鉴焉。"管子对曰："今若君之美好而宣通也，既官职美道，又何以闻恶为？"^①桓公曰："是何言邪？以缋^②缘缋，吾何以知其美也？以素缘素，吾何以知其善也？仲父以语我其善，而不语我其恶，吾岂知善之为善也？"管子对曰："夷吾闻之于徐伯曰：昔者无道之君，大其宫室，高其台榭，良臣不使，谗贼是舍。^③有家不治，借人为图。^④政令不善，墨墨不

[1]胡，原本误作"乎"，据杨本改。
[2]此处原本脱"乎"以下二十三字，据杨本补。

夜。⑤譬若野兽，无所朝处。⑥不修天道，不鉴四方。有家不治，
譬若生狂。⑦众所怨诅，⑧希不灭亡。进其俳优，繁其钟鼓。流
于博塞，戏其工瞽。诛其良臣，敖其妇女。⑨獠猎毕弋，暴遇诸
父。⑩驰骋无度，戏乐笑语。式政既轊，刑罚则烈。⑪内削其民以
为攻伐，⑫辟犹漏釜，岂能无竭？⑬此亦可谓昔者无道之君矣。"
桓公曰："善哉。"

①言君既美好宣通，官又合于美道，修而行之自可，何须闻于恶事乎？以
此折桓公，欲观其意也。

②绩按，繢，所力切。

③舍，止也。谓止谗贼于其旁，与之近也。

④言自不能理其家，借他人图也。

⑤言其昏暗之甚也。

⑥野兽各恣意为生，不相统属，故无朝处也。

⑦狂惑者昧其性，不分善恶也。

⑧诅，祝之也。

⑨唯与妇女为遨游也。

⑩其所接遇诸父，唯以凶暴。

⑪言法式之政既以轊曲，至于刑罚则益酷烈矣。

⑫反以削生为伐功也。

⑬漏釜则江海不能满，故必有竭也。

桓公曰："仲父既以语我昔者有道之君，与昔者无道之君
矣，仲父不当尽语我昔者有道之臣乎？吾以鉴焉。"管子对曰：
"夷吾闻之徐伯曰：昔者有道之臣，委质为臣，不宾事左右。①
君知则仕，不知则已。若有事必图国家，遍其发挥，②循其祖
德，辨其顺逆。推育贤人，谗慝不作。事君有义，使下有礼。贵
贱相亲，若兄若弟。忠于国家，上下得体。居处则思义，语言则
谋谟，动作则事。居国则富，处军则克。临难据事，虽死不悔。

近君为拂，远君为辅。义以与交，廉以与处。临官则治，酒食则慈。③不谤其君，不讳其辞。君若有过，进谏不疑。君若有忧，则臣服之。④此亦可谓昔者有道之臣矣。"桓公曰："善哉。"

①宾，敬以事左右。

②良臣皆私其所有，必能为国家，及其发，又普遍之也。○绩按，别本注：尽己之能发挥于政事。

③绩按，一作"辞"。

④服，行也。

桓公曰："仲父既以语我昔者有道之臣矣，不当尽语我昔者无道之臣乎？吾亦鉴焉。"管子对曰："夷吾闻之于徐伯曰：昔者无道之臣，委质为臣，宾事左右，执说以进，不[1]薪亡已。①遂进不退，②假宠鬻贵。③尊其货贿，卑其爵位。④进曰辅，退曰不可。⑤以败其君，皆曰非我。⑥不仁群处，以攻贤者。⑦见贤若货，⑧见贱若过。⑨贪于货[2]贿，竞于酒食。不与善人，唯其所事。⑩倨敖不恭，不友善士。谗贼与斗，不弥人争，⑪唯趣人诏。⑫湛湎于酒，行义不从。⑬不修先故，变易国常。擅创为令，迷惑其君。生夺之政，⑭保贵宠矜。⑮迁损善士，⑯捕援货人。⑰入则乘等，出则党骈。⑱货贿相入，酒食相亲，俱乱其君。君若有过，各奉其身。⑲此亦可谓昔者无道之臣乎。"桓公曰："善哉。"

①执佞说以进于君，专宠国位，无求于去也。

②所谓知进而不知退。

③假，因也。因君之宠，必能鬻其贵也。

④不令人，未必能贵其爵位，但尊其货贿而已矣。

⑤进于君则言己能为辅弼，退而私议，则曰君不可辅。

---

[1]不，原本脱，据杨本补。

[2]货，原本误作"过"，据杨本改。

⑥由斯之人不肖,故君有败,乃更推过于君,云此非我。

⑦小人所忌者君子,故其群处,常有陷贤之见。

⑧其见贤人,无敬恭之心,反欲规利,若求货然。

⑨其见贱人,无矜恤之心,萧然不顾,若行者之过。

⑩人有曲而事己则与之交也。

⑪其见人争则恣令斗,无弥争之心。

⑫人有制命,不问可不,则向而顺之,言其佞谀。○绩按,诏,一本作"讼"。

⑬从,顺也。

⑭生犹夺政,况于死后乎?

⑮惧宠而矜夸者,则保依而贵重。

⑯善士则迁改而损弃之。

⑰则所捕追而援引者,唯财货之人。

⑱其货贿之人,与之同国则同乘而等,至其出也,又用党而骈并。

⑲奉身自利,推过于君也已矣。

正言第三十四　　　　短语八

亡

卷第十二

侈靡第三十五① 短语九

问曰："古之时与今之时同乎？"曰："同。"②"其人同乎不同乎？"曰："不同。③可与政诛。④偌、尧之时，混吾之美在下，其道非独出时也。⑤山不用而童赡，泽不弊而养足。⑥耕以自养，以其馀应良天子，故平。⑦牛马之牧不相及，⑧人民之俗不相知，⑨不出百里而来足。⑩故卿而不理，静也。⑪其狱一踦腓、一踦屦而当死。⑫今周公断指满稽，断首满稽，断足满稽，而死民不服，非人性也，敝也。⑬地重人载，毁敝而养不足，事末作而民兴之，⑭是以下名而上实[1]也。⑮圣人者，省诸本而游诸乐。⑯大昏也，博夜也。"⑰

①绩按，此篇多错简脱误，不可读。

②天地四时既无所易，故曰同。

③古淳而今浇，古质而今薄，故不同也。

④言今虽不同古，然可为政诛其不法以复古。

⑤偌，帝[2]偌也。言二帝之时，比屋可封，美居在下。其能若此，亦言非有出人之道，修古而已。混，同也。

⑥山无草木曰童。弊，竭也。【补】山无草木曰童。山不用而童赡者，乃山不童而用赡也，文之错谬者耳。言不必伐尽山之草木，而材木自不可胜用也。赡，即足也。

⑦以其自养之馀应天子之食，须天下平。有时而赋曰良也。

---

[1]实，原本脱，据杨本补。

[2]帝，原本误作"俤"，据杨本改。

⑧各自足则自不相及。

⑨人至老死不相往来，故不相知。

⑩行者不出百里，而来者所求自足故也。

⑪虽得公卿之位，不理其事，故曰以人静。

⑫诸侯犯罪者，令着一只屦以耻之，可以当死刑。〇绩按，踦音奇，物体不具。

⑬今周公，谓时所用法也。稽，考也。罪满而断，则从而考之。首满其罪者，亦从而考之。应断足所罪满者，又从而考之。凡此欲以为慎审也。罪定者死之，然人尚不服其罪，岂人性之然乎？时爽故也。【补】古者刑不加大夫，若诸侯犯罪，令其一足有屦一足无屦以耻辱，可以当死也。今周公之刑法，虽详有断指之罪、断首之罪、断足之罪，充满于狱，稽考使不致枉法，虽善，民不服也。盖谓古人法简而治，今日法详不治也。《庄子》有赤张满稽名言"不及有虞氏而离此患"。

⑭载，生也。今地利[1]既重，人之生植谷物，君又从而毁夺弊尽之，所以养不足。人既惰于本业，故竞起末作而事。

⑮谓下但有农作之名，才得自用，而实皆归于上也。

⑯圣人为能察人之本，游之于富寿之域，则佶、尧以前为然者也。

⑰夜，谓暗昧之行也。令人主至于大昏者，则以博为夜事故也。【补】大昏，谓甚暗昧也。博夜，厚夜也，谓长不明也，所以甚言今人之昏昧也。

问曰："兴时化若何？"① "莫善于侈靡。②贱有实，敬无用，则人可刑。③故贱粟米而如敬珠玉，好礼乐而如贱事业，本之始也。④珠者，阴之阳也，故胜火。⑤玉者，阴之阴也，故胜水。⑥其化如神。⑦故曰：天子藏珠玉，诸侯藏金石，大夫畜狗马，百姓藏布帛。不然，则强者能守之，智者能牧之，贱所贵而贵所贱。⑧不然，鳏寡独老不与[2]得焉，均之始也。"⑨

---

[1] 利，原本误作"理"，据杨本改。

[2] 与，原本误作"典"，据杨本改。

①谓度时兴化,其理若何也。

②侈靡,谓珠玉者,饥不可食,寒不可衣,然时共贵之。君若不重,则强者守之以招人,故度时兴化,莫若重珠玉以为侈靡也。

③有实,谓谷帛可贵而贱之。无用,谓珠玉可贱而敬之。若此,则人之贤不肖可刑也。

④言粟,常人贱之,贤者贵之,如常人之敬珠玉。末业,常人贵之,贤人贱之:今则贤者之好礼乐,如常人贵末业,若此,可谓务本之始也矣。

⑤珠生于水而有光鉴,故为阴之阳,以向日则火烽,故胜火。

⑥玉之生于山而藏于石,故为阴之阴,以向月则水流,故胜水。

⑦言珠玉能致水火,故曰如神也。

⑧粟米可贵而贱之,珠玉可贱而贵之。

⑨君不贵而藏之,则利积于强智,虽务鳏寡独老,无所与之。今藏之者,所以赈贫乏,故为均之始也。

“政与教孰急？”①管子曰：“夫政教相似而殊方。若夫教者，摽然若秋云之远，动人心之悲。②蔼然若夏之静云，乃及人之体。朎然若谲之静，③动人意以怨。荡荡若流水，④使人思之。人所生往，教之始也，身必备之。⑤辟之若秋云之始见，贤者不肖者化焉。⑥敬而待之，爱而使之，若樊神山祭之。⑦贤者少，不肖者多，使其贤，不肖恶得不化？⑧今夫政则少则，⑨若夫成形之徵者也。去则少，人使可乎？”⑩“用贫与富，何如而可？”⑪曰：“甚富不可使，⑫甚贫不知耻。⑬水平而不流，无源则遬竭。⑭云平而雨[1]不甚，无委云，云则遬已。⑮政平而无威则不行，⑯爱而无亲则流。⑰亲左有用，无用则辟之。若相为，有兆怨。⑱上短下长，无度而用，则危本不称，⑲而祀谭次祖，犯诅渝盟伤。⑳敬祖祢，尊始也。㉑齐约之信，论行。㉒尊天地之理，

---

[1]云平而雨,原本误作“雨平而云”,据杨本改。

所以论威也。㉓薄德之君之府囊也，㉔必因成形而论于人，此政者也，可以王乎。"㉕

①政者立法以齐物，教者调诱以感心，用二心，何先也?

②摽，高举貌。秋云凄惨，有愁悴之容，高置且远，能生人之悲心。喻教者忧人之不令见其戚容，人亦为之伤悼之。

③蔼，油润貌。腜然，和顺貌。夏云之起，油然含润，将降其泽，及人之体，去除实气而和顺，虽有謆躁，亦皆恬静。喻教者洒之温辞，而强梁者亦能感服之。

④教者若秋云之动人意，人意既动，则自怨而荡摇，自怨而荡摇，则从教若流水也。

⑤教者若夏云之顺适，能使人思之。人既思之，则生其善心。教人之始，必备此二者，然后可也。

⑥教者既若秋云，始见而哀怜之，又若夏云之起而润泽之，则天下之贤与不肖无不化也。

⑦既从圣化，人则敬而来待，爱而后使，尊卫其君，若樊落神山，设祭而祈福者也。

⑧贤与不肖，教而使之，则不得不化也。

⑨即皆从教，则人无所犯，故于为政少用为则也。

⑩欲成太平之形，以知其徵验者，全能去则而使之，斯太平之先兆也。

⑪问贫富之中适。

⑫甚富则骄，故不可使。

⑬甚贫则滥，故不知耻。

⑭水平而不流，谓停水也。停水无源，必速竭。

⑮平云少雨，又无委云以助之，其雨必邀。已上二事为有例。

⑯此则为政者威以为本也。

⑰但行泛爱，无所偏亲，则其爱流漫，贤智不尽力。

⑱虽曰当有所亲，而用亲之理僻左，则有为用者。不为用者僻左，亦有中不。凡此但为怨兆而以亲之无益也。

⑲或复上短,而下持长,其役用之不以度,如此者,或能怀怨以败国,故曰"危本不称"也。

⑳谭,近也。国败绝祀之事,延及次祖,更有犯诅渝盟伤言之罪。

㉑祖祢,人之始也。

㉒诅盟欲为整齐要束之信,所以论行也。

㉓凡尊始论天地以秋冬肃杀,雷震电耀为威,为政者所取则,故成不可弛之也。

㉔凡尊始论行论威,为政者所当行。德薄[1]之君,皆囊而藏之,故有败亡之祸。

㉕必因王事之成形,论考于人事。此为政所行也,尊而勿失,故可以王也。

"请问用之若何?"①"必辨于天地之道,然后功名可以殖。②辩于地利而民可富,通于侈靡而士可戚。③君亲自好事,④强以立断,⑤仁以好任,⑥人君寿以政年,⑦百姓不夭厉,⑧六畜遮育,五谷遮熟,⑨然后民力可得用。⑩邻国之君俱不贤,然后得王。"⑪"俱贤若何?"⑫曰:"忽然易卿而移,⑬忽然易事而化[2],⑭变而足以成名,⑮承弊而民劝之,⑯慈种而民富。⑰应言待感,与物俱长。⑱故日月之明,⑲应风雨而种。⑳天之所覆,地之所载,斯民之良也。㉑不有而丑天地,非天子之事也。㉒民变而不能变,是棁之傅革。㉓有革而不能革,不可服。㉔民信死[3],㉕诸侯死化。"㉖

①问用政[4]何如也。

②天地有尊卑恩威之序,故必明之,然后可以立功名也。

③戚,亲也。贵珠玉以赏士,故士可亲也。

_____

[1]薄,原本脱,据杨本补。

[2]化,原本脱,据杨本补。

[3]信死,原本误作"死信",据杨本改。

[4]政,原本误作"故",据杨本改。

④谓好为政事也。

⑤强立其志，以断是非。

⑥所谓悦以使人。

⑦君以所寿考，由为政以顺年之四时令也。

⑧厉，废疾也。

⑨遮，犹兼也。

⑩令其富，而力令可用也。

⑪若俱贤，则不可得而制，难以王矣。

⑫问之。

⑬黜不肖，立仁贤。

⑭去故而取新。

⑮变革旧弊，故成名。

⑯承先代之弊而成能名，故民劝勉之也。

⑰慈爱以勉种，故人富之而已。

⑱应物而后言，待感而后动，所谓应天顺人者也，故与物俱长也。

⑲所谓与日月齐其明。

⑳风雨应时，则以君礼不失故也。

㉑君人者，德苞天地，首出庶物，有生莫能逾，故曰"人之良"。

㉒不有上事，而又丑恶天地之化，此非天子之事。

㉓桅，柱也。革，皮也。桅之附革，则外革而内不革也。今[1]人变而君不能变，外亦革而内不革也之类，故取喻焉。

㉔可革而不革，则人有轻君之心，故不敢服之也。革，皮也。

㉕人无信不立，故死在信也。

㉖变通之，以尽利不化，则利竭故死。○绩按，别本注：德化可以服人，则必死于化矣。

　　"请问诸侯之化弊也。"① "弊也者，家也。②家也者，以因

人之所重而行之。③吾君长来猎，君长虎豹之皮。④用功力之君，上金玉币。⑤好战之君，上甲兵。甲兵之本，必先于田宅。⑥今吾君战，则请行民之所重。饮食者也，侈乐[1]者也，民之所愿也。足其所欲，赡其所愿，则能用之耳。⑦今使衣皮而冠角，食野草，饮野水，孰能用之？⑧伤心者不可以致功[2]，⑨故尝至[3]味而罢至乐，⑩而雕卵然后瀹之，雕橑然后爨之。⑪丹砂之穴不塞，则商贾不处。⑫富者靡之，贫者为之。⑬此百姓之怠生，百振而食，非独自为也，⑭为之畜化用。⑮其臣者，予而夺之，⑯使而辍之，⑰徒以而富之，⑱父系而伏之，⑲予虚爵而骄之，⑳收其春秋之时而消之，㉑有杂礼我而居之，㉒时举其强者以誉之。㉓强而可使服事，㉔辨以辨辞，㉕智以招请，㉖廉以标人。㉗坚强以乘六，广其德以轻上位，㉘不能使之而流徙，此谓国亡之郄。"㉙

①弊，谓久行而无益者。

②言国之弊，则以家习不革。

③非人所重，则当革也。

④君好虎豹皮，故来猎。

⑤君上用金玉为币，故用功力也。

⑥有田宅，然可以充甲兵之赋。

⑦君之于民，足欲赡愿，然后可用也。

⑧言士既乏于衣食，则君之不能用也。

⑨谓富者奢靡而有馀，贫者窘卒而不足，则伤心矣。伤则无聊而馁，不能致功。

⑩谓富者先奏至乐，及食至味[4]而罢之。○绩按，别本注：罢至乐，谓耳倦丝竹也。

⑪皆富所为也。橑，薪也。【补】卵，鸡凫之卵。卵必雕饰文藻，而后瀹以食

---

[1] 乐，原本误作"食"，据杨本改。
[2] 功，原本误作"力"，据杨本改。
[3] 至，原本误作"致"，据杨本改。
[4] 食至味，原本误作"味至食"，据杨本改。

之；薪必雕琢，而后以炊也。

⑫趋丹穴而求利，故不处也。

⑬富者所以得成此侈靡，则兼并贫者而为之也。

⑭百姓既为富者所兼，则怠于作业，故能生此富者之靡。富者之所以能成此侈靡，亦以百姓振起之故也，岂富者能自为乎？

⑮今欲为此畜贫富之法，当变化富者之用也。

⑯谓臣富者，今欲化之使贫，或先与少而后多夺之也。

⑰使之多所[1]费用，然后成其功也。

⑱或空言与利，而令得富，且取其物终之也。

⑲或加父罪而系之，子必赎父也。

⑳或空与爵名而无实，以骄此人，令有所贵用也。

㉑富者[2]先贮物，以射春秋之利，今则官自收而消也。

㉒或有费用[3]财物杂礼于我，若此者，顺其意而居之。

㉓富而又强，则为之作声誉，或令有所统率。

㉔服，行也。强者服事，事必成也。

㉕其有辨明者，则令辨繁辞。

㉖富而多智，则使招来而请谒也。

㉗富以清廉，则使为人标式。

㉘君能坚意强力，以乘上之六者，可以广其德，又可以分其上之任，故位轻者也。

㉙若不能使任上之六者，乃流而移徙之，斯亡国之郤也。

"故法而守常，①尊礼而变俗，②上信而贱文，③好缘而好驵，④此谓成国之法也。为国者，反民性然后可以与民戚。⑤民欲佚而教以劳，⑥民欲生而教以死。⑦劳教定而国富，⑧死教定而

---

[1] 所，原本误作"使"，据杨本改。
[2] 者，原本误作"有"，据杨本改。
[3] 有费用，原本误作"用费有"，据杨本改。

威行。⑨圣人者，阴阳之理，⑩故平外而险中。⑪故信其情者伤其神，美其质者伤其文。⑫化之美者应其名，⑬变其美者应其时，⑭不能兆其端者菑及之。⑮故缘地之利，⑯承从天之指，⑰辱举其死，⑱开国闭辱。⑲知其缘地之利者，所以参天地之吉纲也。⑳承从天之指者，动必明。辱举其死者，与其失人同。㉑公事则道必行。㉒开其国者，玩之以善言，㉓奈其罪辱。㉔知神次者，操牺牲与其珪璧，以执其罪。㉕家小害，以小胜大。㉖员其中，辰其外，㉗而复畏强，长其虚，㉘而物正以视其中情。"㉙

①谓古法。得其制者则守常，故不革也。

②流遁之俗，则当变之。

③虚文而寡用，故贱之。

④缘，即绢也。驵，马之壮健者。故恶者必乱，故弃之。喻奸人之雄亦乱国，当绝之也。

⑤戚，亲也。反者，冥也。顺其性欲，必败亡。若能反之，然后有成，可与之亲也。

⑥劳致于耕凿，则有功。

⑦死致于寇难，则有功也。

⑧积财故也。

⑨致死则莫敢当其锋，故威行也。

⑩言法阴阳之理。

⑪此则含阴于内，发阳于外也。

⑫精感则神灭也。

⑬实应其名，故化美也。

⑭事应其时，故变美也。

⑮来事之端，不知其兆者，常失于几，故灾及之也。

⑯缘，顺也。

⑰指，意也。当承顺天之意也。

⑱辱，犹逆也。逆地天以举事则死也。

⑲若能开国以纳善言,则辱可闭也。

⑳知能顺地之利,则能参天地之吉纲。

㉑逆天举事,故与失人同也。

㉒公事则无拥,故其道必行也。

㉓有善言可玩,故开国以纳其言也。

㉔亦既有辱,当奈之何,唯有报斝爵祭神以谢过耳。

㉕常令巫[1]祝知神之次秩者,操牲及珪璧,执斝爵以祷神,而谢逆举之罪也。

㉖祭祀之费,家虽有小损,因此小损,以胜大灾。

㉗既以谢过,又当[2]员中,心无所专,固有善则从,无失外事之时也。辰,时也。

㉘其有强大于己者,则当长其谦虚之心而敬畏之也。

㉙其于物也,虽见外正,犹未可信,又当视其中情以验之也。

公曰:“国门则塞,百姓谁敢敖,胡以备之?”①“择天下之所宥,②择鬼之所当,③择人天之所戴,④而亟付其身,此所以安之也。”⑤“强与短而立,齐国之若何?”⑥“高予之名而举之,⑦重予之官而危之,⑧因责其能以随之。犹俶则疏之,毋使人图之。⑨犹疏则数之,毋使人曲之。⑩此所以为之也。”⑪“大有臣甚大,将反为害。⑫吾欲患忧除害,将小能察大,为之奈何?”⑬“潭根之,毋伐;⑭固事之,毋入;⑮深墼之,毋涸;⑯不仪之,毋助;⑰章明之,毋灭;⑱生荣之,毋失;⑲十言者不胜此一,⑳虽凶必吉。㉑故平以满。”“无事而总,以待有事而为之,若何若?”㉒“积者立馀㉓食而侈,美车马而驰,多酒醴而靡,㉔千岁毋出食,此谓本事。”㉕

①谓寇有至国门以塞,百姓警卫严,而谁敢敖者?事至于如此,何救而

可?

　　②谓不为天下之所疾者。

　　③谓为神所福助者也。

　　④谓为人所戴仰也。

　　⑤得此三德之人付其身，以身而任之，虽有寇贼，无若我何，故安也。

　　⑥谓既寇贼持强弓，又执短兵，列阵而立，以攻齐国，若之何以御之?此亦公问之辞。

　　⑦高举其名，则欢悦也。

　　⑧与之重官，则不避危亡也。

　　⑨责知其能，随而任之，则自课厉而无所顾望。启宠纳侮，使人图之也。〇绩按，儞，韵书所无，恐当作"戚"，字误[1]。

　　⑩因不宠任而疏己者，则数加恩意以悦之，无使人见怨阴谋，曲求己隙者也。

　　⑪谓人君此可以御止强与短兵之寇也。

　　⑫谓大臣富既有，臣且甚大，甚大则逼君，故将反为害。

　　⑬言我且欲宽优此患，斩除其害，每见其小能，则察知其大欲，为此事如何?亦公之问辞也。

　　⑭潭，深也。此以大树喻恶也。譬者大国，深根不可伐。大臣根党盘，固未可卒诛。

　　⑮既未能诛，且固事之，无得入同其恶也。[2]

　　⑯鬶，谓探其深情，当令见之，勿涸竭也。

　　⑰仪，善也。彼为不善，无得助佐之也。

　　⑱当发人不善，令人皆知之，无使昧灭也。

　　⑲谓生篡杀之心，若草木之生荣，此其可诛之时，必不得失之。

---

[1]"儞韵书所无恐当作戚字误"十一字，原本作"儞韵书当作恐为戚字犹疏戚当作儞字误"，殊为不通，现据《管子集校》改。

[2]正文"固事之"至此二十字正文及注语，原本脱，据杨本补。

⑳谓今他事有十言之善,不如此一言也。

㉑忍而容之,屈而事之,凶也。恶稔亦追,吉也。

㉒总,谓收积也。故使国家从故平安之时满积其财,以无事之时至收积时散其积而用也。

㉓绩按,馀,一作"为"。

㉔积,谓富而积财者。富而侈食,美车多醴,财有所散,因其散以收之。

㉕虽复千岁,常令自食其财,无使他外,则富者之财可得而收之,此积之本。

"叟人有主,①人此治用,②然而不治,积之市。③一人积之下,一人积之上,此谓利无常。④百姓无宝,以利为首。⑤一上一下,唯利所处。⑥利然后能通,然后成国。⑦利静而不化,观其所出,从而移之,⑧视其不可使,因以为民等。⑨择其好名,因使长民,⑩好而不已,是以为国[1]纪。⑪功未成者,不可以独名。⑫事未道者,不可以言名。成功,然后可以独名。⑬事道,然后可以言名,然后可以致酢[2]。⑭先其士者之为自犯,⑮后其民者之为自赡。⑯轻国位者必国败,⑰疏贵戚者谋将泄。⑱毋事异国之人,是为失经。⑲毋数变易,是为败成。⑳大臣得罪,勿出封外,是为漏情。[3]毋数据大臣之家而饮酒,是为使国大消。㉑三尧在,臧于县,返于连比。若者,必从是嚣亡乎。㉒辟之若尊谭,未胜其本,亡流而下,㉓不平令,苟下[4]不治。㉔高下者不足以相待,㉕此谓杀。"

①叟,谓系属也。言欲系属于人,必有所主,主于财。

②积财,人则于官取之,以理其器用也。

③谓不取官财以理其用,顾乃积之于市,使高价得其利也。

---

[1]国,原本脱,据杨本补。
[2]酢,原本误作"诈",据杨本改。
[3]"为败……漏情"二十八字,正文及注语原本脱,据杨本补。
[4]下,原本误作"令",据杨本改。

④财既入市,则公私共积之,上虽积一分,下亦积一分,此可谓利无常也。

⑤百姓无他宝,唯以利为宝之首。

⑥积利多者,百姓则从而归之也。

⑦无利不通,则国亡也。

⑧利而不化者,则由所出不变故也,观而移变之。

⑨等,谓率而齐之。不可使,谓其人非有文武之材,又不任作役。若此者,使之率兴利之人而齐之也。

⑩其有好虚誉之名者,则择之使为兴利者之长。〇绩按,别本注:好名之人,必尽知竭能以干虚誉,故使为民之长也。

⑪好名不已,财乃弥积,故为国纪。

⑫利财之功未成,则无独与之名也。

⑬众共言此人有名。〇绩按,别本注:独擅名誉。

⑭既有独名,又有言名,然后可以至于承君之酢[1]报也。

⑮人有士行,当推以为先。今反自先之,是谓自犯其过也。

⑯人能兴利,亦当先之充国。今乃后之,是自为其赡,不忧国也。

⑰轻国位,则有散居之心,故国败也。

⑱疏贵戚,则有外顾之意,故将泄。

⑲异国之人,所谓非我族类者也。今而仕之,其心异,此谓失国之经也。

⑳数变易,则事繁而无功,故曰败成。

㉑饮酒于臣家,则威权移焉。物不两盛,故臣强则国消也。

㉒虽使三尧在臧,但悬其物而不散施之,守亦不能守。其物亡,必不返于连比之臣。臣既得之,自用树福,则国从是嚻败而亡乎?嚻,即"躲"字也。

㉓谭,延也。虽尧守臧,不施必亡。犹[2]如尊位将反,而未能胜其本。此位既不可得,自然流而下也。

㉔凡始理下者,必先能平令。今既不平令,虽下而不理也。

---

[1]酢,原本误作"诈",据杨本改。

[2]犹,原本误作"尤",据杨本改。

㉕自处其高，欲下待上，必不待之也。

"事立而坏，何也？兵远而畏，何也？①民已聚而散，何也？②辍安而危，何[1]也？"③"功成而不信者殆，兵强而无义者残也。不谨于附近，而欲来远者，兵者信。④略近臣合于其远者立。⑤亡国之起，毁国之族，则兵远而不畏。⑥国小而修大，仁而不利，犹有不利争名者，累哉是也。⑦乐聚之力，以兼人之强，以待其害，虽聚必散。⑧大王不恃众而自恃，百姓自聚，供而后利之，无害。⑨疏戚而好外企，以仁而谋泄，贱寡而好大，此所以危。"⑩

①此谓弑君之事。其事既立而后坏[2]如此者，何也？即以德不素积故也。

②人不归无道，故散也。

③神不佑故也。皆谓篡弑。

④欲来远者必谨于附近，然后远来信也。

⑤略，礼谓不急也。言于近则略之，于远则合之，若此者则可以立功[3]。○绩按，据文当作"事立而坏"。

⑥先自疏国之宗族，渐以至三者若此，则兵皆逃远。无兵则威息，则不畏也。○绩按，别本注：宗族，国之藩屏，若毁之则国弱，兵寇远而不畏也。

⑦不量国之小，好修远大，虽复行仁，不遇其利，而犹[4]与他国争名，是必自累者也。

⑧好聚散以勉人力，欲兼他人之强，用此以御危害。如是者，先虽聚，后必散也。

⑨大王亶父为狄所攻，乃去豳之岐，杖策而往。百姓曰[5]："仁君也，不

---

[1]何，原本脱，据杨本补。

[2]坏，原本误作"外"，据杨本改。

[3]"以立功"三字，原本误置于"据文当"之后，据杨本、赵本改。

[4]犹，原本误作"尤"，据杨本改。

[5]曰，原本脱，据杨本补。

可失。"扶老携幼而从之。一年成邑,二年成都,三年五倍其初。言大[1]王虽有众,不恃,但自恃其德,故百姓随而聚之,供其所须而利之,遂至于成功而无危害者也。

⑩言自疏己亲,好交外人,虽企慕于仁,而所谋多泄漏。既贱且寡,好为迂大,凡此[2]皆危败之道也。

"众而约,①实取而言让,②行阴而言阳。③利人之有祸,④言人之无患,⑤吾欲独有是,若何?"⑥"是故之时陈财之道,可以行令也。利散而民察,必放之然后行。"⑦公曰:"谓何?"⑧"长丧以聏[3]其时,⑨重送葬以起身财。⑩一亲往,一亲来,所以合亲,⑪此谓众约。"⑫问:"用之若何?"⑬"巨瘗培,所以使也贫民。⑭美垄墓,所以文明也。⑮巨椁棺,所以起木工也。⑯多衣衾,所以起女工。⑰犹[4]不尽,故有次浮也。⑱有差樊,⑲有瘗藏,⑳作次相食,然后民相利,守战之备合矣。㉑乡殊俗,国异礼,民则不流矣。㉒不同法,则民不困。乡丘老不通,睹诛流散,则人不眺。㉓安乡乐宅,享祭而讴吟,称号者皆诛,所以留[5]民俗也。㉔断方井田之数,㉕乘马甸之众,㉖制之陵溪,立鬼神而谨祭,㉗皆以能别以为食数,示重本也。㉘故地广千里者,禄重而祭尊。其无馀。㉙地与[6]他若者,一从而艾之。㉚君始者,㉛艾若者从于杀,与于杀若一者。㉜从者艾,艾若一者从于杀,与于杀若一者。从无封始,王事者上王者。㉝上事霸者,生功言重本。㉞言是为十禺,分[7]免而不争,言先人而自后也。㉟官礼之司,㊱昭穆之离,㊲先后功器事之治,㊳尊鬼而守,㊴故战事之任,高功

---

[1]大,原本误作"夫",据杨本改。

[2]此,原本脱,据杨本补。

[3]聏,原本作"黑",未详,姑依杨本,下同。

[4]犹,原本误作"尤",据杨本改。

[5]留,原本误作"流",据杨本改。

[6]与,原本误作"典",据杨本改。

[7]禺分,原本误作"分禺",据杨本改。

而下死本事，㊵食功而省劝臣。㊶上义而不能与小利。㊷五官者，人争其职，然后君闻。㊸祭之时，上贤者也，㊹故君臣掌。㊺君臣掌，则上下均。㊻此知上贤无益也，其亡兹适。㊼上贤者亡，㊽而役贤者昌。㊾上义以禁暴，㊿尊祖以敬祖，(51)聚宗以朝杀，示不轻为主也。”(52)

①谓与众为要束也。

②谓实取于民而言逊让。

③于行实为阴，密在言，更成显阳。

④谓因祸而生利。

⑤人虽实祸，于言乃为无患。

⑥凡此独君之事也。问独有之何如。自“众而约”以下，皆公问之辞也。

⑦管氏言，此乃古之陈设致财之道，亦可行求于今，然利散[1]于下，人则察而知之，置之于身，勿令下知，然后可以行放置之言也。

⑧问所以行之。

⑨黖，黯也。居丧者毁瘠之息，谓增之长叛居丧之礼，使人皆黖黯败也。

⑩重送葬，则费用广，骄慢则不及事，由人习为精厉，无事不怠，故能起身之财也。

⑪谓一亲往死，一亲来生，亲无绝时，故曰“合亲”。

⑫人皆亲教之，重葬可以起财，故曰众要之也。

⑬问用众要。

⑭瘗培，谓圹[2]中埋藏处深暗也。贫人虽无财而有力，故教之巨瘗培以役其力也。

⑮垄墓高美也，明而不灭也。

⑯人习为棺椁，则增长木之工。

[1] 散，原本脱，据杨本补。
[2] 圹，原本脱，据杨本补。

⑰习为衣衾,则增长女工也。

⑱谓上之礼犹[1]有不尽也。次浮,谓棺椁垄墓之外游饰也。

⑲樊,蕃也。谓垄墓之外树以蕃,其制尊卑之爱,此垄墓之次浮也。

⑳谓古之瘗藏,或以藏金玉器物之类,此棺椁之次浮也。

㉑方丧之时,孝子荒迷,或不举火,邻里为食以相饲。如此,则人递相衔亲,恩情结固。至于守战之时,必诚力齐敌而不能当[2]之矣。

㉒流,移也。俗礼殊异,则人各其所安,故不流也。

㉓丘,大也。大老者,各足于其所,不相交通。流散于其乡则诛之。今其睹如此,则人安其本,不眺望他所而归之。

㉔皆令安乐乡宅,享祭先祖。其有讴吟思于他所者,则诛之。或有称举号吟于他所乡者,皆诛之。凡此,所留止人俗,不令转移也。

㉕谓分人之地,每断定其方,而立之田数,屋三为井也。

㉖每一甸之众,数赋长毂。一乘马四匹,谓之乘马。十六井曰丘,四丘为甸。

㉗每大陵深溪,皆有灵焉,立鬼神之祠,使人有所祷祈而致祭也。

㉘人之大小,皆[3]各有材,能多者食众[4],能少者食寡,故曰"以能别为食数"。凡此皆重人本之事者也。

㉙言不修祭,以馀地与饲也。

㉚从,谓次受封者。艾,谓减削也。言修祭之君,受地与[5]他同,故曰若。一者则削其地与次受封之君也。

㉛谓始为君者也。

㉜言始受封之君,本既无地,故取先受君者。彼或不与,从而杀之。彼或自取,与受而杀之。彼自与于始封者,令与先受封者地均若一也。

㉝言从者先无封,令始王事,故艾取他国之地,与先者均齐若一则止也。

---

[1]犹,原本误作"尤",据杨本改。
[2]当,原本脱,据杨本补。
[3]皆,原本脱,据杨本补。
[4]众,原本脱,据杨本补。
[5]与,原误重出,据杨本删其一。

㉞言诸侯[1]既受地分,则上事霸王,随政命以生立其功。凡此皆为重本也。

㉟禺,犹[2]区也。十区,谓十里之地。每里为一禺,故曰十禺。若他国来分,明劝免而与之,不敢交争。如此者所以先陈他人,自[3]取其后也。

㊱每言国官礼各有私。

㊲离,谓次位之别也。

㊳功有[4]大小,器有精麤,各定其先后之差也。

㊴尊鬼,谓谨其享祭之礼也。

㊵战士虽有高下之殊,各令死其本事也。

㊶饲其有功,省其无功,则臣劝也。

㊷上当操大义而主断,不可顾小利而移也。

㊸官争理职则国治,故君名闻于天下。

㊹谓助祭之时,贤者居上为仪而已,非能有所益。

㊺祭者掌以行事,所用其智谋,或君有故,使臣摄之,事亦无旷,故曰"君臣掌"也。

㊻臣能行君事,故曰"上下均"也。

㊼祭祀之时,非不上贤,但庸臣亦能行君之事,无损于令主。人虽云上贤[5],而不用其智谋,与祭时适,故曰"无益"。既不贤,则动皆违理,故兹适于危也。

㊽谓空上之而已,不能用之也。

㊾用贤其功成,故国昌。

㊿义者所以除去不宜,故禁暴也。

51祖,始也。尊立祖庙,所以敬始封之君也。

52谓聚会也。小之封宗以朝于君,而有亲疏之杀,凡此为主之重者也。

---

[1] 侯,原本脱,据杨本补。
[2] 犹,原本误作"尤",据杨本改。
[3] 他人自,原本误作"人他有",据杨本改。
[4] 功有,原本误作"有功",据杨本改。
[5] 贤,原本误作"言",据杨本改。

载祭明置。①高子闻之，以告中寝诸子。②中寝诸子告寡人，舍朝不鼎馈。③中寝诸子告宫中女子曰："公将有行，故不送公。"④公言："无行，女安闻之？"曰："闻之中寝诸子。"索中寝诸子而问之："寡人无行，女安闻之？""吾闻之先人，诸侯舍于朝日不鼎馈者，非有外事，必有内忧。"公曰："吾不欲与汝及若，⑤女言至焉，不得毋与女及若言。⑥吾欲致诸侯，不至，若何哉？"女子不辩于致诸侯，⑦自吾不为污杀之事人，布职不可得而衣，⑧故虽有圣人，恶用之？⑨

①载，行也。言将为行祭，至明而置之，欲人不知也。〇绩按，此以下至"虽在圣人恶用之"，皆错简也。

②高子，齐大夫。闻君之将行，故告。中寝诸子，诸侯诸子之居中寝者。

③常礼，退朝常鼎馈而食。今不然，故致怪之也。

④言何故不送公也。

⑤若不欲与汝论此言也。

⑥至，谓尽理也。

⑦妇人无预于外事，故不明于致诸侯之理。

⑧污杀言然，人必有所污杀染戮者，所以伏远而来近。今既为人，虽织不为己用，故有布不得而衣。言此者，欲桓公立威以伏其诸侯也。〇绩按，污杀之事人，犹[1]言屈己下人也。馀注见前《戒》篇。虽有圣人恶用之言，不下人则诸侯不至，虽圣人亦无用也。

⑨人者寡也。后不用威，圣人亦可能国之。尧为疋[2]夫，不能三家服，即其事也。

"能靡故道新，道定国家，然后化时乎？"①"国贫而贪鄙富，苴美于朝，市国。②国富而鄙贫，莫尽如是。③市也者，劝也，劝者所以起本。④善而末事起，不侈，本事不得立。⑤选贤

---

[1]犹，原本误作"尤"，据杨本改。
[2]尧为疋，原本误作"光为四"，据杨本改。

举能不可得，恶得伐不服用？⑥百夫无长，不可临也。⑦千乘有道，不可修也。⑧夫纣在上，恶得伐不得？⑨钧则战，守则攻。⑩百盖无筑，千聚无社，谓之陋，一举而取。天下有事之时也。⑪万诸侯钧，万民无听。⑫上位不能为功更制，其能王乎？⑬缘故修法，以政治道，则约杀子，吾君故取夷吾谓替。"⑭公曰："何若？"⑮对曰："以同。⑯日其久临，可立而待。鬼神不明，⑰囊橐之食无报，明厚德也。⑱沉浮，示轻财也。⑲先立象而定期，则民从之，⑳故为祷。㉑朝缕绵明，轻财而重名。"㉒公曰："同临，所谓同者，其以先后智渝者也。㉓钧同财，争依则说。㉔十则从服，㉕万则化。成功而不能识，㉖而民期，然后成形而更名，则临矣。"㉗

①靡，谓新其事也。古道，谓先王[1]之典刑。新道，谓度时而制法。言能古道以成新道，定国安家，然后可以化时也。

②言朝国贫而边鄙富饶，若此者，边鄙之邑必苞苴财货，好遗朝以市权利也。

③国富财故富，鄙输货故贫，其取富平反也。其物莫知尽入于市，以市人不虚取，故鄙人不虚与故也。

④善农者能多致市利，则自劝而不怠，故能起本也。

⑤侈，谓饶多也。末事不饶多，农事不给，故本事不得立矣。

⑥欲伐不损用，必待贤能。

⑦若无贤，虽百夫之长无人为之。

⑧虽千乘之国，有道以用之，则不可修营而伐之也。

⑨纣在上位，万人雠之，鬼神怒之，虽其旅若林，莫不倒戈自伐，故无有伐而不得者也。

⑩言伐纣者力钧则与之野战，城守则围而攻之。

⑪言纣有苟且，虽有聚之夫，不立一社以统之。如此者，为政之陋也。故

***

[1] 王，原本误作"生"，据杨本改。

武王一举取[1]天下而有之,此万代一时之事也。

⑫虽使万诸侯钩引于人,人必不听,此言王者贵。

⑬居上位,不独立其功,不更共制之,若此者,必不能王也。

⑭子,君之子也。其能缘顺故常,修理法制,为政不违于道。若此者,可共谋要杀君子之不当独立者。吾君所以取夷吾为替者,为有此道也。

⑮问何以独取夷吾也。

⑯以其德智同,故取也。

⑰谓君子之明不当立者,虽久临其位,危亡可立而待。其享祭鬼神之礼,又不能明者也。

⑱此论桓公之隐,虽以囊橐之食遗人,不求其报,所以明厚德也。

⑲其散施于人,不顾其沉,所以示轻财也。不得其报曰沉,得报曰浮。或曰祭川曰沉浮。

⑳先立法象,与人定期,人则率服,皆顺从也。

㉑谓先人祷神祈福祥。

㉒缕,帛也。言每于朝置缕绵以赏赐。所明者,轻财而重名也。

㉓所谓臣德同君者,能先后其君,其遇危难,则智谋变而通之,《诗》所谓"予曰有先后"是也。

㉔假令财与人钧同,人则悦而争于依也。

㉕若财十倍多彼,则服而从之也。

㉖若财万倍多彼,则变化而无不如意,故可以成功,而观者莫能识之。

㉗人心期以为主,相与乐推,然后成形于以名前所服之人,则临之以为君。

"请问为边若何?"①对曰:"夫边日变,不可以常知观也。②民未始变而是变,是为自乱。"③"请问诸边而参其乱,任之以事而因其谋。"④"方百里之地,树表相望者,丈夫走祸,妇人备食。⑤内外相备,⑥春秋一日,败事曰千金,称本而动。⑦候

---

[1]取,原本脱,据杨本补。

人不可重也，唯交于上，能必于边之辞。^⑧行人可不有私，不有私，所以为内因也。^⑨使能者有主矣而内事。"^⑩

①问所以防御边境。

②边者，两国交争，寇狄伺郄，日有变，当应机而动，故不可以常智观也。

③未变者，应机未发，且当循常而伺之。今人未当变而辄为变，此谓先时也，更益其乱，故曰"是为自乱"也。

④诸边，则四边也。谓参验知其委变之乱，然后以事任之，因其所谋而用之。此已上，公问之辞也。

⑤谓百里国，自国都至边境，每于高显之处，树立其表，使递相望。其有寇贼之祸，丈夫则走而奔命，妇人则备食以馈之也。

⑥外拒寇以防内，内备食以给外，故曰"相备"也。

⑦春秋种获，尤为农要，此二时而有战败，但经一日，败费千金，故为国者必当称本而动也。

⑧候人，谓谋候之来入国者。候人入国，或伺我虚实，觇我动静，不可使重^[1]之。唯有能与上交，必定边境之辞至国不易者，其可重也。

⑨行人，使人也。若何而可？唯不有私耳。无私则意成，故能为国内成事者也。

⑩使人出境，必有所主。其所主者，欲成内国之事也。

万世之国，必有万世之宝，^①必因天地之道，^②无使其内，使其外，^③使其小，毋使其大，弃其国宝。^④使其大，贵一与而圣称其宝。使其小，可以为道。^⑤能则专，专则佚。^⑥椽能逾则椽于逾，^⑦能宫则不守而不散。^⑧众能伯，不然将见对。^⑨君子者，勉于纠人者也^⑩非见纠者也。故轻者轻，重者重，前后不慈。^⑪凡轻者，操实也。^⑫以轻则可使，^⑬重不可起，^⑭轻重有齐。重以为国，^⑮轻以为死。^⑯毋全禄贫国而用不足，^⑰毋全赏好德，恶亡使常。^⑱

---

[1]重，原本误作"量"，据杨本改。

①无万世之宝，不能成万世之国也。

②天地之道，顺以动者也。

③应内而外，失外情也。

④应小而失大事之宜。大臣，国之宝也。今非理使之，故曰弃国宝也。

⑤谓使其大臣当尊之，一与其事，必无转移。知此则举辄有成，能立圣人之功，谓称其宝矣。

⑥使得其能，于事必专，专则成功，故佚乐也。

⑦橼，犹[1]梯也。谓凿橼以为梯。凡欲蹈越高远，必因梯而后能。若不能梯，直欲逾之，则不能逾矣。然则逾因梯而逾矣，此喻成功必有良臣贤佐，然后事遂而名立之矣。

⑧宫，谓防御[2]之国。四国也，能有四国之宫，则不有寇难。若无宫，直欲守之，其众必散也。

⑨伯，长也。谓材能之士，众必能为之长。若不能长之，豪俊之士将来对己以两雄。两雄，角之道也。

⑩君子者，德民之称，故但纠察人，不为人所纠。

⑪轻为臣也，重谓君也。凡君臣所以能相慈者，轻能事重，重能制轻，然后慈惠之心油然生矣。今轻自在轻，重自在重，或前或后，不相交接，否之谓也，何慈之有乎？

⑫臣须君食，故必操君实也。

⑬轻而操实，则可使也。

⑭虽重无食，则轻不可起用。

⑮重者不限，则以为国。

⑯以道使轻，可以致死。

⑰欲全其禄，不以与下，则贤去而人散，故国逾贫而用逾不足也。

⑱虽曰好德，全赏而不与。虽曰恶亡，所使者乃常人。若此者，败亡之道。

---

[1]犹，原本误作"尤"，据杨本改。

[2]御，原本误作"禁"，据杨本改。

"请问先合于天下而无私怨，[①]犯强而无私害，[②]为之若何？"对曰："国虽强，令必忠以义。[③]国虽弱，令必敬以哀。[④]强弱不犯，则人欲听矣。[⑤]先人而自后，而无以为人也。[⑥]加功于人而勿得，[⑦]所橐者远矣，[⑧]所争者外矣。[⑨]明无私交，则无内怨。[⑩]与大则胜，[⑪]私交众则怨杀夷吾也。[⑫]如以予人财者，不如无夺时；如以予人食者，不如无夺其事。[⑬]此谓无外内之患。"

①谓与天下合同，人皆乐推，故无私怨之也。

②虽犯于强，乃以公义，故无私害。谓责楚苞茅之比也。

③令忠以义，虽强必得之心。

④令敬以哀，虽弱必免也。

⑤犯虽轻弱，则人违之。

⑥先人自后，大国礼之，何人之为也？

⑦施功而不求于报也。

⑧橐货而匿民者，当远之也。

⑨交争无礼者，当遣之亦自外矣。

⑩私交则不公而偏，故内怨起之。

⑪能亲与大国，故得胜。

⑫使君私交者，夷吾之由，故恐[1]众怨而杀之。

⑬不夺其事，则各安其业，食无不足也。

事故也，[①]君臣之际也。[②]礼义者，人君之神也，[③]且君之属也。[④]亲戚之爱，性也。[⑤]使君亲之察同索，属故也。[⑥]使人君不安者，属际也，[⑦]不可不谨也。[⑧]贤不可威，[⑨]能不可留。[⑩]杜事之于前，易也。水，鼎之汩也，[⑪]人聚之。壤，地之美也，[⑫]人死之。若江湖之大也，[⑬]求珠贝者不令也。[⑭]逐神而远热，交觪[2]者不处，兄遗利。[⑮]夫事左，[⑯]中国之人，观危国危过君而弋其能

者，岂不几于危社主哉？⑰利不可法，故民流。神不可法，故事之。⑱天地不可留故动，化故从新。⑲

①财食足，则外内之患忘也。

②君臣非有骨肉之亲，但以礼义相接也。

③礼义在，则君尊臣卑，万人以宁，故曰神。

④以义相属。

⑤相亲相爱，性也。

⑥索，求也。君亲于臣子，同求其爱敬矣。故，事也。臣虽属君，当以事亲之故事君。

⑦使君不安其位者，则臣但以义际君，无爱敬故也。

⑧臣无爱敬，或化为仇，故不可不谨之也。

⑨威贤则邦国殄瘁。

⑩材能当引用之，不可留之于彼身。

⑪奸罔之事，先其未然而杜塞之，则甚易。犹[1]水之在鼎以烹之，食事亦不扰也。

⑫由壤地美，故人聚之也。

⑬人所以为君致死者，由君量若江湖水之大，无不容纳故也。

⑭君之于人，有所简择，若求珠贝之为，人必去而不令之。

⑮君之于人也，使敬之若逐神，长之若远热。其逐神者，交觯祭祀，不敢由处。其远热者，虽有兄弟之亲，亦遗利而去。君之尊严莫与大，谁敢窥觊之哉？〇绩按，兄，古"况"字。

⑯谓人君行事不正。

⑰中国，谓得礼义之中国也。弋，取也。中国之人见危国过君，不能用贤道为己用，如此则过君之社主近于危也。

⑱神亦不得其法，不知神[2]之所在，故畏敬事之，所谓阴阳不测者也。

⑲天施地化，日夜不息，故能生成不已。以天地变化，不可留停，故动。化

---

[1]犹，原本误作"尤"，据杨本改。

[2]神，原本脱，据杨本补。

其故以就其新,然亦修故之四时,周而复始,无所易之也。○绩按,别本注:天地变化,生成不息,不可留[1]停云。

　　是故得天者,高而不崩。①得人者,卑不可胜。②是故圣人重之,③人君重之。④故至贞生,至信至,⑤言往至,绞生。⑥至自有道。⑦不务以文胜情,⑧不务以多[2]胜少。⑨不动则望有墙,⑩句身行。⑪法制度量,王者典器也。⑫执故义道,畏变也。⑬天地若夫神之动,化变者也。天地之极也,⑭能与化起而王用,则不可以道山也。⑮仁者善用,智者善用,非其人则与神往矣。⑯衣食之于人也,不可以一日违[3]也。⑰亲戚可以时大也。⑱是故圣人万民,艰处而立焉。⑲人死则易云,⑳生则难合也。㉑故一为赏,再为常,三为固然。㉒其小行之则俗也,㉓久之则礼义。㉔故无使下当上必行之,㉕然后移商入于国,非用人也。㉖不择乡而处,不择君而使,㉗出则从利,入则不守。㉘国之山林也,则而利之。㉙市尘之所及,二依其本。㉚故上侈而下靡,㉛而君臣相上下。㉜相亲则君臣之财不私藏。㉝然则贪动,枳而得食矣。㉞徙邑移市,亦为数一。㉟

　　①谓得天变化日新之理,故得常保其尊高而不崩坏也。

　　②得人则众归之,故虽卑不可胜。

　　③谓重天也。

　　④谓重君也。

　　⑤贞,正也。谓正心生,则至信生而应之也。

　　⑥绞,谓急言私己。今空以言往而无其实,则至绞己言生而应。

　　⑦正生则信至,信往则绞来,皆有因而然。故曰"至自有道"也。

　　⑧以文胜情,情弥虚也。

[1]留,原本误作"流",据杨本改。
[2]多,原本误作"文",据杨本改。
[3]日违,原本误作"违日",据杨本改。

⑨少是能正[1]众非,故多不能胜。

⑩君子俨然不动,则望者如墙焉。

⑪旬,均也。君子身行,必令均平正直。

⑫理国之常器也。

⑬君人执守故义以尊于道者,畏轻躁之人妄有所变也。

⑭若能祀神而动,化变流弊,天地之极理,善莫大焉。

⑮若能随神化而起,王者有天下,其所运用则不可以常[2]道格[3]之,其富饶取类于山也。

⑯非其人[4]尚能用之,则明无不用。如此者,可谓通合契,与神往来也。

⑰一日违衣食,生理或几乎不全也。

⑱谓时大聚会之,以结其意焉。

⑲人者难静而易扰,故圣人处立其上,常有战兢之心,畏难之也。

⑳死者无所为,不忧其为乱,故易云也。○绩按,云旋而归之也。《诗》:"婚姻孔云。"

㉑生者有利之心,合而无防,合生奸谋,故难合也。

㉒谓一时行其赐,人则欣赖以为赏。频再为之,则人以为常,谓至此时必当有赏。频三为之,则以为理固当然,无怀愧之心。

㉓若小行其赏,则人习之以为俗,无过厚之恩也。

㉔久而一行厚赏,则人荷德而怀恩,此礼义之正者也。

㉕无使下人每至时承当君上必行之赏也。

㉖下既不希上赏,则专意于市,故商人皆移来于国也。

㉗商人常随利往来,故不择乡,又不择君[5]。

㉘商人出国,唯从利焉。其入国遇寇难,则畏怯而苟免,不为君城守也。

㉙商人虽不为国用,亦有利于国。犹山林也,随取而得其利焉,则当容受

---

[1]是能正,原本误作"正能是",据杨本改。

[2]常,原本误作"当",据杨本改。

[3]格,原本误作"俗",据杨本改。

[4]"人"字原脱,据杨本补。

[5]君,原本误作"利",据杨本改。

而取其利也。

⑩市则众聚喧嚣,尤多尘埃。今使工商二族依之以为本,此亦处物之[1]宜也。

㉛得商贾之利,故上侈下靡。

㉜得商贾之用,故依之章著上下之仪。

㉝相亲则情公,故不私藏财。

㉞枳棘者,所为拥塞也。农人贪商贾而动者,则多枳塞,其幸者但得贪食而已,无馀利也。

㉟其有田邑之人,今移于市,此亦为费数而得一耳。

问曰:"多贤可云?"①对曰:"鱼鳖之不食咡者,不出其渊。树木之胜霜雪者,不听于[2]天。②士能自治者,不从圣人。③岂云哉?④夷吾之闻之也,不欲强能,⑤不服智而不牧。⑥若旬虚期于月津,若出于一明,然则可以虚矣。⑦故陁其道而薄其所予,则士云矣。⑧不择人而予之,谓之好人。[3]不择人而取之,谓之好利。⑨审此两者以为处行,则云矣。"⑩不方之政,不可以为国。⑪曲静之言,不可以为道。⑫节时于政,与时往矣。⑬不动以为道,[4]齐以为行。⑭避世之道,不可以进取。⑮

①问多贤之理可言不。

②霜雪不能杀,是不听于天也。

③能自理者则有馀,不从圣人而求之也。

④能自理,则虽圣人不能致。自斯[5]之外,何可云者也。

⑤材能之士,心不慕己,勿强引之也。

⑥士之材智,上不服则勿养之。

---

[1]"以为本此亦处物之"八字,原误重出,据杨本删其一。

[2]于,原本误作"其",据杨本改。

[3]"不择……好人"十字,原本脱,据杨本补。

[4]自"静谋也"至此三十二字注语正文,原误脱,据杨本补。

[5]致自斯,原本误作"自致私",据杨本改。

⑦匝一月曰期。津,明润貌。君人之道,当若每旬之虚而任数,自期于来日既至,津然后出一明矣。如此虚而任数,理足自明。人但虚怀接物,贤才自至,亦犹[1]是也。

⑧士之道艺,则能陒而服之,至人所与,则薄而少之。如此则必自来,其理可言也。

⑨遇人则与,无所简择,可谓所爱所谓多不当也。

⑩两者,谓不得取,与不择而取。宁不择而与,用此以为处身之行,则其可云矣。

⑪不方之政,谓邪也。

⑫静,谋也。

⑬凡为节度,当合于时,所施政教,与时俱往。

⑭守正不动以为道,齐整肃然以为行也。

⑮苟避世,则晦明藏用。若无所能,故不可进取。

“阳者进谋,几者应感。①再杀则齐,②然后运可请也。”③对曰:“夫运谋者,天地之虚满也,合离也。④春秋冬夏之胜也。⑤然有知强弱之所尤,然后应诸侯取交。⑥故知安危,国之所存。以时事天,以天事神,⑦以神事鬼。⑧故国无罪而君寿,而民不取智运谋而杂蘽刃焉。⑨其满为感,⑩其虚为亡。⑪满虚之合,有时而为实,⑫时而为动。⑬地阳时贷,⑭其冬厚则夏热,其阳厚则阴寒,⑮是故王者谨于日至。⑯故知虚满之所在以为政令,⑰已杀生,其合而未散,可以决事。⑱将合可以禺,其随行以为兵。⑲分其多少,以为曲政。”⑳

①显明其事者,欲进而为谋,几理之动,唯应所感也。

②一杀尚有参差,必再杀然后可齐。如文王再驾伐崇,武王再驾伐纣者也。

③既齐则天下服,故请问历数之运,将陟帝位也。“阳者进谋”以下,公问

---

[1]犹,原本误作“尤”,据杨本改。

之辞也。

④言历运之谋，崇替相因，若天地之有满虚合离，乃理之不可已者也。春夏为合，秋冬为虚。

⑤若无春秋冬夏之变，则不能相胜而成岁。有道之伐无道，亦犹是也。

⑥尤，殊绝也。谓应运而王者，必有智而强，殊绝于众，若然，诸侯之可以取天下之交者也。

⑦谓以神礼事也。

⑧谓依时而享鬼也。

⑨虽用智运谋，亦须威以成之名，故曰"杂橐刃"也。

⑩感则物应，故满也。

⑪亡则物散，故虚也。

⑫满时为实也。

⑬虚时为动故也。

⑭地在阳，时假贷万物精气以长养也。

⑮厚，谓过于寒热也。冬有极寒，夏有极热。夏有极热，冬有极寒。

⑯谓冬夏至也。当知二至之寒热也。[1]

⑰知其寒热之虚，为时令以顺之。

⑱时冬时，既有肃杀，其萌芽内发欲生也。然其时方寒合而未有，时可以决断罚罪之事也。

⑲禺，谓事端初见也。谓夏末秋初之时，寒凉方至，将凝[2]合初见其禺，随此时而行，可以为兵威也。

⑳兵之所由，各有多少，随其多少，委曲为政。

"请问形有时而变乎？"①对曰："阴阳之分定，则甘苦之草生也。②从其宜，则酸醎和焉，③而形色定焉，以为声乐。④夫阴阳进退满虚亡时，其散合可以视岁。唯圣人不为岁，⑤能知满

---

[1] 自"冬有极寒夏有极热"至此三十七字原误脱，据杨本补。

[2] 凝，原本误作"疑"，据杨本改。

虚，夺馀满补不足，⑥以通政事，以赡民常。⑦地之变气，应其所出。⑧水之变气，应之以精，受之以豫。⑨天之变气，应之以正。⑩且夫天地气有五，不必为沮，⑪其亟而反其重陔，动毁之进退即此，数之难得者也。⑫此形之时变也。”⑬

①谓岁年多吉凶之变可知也。

②阴阳之分定于吉，则有甘草生荠是也。定于凶，则苦草生葶苈是也。

③谓从四时之宜，以酸醎之味和而食焉。若春多酸，冬多醎是也。

④酸色青，咸色黑。青声角，黑声羽。言定色而生声。

⑤言阴阳满虚散合，可视知岁之丰荒也。○绩按，一本作“然合散”。

⑥圣人善识满虚之所在[1]，故夺有馀者补不足也。

⑦灭[2]满与虚，万人均平，故能通达政事，瞻足于人，使修常道。

⑧谓地见灾变之气，应其所出之处，设法以禳之。

⑨水见灾变[3]之气，则当应之以精诚。其祥不弥，当受之者，须预有所防备之也。

⑩天见灾变之气，惟守正修德以应之也。

⑪谓五行之时也。其时之气不能必，则为沮败也。

⑫其为沮败也，或才有形而为反者，或迟重滞凝久而不去者，或发动而有所毁伤，或有乍进乍退者，凡此皆灾败之数，难得而知之者也。

⑬谓岁年之形有变也。

“沮平气之阳，若如辞静。①馀气之潜然而动，爰气之潜然而衰，胡得而治动？”②对曰：“得之衰时，位而观之，③佁美然后有辉。④修之心，其杀以相待，⑤故有满虚哀乐之气也。⑥故书之帝八，神农不与存，为其无位，不能相用。”

①言欲沮败平和之阳气，默生而无形声，如辞言之静者。

[1]“在”下原有“人”字，据杨本删。
[2]灭，原本误作“醎”，据杨本改。
[3]变，原本脱，据杨本补。

②灾之馀气,潜然发动,爱怜之气,已潜然而衰,则气候之动难知者也,故曰"胡得而治动"。自"沮平"已下,公问之辞。

③得其沮气衰败之时,立分位而观察之。

④怡,深思貌。谓深得其美理,然后情魂悦而见辉然也。

⑤既知变气之所召,则修德于心以禳之。其凶杀之至,必待之也。

⑥当祭灾而得禳,或满而乐,或虚而衰也。

问:"运之合满安藏?"①"二十岁而可广,十二岁而聂广,百岁伤神,②周郑之礼移矣。③则周律之废矣,④则中国之草木有移于不通之野者。⑤然则人君声服变矣,⑥则臣有依驷之禄。⑦妇人为政,铁之重反旅金。⑧而声好下曲,食好醶苦,⑨则人君日退亟,⑩则溪陵山谷之神之祭更应,国之称号亦更矣。⑪视之亦变,⑫观之风气,古之祭有时而星,⑬有时而星熻,⑭有时而熰,⑮有时而胸。⑯鼠应广之实,阴阳之数也。⑰华若落之名,祭之号也。⑱是故天子之为国,图[1]具其树物也。"

①《易》之所存五帝,谓伏羲、神农、黄帝、尧、舜。《书》之[2]所记三王,夏、殷、周。然于八帝之中,神农所存事迹独少,则以不为位,以观灾处,气又不供。公问:"自今之后,运之合满,何所藏隐,可得知之者乎?"

②管氏对曰:"从今之后二十岁,天下安宁,礼义可广。又二十岁,代将乱而摄其广。又百岁之后,天下分崩,鬼神之祀绝矣。"

③礼移则俗[3]变也。

④周之法则坏矣。

⑤时既战争,废于农事,稼穑之地,荆棘生焉,故草之属移变于不通之野。

⑥声,谓乐声。众乱则声服俱变。

⑦依,称也。代衰则臣富,故臣多养驷马,反其受禄,又以称之。

---

[1] 国图,原本误作"图国",据杨本改。

[2] 书之,原本误作"之书",据杨本改。

[3] 自"岁代将乱"以下至此注语正文三十三字原本脱,据杨本补。

⑧君幼，则母后为政。铁者，所以为兵器，当重之。谓下流卑识，不重铁，反旅陈于金而玩之也。

⑨谓声之下而悲者，食多醎苦之味者，妇人所好。

⑩既使妇人为政，则百度昏，君人之衰也，日以亟矣。

⑪更，改也。国衰则神之祀改，其所应祭国之称号亦更矣。市朝既变，后圣既作，故改其号国者也。

⑫目视而取节，令旌麾之属亦变矣。

⑬或祭星以祈风气之和者也。

⑭熺，星之明。或有祭明星者。

⑮熰，热甚也。或时旱热而祭。

⑯朐，远也。或远而为来岁祈福而祭之也。

⑰鼠，忧也。凡此皆君之忧，人故广为祈福祥而祭之，调阴阳为物也[1]。

⑱言祭时为物作美号，若花落之莅物，益其光辉也。

[1]而祭之调阴阳为物也，原本误作“岁祈福而祭之者阴阳之物”，据杨本改。

卷第十三

心术上第三十六　　　　短语十

心之在体，君之位也。①九窍之有职，官之分也。②心处其道，九窍循理。③嗜欲充益，目不见色，耳不闻声。④故曰：上离其道，下失其事。⑤毋代马走，使尽其力。⑥毋代鸟飞，使弊其羽翼。毋先物动，以观其则。动则失位，静乃自得。道不远而难极也，⑦与人并处而难得也。虚其欲，神将入舍。⑧扫除不洁，神不留处。⑨人皆欲智，而莫索其所以智乎。⑩智乎智乎，投之海外无自夺。⑪求之者不得处之者。⑫夫正人无求之也，⑬故能虚无。虚无无形谓之道，化育万物谓之德，君臣父子人间之事谓之义。⑭登降揖让，贵贱有等，亲疏之体，谓之礼。简物小未一道，杀僇禁诛谓之法。⑮大道可安而不可说。⑯直人之言，不义不顾。不出于口，不见于色，四海之人，又孰知其则？⑰天曰虚，地曰静，乃不伐。⑱絜其宫，⑲开其门，⑳去私毋言，㉑神明若存。㉒纷乎其若乱，静之而自治。㉓强不能遍立，智不能尽谋。㉔物固有形，形[1]固有名，名当谓之圣人。㉕故必知不言无为之事，然后知道之纪。㉖殊形异执，不与万物异理，故可以为天下始。㉗人之可杀，以其恶死也。㉘其可不利，以其好利也。㉙是以君子不怵乎好，㉚不迫乎恶。㉛恬愉无为，去智与故。其应也，非所设也。其动也，非所取也。㉜过在自用，㉝罪在变化。㉞是故有道之君，其处也若无知，㉟其应物也若偶之，㊱静因之道也。㊲

　　①心之在体，当身之中，凡身之运为，皆心之所使，故象君位。

---

[1]形，原本脱，据杨本补。

②九窍则各其职司,不能以此代彼,若百官之有其分也。

③心之君处常能顺道,则九窍所司,各循理而应也。

④君嗜欲充益,动违道则九窍失其由,故目有所不见,耳有所不闻也。

⑤上顺道,则下事得。

⑥绩按,后"毋"上有"君"字[1]。

⑦能走者,马也。能飞者,鸟也。人不使鸟马之飞走,而欲以人代之,虽尽力弊翼,而势竟不能尽。以喻君代臣亦然,故曰"不远"而不得,故曰"难极"也。

⑧但能空虚心之嗜欲,神则入而舍之。

⑨不洁亦喻情欲。

⑩所以智者,虚心以循理也。

⑪但能虚心循理,其智虽复远投海外,虚心用之,他毋从而夺之也。甚言智之不可凿。

⑫将欲求之智,终不知其处而得之也。

⑬智既不可得,故人亦无从而求之。

⑭人事各有宜也。

⑮谓简择于物,未有能与道为一者,乃杀勠禁防之,此法之用也。

⑯大道,无形无声者也。体神而安之,则有理存焉。如欲说之,无绪可言。

⑰谓安道之君子,虽人言其不义,惊然不顾。言既不出于口,理又不见于色,言理既绝,四海之人谁有能知其则义也哉?

⑱言能体天而虚,顺地而静,则道德全备,故不可伐也。

⑲宫者,心之宅,犹灵台也。

⑳门,谓口也。开口使顺理而言。下解中门,谓耳目也。

㉑谓无私言。

㉒宫絜无私则神存。

---

[1]字,原本误作"子",据杨本改。

㉓虽纷然而乱，但静而顺之，则自理也。

㉔去强与智，然后所谋立能遍而尽。

㉕立名当物，所以为圣。

㉖道以不言无事为纪。

㉗君人者，必殊形异执，与物同理，故可以为天下主。

㉘若不恶死，虽杀无益。

㉙若不好利，虽不利之，亦无惩也。

㉚怵，止也。不止人好利之情。下解中作"怵"。

㉛不迫移人恶死之意。

㉜故，事也。既忘智，则事自去。

㉝自用不顺理，则生过。

㉞作聪明，变旧章，则成罪也。

㉟寂泊之主。

㊱若符契自然而合也。

㊲凡此皆虚静循理之道也。○绩按，此以上皆经下释其义。

心之在体，君之位也。九窍之有职，官之分也。①耳目者，视听之官也。心而无与于视听之事，则官得守其分矣。夫心有欲者，物过而目不见，声至而耳不闻也。故曰：上离其道，下失其事。故曰：心术者，无为而制窍者也，②故曰君。无代马走，无代鸟飞，此言不夺能能，不与下诚也。③毋先物动者，摇者不定，趮者不静，言动之不可以观也。位者，谓其所立也。人主者立于阴，阴者静，④故曰：动则失位。⑤阴则能制阳矣，静则能制动矣。⑥故曰：静乃自得。

①此已下，上章之解也，然非管氏之辞。岂有故作难书，而复从而解之？前修之制皆不然矣。凡此书之解，乃有数篇。《版法》、《势》之属皆间错不伦，处非其第。据此，则刘向编授之由曰，谓为管氏之辞，故使然也。今究寻文理，观其体势，一韩非之论，而韩有《解老》之篇，疑此《解老》之类也。

②心无嗜欲之为，故能制于九窍。

③君之能不预于下之诚，凡为其所能无不诚。

④静为躁君，故人主立于阴也。

⑤失君位也。

⑥君亦能制臣矣。

　　道在天地之间也，其大无外，其小无内，①故曰：不远而难极也。虚之与人也无间，②唯圣人得虚道，故曰：并处而难得。世人之所职者精也，③去欲则宣，宣则静矣。④静则精，精则独立矣。独则明，明则神矣。神者至贵也，故馆不辟除，则贵人不舍焉。故曰：不絜则神不处。

①所谓大无不包，细无不入也。

②虚能贯穿人形，故曰"无间"。

③职，主也。言所禀而生者精也。

④宣，通也。去欲则虚自行，故通而静。

　　人皆欲知，而莫索之其所以知彼也，其所以知此也。①不修之此，焉能知彼。②修之此，莫能虚矣。虚者，无藏也，③故曰：去知则奚率求矣。④无藏则奚设矣。⑤无求无设则无虑，无虑则反复虚矣。⑥

①有此然后知彼也。

②无此其具则不得知彼。

③此既修，则彼不能虚，何者？无能藏隐故也。

④率，循也。无知则循理而自求也。

⑤既不能隐藏，则无策谋可以施设也。

⑥绩按，言人求知彼，必先修己设心以待人，一设心则非虚矣。谓之虚者，以其无藏也，必去知无藏，然后不求不设心，无虑而虚矣。注皆非。

天之道，虚其无形。虚则不屈，①无形则无所位赶。②无所位赶，故遍流万物而不变。③德者，道之舍[1]，物得以生。④生知得以职道之精。⑤故德者，得也。得也者，其谓所得以然也。⑥以无为之谓道，⑦舍之之谓德。⑧故道之与德无间，⑨故言之者不别也。⑩间之理者，谓其所以舍也。⑪义者，谓各处其宜也。礼者，因人之情，缘义之理，而为之节文者也。故礼者，谓有理也。理也者，明分以谕义之意也。故礼出乎义，义出乎理，理因乎宜者也。法者，所以同出不得不然者也。⑫故杀僇禁诛以一之也，故事督乎法，⑬法出乎权，权出乎道。⑭道也者，动不见其形，施不见其德，万物皆以得，然莫知其极。故曰：可以安而不可说也。

①屈，竭也。

②赶[2]，逆也。

③无物与[3]之同，故不变。

④谓道因德以生物，故德为道舍。○绩按，无形谓道，寓于物有形谓德。

⑤得其生者，生由禀道之精也。

⑥得道之精而然。

⑦无为自然者，道也。

⑧道之所舍之谓德也。

⑨道德同体，而无外内先后之异，故曰"无间"。

⑩同体故能不别。

⑪道德之理可间者，则有所舍，所以舍之异也。

⑫有礼则有法，故曰"同出"也。

⑬督，察也。谓以法察事。

⑭权道者，事从之而出。

---

[1] 舍，原本误作"合"，据杨本改。
[2] 赶，原本误作正文，据杨本改。
[3] 与，原本误作"无"，据杨本改。

莫人言，至也。^①不宜言，应也。^②应也者，非吾所设，故能无宜也。^③不顾言，因也。^④因也者，非吾所顾，故无顾也。^⑤

①人无隐言者，理之至也。

②有时宜言，则应物故。

③绩按，事至则应非先设，故曰"不宜"。言宜即前义也。注皆非。

④无所顾思者，因旧故。

⑤因，旧也。非吾所为，故无顾。【补】此节解上文"不义不顾"也。人莫言，至也。道至于人，莫能言，乃为至也。不宜，即上"不义"，言人心不先裁制其事物来顺应也，故曰"非吾所设，言不预设"也。不顾者，因物而动，非吾所顾虑也。

不出于口，不见于色，言无形也。四海之人，孰知其则？言深囿也。^①

①不知浅深之囿城也。

天之道虚，地之道静。虚则不屈，静则不变，不变则无过，故曰不伐。

絜其宫，阙其门。宫者，谓心也。心也者，智之舍也，故曰宫。絜之者，去好过也。^①门者，谓耳目也。耳目者，所以闻见也。

①去欲好之过也。

物固有形，形固有名，此言不得过实，实不得延名。^①姑形以形，以形务名，督言正名，^②故曰圣人。

①不得无实，虚延其名。

②姑，且也。且言形者以其形也。

不言之言，应也。^①应也者，以其为之人者也。^②执其名，务其应，所以成之，应之道也。^③无为之道，因也。因也者，无益无损也。④以其形，因为之名，此因之术也。⑤名者，圣人之所以纪万物也。⑥人者立于强，⑦务于善，⑧未于能，⑨动于故者也。⑩圣人无之，⑪无之则与物异矣。⑫异则虚，⑬虚者，万物之始也，⑭故曰：可以为天下始。⑮

①言则言彼形耳，于我无言。

②人有所为，故圣人得不应。

③物既有名，守其名而命合之，则所务自成，斯应物之道。

④损益者，主有为。

⑤见形而后名，非因而何？

⑥万物虽多，立名以纪之也。〇绩按[1]，此释知道之纪。

⑦必强，然后有所立也。

⑧必善，然后成人也。

⑨能未成者，习而成之。

⑩凡所运动，必循于故致也。

⑪谓无宰物之心也。

⑫物有我无，故异也。

⑬异于有，故虚也。

⑭有形生于无形也。

⑮圣人体虚，故为天下始也。

人迫于恶则失其所好，①怵于好则忘其所恶，②非道也。③故曰：不怵乎好，不迫乎恶。恶不失其理，欲不过其情，故曰：君子恬愉无为。去智与故，言虚素也。④

①迫入于恶，故失于好。

②为好所怵，故忘其恶。

③二者皆非。

④凡知与言，习从虚素生，则无邪欲也。

[1]原本脱此二字，据例补。

其应非所设也，其动非所取也，此言因也。因也者，舍己而以物，^①为法者也。感而后应，非所设也。缘理而动，非所取也。过在自用，罪在变化。自用则不虚，不虚则仵于物矣。变化则为生，^②为生则乱矣。故道贵因。因者，因其能者，言所用也。^③君子之处也，若无知，言至虚也。其应物也，偶之言时适也。若影之象形，响之应声也。故物至则应，过则舍矣。舍矣者，言复所于虚也。

①舍己而随物，故曰"因"。

②谓有为于营生。

③就能而用，故曰"因"也。

心术下第三十七　　短语十一

形不正者德不来，^①中不精者心不治。^②正形饰德，万物毕得。翼然自求，^③神莫知其极。^④昭知天下，通于四极。^⑤故曰：毋以物乱官，^⑥毋以官乱心，^⑦此之谓内得。^⑧是故意气定然后反正。^⑨气者，身之充也。^⑩行者，正之义也。^⑪充不美则心不得，^⑫行不正则民不服。^⑬

①有诸内必形于外，故德来居中，外形自正。《诗》云："抑抑威仪，维德之隅。"

②精，诚至之谓也。中能诚至之，事自理。

③绩按，后《内业》作"正形摄德，天仁地义，则淫然而自至"。

④正外形，饰内德，则下观而化矣，故万物尽得其理也。

⑤因物之义可以逆顺，故能昭知天下，自近以及远，通达于四极。

⑥贪贿则官乱也。

⑦健羡太甚，则心乱也。

⑧官货两忘，则内得也。

⑨无欲则意气定，故能反正。

⑩气以实身，故曰"身之充"也。

⑪行不违中正之宜者也。

⑫充不美则气邪，故心乱而不自得也。

⑬行不正则邪枉，故人不服。

是故圣人若天然，无私覆也；若地然，无私载也。私者，乱天下者也。凡物载名而来，圣人因而财之，而天下治；实不伤，^①不乱于天下，而天下治。^②专于意，一于心，耳目端，知远之证。^③能专乎？能一乎？能毋卜筮而知凶吉乎？^④能止乎？能已乎？^⑤能毋问于人而自得之于己乎？^⑥故曰：思之思之，不得，鬼神教之。^⑦非鬼神之力也，其精气之极也。^⑧

①因名而财，则物宜之不爽，故天下之理不伤也。○绩按，财，同"裁"字训。

②天地以及万物皆有理存焉，直莫之乱，则自理矣。

③但专意一心，则耳目自端，证知远事也。

④惠迪吉，从逆凶，岂劳卜筮而后知乎？

⑤谓能止于己分。○绩按，止、已皆不外求也。

⑥诚己自通，问人致惑，故不问而自得也。

⑦诚己思而不得，必有鬼神来教。

⑧鬼神虽能教不精极者，令有精极，则神不得不教，岂鬼神能致其力也。○绩按，言其得乃非鬼神之教，乃吾心之灵自觉。此语极精，学者宜深味之。

一气能变曰精，^①一事能变曰智。^②暮选者，所以等事也。^③极变者，所以应物也。^④暮选而不乱，^⑤极变而不烦，^⑥执一之君子。^⑦执一而不失，能君万物，^⑧日月之与同光，天地之与同理，^⑨圣人裁物，不为物使。^⑩

①谓专一其气,能变鬼神来教,谓之精。

②能专一其事,能变而动之,谓智也。

③天之来助,或召募之,或选择之,欲令其事齐等也。【补】暮者,迟而后也。选懦弱而退,意迟而后动,退而不进,所以待事机之至也。等之为言待也。管仲学老子。

④物穷则变,变而通之,我之所由。令极于变通之理,应物者也。

⑤暮选则齐絜,故不乱。

⑥极变以顺物宜,故不烦也。

⑦绩按,《内业》作"惟执一之君子能为此乎"。

⑧一,谓精专也。既精且专,故能君万物也。

⑨所谓与天地合其德,与日月合其明。

⑩圣人者裁断于物,而使物不为裁而使己也。

　　心安,是国安也。①心治,是国治也。②治也者,心也。安也者,心也。③治心在于中,④治言出于口,⑤治事加于民。⑥故功作而民从,则百姓治矣。⑦所以操者,非刑也。所以危者,非怒也。⑧民人操,百姓治,道其本至也。⑨至不至无,⑩非所人而乱。⑪凡在有司执制者之利,非道也。⑫圣人之道,若存若亡。⑬援而用之,殁世不亡,⑭与时变而不化,应物而不移,日用之而不化。⑮

①圣心安,是国安。

②圣心治,是国治。

③理与安一在于心,然后国从也。

④理心在于适中也。

⑤则无口过。

⑥则无枉事。

⑦功成人服,非理而何?○绩按,言但治心在内,则治言出口,治事加民有功,民从而国治矣。

⑧刑虽能操,怒虽能危,比之于道,犹为末功[1]。物不能离,道无不操,违道必危,是无不危也。

⑨必每人皆操道,然后百姓理。如此,则道为人本,岂不至哉?

⑩无,虚也。所谓至者,虚之道也。

⑪非至虚而为天下王,必乱。

⑫有司执制,常弃本[2]逐末,滞于刑政,非道[3]也。

⑬迎之不见其首,随之不见其后,故曰"若存若亡"也。

⑭道无形也,无形则无尽时,故殁世不亡也。

⑮无形则无变移之时。

人能正静者,筋肕而骨强。①能戴大圆者,体乎大方。②镜大清者,视乎大明。③正静不失,日新其德,④昭知天下,通于四极。⑤金心在中不可匿,⑥外见于形容,可知于颜色。⑦善气迎人,亲如弟兄;恶气迎人,害于戈兵。⑧不言之言,闻于雷鼓。⑨金心之形,明于日月,察于父母。⑩昔者明王之爱天下,故天下可附;暴王之恶天下,故天下可离。故货之不足以为爱,刑之不足以为恶。货者,爱之末也。刑者,恶之末也。⑪

①能静则神气全,故筋骨肕强也。○绩按,肕,筋坚也。

②必体大方,然后能戴大圆。○绩按,《内业》"体"作"履"。

③必视大明,然后能镜大清。

④正静者,则理顺而功立,故其德日新。

⑤既知天下,则远通四极。

⑥金之为物弥精,心之为用弥明,故比心于金。中苟有如金之心,则徵见于外,不可隐匿之也。○绩按,当依《内业》作"全心在中,不可蔽匿","金"乃"全"之误,又缺一"蔽"字。【补】言人心之灵明如金之精光也,故曰"金心"。道

---

[1] 末功,原本误作"本切",据杨本改。

[2] 本,原本误作"常弃本逐本",据杨本改。

[3] 道,原本误作"通",据杨本改。

家曰金丹,释氏曰金身,皆本此。

⑦其见于外,或在形容,或在颜色。

⑧绩按,"戈"《内业》作"戎"。

⑨至道之居,常言之言,则人无不闻,故同于雷鼓。〇绩按,《内业》作"不言之声"。

⑩金心无不耀,无不知,故明于日月,察于父母。知子无若于父母,故以言焉。〇绩按,金,亦"全"字误。

⑪爱恶以为心本也,故货刑[1]为末也。

凡民之生也,必以正平。①所以失之者,必以喜乐哀怒。②节怒莫若乐,③节乐莫若礼,④守礼莫若敬。⑤

①正平则能保全其生。

②喜乐哀怒过常,则失其生。〇绩按,《内业》作"喜怒忧患"。

③绩按,《内业》作"止"。

④乐主和,故能节怒。

⑤礼者,敬而已矣,故敬能守礼也。

外敬而内静者,必反其性。①岂无利事哉?我无利心。岂无安处哉?我无安心。②心之中又有心,③意以先言。④意然后形,⑤形然后思,⑥思然后知。⑦凡心之形,过知失生,⑧是故内聚以为原。⑨泉之不竭,⑩表里遂通。泉之不涸,四支坚固。⑪能令用之,被服四固。⑫是故圣人一言解之,上察于天,下察于地。⑬

①外敬则合礼,内静则循乐,故能反其性。

②亦既反性,则忘其利安,虽有利事安处,蔑不足资也。

③动乱之心中,反有静正之心也。

④意感而得言。

⑤意感其事,然后呈形。

---

[1]刑,原本脱,据杨本补。

⑥有形则理可寻,故思之也。

⑦思然后得理,故能知也。

⑧绩按,《内业》"定心在中,耳目聪明,四支坚固,可以为精舍。精也者,气之精者也。气道乃生,生乃思,思乃知,知乃止矣。凡心之形过知失生",又曰"形然后言,言然后使,使然后治,不治必乱,乱乃死,精存自生,其外安荣"。此合二[1]节而论,文有差误也。

⑨绩按,《内业》作"内藏以为泉原",此缺一"泉"字。

⑩内聚思虑,则用之不穷,犹泉之有源,其可竭哉?

⑪内和则外通,表里无拥,故若泉之不涸,而四支坚固也。

⑫但能用此道者,则四支坚固,被及其身也。〇绩按,《内业》作"乃能穷天地,被四海"。

⑬解则无不通物,故能穷于天下。

白心第三十八　　短语十二

建当立,①有以靖为宗,②以时为宝,③以致为仪,④和则能久。⑤非吾仪,虽利不为;非吾当,虽利不行;非吾道,虽利不取。⑥上之随天,其次随人。⑦人不倡不和,⑧天不始不随,⑨故其言也不废,其事也不随。原始计实,本其所生,知其象则索其形,⑩缘其理则知其情,⑪索其端则知其名。⑫故苞物众者莫大于天地,⑬化物多者莫多于日月,⑭民之所急莫急于水火。⑮然而天不为一物枉其时,⑯明君圣人亦不为一人枉其法。⑰天行其所行而万物被其利,⑱圣人亦行其所行而百姓被其利,⑲是故万物均,既夸众矣。⑳是以圣人之治也,静身以待之,物至而名自治之。㉑正名自治之,奇身名废,㉒名正法备,则圣人无事。㉓不可

[1]二,原本误作"一",据赵本改。

常居也，㉔不可废舍也，㉕随变断事也，㉖知时以为度。㉗大者宽，小者局，㉘物有所馀，有所不足。㉙

①凡所建，必建其当立者也。

②静则思虑审，为建事之宗。

③建事非时，虽尽善不成，时为事宝也。

④致者所以节制其事，故为仪。

⑤又必当和同，然后能久也。

⑥凡此虽曰有利，非吾仪也，当也，道也，故皆不为之也。

⑦所谓应天顺人也。

⑧人倡而和，事无不成也。

⑨后天而奉天时，天时则举无不违也。

⑩谓君之出言，人乃顺而不废，其行事则有而不随。若此者，当[1]原其初始，计其理实，寻本其所生，则其象可知。象既[2]可知，则其形可索也。〇绩按，随、隳同。

⑪顺理则情自见。

⑫索端则名自形。

⑬万物共在天地之中。

⑭日，阳也。月，阴也。物皆禀阴阳之气，然后化之也。

⑮一日无水火，则生理或有不全。

⑯冬不为松柏不凋辍其霜雪，夏不为荠麦枯死止其雨露也。

⑰周公不以管蔡之亲休其诛放也。

⑱冬行霜雪，夏行雨露，故万物利也。

⑲行赏于善人，行罚于凶人，故天下清而百姓蒙利也。

⑳夸，大也。天与圣人无私，故万物均蒙其利，既大而且众也。

㉑循名责实，则下无隐情，故理也。

㉒奇，谓邪不正。

---

[1]当，原本误作“常”，据杨本改。
[2]既，原本误作“即”，据杨本改。

㉓正名法备,则事无阙滞,故圣人无事也。

㉔居必有时而迁。

㉕废舍则百度弛紊[1]也。

㉖居变则不壅塞也。

㉗事非其时,则不成也。

㉘宽则有馀,局则不足。

㉙以有馀补不足,则事平理均也。

兵之出,出于人。①其人人,入于身。②兵之胜,从于适。③德之来,从于身。④故曰:祥于鬼者义于人。⑤兵不义,不可。⑥强而骄者损其强,弱而骄者亟死亡。⑦强而卑,义信其强;弱而卑,义免于罪。是故骄之馀卑,⑧卑之馀骄。⑨

①人为兵本。

②兵而有功,入其赏赐,必返于身。

③适,和也。所谓师克在和也。

④修身则德立也。

⑤义于人者,则鬼佑之,以福祥也。

⑥兵不义而还自害,故不可。

⑦违礼而骄,无施而可。弱而骄者,则又其戾焉。死之速,不亦宜乎。

⑧于骄有馀则弱,弱则卑也。

⑨于卑有馀则强,强则又骄。

道者,一人用之,不闻有馀。①天下行之,不闻不足。②此谓道矣。③小取焉则小得福,大取焉则大得福,尽行之而天下服。殊无取焉,则民反其身,不免于贼。④

①理才用于一人。

②无不足于其人。

---

[1] 紊,原本误作"索",据杨本改。

③多少皆足者,道也。

④殊无取焉,则动皆违道,故人反背之而贼害也。

左者,出者也。^①右者,入者也。^②出者而不伤人,入者而自伤也。^③不日不月而事以从,^④不卜不筮而谨知吉凶。^⑤是谓宽乎形,徒居而致名。^⑥去善之言,为善之事,事成而顾反无名。^⑦能者无名,从事无事。^⑧审量出入,而观物所载。^⑨孰能法无法乎?始无始乎?终无终乎?弱无弱乎?^⑩故曰:美哉岪岪。^⑪故曰:有中有中,^⑫孰能得夫中之衷乎?^⑬故曰:功成者隳,名成者亏。故曰:孰能弃名与功,而还与众人同?^⑭孰能弃功与名,而还反无成?^⑮无成有贵其成也,^⑯有成贵其无成也。^⑰日极则仄[1],月满则亏。极之徒仄,满之徒亏。^⑱巨之徒灭。^⑲孰能已无已乎?效夫天地之纪。^⑳

①左为阳,阳主生,故为出也。

②右为阴,阴主死,故为入。

③出者既主生,则不当伤人。违而伤人,是还自伤。

④但循道而往,不计日月,事已从而成也。

⑤顺道则吉,逆道则凶,岂须卜筮后知乎?

⑥守道者,静默而已,故其身宽闲,徒然而居,能致令名。

⑦若能去言善,直能为善事,其事之成,顾反之者默然无名也。〇绩按,去,乃“云”字误。言云善言为善事反无名,即下文“能者无名”也。

⑧深能其事者,必不求名,然其从事安然闲暇,若无事然也。

⑨谓之出命令,当观物载之所堪,然后当量而出之也。

⑩凡此皆谓为而忘之者也。

⑪岪岪,兴起貌。谓能而不为,有契于道。如此,则功美日兴,故曰“美哉岪岪”。

⑫举事虽得其中而不为中,乃是有中也。

---

[1]仄,原本误作“反”,据杨本改,下同。

⑬得于中之损折中者，其维忘中乎？○绩按，此即前"心之中又有心"意，注非。

⑭君弃功名，则与众不异。同于物者，谁能害之者也？

⑮弃功名则无所成名。

⑯能贵无成，乃是成也。

⑰若其贵成，乃是无成。

⑱谓月。

⑲谓能立大功也。

⑳天地忘形者也。能效天地者，其唯忘己乎？

人言善亦勿听，人言恶亦勿听。①持而待之，空然勿两之，淑然自清，②无以旁言为事成。察而徵之无听辩，③万物归之，美恶乃自见。④

①誉之不劝，非之不沮。

②但无心而待，则淑然和美，善恶自清也。

③无以旁誉之言，则以为事成功，而无听其利口之辩言悦之也。

④万物之归，当顺而容之，其美之与恶，终自显见之也。

天或维之，地或载之。天莫之维，则天以坠矣。地莫之载，则地以沉矣。夫天不坠，地不沉，夫或维而载之也夫。①又况于人，人有治之，辟之若夫雷鼓之动也。②夫不能自摇者，夫或摇之。③夫或者何？若然者也。④视则不见，听则不闻，⑤洒乎天下满，⑥不见其塞。⑦集于颜色，⑧知于肌肤，⑨责其往来，莫知其时。⑩薄乎其方也，⑪韩乎其圜也，⑫韩韩乎莫得其门。⑬故口为声也，耳为听也，目有视也，手有指也，足有履也，事物有所比也。⑭

①天张于上，地设于下，自古及今而不沉坠者，必有神灵维载之故。

②必有以而动也。

③无识之物皆不能自摇。有时而动，则物摇之也。

④风有时摇动，谁使然也？○绩按，或者指上"或摇之"之"或"言。天地尚有所以维载者，况人岂无治之者？故问治之者状，下遂详其无声无臭之妙，而口耳目手足等本之。注皆非。

⑤谓风。

⑥风之洒散满天下也。

⑦风无拥塞时也。

⑧寒者遇风则色惨，热者遇之则清也。

⑨惟肌肤能觉风。

⑩责问其往来，则不得正时。

⑪谓遇方则为方。

⑫韡，复貌。谓遇圜则为圜也。

⑬虽复圆转，然不见其门也。

⑭今夫口手目足各有其在，非徒然也，必精神之比。夫事物之动摇，则风使之然，然求风则不得，语神亦不见之也。

当生者生，当死者死，①言有西有东，各死其乡。②置常立仪，能守贞乎？③常事通道，能官人乎？④故书其恶者，言其薄者。上圣之人，⑤口无虚习也，手无虚指也，物至而命之。⑥耳⑦发于名声，凝于体色，此其可谕者也。⑧不发于名声，不凝于体色，此其不可谕者也。⑨及至于至者，教存可也，教亡可也。⑩故曰：济于舟者，和于水矣。⑪义于人者，祥于神矣。⑫

①或死或生，亦神为之主。

②虽其所居有东西之异，至于各死其乡，则无不均也。

③人人或则置之常法，立之仪则，而勿失者，可谓正乎。

④有能守其常事，随时变通，不违于道，如此者，可以官于人。

⑤圣，通也。既设法以教之，立官以主之，犹有恶薄而不化者，则书而陈之居上者，然后化而通之也。

⑥口之习也,手之指也,终不徒然。必以事物之至,或以手指之,或以口命之。

⑦绩按,耳,语辞,属上为句。

⑧名声之至,耳听之,内流于心,外凝结于体色。如此者,性之敏惠,故可以德义告谕也。

⑨不发不凝,所谓顽鄙者也,故不可告谕也。

⑩谓人可诱令至于所欲至。如此者,存亡教,故教存亦可,教亡亦可乎。

⑪水和静无有波浪,则能济舟。

⑫与人理合,则神与之福祥也。○绩按,言圣人口不先言,手不先指,俟物至而后应之耳,盖以可言可指者易知,而不可言不可指者难知。其所以然,难知亦不系教否,故能济舟者必得载舟,水之理。能应物者必得寓物,神之妙。神即所以然也。

事有适而无适,①若有适。觿解不可解,而后解。②故善举事者,国莫知其解。③为善乎,毋提提。为不善乎,将陷于刑。④善不善,取信而止矣。⑤若左若右,正中而已矣。县乎日月,无已也。⑥

①事虽有所适,可常者若无适也。

②虽时有适,潜默周密,人莫知其由然。结必待觿而后解。觿,所以解结也。

③周密若结,故不能知其解。○绩按,言事有一种,适无适,若有适,犹觿解不可解而后解。本不可适而适之,故人皆不知其适解也。

④提提,谓有所扬举也。欲为善乎,则人以我谦退无所举。欲为不善,又恐陷于刑罚也。

⑤善与不善,足以为物所信,则止矣。此言可以为善不善之取也。

⑥左阳,谓善也。右阴,谓不善也。言处阴阳之中,得其正而止。若能常得中,则名与日月俱悬而无已时也。

愕愕者，不以天下为忧。^①刺刺者，不以万物为笑。^②孰能弃
刺刺而为愕愕乎？^③

①愕愕守正者忘天下，故不忧也。

②刺刺操求，自谓智谋之士。能忘智，当操求物理而经营，功为策也。

③智者劳而失惠，忘德者佚而归之也。

难言宪术，须同而出。^①无益言，无损言，近可以免。^②故
曰：知何知乎？谋何谋乎？^③审而出者彼自来。^④自知曰稽，^⑤知
人曰济。^⑥知苟适，可为天下周。^⑦内固之一，可为长久，^⑧论而
用之，可以为天下王。^⑨天之视而精，^⑩四壁而知请。^⑪壤土而与
生，^⑫能若夫风与波乎？唯其所欲适。^⑬故子而代其父曰义也，
臣而代其君曰篡也。^⑭篡何能歌？武王是也。^⑮故曰：孰能去辩与
巧，而还与众人同道。^⑯故曰：思索精者明益衰，德行修者王道
狭，^⑰卧名利者写生危。^⑱知周于六合之内者，吾知生之有为阻
也。^⑲持而满之，乃其殆也。^⑳名满于天下，不若其已也。^㉑名进
而身退，天之道也。^㉒满盛之国，不可以仕任。^㉓满盛之家，不可
以嫁子。^㉔骄倨傲暴之人，不可与交。^㉕

①凡为法术必重难，须同众心，然后出之矣。

②损益之事，当潜而为之。又曰何谋此慎密之至。

③虽知之，常曰"何知"。虽谋之，常曰"何谋"。此慎密之至也。

④审而出者，必同于彼，故自来。

⑤自知则能考彼矣。

⑥知人则能，可以济同，不以和济同也。

⑦自知能稽，知人能济，所谓适也。若此，可为天下之周慎也。

⑧适可以知，内自固之，则长久。

⑨既固于心，度时论用，如此，可以为天下王。

⑩既可王天下，则于天道，故视天能精之也。

⑪四壁，《周礼》所谓"四珪有邸"者也，祭天所奠也，同邸于壁，故曰"四

璧"。既能知天,则祭以四璧,而祈请其福祥也。

⑫天既降福,故壤土为之生百谷也。

⑬风动波应,大小唯所欲适。天地之应圣人,亦犹是也。

⑭臣代于君,必是篡夺而取也。

⑮而武王以臣代君,则非篡也。谓之篡之,岂能使纣之众前歌后舞乎?则武王以臣代君,于理是也。

⑯武王伐纣,所以不为篡者,则以纣恃其辩巧,自异于物,逆天绝理,毒流四海故也。向能去其辩巧,与众同道,何武王之敢窥哉?虽欲代之,故得篡名也。

⑰思索太精则矜名,故王道狭也。

⑱卧,犹息也。写,犹除也。能息名利,则除身之危。

⑲周其智于六合则神伤力竭,故于其生有阻难也。

⑳持满者善覆,故危也。

㉑名满于天下,则花扬而实丧。

㉒未有能名身俱进者。

㉓满盛则败亡,故不可任其仕[1]也。

㉔嫁子于满盛之家,则与之俱亡。

㉕交于骄暴,则危亡及己也。

道之大[2]如天,①其广如地,②其重如石,③其轻如羽。④民之所以知者寡,故曰:何道之近而莫之与能服也。⑤弃近而就远,何以费力也?⑥故曰:欲爱吾身,先知吾情。⑦君亲六合,以考内身。⑧以此知象,乃知行情。⑨既知行情,乃知养生。⑩左右前后,周而复所。⑪执仪服象,敬迎来者。⑫今夫来者,必道其道。⑬无迁无衍,命乃长久。⑭和以反中,形性相葆。⑮一以无贰,是谓知道。将欲服之,必一其端而固其所守。⑯责其往来,

---

[1]任其仕,原本误作"仕其任",据杨本改。
[2]大,原本误作"人",据杨本改。

莫知其时。[17]索之于天，与之为期。[18]不失其期，乃能得之。[19]故曰：吾语若，大明之极，[20]大明之明，非爱人不予也。[21]同则相从，反则相距也。[22]吾察反相距，吾以故知古从之同也。[23]

①无不覆也。

②无不载也。

③万人之力不能举也。

④一人载之不为重。

⑤服，行也。

⑥道近在[1]身，不能求之于己，而望之于人，终无得时，故曰"费力"也。

⑦知己情，则能自保其身。

⑧遍六合之种，一一考之于身，身皆备之，则何须弃身而远之也？

⑨于身之象，乃知可行之情。

⑩知行情则不违理，不违理则生全，故曰"乃知养生"。

⑪行身之道，或从左右，或从前后，行之既周，还复本所也。

⑫执常仪，行常象，将来可行之理，敬而迎之。

⑬上道从也，将来之理，必道而来从也。

⑭理既从道而来，但遵而行之，无迁移，无宽衍，勤而为之，则命久长也。

⑮事既安和，反归中理，如此则形全性顺，故能相保也。

⑯固守则道自行。

⑰若责生之往来，则期不定。

⑱求性命之理于天，则期时可知也。

⑲既不失期，则性命之理得也。

⑳若，汝也。大明之极，谓天[2]也。

㉑爱，惜也。非有所隐情于人而不与之也。

㉒与天同则从，反则距也。

㉓察今反则有距，故知古之从者，以其同也。

---

[1] 在，原本误作"仁"，据杨本改。

[2] 天，原本误作"大"，据赵本改。

卷第十四

水地第三十九　　短语十三

　　地者，万物之本原，诸生之根苑也。①美恶贤不肖愚俊之所生也。②水者，地之血气，如筋脉之通流者也。③故曰：水具材也。④何以知然也？曰：夫水，淖弱以清，而好洒人之恶，仁也。⑤视之黑而白，精也。⑥量之不可使概，至满而止，正也。⑦唯无不流，至平而止，义也。⑧人皆赴高，己独赴下，卑也。卑也者，道之室，王者之器也。⑨而水以为都居。⑩准也者，五量之宗也。⑪素也者，五色之质也。⑫淡也者，五味之中也。⑬是以水者，万物之准也，⑭诸生之淡也，⑮违非得失之质，⑯是以无不满，无不居也。集于天地，⑰而藏于万物，⑱产于金石，⑲集于诸生，⑳故曰水神。㉑集于草木，根得其度，㉒华得其数，㉓实得其量。㉔鸟兽得之，形体肥大，羽毛丰茂，文理明著。万物莫不尽其几，㉕反其常者，㉖水之内度适也。㉗

　　①苑,囿城也。

　　②谓生于地。

　　③水言材美具简其润泽若气,以支持于地若筋,分流地上若脉也。

　　④言水材美具备。

　　⑤淖,和也。恶,垢秽也。

　　⑥视其色虽黑,及挥扬之则白,如此者,精也。

　　⑦以意量之,则多少不可以概。注于器,满则止,不可加剩。如此者,正也。

　　⑧方圆邪曲,无所不流。平则止,不可增高。如此者,义也。

⑨道以卑为室,王以卑为器也。

⑩都,聚也。水聚居于下,卑也。

⑪水可为平准,五量取则焉,故为五量之宗也。

⑫无色谓之素。水虽无色,五色不得不成,故为五色质也。

⑬无味谓之淡水,虽无味,五味不得不和,故为五味中也。

⑭万物取平焉,故曰"准"也。

⑮能济诸生以适中,故曰"淡"也。

⑯得亦自水生焉,失亦自水生焉,故为得失之质。

⑰雨从天降,而亦有河汉,故水集于天[1]地。

⑱动植之物,皆含液也。

⑲拣金于水。山石之穴,或有溜泉焉。

⑳诸合生类,皆得水而长之。

㉑莫不有水焉,不知其所,故谓之神也。

㉒得其生之度。

㉓得其荣落之数。

㉔得其生熟之量。

㉕几,谓从无以适有也。

㉖常,谓长育之常数也。

㉗内度,谓潜润之度也。

夫玉之所贵者,九德出焉。夫玉,温润以泽,仁也;邻以理者,知也;①坚而不蹙,义也;②廉而不刿,行也;鲜而不垢,絜也;折而不挠,勇也;瑕适皆见,精也;③茂华光泽,并通而不相陵,容也;叩之,其音清抟彻远,纯而不杀,辞也。④是以人主贵之,藏以为宝,剖以为符瑞,九德出焉。⑤

①邻,近也。玉文相适近理,各自通,如此知也。

②蹙,屈聚也。如此义也。

---

[1]天,原本误作"大",据杨本改。

③瑕适，玉病也。以其精纯，故不掩瑕适。

④象古君子之辞也。

⑤人主所以宝而藏之，为符瑞九德之故。

人，水也。男女精气合而水流形。①三月如咀咀者何？曰五味。五味者何？②曰五藏。③酸主脾，咸主肺，辛主肾，苦主肝，甘主心。五藏已具，而后生肉。脾生膈，④肺生骨，肾生脑，肝生革，⑤心生肉。五肉已具，而后发为九窍。脾发为鼻，肝发为目，肾发为耳，肺发为口，心发为舌。⑥五月而成，十月而生。生而目视、耳听、心虑。目之所以视，非特山陵之见也，察于荒忽。耳之所听，非特雷鼓之[1]闻也，察于淑湫。心之所虑，非特知于麤粗也，察于微眇。故修要之精。⑦是以水集于玉，而九德出焉。凝蹇而为人，⑧而九窍五虑出焉。⑨此乃其精。⑩麤浊蹇，能存而不能亡者也。⑪伏闇能存而能亡者，蓍龟与龙是也。⑫龟生于水，发之于火，⑬于是为万物先，为祸福正。⑭龙生于水，被五色而游，故神。⑮欲小则化如蚕蠋，⑯欲大则藏于天下，⑰欲尚则凌于云气，⑱欲下则入于深泉。变化无日，⑲上下无时，谓之神。龟与龙，伏闇能存而能亡者也。

①阴阳交感，流布成形也。

②咀咀，口和嚼之，谓三月之胎胞初凝，类口所嚼食也。

③五味出于五藏后也。

④膈在脾上也。

⑤革，皮肤也。

⑥绩按，旧本无此句，今据《文子[2]》补之。

⑦言精思是理，修要妙之精也。

⑧蹇，亭也。言精液凝亭则为人也。

---

[1]之，原缺，据杨本补。

[2]子，原本误作"字"，据赵本改。

⑨五虑,谓耳、目、鼻、口、心也。

⑩言九窍五虑,是身之精也。

⑪谓人之禀气麤浊而蹇,但能存而不能亡也。○绩按,此言水之精麤浊蹇,能存而不能亡者,生人与玉。注俱非。

⑫言龟龙禀气微妙,悠远而暗冥,故能存亡而为变化也。

⑬谓卜者以火钻灼之。

⑭谓龟得水火之灵,故先知于万物,识祸福之正也。

⑮得水不测之灵,故神。

⑯蠋,藿中虫。

⑰言能隐覆天下。

⑱尚,上也。

⑲随时而变,不期于日。

　　或世见,①或世不见者,②生蠸与庆忌。③故涸泽数百岁,谷之不徙,水之不绝者,生庆忌。④庆忌者,其状若人,其长四寸。衣黄衣,冠黄冠,载黄盖,乘小马,好疾驰。以其名呼之,可使千里外一日反报,此涸泽之精也。涸川之精者生于蟡。蟡者,一头而两身,其形若蛇,其长八尺。以其名呼之,可以取鱼鳖。此涸川水之精也。

①谓下谷不徙,水不绝之也。

②谓涸川,水有时而绝。

③世见生庆忌,世不见生蠸也。○绩按,蠸,于危切,又音诡。

④谓涸泽之中,有谷者水,谷不徙而水不绝也。

　　是以水之精,麤浊蹇,能存而不能亡者,生人与玉。伏闇能存而亡者,蓍龟与龙。或世见,或不见者,蟡与庆忌。故人皆服之,①而管子则之。②人皆有之,③而管子以之。④是故具者何也?水是也。⑤万物莫不以生,⑥唯知其托者能为之正。具者,水是也。⑦故曰：水者何也？万物之本原也，诸生之宗室，美恶贤不肖愚俊之所产也。何以知其然也？夫齐之水道躁而复，故其民贪麤而好勇。⑧楚之水淖弱而清，故其民轻果而贼。⑨越之水浊重而洎，故其民愚疾而垢。⑩秦之水泔最而稽，埿滞而杂。⑪故其民贪戾，罔而好者事。⑫齐晋之水枯旱而运，埿墠而杂，⑬故其民谄谀而葆诈，巧佞而好利。⑭燕之水萃下而弱，沉滞而杂，故其民愚戆而好贞，轻疾而易死。⑮宋之水轻劲而清，故其民简易而好正。⑯是以圣人之化世也，其解在水。⑰故水一则人心正，⑱水清则民心易。一则欲不污，⑲民心易则行无邪。⑳是以圣人之治于世也，不人告也，不户说也，其枢在水。㉑

①谓服用水。

②言管子独能知水法则也。

③莫不有水。

④以，用也。言管子独能用水也。

⑤言水无理不具也。

⑥得水以生。

⑦托，依也。能知水理之所依者，能正于万物，故理之具者水也。

⑧以水道回复，故令人贪。以其躁速，故令人麤勇也。

⑨以其淖弱故轻佚，清则明察，故人果贼也。

⑩洎，浸也。浊重故愚，浸则多所渐入，故疾垢也。

⑪最，绝也。稽，停留也。谓秦水泔美而味停留，又泥埿沉滞，与水相杂也。

⑫以其甘而稽，故贪戾。以其滞杂，故诬而好事。

⑬齐晋，谓齐之西而晋之东。枯旱，谓其水惨涩而无光也。

⑭以其运，故谄谀。以其枯旱，故葆诈。以其埿杂，故巧佞而好利。

⑮沉故愚戆而好贞，萃杂故轻疾而易死也。

⑯轻故简易，清劲故好正也。

⑰言解人之邪正，尝水而知。

⑱一,谓不杂。

⑲人心既一,故欲不污秽。

⑳易直则无邪也。

㉑枢,主运转者也。言欲转化于人,但则水之理,故曰"其枢在水"也。

四时第四十

管子曰:令有时,①无时则必视顺天之所以来。②五漫漫,六惛惛,孰知之哉?③唯圣人知四时。不知四时,乃失国之基。不知五谷之故,国家乃路。④故天曰信明,地曰信圣,⑤四时曰正。⑥其王信明圣,其臣乃正。⑦何以知其王之信明信圣也?曰:慎使能而善听信之。⑧使能之谓明,⑨听信之谓圣。⑩信明圣者,皆受天赏,⑪使不能为惛⑫为忘。惛而忘也者,皆受天祸。⑬是故上见成事而贵功,则民事接,劳而不谋。⑭上见功而贱,则为人下者直,⑮为人上者骄。⑯是故阴阳者,天地之大理也。⑰四时者,阴阳之大经也。⑱刑德者,四时之合也。⑲刑德合于时则生福,诡则生祸。然则春夏秋冬将何行?

①王者命令,必有其时。

②视,谓观而察之。若不得时,则必观察其所致,改革以顺天道之来也。

③漫漫,旷远貌。惛惛,微暗貌。五,谓每时之五政,其理旷远。六,谓阴阳四时,其理微暗。既漫且惛,故知之者少也。

④路,谓失其常居。

⑤言能信顺天地之道,则而行之者,曰明曰圣也。

⑥顺行四时之令曰正也。

⑦君明圣,则能用贤材,故正也。

⑧谓能听信贤材之人。

⑨使任贤能,则为明也。

⑩既听其言,又信其事,所以为圣。

⑪信明者,天福也。

⑫既使不能,所以为惛。

⑬惛忘则动皆违理,故受天殃也。

⑭谓君见下有成事,能贵赏其功。是上能以恩接人事,故虽下[1]劳,不谋上报其事也。

⑮恃其功劳,故肆直也。

⑯不恤下功,则以骄悖故也。

⑰天地用阴阳为生成。

⑱阴阳更用于四时之间为纬也。

⑲德合于春夏,刑合于秋冬。

东方曰星,①其时曰春,②其气曰风。③风生木与骨,④其德喜嬴[2]而发出节时,⑤其事号令,修除神位,谨祷弊梗。⑥宗正阳,⑦治堤防,⑧耕芸树艺,正津梁,⑨修沟渎,毳屋行水,⑩解怨赦罪,通四方。⑪然则柔风甘雨乃至,⑫百姓乃寿,百虫乃蕃,此谓星德。⑬星者掌发,发为风,⑭是故春行冬政则雕,⑮行秋政则霜,⑯行夏政则燠。⑰是故春三月,以甲乙之日发五政。⑱一政曰:论幼孤,舍有罪。二政曰:赋爵列,授禄位。⑲三政曰:冻解,修沟渎,复亡人。⑳四政曰:端险阻,㉑修封疆,正千伯。㉒五政曰:无杀麑夭,毋蹇华绝芋。㉓五政苟时,春雨乃来。

①东方阴阳之气和杂之时,故为星,星亦不定于阴阳也。

②春,蠢也。时物蠢而生也。

③阳动而阴寒为风也。

④木为风而发扬,骨亦木之类也。

---

[1]下,原本误作"不",据杨本改。

[2]嬴,原本误作"赢",据杨本改,下注同。

⑤出,生也。言春德喜悦长嬴,为发生之时节也。

⑥梗,塞也。时方开通,而有弊败梗塞者,则祷神以通道之。〇绩按,《淮南子》仲春"祭不用牺牲,用圭璧,更皮币",疑此乃"币更"误。

⑦春,阳事,故以正阳为宗。

⑧夏多水潦,故于春预修堤防。

⑨谓正桥梁也。

⑩甓者,使之行水也。修屋坏,时方溉灌,依次行而用。

⑪凡此皆助发生之气。

⑫柔,和也。

⑬星以和为德也。

⑭掌,主也。主以风发生。

⑮肃杀之气乘之,故雕落也。

⑯秋霜降时也。

⑰绩按,疑"燠"字误。《月令》行夏令"燠气早来"意。

⑱甲乙统春之三时也。

⑲列,次也。

⑳人之逃亡者,复还之。

㉑路有险阻,理之使端平也。

㉒千伯,即阡陌也。

㉓搴,拔也。芋之属,其根经冬不死,不绝之也。〇绩按,后《禁藏》作"毋夭英,毋柎竿",必有一误。

南方曰日,①其时曰夏,②其气曰阳。③阳生火与气,④其德施舍修乐。⑤其事号令,赏赐赋爵,受禄顺乡,⑥谨修神祀,量功赏贤,以动阳气。⑦九暑乃至,⑧时雨乃降,五谷百果乃登,此谓日德。⑨中央曰土,⑩土德实辅四时入出,⑪以风雨节土益力,⑫土生皮肌肤,⑬其德和平用均,⑭中正无私,⑮实辅四时。⑯春赢育,夏养长,秋聚收,冬闭藏。⑰大寒乃极,国家乃昌,四方乃服。⑱

此谓岁德。^⑲日掌赏，赏为暑。^⑳岁掌和，和为雨。^㉑夏行春政则风，^㉒行秋政则水，行冬政则落。^㉓是故夏三月，以丙丁之日发五政。一政曰：求有功，发^㉔劳力者而举之。二政曰：开久坟，^㉕发故屋，辟故窌以假贷。^㉖三政曰：令禁扇去笠，^㉗毋扱免，^㉘除急漏田庐。^㉙四政曰：求有德，赐布施于民而赏之。五政曰：令禁置设禽兽，^㉚毋杀飞鸟。五政苟时，夏雨乃至也。

①南方大阳，故为日也。

②夏，假也，谓时物皆假大也。

③夏之气也。

④阳为郁热敲蒸，故为火气也。

⑤施舍，谓施爵禄，舍逋罪。修乐，谓作乐以修辅也。

⑥顺乡，谓不违土俗之宜也。

⑦阳气主仁，故行恩赏以助之也。

⑧九暑，谓九夏之暑也。

⑨日以昭育为德也。

⑩土位在中央，而寄王于六月，承火之后，以土火之子故也，而统于夏，所以与火同章也。

⑪王在四时之季，与之入出。○绩按，此言王无定时也。

⑫土得雨，遍益其生植之力。○绩按，此言土无定气也。

⑬土所生木，实成皮与肌肤。○绩按，此言土气之生也。

⑭土无不载，无不生，故和而用均也。

⑮位居中正，无偏私。

⑯绩按，此言土之德也。

⑰言上之四时，皆土之所辅成也。○绩按，此言土之事也。

⑱言土辅四时，使均成，然后寒极而成岁，国昌而民服。

⑲言土能成岁之德也。

⑳得赏则热，热则为暑。

㉑和则阴阳交，故为雨。

㉒风主春故。

㉓霜气肃杀,故凋落也。

㉔绩按,疑"伐"字。

㉕久坟瘗之处,开通之也。

㉖辟,开也。

㉗禁扇去笠者,不欲令人御盛阳之气。

㉘禁扱衽免袒者,亦不欲人恶盛阳之气也。

㉙田中之庐欲漏之,不欲人恶盛阳之气也。

㉚谓设置之取禽兽也。

　　西方曰辰,^①其时曰秋,^②其气曰阴。^③阴生金与甲,^④其德忧哀,静正严顺,^⑤居而不敢淫佚,^⑥其事号令,毋使民淫暴,顺旅聚收。^⑦量民资以畜聚,赏彼群干,^⑧聚彼群材,^⑨百物乃收。使民毋怠,^⑩所恶其察,所欲必得,^⑪我信则克,^⑫此谓辰德。^⑬辰掌收,收为阴。^⑭秋行春政则荣,^⑮行夏政则水,^⑯行冬政则耗。^⑰是故秋三月,以庚辛之日发五政。一政曰:禁博塞,^⑱圉小辩,斗译訋。^⑲二政曰:毋见五兵之刃。^⑳三政曰:慎旅农,趣聚收。四政曰:补缺塞坼。^㉑五政曰:修墙垣,周门闾。^㉒五政苟时,五谷皆入。

　　①辰,星日交会也,秋阴阳适中,故为辰。

　　②秋,挈也。时物成熟挈敛也。

　　③秋之气也。

　　④阴气凝结坚实,故生金为爪甲也。

　　⑤秋气凄恻,故以忧恤哀怜为德。静正,阴^[1]之性也。严顺,谓德虽严,然顺时而为之也。

　　⑥顺秋气而静居,不敢为淫逸过失也。

　　⑦谓顺时理军旅,聚而收之也。

---

[1]正阴,原本误作"阴正",据杨本改。

⑧众有武干人，当赏之。

⑨材，谓可以充兵器之材，当收聚也。

⑩时云[1]收敛，出师故聚装，人无懈怠。

⑪察所恶之方而伐之，则得其所欲也。

⑫我既诚信，故能克敌。

⑬辰以收敛杀奸邪为德也。

⑭收，聚。冬闭藏，故为阴。

⑮春发荣也。

⑯夏多行水潦也。

⑰冬肃杀损耗也。

⑱博塞长奸邪，故禁之。

⑲小辩则利口覆国，及译传言语相疾忌为斗讼者，皆当禁圉之也。

⑳时或出师掩袭，故藏五兵之刃也。

㉑师旅营农，当慎收之。秋方闭藏，故令补塞缺坏也。

㉒亦所以助闭藏之气。

北方曰月，①其时曰冬，②其气曰寒。③寒生水与血，④其德淳越，温怒周密。⑤其事号令，修禁徒，民令静止，⑥地乃不泄，⑦断刑致罚，无赦有罪，以符阴气。⑧大寒乃至，甲兵乃强，五谷乃熟，国家乃昌，四方乃备，此谓月德。⑨月掌罚，罚为寒。⑩冬行春政则泄，⑪行夏政则雷，⑫行秋政则旱。⑬是故冬三月以壬癸之日发五政。一政曰：论孤独，恤长老。二政曰：善顺阴，修神祀，赋爵禄，授备位。三政曰：效会计，毋发山川之藏。⑭四政曰：摄奸遁，得盗贼者有赏。五政曰：禁迁徙，止流民，圉分异。⑮五政苟时，冬事不过，所求必得，所虑必伏。⑯

①北方太阴，故为月也。

②冬，中也。谓藏收万物于中也。

---

③冬之气也。

④寒释则水流。血亦水之类。

⑤冬时花叶凋落,唯根干存焉,故以淳质为德。越,散也。冬既闭藏,时则入于否嗇,故令散施为德,虽复阴怒,当节之以温。周密者,众阴之闭藏也。

⑥时方休息,故禁人私徙,令为静止也。

⑦冬令行,故地不泄也。

⑧阴气主杀,故断刑致罪以符之。

⑨月以闭藏罚罪为[1]德也。

⑩罚则杀物,故为寒也。

⑪春,阳气发泄也。

⑫夏,雷雹行。

⑬谓冬气早旱也。

⑭山藏,谓铜银之属藏在山者。川藏,谓珠玉之属藏在川者也。

⑮分异,谓离居者。

⑯绩按,自"是故"至此,旧本误在"暴虐积则亡"下。

是故春凋、秋荣、冬雷、夏有霜雪,此皆气之贼也。①刑德易节失次,则贼气速至,贼气速至,则国多菑殃。是故圣王务时而寄政焉,②作教而寄武,③作祀而寄德焉。④此三者,圣王所以合于天地之行也。⑤日掌阳,月掌阴,星掌和。阳为德,阴为刑,和为事。是故日食则失德之国恶之,月食则失刑之国恶之,彗星见则失和之国恶之,⑥风与日争明则失生之国恶之。⑦是故圣王日食则修德,月食则修刑,彗星见则修和,风与日争明则修生。此四者,圣王所以免于天地之诛也。信能行之,五谷蕃息,六畜殖而甲兵强。治积则昌,暴虐积则亡。

①气反时则为贼害也。

②谓顺时而立政。

[1]为,原本误作"岁",据杨本改。

③因教而习武也。

④谓设祭以显德,则神歆也。

⑤天地之行,唯此三者而已。

⑥失则当受罚,故其所失,各以其所类而兴恶也。

⑦日恶风且热,旱灾成矣,方生之物皆枯悴矣。此失生德也,故失生之国恶也。

　　道生天地,①德出贤人。②道生德,③德生正,④正生事。⑤是以圣王治天下,穷则反,终则始。德始于春,长于夏。刑始于秋,流于冬。⑥刑德不失,四时如一。⑦刑德离乡,时乃逆行。⑧作事不成,必有大殃。月有三政,⑨王事必理。以为必长,⑩不中者死,失理者亡。⑪国有四时,固执王事。⑫四守有所,⑬三政执辅。⑭

①道者,自然能生天地也。

②德者,贤人所修为,故能生贤也。

③法道则成德也。

④德修则理自正。

⑤正直则事干。

⑥谓刑于冬而休息也。

⑦皆顺时而成,故如一。

⑧乡,方也。

⑨月三旬改异,故曰"三政"也。

⑩王者行事,必顺三政之理,然后可以长久。

⑪中,犹合也。不合三政者则死,违失其理必败亡。

⑫固执四时之政,以辅行王事。

⑬谓守四时,令得其所。

⑭执月三之政,辅行己德也。

五行第四十一　　　　短语十五

　　一者本也，^①二者器也，^②三者充也，^③治者四也，^④教者五也，^⑤守者六也，^⑥立者七也，^⑦前者八也，^⑧终者九也，^⑨十者然后具五官于六府也，^⑩五声于六律也。^⑪六月日至，^⑫是故人有六多，^⑬六多所以街天地也。^⑭天道以九制，^⑮地理以八制，^⑯人道以六制。^⑰以天为父，以地为母，以开乎万物，^⑱以总一统。^⑲通乎九制、六府、三充而为明天子。^⑳修槩水，上以待乎天堇。^㉑反五藏以视不亲。^㉒治祀之，下以观地位。^㉓货暲神庐，合于精气。^㉔已合而有常，^㉕有常而有经。^㉖审合其声，修十二钟，以律人情。^㉗人情已得，万物有极，然后有德。^㉘故通乎阳气，所以事天也，经纬日月，用之于民。^㉙通乎阴气，所以事地也，经纬星历，以视其离。^㉚通若道然后有行，^㉛然则神筮不灵，神龟不卜，^㉜黄帝泽参，治之至也。^㉝

　　①本，农桑也。

　　②器，所以理农桑之具也。

　　③充，谓人力能称本与器也。

　　④人既务本，设治以理之也。

　　⑤人既奉法，则以礼义教之。

　　⑥人既奉法从教，则设官以守之。

　　⑦既设官以守之，则能立事。

　　⑧既能设官立事，可与前王比隆。

　　⑨既能与前王比隆，可谓王道之终也。

　　⑩立五行之官，分掌六府也。

　　⑪谓播五声于六律也。

　　⑫阳生至六，为夏至。阴生至六，为冬至。

　　⑬阳至六，为纯阳之多也。阴至六，为纯阴之多也。人禀阴阳之纯以生，故曰"人有六多"。

⑭衔, 道阳阴多也。

⑮九, 老阳之数, 以老阳制天, 所以君长之也。

⑯八, 少阴之数, 以少阴制地, 欲其生息也。

⑰六者, 兼三材之数, 人禀天地阴阳之气以生, 故以制人也。

⑱父母开通, 以生万物。

⑲总持其本, 以统万物也。

⑳言能总一统九制已下, 可谓明天子。

㉑董, 诚也。言天子能以中正自修, 以桼自平, 上待天诚也。

㉒又亲反察于五藏, 以视知何者不亲也。

㉓理于祭祀之时, 于其所祭之下, 观知地位之尊卑者也。

㉔神庐, 谓庙祠也。日所次隅曰暆。言祭神庐之时, 或荐珍货, 虽已奠于地, 复以日次隅之, 所以为精祥也。如此者, 所以招合鬼神精气之道也。

㉕神既合聚而享佑, 则风雨得其常也。

㉖风雨有常, 百货成而常经不失也。

㉗不失其精, 则庶续咸通, 故可审合理世之声, 以成安乐之音, 然后十二钟以播其音。音之高下, 皆法人情。律, 法也。

㉘得人情则物理极, 极于物理, 可谓有德也。

㉙天气以积阳成德, 故通阳气然后能事天, 又经纬日月之使候, 使人用之也。

㉚地以积阴成体, 故通阴气然后能事地, 又经纬星历之节气, 视知其离绝也。

㉛言能通乎阴阳天地之道, 然后所行不失也。

㉜既通天地之道, 则所行无不当, 故龟筮不能为卜兆。

㉝黄帝虽通天地之道, 不使参问曰泽, 以得万灵之情, 可谓理之至也。

昔者黄帝得蚩尤而明于天道, 得大常而察于地利, 得奢龙而辩于东方, ①得祝融而辩于南方, 得大封而辩于西方, 得后土而辩于北方。黄帝得六相而天地治, 神明至。蚩尤明乎天道, 故

使为当时。②太常察乎地利，故使为廪者。③奢龙辩乎东方，故使
为工师。④祝融辩乎南方，故使为司徒。⑤大封辩于西方，故为
司马。⑥后土辩乎北方，故使为李。⑦是故春者工师也，夏者司徒
也，秋者司马也，冬者李也。昔黄帝以其缓急作五声，⑧以政五
钟。令其五钟，一曰青钟，大音。⑨二曰赤钟，重心。三曰黄钟，
洒光。四曰景钟，昧其明。五曰黑钟，隐其常。⑩五声既调，然后
作立五行，以正天时，五官以正人位。人与天调，然后天地之美
生。⑪

①绩按，一本"奢"作"苍"。下放此。

②谓知天时之所当也。

③廪，给也。谓开廪以给命也。

④工师，即司空也。

⑤谓主徒众使务农也。

⑥主兵马以出征。

⑦李，狱官也，取使象水平之也。

⑧调政理之缓急，作五声也。

⑨大音，东方钟名。

⑩自大音、重心已下皆钟名，其义则未闻。

⑪美，谓甘露醴泉之类也。

日至，睹甲子木行御。①天子出令，命左右士师内御，②总别
列爵，③论贤不肖士吏，④赋秘赐，⑤赏于四境之内，发故粟以田
数。⑥出国衡，⑦慎山林，禁民斩木，所以爱草木也。然则水解而
冻释，草木区萌，⑧赎蛰虫卵菱，⑨春辟勿时，⑩苗足本，⑪不疠雏
彀，⑫不夭麛麖，⑬毋传速，亡伤襁葆，⑭时则不凋。⑮七十二日
而毕。⑯睹丙子，火行御。天子出令，命行人内御，⑰令掘沟浍，
津旧涂，⑱发藏任君赐赏。⑲君子修游驰以发地气，⑳出皮币，命
行人修春秋之礼于天下诸侯，通天下，遇者兼和。㉑然则天无疾

风，草木发奋，郁气息，㉒民不疾而荣华蕃。七十二日而毕。睹戊子，土行御。天子出令，命左右司徒内御，㉓不诛不贞，㉔农事为敬，㉕大扬惠言，㉖宽刑死，缓罪人。㉗出国，司徒令命顺民之功力，以养五谷。君子之静居，㉘而农夫修其功力极。然则天为粤宛，㉙草木养长，五谷蕃实秀大，六畜牺牲具，民足财，国富，上下亲，诸侯和。七十二日而毕。睹庚子，金行御。天子出令，命祝宗选禽兽之禁，㉚五谷之先熟者，㉛而荐之祖庙与五祀。㉜鬼神飨其气焉，君子食其味焉。然则凉风至，白露下。天子出令，命左右司马衍组甲厉兵，㉝合什为伍，㉞以修于四境之内，谍然告民有事，所以待天地之杀敛也。㉟然则昼炙阳，夕下露，地竞环，㊱五谷邻熟，㊲草木茂。实岁农丰，年大茂。七十二日而毕。睹壬子，水行御。天子出令，命左右使人内御。其气足则发而止，㊳其气不足则发㪍渎盗贼，㊴数剥竹箭，㊵伐檀柘，㊶令民出猎禽兽，不释巨少而杀之，所以贵天地之所闭藏也。㊷然则羽卵者不段，㊸毛胎者不膜，㊹腜妇不销弃，㊺草木根本美。㊻七十二日而毕。

①谓春日既至，睹甲子用木行御时也。

②谓内侍之官也。

③谓总别等列之爵也。

④论士吏之贤与不肖，当有所黜陟也。

⑤秘藏之物出而赋赐之也。

⑥故粟，陈也。以田数多少，用陈粟给人，使得务农。

⑦官名。

⑧萌牙区别而生也。

⑨赎，犹去也。卵，鬼。菱，芡也。皆早春而生也。

⑩春当耕辟，无得不及时也。

⑪足，犹拥也。春生之苗，当以土拥其本。

⑫疕，杀也。雏，随母食者。

⑬麑,鹿子也。言夭伤之。

⑭襁褓之婴孩,无得伤损也。

⑮若能行上事春,则繁茂而不凋枯也。

⑯春当九十日,而今七十二日而毕者,则季月十八日属土位故也。○绩按,自甲子起,周一甲子六十日又零十二日得丙子,故曰"七十二日而毕"。下皆放此。盖五七三百五十日,又五二为十日,通三百六十日,一年之数也。注皆非。

⑰行人,行使之官也。

⑱旧涂,谓先时济水处,当设其津梁也。

⑲任,委也。藏中委积物,当发用之,即以充君之赏赐也。

⑳游驰,谓游戏驰马也。

㉑春秋二时聘问之礼。

㉒谓郁蒸之气止息也。

㉓命司徒御理夏[1]政也。

㉔贞,正也。太阳用事,时方长育,故无所诛戮,无责正,以助养气也。

㉕夏时农事尤盛,顺而敬之也。

㉖言大举仁惠之事也。

㉗皆所以助养气也。

㉘阴气方生,故静居以遵也。

㉙粤,厚也。宛,顺也。天为厚顺,不逆时气也。

㉚禁,谓牢。圂圈所养,拟供祭祀也。

㉛先熟则黍稷也。

㉜五祀,谓门、行、户、灶、中溜。

㉝组甲,谓以组贯甲也。

㉞谓伍什人之长为伍。

㉟䛂,悦顺貌。有事,谓出师以伐不服,象天地杀敛也。

㊱环,炙实貌。方秋之时,昼则暴炙,夕则下寒露而润之,阴阳更生,故地气交竞而炙实。

---

[1]夏,原本误作"复",据杨本改。

㊲邻，紧也。阴阳气足，故紧熟。

㊳使人御理冬政，其闭藏之气足，则发令休止也。

㊴撊，谓遮禁也。群聚之，谓其闭藏之气不足，则撊防盗贼以助其闭藏之气也。

㊵言数�削竹箭以为矢也。

㊶伐檀柘，所以为弓也。

㊷贵天地闭藏，故收猎取禽以助也。

㊸段，谓离散不成。

㊹膭，谓胎败溃也。

㊺䏻，古“孕”字。销弃，谓散坏也。

㊻闭藏实坚，则根本美。凡此皆顺冬闭藏之政所致也。

睹甲子，木行御。天子不赋，不赐赏，而大斩伐伤，①君危。不杀，太子危，家人夫人死，②不然则长子死。③七十二日而毕。④睹丙子，火行御。天子敬行急政，旱札苗死，民疠。⑤七十二日而毕。睹戊子，土行御。天子修宫室，筑台榭，君危。⑥外筑城郭，臣死。⑦七十二日而毕。⑧睹庚子，金行御。天子攻山击石，有兵作战而败亡，死丧执政。⑨七十二日而毕。睹壬子，水行御。天子决塞，动大水，王后夫人薨。不然，则羽卵者段，毛胎者膭，䏻妇销弃，草木根本不美。七十二日而毕也。

①此以下，言逆时政所致灾[1]祸也。

②若君虽危而不见杀，则又太子危而家人、夫人有死祸也。

③如无家人、夫人死，则长子死。

④逆气亦毕于七十二日也。

⑤札，夭死也。疠，疫死。时当宽缓而乃急，故有旱札疫之灾也。

⑥土方用事，而修宫室以动乱之，故君有危亡之祸也。

⑦筑城郭动土，危，故其臣死。

[1] 灾，原本误作“定”，据杨本改。

⑧土王在六月,而得七十二日者,则每季得十八故也。

⑨时方收敛,而尽攻山击石,故致兵器之祸也。

卷第十五

势第四十二 短语十六

战而惧水，此谓澹灭。[①]小事不从，大事不吉。[②]战而惧险，此谓迷中。[③]分其师众，人既迷芒，必其将亡之道。[④]动静者比于死，[⑤]动作者比于丑，[⑥]动信者比于距，[⑦]动诎者比于避。[⑧]夫静与作，时以为主人，时以为客，贵得度。[⑨]知静之修，居而自利。[⑩]知作之从，每动有功。[⑪]故曰：无为者帝，其此之谓矣。[⑫]

①方战之时，惧致水祸，此必为水所澹而灭亡也。

②苟惧水祸，则事无小大，未见其福也。

③方战之时，惧有险碍，进退莫知所从，故曰"迷中"。言在迷惑之中。

④人既迷惑，不知所从，则无所用其力，是以灭其师众矣。又况迷惑芒然乎? 若是者，必亡其众。凡此二事，皆迷亡之道也。

⑤比，近也。用师之道，我动而敌静者，则静者胜矣，故我近于死亡也。

⑥我先动，敌反应我者，必无功，故近于丑。

⑦我既动，彼能自申以敌我，如此者，近于见距。

⑧我既动，而彼屈服者，近于见避。

⑨静作得度，则为主人。其失度者，则为客也。○绩按，别本注：静作得度，或为主人，或为客，皆利也。

⑩既多智，而又安静，二者能修，则居然自获其利也。

⑪知其所作，常能从理，知此者，动必有功也。

⑫言无心于为，任理之自然，如此者，帝王之道也。

逆节萌生，天地未形，先为之政，其事乃不成，缪受其刑。^①天因人，圣人因天。^②天时不作，勿为客。^③人事不起，勿为始。^④慕和其众，以修天地之从。人先生之，天地形之，圣人成之，则与天同极。^⑤正静不争，动作不贰，素质不留，^⑥与地同极。^⑦未得天极，则隐于德。^⑧已得天极，则致其力。^⑨既成其功，顺守其从，人不能伐。^⑩成功之道，赢缩为宝。^⑪毋亡天极，究数而止。^⑫事若未成，毋改其形，毋失其始。^⑬静民观时，待令而起。^⑭故曰：修阴阳之从，而道天地之常，^⑮赢赢缩缩，因而为当。^⑯死死生生，因天地之形。^⑰天地之形，圣人成之。^⑱小取者小利，大取者大利。^⑲尽行之者有天下。^⑳

①言将与篡杀凶逆之节，虽萌芽而生，然天地寂泊，不见徵应，无从己之形，此则先天而政，天乃违之，故其事不成，及被诛戮，受其刑过也。○绩按，别本注：天因人事而生变，圣人应天变而兴也。

②所谓先天而天不违，后天而奉天时。

③不因天时而动者，乃为客矣。

④不因人事而起^[1]，可谓先事为始。

⑤将建大事，必慕和其众。天地既已从，但当修天之意。人先生是心，天地又见其修意，有从顺之形，圣人则发动而成，如此者，可谓与天同极也。○绩按，别本注：若汉武之兴是也。

⑥全其素质，无所留者。

⑦能行正静已下^[2]，可谓与地同极也。

⑧未得与天同极，则隐而修德也。

⑨已得极，则当致力而成之。若汤之升陑、武王牧野是也。

⑩从，顺也。功成矣，则以顺理守之，所谓逆取顺守者也，则人何能伐之乎？

⑪赢缩，犹行藏也。所谓时行则行，时止则止，其道乃者，故以为宝。

---

[1]起，原本误作"从"，据杨本改。
[2]下，原本误作"不"，据杨本改。

⑫但尽天之数,则止而勿为[1]。

⑬形,谓常形也。守常修始,事终有成也。

⑭言事未成之时,但安静其人,谨候其时,待天命令,然后起而应也。

⑮道,从也。

⑯必行藏顺时,然后事当。重言之,殷勤其事也。

⑰死生,犹隐显也。圣人隐显,必因天地之形。

⑱因天地之形,则无不成也。

⑲但能法则,大小无不利。

⑳所谓"唯天为大,唯尧则之"。

故贤者诚信以仁之,慈惠以爱之。端政象,不敢以先人。①
中静不留,②裕德无求,③形于女色。④其所处者,柔安静乐,⑤
行德而不争,以待天下之大溃作也。⑥故贤者安徐正静,柔节先
定。⑦行于不敢,⑧而立于不能,⑨守弱节而坚处之,⑩故不犯天
时,不乱民功,⑪秉时养人。⑫先德后刑,⑬顺于天,微度人。⑭

①常执谦以下物。

②中心安静,无所留著。

③道德饶裕,无求于人。

④女之容色,静而不先求者。

⑤虽复隐处,常能柔安静乐。

⑥虽复为政行德,常能谦让,不与物争。溃,动乱也。

⑦先定谦柔之节,然后有所兴为也。

⑧则人不能与我争勇。

⑨则人莫与我争功。

⑩守柔弱之节,而坚明以自处也。

⑪谦顺,故无所犯乱也。

⑫持四时之政,以顺养其人。

___

[1] 勿为,原本误作"行",据杨本改。

⑬赏以春夏,刑以秋冬。

⑭能顺于天,又微度人之所宜以合之。

　　善周者,明不能见也。①善明者,周不能蔽也。②大明胜大周,则民无大周也。③大周胜大明,则民无大明也。④大周之先,可以奋信。⑤大明之祖,可以代天下。⑥索而不得,求之招摇之下。⑦兽厌走而有伏网罟,⑧一偃一侧,不然不得。⑨大文三曾,而贵[1]义与德。大武三曾,而偃武与力。⑩

　　①善于周,周则极也,万物无所至。如此者,虽有明察之人不能尽矣。

　　②善于明,明则极也。如此者,则虽善周之人不能自隐蔽,必为善明者所知也。

　　③明胜大周,则人无能为大周也。

　　④周胜大明,则人无能为大明。凡此皆欲大周大明,独在君也。

　　⑤奋信,振起貌。言既有大周之德在物之先,则可以振起而有事。

　　⑥有大明之德,可以为物祖,如此则可代天下无道,取其位而君之也。

　　⑦招摇之星,随斗杓顺时而建者也。天下者神器,直欲索之则不得,若求之招摇之下,顺时而取,则可也。

　　⑧兽所以憎厌其走者,恐前有伏网罟。故圣人不敢以直道取天下者,恐有大祸故也。

　　⑨偃侧,犹倚伏也。圣人之取天下,知所倚伏,力其功而致其权,文设武伏。如其不然,则天位不可得也。

　　⑩大文三曾,则文道行也,故能成其德义。大武三曾,则武道行也,故能偃其武力。【补】曾,经也,常也。大文三曾,言文极经之,再三则必反乎德义之质。大武三曾,言武极经之,再三则武又当偃而将文。此章论势,言势极则反,有如此者。

----

[1]贵,原本误作"责",据杨本改。

正第四十三　　　　短语十七

　　制断五刑，各当其名。罪人不怨，[①]善人不惊，曰刑。[②]正之，[③]服之，[④]胜之，[⑤]饰之，[⑥]必严其令，而民则之，曰政。[⑦]如四时之不貣，如星辰之不变，如宵如昼，如阴如阳，[⑧]如日月之明，曰法。[⑨]爱之生之，养之成之，利民不德，[⑩]天下亲之，曰德。[⑪]无德无怨，无好无恶，万物崇一，阴阳同度，曰道。[⑫]刑以弊之，政以令之，法以遏之，德以养之，[⑬]道以明之，[⑭]刑以弊之，毋失民命。[⑮]令之以终其欲，明之毋径。[⑯]遏之以绝其志意，毋使民幸。[⑰]养之以化其恶，必自身始。[⑱]明之以察其生，必修其理。[⑲]致刑，其民庸心以蔽。[⑳]致政，其民服信以听。[㉑]致德，其民和平以静。[㉒]致道，其民付而不争。[㉓]罪人当名曰刑，[㉔]出令时当曰政，[㉕]当故不改曰法，[㉖]爱民无私曰德，[㉗]会民所聚曰道。[㉘]

　　①服罪，故不怨也。

　　②刑当，故不惊。如此者，所谓刑也。

　　③所以胜奸正也。

　　④所以服不能也。

　　⑤所以胜奸邪。

　　⑥修饰身也。

　　⑦令严，则人倅法之。如此者政也。

　　⑧宵昼阴阳，皆有其当。

　　⑨法之用，守常不变。

　　⑩利虽及人，不以为德也。

　　⑪德用之恩，万物亲之。

　　⑫道之用不二者。

　　⑬物待德养而成。

　　⑭明是非也。

　　⑮刑断合理，故人命不失也。

⑯行令所以绝人之欲,使之明识正道,不从邪径也。○绩按,当作"勿使民径",字之误也。

⑰用法正人之意志,不使人有非分之幸也。

⑱身恶尽则人恶化。

⑲恐有不理,故以明察之。

⑳庸,用也。不用心以断,则滥及不辜。

㉑服,用也。谓用诚信听理于人。○绩按,缺"致法"一句。

㉒君德及人,以致和静。

㉓人被道,则相付任而不交争也。

㉔罪当其名,刊之谓也。

㉕令当于时,致之谓也。

㉖不改当故,法之谓也。

㉗君爱无私,德之谓也。

㉘聚,谓众所宜也。能令众宜,道之谓也。

立常行政,能服信乎?①中和慎敬,能日新乎?②正衡一静,能守慎乎?③废私立公,能举人乎?④临政官民,能后其身乎?⑤能服信政,此谓正纪。⑥能服日新,此谓行理。⑦守慎正名,伪诈自止。⑧举人无私,臣德咸道。⑨能后其身,上佐天子。⑩

①服信,则政行常立。

②苟能和敬,则其德日新也。

③衡,平也。言但能守慎,则政平而静一。

④但公而无私,则能举人也。

⑤后其身,则能临政官人也。

⑥能行信正者,正之纪。

⑦能行日新,可行之理也。

⑧能慎则诈息也。

⑨无私则不妄举,故臣德皆合于道也。

⑩后身则先公,故能上佐天子也。

九变第四十四①　　短语十八

凡民之所以守战至死而不德其上者,有数以至焉。②曰：大者亲戚坟墓之所在也,③田宅富厚足居也。④不然,则州县乡党与宗族足怀乐也。⑤不然,则上之教训习俗慈爱之于民也厚,无所往而得之。⑥不然,则山林泽谷之利足生也。⑦不然,则地形险阻易守而难攻也。⑧不然,则罚严而可畏也。不然,则赏明而足劝也。⑨不然,则有深怨于敌人也。⑩不然,则有厚功于上也。⑪此民之所以守战至死而不德其上者也。今恃不信之人,而求以智。用不守之民,而欲以固。将不战之卒,而幸以胜。此兵之三闇也。

①谓人之情变有九。

②或守或战,虽复至死,不敢恃之以德于上,则有数存焉于其间,故能至此也。

③一变。

④二变。

⑤三变。

⑥君之恩厚,皆在于人,无所他往,故得人之致死。四变。○绩按,言无如此者。

⑦五变。

⑧六变。

⑨七变。

⑩八变。

⑪功厚则禄多,故亦自为战,而不听于君。九变。

任法第四十五

区言一

　　圣君任法而不任智，任数而不任说，任公而不任私，任大道而不任小物，①然后身佚而天下治。失君则不然，舍法而任智，故民舍事而好誉；舍数而任说，故民舍实而好言；舍公而好私，故民离法而妄行。舍大道而任小物，故上劳烦，百姓迷惑，而国家不治。圣君则不然，守道要，处佚乐，驰骋弋猎，钟鼓竽瑟，宫中之乐，无禁圉也。②不思不虑，不忧不图，[1]③利身体，便形躯，养寿命，垂拱而天下治。④是故人主有能用其道者，⑤不事心，不劳意，不动力，而土地自辟，囷仓自实，蓄积自多，甲兵自强。群臣无诈伪，百官无奸邪，奇术技艺之人，莫敢高言孟行，以过其情，以遇其主矣。⑥

　　①小物，小事。

　　②宫中之乐，所以悦体安性，故不禁御之也。

　　③但任法数，故无所虑图也。

　　④但任法数，则事简，故身不劳，寿命长，而天下自理也。

　　⑤道则谓上法数，公正大道。

　　⑥孟，大也。遇，待也。不敢以谬妄奸言妄行以待其主也。

　　昔者尧之治天下也，犹埴之在埏也，①唯陶之所以为。犹金之在炉，恣冶之所以铸。其民引之而来，推之而往，使之而成，禁之而止。故尧之治也，善明法禁之令而已矣。黄帝之治天下也，其民不引而来，不推而往，不使而成，不禁而止。②故黄帝之治也，置法而不变，使民安其法者也。

　　①埏，和也。

　　②比黄帝之于尧，则尧有为而黄帝无为。

---

　　[1]自"宫中之乐"至此注语正文二十四字原本脱，据杨本补。

所谓仁义礼乐者，皆出于法，^①此先圣之所以一民者也。^②《周书》曰：国法，^③法不一，则有国者不祥。^④民不道法，则不祥。^⑤国更立法以典民则祥。^⑥群臣不用礼义教训则不祥。百官伏事者离法而治则不祥。^⑦故曰：法者，不可恒也。^⑧存亡治乱之所从出，^⑨圣君所以为天下大仪也。^⑩君臣上下贵贱皆发焉。^⑪故曰：法古之法也。^⑫世无请谒任举之人，^⑬无间识博学辩说之士，^⑭无伟服，无奇行，^⑮皆囊于法，以事其主。^⑯

①法行顺,仁义生。

②法所以齐一于民也。

③有国者以法立也。

④法不一则乱,故不祥。

⑤道,从也。

⑥更,改也。典,主也。言能观宜改法以主于人,则国理,故祥也。

⑦伏,行也。

⑧法敝则当变,故不可恒。

⑨法顺则存治,法违则乱亡。

⑩君为天下之仪表也。

⑪莫不取法于君臣。发,行也。

⑫立法者必师古。

⑬任,保也。以法取人,则无请谒之保举。

⑭间,杂乱也,法行则博学辩说之人不敢间乱识事也。

⑮伟服、奇行皆过越法制者。令止息者,畏法故也。

⑯囊者,所以敛藏也。谓人皆敛藏过行,以顺于法,上事其主。

故明王之所恒者二，一曰明法而固守之，二曰禁民私而收使之。^①此二者，主之所恒也。^②夫法者，上之所以一民使下也。私者，下之所以侵法乱主也。故圣君置仪设法而固守之。然故谋杵习士闻识博学之人不可乱也。^③众强富贵私勇者不能侵也，信近亲爱者不能离也，^④珍怪奇物不能惑也，万物百事非在法之中者不能动也。^⑤故法者，天下之至道也，^⑥圣君之实用也。^⑦今天下则不然，皆有善法而不能守也。然故谌杵习士闻识博学之士能以其智乱法惑上，众强富贵私勇者能以其威犯法侵凌，^⑧邻国诸侯能以其权置子立相，^⑨大臣能以其私附百姓、^⑩蕲公财以禄私士。^⑪凡如是，而求法之行、国之治，不可得也。^⑫圣君则不然，卿相不得蕲其私，群臣不得辟其所亲爱。圣君亦明其法而固守之，群臣修通辐辏，^⑬以事其主，百姓辑睦听令，道法以从其事。^⑭故曰：有生法，有守法，有法于法。夫生法者，君也。^⑮守法者，臣也。^⑯法于法者，民也。^⑰君臣上下贵贱皆从法，此谓为大治。

①谓以法收敛而使之。

②废此二者则政乱。

③杵，所以毁碎于物者也。谓奸诈之人伪托于谌，以毁君法。习士，谓习法之士。闻识，谓多闻广识。君守法坚，故此等莫能乱也。

④离，犹违也。

⑤珍怪奇物，此正法为怪僻。

⑥道无越于法者。

⑦用法为理国之实。

⑧谓侵凌于君也。

⑨邻国恃权能，废置君之子，援立国相。

⑩谓用私恩诱百姓使附也。

⑪谓蕲公财以禄私士，此皆以君不守法故也。

⑫谓从失法之后，国不可得理也。

⑬谓各得自通于君，如辐之辏也。

⑭道，从也。

⑮君使制法，故曰"生法"。

⑯臣则法法而行。

⑰人则法君之法。

故主有三术。①夫爱人，不私赏也。恶人，不私罚也。置仪设法，以度量断者，上主也。爱人而私赏之，恶人而私罚之，倍大臣，离左右，专以其心断者，中主也。臣有所爱而为私赏之，有所恶而为私罚之，②倍其公法，损其正心，③专听其大臣者，危主也。故为人主者，不重爱人，不重恶人。重爱曰失德，重恶曰失威。④威德皆失，则主危也。

①谓上主、中主、危主也。

②为大臣爱恶之故，而私赏罚也。

③谓损政教之正。

④君随臣爱恶，则威德皆在于臣，故曰失也。

故明王之所操者六：生之、杀之、富之、贫之、贵之、贱之。此六柄者，主之所操也。主之所处者四：一曰文，二曰武，三曰威，四曰德。此四位者，主之所处也。籍人以其所操，命曰夺柄。藉人以其所处，命曰失位。夺柄失位而求令之行，不可得也。①法不平，令不全，是亦夺柄失位之道也。②故有为枉法，有为毁令，此圣君之所以自禁也。③故贵不能威，富不能禄，贱不能事，近不能亲，美不能淫也。④植固而不动，奇邪乃恐，⑤奇革而邪化，令往而民移。⑥故圣君失度量，置仪法，⑦如天地之坚，⑧如列星之固，⑨如日月之明，⑩如四时之信，⑪然故令往而民从之。⑫而失君则不然，法立而还废之，令出而复反之，枉法而从私，毁令而不全，是贵能威之，富能禄之，贱能事之，近能亲之，美能淫之也。此五者不禁于身，⑬是以群臣百姓人挟其私而幸其主。⑭彼幸而得之，则主日侵。⑮彼幸而不得，则怨日产。⑯夫日侵而产怨，此失君之所慎也。

①既至于夺柄失位之后，欲求令行，不可得。

②法不平，令不全，则柄位不可得而保，是亦夺柄失位之道。

③言有枉法毁令，圣君则能禁止之。

④此五事解见下文也。

⑤所立坚，则不可动。若[1]奇邪，则败亡旋及，故恐惧。

⑥君之奇邪，能有革化，则令才往，而人已移心而从善也。[2]

⑦圣君见有失度量，则置仪法以改也。〇绩按，"失"乃"以"字误。谓圣君以度量置仪法。或曰当作"一"。

⑧坚，谓尊胜。

⑨自古至今，不见天星有亏败也。

⑩无私耀照。

⑪寒暑之气，来必以时。

⑫君能苞上之四事，故令往人从也。

⑬君身不能自禁止也。

⑭妄希非分之恩。

⑮臣得不当得之恩，则主日见侵也。

⑯若不得所幸，则怨毒日生也。

　　凡为主而不得用其法，不能适其意，顾臣而行，①离法而听贵臣，②此所谓贵而威之也。③富人用金玉事主而来焉，④主因离法而听之，此所谓富而禄之也。⑤贱人以服约卑敬悲色告愬其主，⑥主因离法而听之，所谓贱而事之也。⑦近者以偪近亲爱有求其主，主因离法而听之，此所谓近而亲之也。⑧美者以巧言令色请其主，主因离法而听之，此所谓美而淫之也。⑨治世则不然，不知亲疏、远近、贵贱、美恶，以度量断之，其杀戮人者不怨也，⑩其赏赐人不德也。⑪以法制行之，如天地之无私也，是以官无私论，士无私议，民无私说，皆虚其匈以听其上。⑫上以公

---

[1]若，原本误作"虽有"，据杨本改。
[2]自"奇革而邪化"至此正文注语三十一字原本脱，据杨本补。

正论，以法制断，故任天下而不重也。^⑬今乱君则不然，有私视也，故有不见也。有私听也，故有不闻也。有私虑也，故有不知也。^⑭夫私者，壅蔽失位之道也。上舍公法而听私说，故群臣百姓皆设私立方以教于国。^⑮群党比周以立其私，请谒任举以乱公法，人用其心以幸于上，上无度量以禁之，是以私说日益，而公法日损，国之不治，从此产矣。

①凡有所行，不敢自专，顾望其臣而为之也。

②贵臣虽有言法，亦听从之。

③言贵臣能威于君也。

④谓以金玉来事主也。

⑤言富人能禄于君也。

⑥服约，谓屈服隐约也。

⑦言贱人善谣，君听之。

⑧言近者恃亲以要君，则君从。

⑨言美者能以言色淫动于君，故君亦听之。

⑩杀当其罪，故不怨也。

⑪以功受赏，故不德于君也。

⑫匈，恐惧貌。

⑬法制行则事简，故不重也。

⑭凡私则不周，故有不见闻知也。

⑮方，谓异道术也。

夫君臣者，天地之位也。民者，众物之象也。各立其所职，以待君令。群臣百姓安得各用其心而立私乎？故遵主令而行之，虽有伤败，无罚。^①非主令而行之，虽有功利，罪死。^②然故下之事上也，如响之应声也。臣之事主也，如影之从形也。故上令而下应，主行而臣从，此治之道也。夫非主令而行，有功利因赏之，是教妄举也。^③遵主令而行之，有伤败而罚之，是使民虑利害而离法也。群臣百姓，人虑利害，而以其私心举措，则法制毁而令不行矣。

①遵令而行，败非己致[1]，故无罚也。

②失令有功，法所不赦，故罪死。

③赏不从令，是教以妄为举措也。

明法第四十六①　　　　　　　区言二

所谓治国者，主道明也。②所谓乱国者，臣术胜也。③夫尊君卑臣，非计亲也，以执胜也。④百官识，非惠也，刑罚必也。⑤故君臣共道则乱，⑥专授则失。⑦夫国有四亡，令求不出谓之灭，⑧出而道留谓之拥，⑨下情求不上通谓之塞，⑩下情上而道止谓之侵。⑪故夫灭侵塞拥之所生，从法之不立也。是故先王之治国也，不淫意于法之外，⑫不为惠于法之内也。⑬动无非法者，所以禁过而外私也。⑭威不两错，⑮政不二门。⑯以法治国，则举错而已。⑰是故有法度之制者，不可巧以诈伪。⑱有权衡之称者，不可欺以轻重。⑲有寻丈之数者，不可差以长短。今主释法以誉进能，则臣离上而下比周矣。⑳以党举官，则民务交而不求用矣。㉑是故官之失其治也，是主以誉为赏，以毁为罚也。㉒然则喜赏恶罚之人，离公道而行私术矣。㉓比周以相为匿是，㉔忘生死交，以进其誉。㉕故交众者誉多，㉖外内朋党，虽有大奸，其蔽主多矣。是以忠臣死于非罪，㉗而邪臣起于非功。㉘所死者非罪，所起者非功也，然则为人臣者，重私而轻公矣。㉙十至于私人之门，㉚不一至于庭，㉛百虑其家，不一图其国，㉜数虽众，非以尊君也。㉝百

---

[1]致，原本误作"政"，据杨本改。

官虽具，非以任国也。^㉞此之谓国无人。国无人者，非朝臣之衰也。家与家务于相益，不务尊君也。大臣务相贵而不任国，小臣持禄养交不以官为事，故官失其能。^㉟是故先王之治国也，使法择人，不自举也。使法量功，不自度也。^㊱故能匿而不可蔽，^㊲败而不可饰也。^㊳誉者不能进，^㊴而诽者不能退也。^㊵然则君臣之间明别，^㊶明别则易治也。^㊷主虽不身下为，^㊸而守法为之可也。^㊹

①绩按，此篇注多非，观解自见。

②主道明，则公法明，故国治。

③臣术胜，则私事立，故国乱。

④令尊君卑臣者，其计非欲使亲君也，但令君执其胜也。○绩按，执，解作"势"，古字同，注非。

⑤必令百官识非公也，惠而不敢受，又知刑罚必行，无妄求免罪也。○绩按，识，当解作百官论职，乃字缺误，注非。

⑥臣行君事，故曰"共道"。

⑦若君有所授与，下合众心而专之，亦为失也。注非[1]。

⑧求不出令，则下无所禀，故灭。

⑨中道而留止，故曰"拥"。

⑩求不上通，则与君隔绝，故曰"塞"也。

⑪下情虽欲上通，中道为左右所止，此则臣侵上事也。

⑫淫，游也。

⑬不屈法以成私惠也。

⑭外，遗也。

⑮臣行君威，为两置。

⑯臣出君政，是为二门。

⑰言能以法理国，但举而置之，无不行。

⑱非法度不听，则诈伪何施。

⑲以权衡称之，轻重立见也。

---

[1]按，"注非"二字当是刘绩按语。

⑳比周于下,所以求誉。

㉑交合则自进官,何待求用。

㉒以毁誉为赏罚,则官自然失理。

㉓行私术,自然得赏,安用就公道而求乎?

㉔比周者,凡有公[1]是之事,皆匿而不行也。

㉕绩按,解作"比周以相为慝,是故忘生死交以进其誉",此乃误脱"故"字于下,"死"乃"私"声误。

㉖为交而致死,其誉自进。

㉗朋党共毁之,故忠臣非罪而死。

㉘朋党共誉之,故邪臣非功而起。

㉙私则得利,公则致祸,故重私而轻公矣。

㉚私人之门,谓所与交私为朋党者也。

㉛谓之君庭。

㉜重私轻公故也。

㉝所属之数虽曰众多,无不党私,故非尊君也。

㉞各务私,故不任国事。

㉟官各失能,则与无人同也。

㊱设法者自著择人量功之条,故不劳自举度也。

㊲苟有材能,则法自举之,不可隐蔽也。

㊳无功而败,法自量之,不可虚饰也。

㊴无材,虽誉之而不能进也。

㊵有功,虽诽之而不能退也。

㊶谓贤不肖有功者,各明白而分别也。

㊷明别则无伪滥,故易治也。

㊸谓不身为其事。

㊹但守法则法自为之,不劳身也。

---

[1] 公,原本误作"功",据杨本改。

正世第四十七　　区言三

　　古之欲正世调天下者，必先观国政，料事务，察民俗，本治乱之所生，知得失之所在，然后从事。①故法可立而治可行。夫万民不和，国家不安，失非在上，则过在下。今使人君行逆不修道，诛杀不以理。重赋敛，竭民财，急使令，罢民力。②财竭则不能无侵夺，③力罢则不能无堕倪。④民已侵夺堕倪，因以法随而诛之，则是诛罚重而乱愈起。夫民劳苦困不足，则简禁而轻罪，如此则失在上。失在上而上不变，则万民无所托其命。今人主轻刑政，宽百姓，薄赋敛，缓使令，然民淫躁行私而不从制，饰智任诈，负力而争，则是过在下。过在下，人君不廉而变，⑤则暴人不胜，邪乱不止。暴人不胜，邪乱不止，则君人者势伤而威日衰矣。故为人君者，莫贵于胜。所谓胜者，法立令行之谓胜。法立令行，故群臣奉法守职，百官有常，法不繁匿，万民敦悫，反本而俭力。⑥故赏必足以使，⑦威必足以胜，⑧然后下[1]从。故古之所谓明君者，非一君也。⑨其设赏有薄有厚，其立禁有轻有重，迹行不必同，非故相反也，皆随时而变，因俗而动。夫民躁而行僻，则赏不可以不厚，禁不可以不重。⑩故圣人设厚赏，非侈也；立重禁，非戾也。赏薄则民不利，禁轻则邪人不畏。设人之所不利，欲以使，则民不尽力。立人之所不畏，欲以禁，则邪人不止，是故陈法出令而民不从。故赏不足劝，则士民不为用；刑罚不足畏，则暴人轻犯禁。民者，服于威杀然后从，见利然后用，被治然后正，得所安然后静者也。

　　①从，为。

　　②使令急，故人力疲也。

　　③人财竭，则侵夺以供上税也。

　　④倪，傲也。谓疲堕而傲从也。

---

[1]下，原本误作"不"，据杨本改。

⑤廉,察也。

⑥谓廉啬而劝力也。

⑦谓使人从善也。

⑧谓胜禁奸邪也。

⑨五帝三王,俱曰明君,故曰非一。

⑩既躁而僻则难化,须厚赏以诱之,重禁以威之。

　　夫盗贼不胜,邪乱不止,强劫弱,众暴寡,此天下之所忧,万民之所患也。忧患不除,则民不安其居。民不安其居,则民望绝于上矣。夫利莫大于治,害莫大于乱。夫五帝三王所以成功立名显于后世者,以为天下致利除害也。事行不必同,所务一也。^①夫民贪行躁而诛罚轻,罪过不发,^②则是长淫乱而便邪僻也。有爱人之心,而实合于伤民,^③此二者不可不察也。^④夫盗贼不胜,则良人危。^⑤法禁不立,则奸邪繁。故事莫急于当务,^⑥治莫贵于得齐。^⑦制民急则民迫,民迫则窘,窘则民失其所葆。^⑧缓则纵,纵则淫,淫则行私,行私则离公,离公则难用。故治之所以不立者,齐不得也,^⑨齐不得则治难行。故治民之齐,不可不察也。

①莫不务于理也。

②有罪过者,不发举也。

③轻刑以爱人,奸多反伤人也。

④二者,谓爱与伤人。

⑤良人为盗所害,故危。

⑥每事当其务,则理也。

⑦齐,谓无非人也。

⑧葆,谓所恃为生者也。

⑨谓上有非人也。

圣人者，明于治乱之道，习于人事之终始者也。其治人民也，期于利民而止，^①故其位齐也。不慕古，不留今，^②与时变，与俗化。夫君人之道，莫贵于胜。胜故君道立，^③君道立然后下从，下从故教可立而化可成也。夫民不心服体从，则不可以礼义之文教也。君人者不可以不察也。

①至于利人，则止而勿理也。

②守常不变。

③胜则无不服，故君道立也。

治国第四十八　　　　区言四

凡治国之道，必先富民，民富则易治也，民贫则难治也。奚以知其然也？民富则安乡重家，安乡重家则敬上畏罪，敬上畏罪则易治也。民贫则危乡轻家，^①危乡轻家则敢陵上犯禁，凌上犯禁则难治也。故治国常富，而乱国必贫。是以善为国者，必先富民，然后治之。昔者七十九代之君，法制不一，号令不同，然俱王天下者，何也？必国富而粟多也。夫富国多粟，生于农，故先王贵之。

①危，谓不安其所居也。

凡为国之急者，必先禁末作文巧。末作文巧禁，则民无所游食。民无所游食，则必农。^①民事农则田垦，田垦则粟多，粟多则国富。国富者兵强，兵强者战胜，战胜者地广，是以先王知众民、强兵、广地、富国之必生于粟也，故禁末作，止奇巧而利农事。今为末作奇巧者，一日作而五日食。^②农夫终岁之作，不足以自食也。然则民舍本事而事末作。舍本事而事末作，则田荒而国贫也。

　①谓必务农。

　②言取一日之利，可供五日之食也。

　　凡农者，月不足而岁有馀者也，而上徵暴急无时，^①则民倍贷以给上之徵矣。^②耕耨者有时，而泽不必足，^③则民倍贷以取庸矣。^④秋籴以五，春籴以束，是又倍贷也。^⑤故以上之徵而倍取于民者四。^⑥关市之租，府库之徵，粟什一，厮与之事，此四时亦当一倍贷矣。^⑦夫以一民养四主，^⑧故逃徙者有刑，^⑨而上不能止者，粟少而民无积也。常山之东，河汝之间，蚤生而晚杀，五谷之所蕃熟也。四种而五获，^⑩中年亩二石，一夫为粟二百石。今也仓廪虚而民无积，农夫以粥子者，上无术以均之也。故先王使农士商工四民交能易作，^⑪终岁之利，无道相过也，^⑫是以民作一而得均。^⑬民作一则田垦，奸巧不生。田垦则粟多，粟多则国富。奸巧不生则民治。富而治，此王之道也。不生粟之国亡，粟生而死者霸。^⑭粟生而不死王。^⑮粟也者，民之所归也。粟也者，财之所归也。^⑯粟也者，地之所归也。^⑰粟多则天下之物尽至矣。故舜一徙成邑，二徙成都，三徙成国。舜非严刑罚，重禁令，而民归之矣。去者必害，^⑱从者必利也。先王者，善为民除害兴利，故天下之民归之。所谓兴利者，利农事也。所谓除害者，禁害农事也。农事胜则入粟多，入粟多则国富，国富则安乡重家，安乡重家则虽变俗易习，^⑲欧众移民，至于杀之而民不恶也。此务粟之功也。上不利农则粟少，粟少则人贫，人贫则轻家，轻家则易去，易去则上令不能必行，上令不能必行，则禁不能必止，禁不能必止，则战不必胜，守不必固矣。夫令不必行，禁不必止，战不必胜，守不必固，命之曰寄生之君。^⑳此由不利农少粟之害也。粟者，王之本事也，人主^[1]之大务，有人之涂，^㉑治国

────────

[1]主，原本误作"生"，据杨本改。

之道也。

①谓徭税不以时。

②倍贷,谓贷一还二也。

③谓雨泽不足也。

④泽不足则岁凶,富者倍贷于贫,不能还其倍价者,则计所倍以取庸矣。

⑤谓富者秋时以五谷籴之,至春出粜,便收其束矣。此亦倍贷之类也。束,十匹也。

⑥谓上无时之徵,一也。泽不足,二也。秋籴春粜,三也。下足关市府库之徵,四也。

⑦府库,谓府之库新有徵税,言人供关市府库之徵,亦有粟之什一计。四时常有所用,亦当一倍贷也。

⑧四主即上四倍贷也。

⑨谓有刑罚。

⑩四种,谓四时皆种。五获,谓五谷皆宜而有所获。

⑪交能易作,谓虽士亦善于农工,虽农亦通于士业也。

⑫道,从也。四人均能,故其利无从相过之也。

⑬四人交能易作,故曰[1]一也。

⑭霸者或不能广积粟,故人有不生而致死者也。

⑮王者积粟既多,故人保其生,无复致死者也。○绩按,别本注:霸者或不能广畜积,故有时而竭也。王者之民积之广而生之不已也。

⑯有粟则人归之。

⑰积粟既多,或有入地归降者也。

⑱谓背舜而去者。

⑲谓改易其常习。

⑳谓暂寄为生,不能长久。

㉑谓保有其人,其涂因粟也。

---

[1]曰,原本误作"四",据杨本改。

卷第十六

内业第四十九 区言五

凡物之精，此则为生。^①下生五谷，上为列星。流于天地之间，谓之鬼神。藏于胸中，谓之圣人。是故民气，^②杲乎如登于天，^③杳乎如入于渊，淖乎如在于海，^④卒乎如在于己。^⑤是故此气也，不可止以力，^⑥而可安以德。^⑦不可呼以声，而可迎以音。^⑧敬守勿失，是谓成德。^⑨德成而智出，^⑩万物果得。^⑪

①精，谓神之至灵者也。得此则为生。

②谓上之精者，则人能也。

③杲，明貌也。

④淖，汋润也。

⑤人有气则存，故如在于己也。

⑥以力止之，气愈甚。

⑦静心念德，气自来也。

⑧谓之宫商，使之克谐，气自来也。

⑨不失气，德自成。

⑩德成，智自生。

⑪以智安物，物皆得宜。

凡心之刑，^①自充自盈，^②自生自成。^③其所以失之，必以忧乐喜怒欲利。^④能去忧乐喜怒欲利，心乃反济。^⑤彼心之情，利安处宁。^⑥勿烦勿乱，和乃自成。^⑦折折乎如在于侧，忽忽乎如将不得，^⑧渺渺乎如穷无极。^⑨此稽不远，日用其德。^⑩夫道者，所以充形也，⑪而人不能固。⑫其往不复，其来不舍。⑬谋乎莫闻其音，⑭卒乎乃在于心。冥冥乎不见其形，⑮淫淫乎与我俱生，⑯不见其形，不闻其声，而序其成，谓之道。⑰凡道无所，善心安爱。⑱心静气理，道乃可止。⑲彼道不远，民得以产。⑳彼道不离，民因以知。㉑是故卒乎其如可与索，㉒眇眇乎其如穷无所。㉓彼道之情，恶音与声。㉔修心静音，道乃可得。道也者，口之所不能言也，目之所不能视也，耳之所不能听也，所以修心而正形也。㉕人之所失以死，所得以生也。事之所失以败，所得以成也。故凡道无根无茎，无叶无荣。㉖万物以生，万物以成，命之曰道。㉗

①刑，法也。谓得安心之法也。

②充盈，谓完而无亏也。

③生成，谓每生心必有所成。凡此皆得安心法故也。

④此六者过常以乱于心，则失矣。

⑤若能去六者，则心反守其所，而能济成也。

⑥安宁者，心之所利也。

⑦若无烦乱，心和自成。

⑧折折，明貌。言心明察，若在其侧。及其求之，则忽忽然而不得。

⑨渺渺，微远貌。言心之微远，如欲穷之，则无其极。

⑩常以此考心不远之，则日有所用也。

⑪自形内而虚者皆道。

⑫人不能固守其虚，反以利欲塞也。

⑬既有利欲之心，则道往而不复，虽其有来，无处可舍。

⑭今谋欲寻于道，则不闻其音。

⑮寻至于极，则近于心。心之方寸，虚道之君乎？

⑯淫淫，增进貌。有生则有道，故曰"与我俱生"也。

⑰虽无形声，常依序而成，故谓之道也。

⑱言道无他善，唯爱心安也。

⑲若静心,则气自调理,故道来止也。

⑳人得之以生,则道在人,故不远也。

㉑人既因道而知,则道常在而不离。

㉒推寻其终,似可与索。

㉓及欲穷之,则眇眇然无所。

㉔音声者,所以乱道,故恶之也。

㉕虽不可以言语视听,用之修心,则外形自正也。

㉖道非如卉木而有根茎花叶也。

㉗无根茎而能生,无花叶而能成,则阴阳不测者也,故命之曰道。

天主政,^①地主平,^②人主安静。^③春秋冬夏,天之时也。山陵川谷,地之枝也。^④喜怒取予,人之谋也。^⑤是故圣人与时变而不化,^⑥从物而不移,^⑦能正能静,然后能定。^⑧定心在中,耳目聪明,四肢坚固,^⑨可以为精舍。^⑩精也者,气之精者也。^⑪气,道乃生,^⑫生乃思,^⑬思乃知,^⑭知乃止矣。^⑮凡心之形,过知失生。^⑯一物能化谓之神,一事能变谓之智。^⑰化不易气,变不易智。惟执一之君子能为此乎^⑱执一不失,能君万物。^⑲君子使物,不为物使,^⑳得一之理,治心在于中,^㉑治言出于口,治事加于人,^㉒然则天下治矣。一言得而天下服,一言定而天下听,公之谓也。^㉓

①平分四时,天之正也。

②均生万物,地之平也。

③无为而无不为,人之安静也。

④为地之枝条也。

⑤四者,谋之用也。

⑥时自变耳,圣本[1]不化。

⑦物迁而从之,圣本不移。

---

[1]本,原本误作“奉”,据杨本改。

⑧必正静然后定也。

⑨心苟定于中,则耳目自聪明,四肢自坚固者也。

⑩心者,精之所舍。

⑪气之尤精者为之精。

⑫气得道,能有生。

⑬生则有心,故思也。

⑭思乃知生也。

⑮诚知则理足,故止也。

⑯安心之法,智过其度,则失其生。

⑰一,谓无也。谓无心于物事而物事自化变,以为神智。

⑱苟执一,故能不易其气智也。

⑲无心为有心者主也。

⑳无心故能使物,而物不能使也。

㉑苟得中,则心自治矣。

㉒则无枉[1]事。

㉓理心之谓。

　　形不正,德不来,中不尽,心不治。①正形摄德,天仁地义,则淫然而自至。②神明之极,昭乎知,③万物中,义守不忒。④不以物乱官,⑤不以官乱心,⑥是谓中得。⑦有神自在身,⑧一往一来,莫之能思。⑨失之必乱,得之必治。⑩敬除其舍,精将自来。精想思之,⑪宁念治之。⑫严容畏敬,精将至定。⑬得之而勿舍,耳目不淫,心无他图。⑭正心在中,万物得度。⑮道满天下,普在民所,民不能知也。⑯一言之解,上察于天,下极于地,蟠满九州。⑰何谓解之? 在于心安。⑱我心治,官乃治。我心安,官乃安。⑲治之者心也,安之者心也,⑳心以藏心,㉑心心之中又

[1]此字原本漫漶不清,疑似"枉"字。他本皆作"狂",不可通。

有心焉。㉒彼心之心，㉓音以先言，㉔音然后形，㉕形然后言，㉖言然后使，㉗使然后治，不治必乱，㉘乱乃死。㉙精存自生，其外安荣。㉚内藏以为泉原，㉛浩然和平，以为气渊。㉜渊之不涸，四体乃固。㉝泉之不竭，九窍遂通。㉞乃能穷天地，被四海。㉟中无惑意，外无邪菑。㊱心全于中，形全于外。㊲不逢天菑，不遇人害，㊳谓之圣人。

①绩按，尽，前《心术》作"中不精"。

②言欲正形摄德，但能则天之仁，法地之义，则德淫然自至。淫，进貌也。

③昭智者，神明之极理。

④若常守中，则无差忒。〇绩按，前《心术》作"昭知天下，通于四极"，则"万物"为句。

⑤贪物则官乱。

⑥贪官则心乱也。

⑦能忘官货，则中心自得也。

⑧中得，则神自在身也。

⑨神，不测者也，故往来不能思也。

⑩谓神也。

⑪除，谓有则想思之。

⑫宁静思念则心自治。

⑬但能严敬，则精至而定也。

⑭既得精，守之而勿舍，则耳目不闻，心无他虑也。

⑮心在中而正，则无过举，故万物得度也。

⑯言人皆有道，但不能自知耳。

⑰言人若能解道之一言，则能察天极地，而中满于九州。蟠，委地也。

⑱解道者，在于心安。

⑲言官之治安，皆从心主也。

⑳治之与安，无不由心。

㉑言心亦藏于心也。

㉒以心藏心,故心中又有心。

㉓谓心中所藏之心。

㉔言从音生,故音先言。○绩按,前《心术》作"意以先言",此乃字之误尔,"音"同。

㉕有音然后见也。

㉖有形则是言也。

㉗有言则出命,故有所使令。

㉘使而违理,故乱。

㉙乱则凶祸至,故死也。

㉚精存于中,则自然长生,至于外形静而荣茂也。

㉛内藏于精,则无穷竭,若水之泉。

㉜言精既浩然和平,则能生气,故为气渊。

㉝生气之渊,不有竭涸,故四体固也。

㉞藏精之泉不竭,故九窍通也。

㉟体固窍通,故能寿毕天地,德被四海。

㊱邪菑生于惑意,故内无惑意,则邪菑自销也。

㊲中全则外完。

㊳天菑人害,能祸不全者也。

人能正静,皮肤裕宽,耳目聪明,筋信而骨强,[①]乃能戴大圜,[②]而履大方,[③]鉴于大清,[④]视于大明,[⑤]敬慎无忒,[⑥]日新其德,遍知天下,穷于四极。敬发其充,[⑦]是谓内得。[⑧]然而不反,此生之忒。[⑨]凡道必周必密,[⑩]必宽必舒,[⑪]必坚必固。[⑫]守善勿舍,[⑬]逐淫泽薄,[⑭]既知其极,反于道德。[⑮]全心在中,不可蔽匿。[⑯]和于形容,[⑰]见于肤色。[⑱]善气迎人,亲于弟兄。恶气迎人,害于戎兵。不言之声,疾于雷鼓。[⑲]心气之形,明于日月,察于父母。[⑳]

①但能正静,则皮肤自裕宽,耳目自聪明,筋骨自申强。○绩按,信,前《心术》作"肕"。

②天也。

③地也。

④道也。

⑤日月也。

⑥前《心术》作"正静不失"。

⑦充,谓道也。

⑧发行于道,故内得也。

⑨忒,差也。若不反守于道,则生有差谬也。

⑩周密则慎不泄。

⑪宽舒则博而密。

⑫坚固则精不解。

⑬勿舍则善有成。

⑭竞逐淫邪,津泽浮薄。○绩按,"泽"乃"释"字。

⑮知极反德,则常道自隆。

⑯有诸内,必形于外也。

⑰心和者容晬也。○绩按,"和"乃"知"字误也。前《心术》作"外见于形容,可知于颜色"是也。

⑱内畅者体泽也。

⑲谓全心以德感物者也。德者,不疾而速,不崇朝而遍天下,故疾于雷鼓也。

⑳全心之气,发形于外,则无不耀,无不知。若明于日月,察于父母也。

赏不足以劝善,①刑不足以惩过。②气意得而天下服,③心意定而天下听。④抟气如神,万物备存。⑤能抟乎?能一乎?⑥能无卜筮而知吉凶乎?⑦能止乎?能已乎?⑧能勿求诸人而得之己乎?⑨思之思之,又重思之。⑩思之而不通,鬼神将通之。⑪非鬼神之力也，精气之极也。⑫四体既正，血气既静，一意抟心，耳目不淫，虽远必近。⑬

①慕赏乃善，非本为善。

②畏刑惩过，非本无过。

③若不慕赏，不畏刑，意气内得善者，此诚善也，故天下服也。

④心意定则理明，故天下听也。

⑤抟，谓结聚也。结聚纯气，则无所不变化，故如神而物备存矣。○绩按，前《心术》作"专于意，一于心，耳目端，知远之证"，下"抟"亦作"专"。

⑥抟结则自一也。

⑦吉凶在于逆顺，故不须卜筮而知也。

⑧谓正而求诸己也。[1]

⑨求人者惑，自得者明。

⑩求己者，必须再三思之也。

⑪若再三思之而不通，则或致鬼神为通之也。

⑫言今能致鬼神者，非鬼神自见其力，盖由思之不已，精气之极也。

⑬言既体正气静，意一心抟，耳目之用，不有淫过，事虽远大，可以近速而成也。

思索生知，①慢易生忧，②暴傲生怨，③忧郁生疾，④疾困乃死。⑤思之而不舍，内困外薄。⑥不蚤为图，生将巽舍。⑦食莫若无饱，⑧思莫若勿致。⑨节适之齐，彼将自至。⑩凡人之生也，天出其精，⑪地出其形，⑫合此以为人。⑬和乃生，⑭不和不生。察和之道，其精不见，其徵不丑。⑮平正擅匈，论治在心，此以长寿。⑯忿怒之失度，乃为之图。⑰节其五欲，去其二凶，⑱不喜不怒，平正擅匈。⑲

①近而遇思索，其知自生矣。

②疏慢轻易，必致凶祸，故生忧也。

---

[1]正文"能止乎能已乎"及此条注语原本脱，据杨本改。

③残暴傲虐,伤害必多,故生怨也。

④忧恚郁塞,怀不通畅,故生疾也。

⑤既疾而困,可谓弥留而死。

⑥思欲不舍,则五藏困于内,形骸薄于外也。

⑦既已内困外薄,尚不图之,如此则生将巽遁其舍,而至于死期也。

⑧饱食者善闭塞。

⑨致思者多困竭。

⑩齐,中也。言能节食适思,常莫过中,则生将自至。

⑪言禀精于天也。

⑫地出衣食以养成其形。○绩按,形,谓赋质于地也。

⑬言合天地精气以成人。

⑭二气和乃成其生也。

⑮丑,类也。言欲察和,则精不可见,至于徵验,又不知其类也。

⑯和之精类,虽可知见,但能平而正,则和气独擅于匈中,论其适理,又不离心,如此则可以益筭而长寿也。

⑰若忿怒过度,则当图而去之。

⑱喜怒过度,皆能为害,故曰"二凶"。

⑲不喜不怒,可谓和也,故能既平且正,独擅于匈中也。

　　凡人之生也,必以平正,所以失之,必以喜怒忧患。是故止怒莫若诗,①去忧莫若乐,节乐莫若礼,守礼莫若敬,守敬莫若静。内静外敬,能反其性,性将大定。凡食之道,大充伤而形不藏,②大摄骨枯而血沍。③充摄之间,此谓和成。④精之所舍,而知之所生。⑤饥饱之失度,乃为之图。⑥饱则疾动,⑦饥则广思,⑧老则长虑。⑨饱不疾动,气不通于四末。⑩饥不广思,饱而不废。⑪老不长虑,困乃遫竭。⑫大心而敢,⑬宽气而广。⑭其形安而不移,⑮能守一而弃万苛,⑯见利不诱,见害不惧,宽舒而仁,独乐其身,是谓云气,意行似天。⑰

①诗有清风之慰,故能止怒。

②大充,谓过于饱。

③大摄,谓过于饥。血沍,谓血销减而凝沍。

④间,犹中也。充摄得中,则和畅而有所成也。

⑤言精智生舍于和成。

⑥图之令合于度。

⑦饱而疾动,则食气销。

⑧饥而广思,则忘其饥。

⑨老而长虑,则遗其老。

⑩四末,四支。

⑪废,止也。

⑫令老则益困而速竭。

⑬心既浩大,又能勇敢。

⑭当宽舒其气,而广有所容。

⑮形安则志固,故不移。

⑯守一则恶烦,故能弃万苛也。

⑰能调其气,故比于云意之行气,似天之布云也。

凡人之生也,必以其欢。^①忧则失纪,怒则失端。^②忧悲喜怒,道乃无处。^③爱欲静之,遇乱正之。^④勿引勿推,福将自归。^⑤彼道自来,可藉与谋。^⑥静则得之,躁则失之。灵气在心,一来一逝。^⑦其细无内,其大无外。所以失之,以躁为害。心能执静,道将自定。得道之人,理丞而屯泄,中匈无败。^⑧节欲之道,万物不害。^⑨

①欢则志气和,故生也。

②忧怒过常,则失其端纪。

③忧怒则害道,故道无所处。

④谓若爱欲,则当静之。若遇废乱,则当正之。

⑤去而勿引，来而勿推，但任平而往，福则自归也。

⑥藉，因也。因其自来而与之谋，则意动而理尽。

⑦静则来，躁则逝。

⑧谓腠理、丞达、屯聚、泄散，故匈中无败。

⑨能节欲则物无害也。

封禅第五十①   杂篇一

　　桓公既霸，会诸侯于葵丘，而欲封禅。管仲曰："古者封泰山，禅梁父者，七十二家，而夷吾所记者，十有二焉。昔无怀氏，②封泰山，禅云云。③虙羲封泰山，禅云云。神农封泰山，禅云云。炎帝封泰山，禅云云。黄帝封泰山，禅亭亭。④颛顼封泰山，禅云云。帝喾封泰山，禅云云。尧封泰山，禅云云。舜封泰山，禅云云。禹封泰山，禅会稽。汤封泰山，禅云云。周成王封泰山，禅社首。⑤皆受命，然后得封禅。"桓公曰："寡人北伐山戎，过孤竹。西伐大夏，涉流沙。束马悬车，上卑耳之山。⑥南伐至召陵，登熊耳山，以望江汉。兵车之会三，而乘车之会六，九合诸侯，一匡天下，诸侯莫违我者。三代受命，亦何以异乎？"于是管仲睹桓公不可穷以辞，因设之以事，曰："古之封禅，鄗上之黍，北里之禾，⑦所以为盛。江淮之间，一茅三脊，⑧所以为藉也。东海致比目之鱼，⑨西海致比翼之鸟，⑩然后物有不召而自至者十有五焉。今凤凰麒麟不来，嘉谷不生，而蓬蒿藜莠茂，鸱枭数至，而欲封禅，毋乃不可乎！"于是桓公乃止。

　　①元篇亡。今以司马迁《封禅书》所载管子言以补之。

　　②古之王者，在伏羲前。

　　③云云山，在梁父东。

④亭亭山,在牟阴。

⑤山名,在博县。或云在钜平南十五里。

⑥将上山,缠束其马,悬钩其车也。卑耳,即《齐语》所谓辟耳。

⑦鄩上,山也。○绩按,鄩音隰。鄩上、北里皆地名。

⑧所谓灵茅。

⑨各有一目,不比不行,其名曰鲽。

⑩各有一翼,不比不飞,其名曰鹣。

小问第五十一 杂篇二

桓公问管子曰:"治而不乱,明而不蔽,若何?"管子对曰:"明分任职,则治而不乱,明而不蔽矣。"公曰:"请问富国奈何?"管子对曰:"力地而动于时,则国必富矣。"①公又问曰:"吾欲行广仁大义以利天下,奚为而可?"管子对曰:"诛暴禁非,②存亡继绝而赦无罪,③则仁广而义大矣。"公曰:"吾闻之也。夫诛暴禁非而赦无罪者,必有战胜之器,攻取之数,而后能诛暴禁非而赦无罪。"公[1]曰:"请问战胜之器。"管子对曰:"选天下之豪杰,致天下之精材,来天下之良工,则有战胜之器矣。"公曰:"攻取之数何如?"管子对曰:"毁其备,散其积,夺之食,则无固城矣。"④公曰:"然则取之若何?"⑤管子对曰:"假而礼之,⑥厚而勿欺,⑦则天下之士至矣。"

①谓勤力于地利,其所动作,必合于天时。

②此大义也。

③此广仁也。

---

[1]"公"下原本有"衍"字,据杨本删。

④毁备夺食则无以守,故其城不固,此谓攻也。

⑤谓取其士。

⑥假,谓假借之恩。

⑦厚,谓重之以德。

公曰:"致天下之精材若何?"①管子对曰:"五而六之,九而十之,不可为数。"②公曰:"来工若何?"管子对曰:"三倍不远千里。"③桓公曰:"吾已知战胜之器,攻取之数矣,请问行军袭邑,举错而知先后,不失地利,若何?"管子对曰:"用货察图。"④公曰:"野战必胜,若何?"管子对曰:"以奇。"⑤公曰:"吾欲遍知天下,若何?"管子对曰:"小以吾不识,则天下不足识也。"⑥公曰:"守战远见有患,⑦夫民不必死,则不可与出乎守战之难。⑧不必信,则不可恃而外知。⑨夫恃不死之民,而求以守战,恃不信之人,而求以外知,此兵之三闇也。⑩使民必死必信,若何?"管子对曰:"明三本。"公曰:"何谓三本?"管子对曰:"三本者,一曰固,二曰尊,三曰质。"公曰:"何谓也?"管子对曰:"故国父母坟墓之所在,固也。⑪田宅爵禄,尊也。妻子,质也。三者备,然后大其威,厉其意,则民必死而不我欺也。"⑫

①精材,谓美材可为军之器用也。

②欲致精材者,必当贵其价,故他处直五,我酬之六,他处直九,我酬之十,常令贵其一分,不可为定数,如此,则天下精材可致也。

③酬工匠之庸直常三倍他处,则工人不以千里为远,皆至矣。

④用货为反间,则知其先后。察彼国图,则不失地利也。

⑤奇,谓权谲以胜敌也。

⑥若能博闻多见,齐其所不识,则知天下遍矣。吾之所识天下,亦无人能识之也。

⑦为国者必入守出战,今吾于此二者,预见其患矣。

⑧守战之难，必致死然后可出也。

⑨人必诚信，然后为君视听，故知外事也。

⑩苟不死不信，则守阍、战阍、外阍，故曰"三阍"。

⑪人既恋本而哀坟墓，则其心固。

⑫不我欺，则信也。

桓公问治民于管子。管子对曰："凡牧民者，必知其疾，①而忧之以德，勿惧以罪，勿止以力，②慎此四者，足以治民也。"桓公曰："寡人睹其善也，何为其寡也？"③管子对曰："夫寡非有国者之患也。④昔者天子中立，地方千里，四言者该焉，何为其寡也？⑤夫牧民不知其疾，则民疾。⑥不忧以德，则民多怨。惧之以罪，则民多诈。⑦止之以力，则往者不反，⑧来者鹜距。⑨故圣王之牧民也，不在其多也。"桓公曰："善，勿已，如是又何以行之？"⑩管仲对曰："质信极忠，⑪严以有礼，慎此四者，所以行之也。"桓公曰："请问其说。"管仲对曰："信也者，民信之。忠也者，民怀之。严也者，民畏之。礼也者，民美之。语曰：泽命不渝，信也。⑫非其所欲，勿施于人，仁也。⑬坚中外正，严也。质信以让，礼也。"⑭桓公曰："善哉。牧民何先？"管仲对曰："有时先事，有时先政，有时先德，有时先恕。飘风暴雨，不为人害，涸旱不为民患。百川道，⑮年谷熟，籴贷贱，禽兽与人聚食民食，⑯民不疾疫，当此时也，民富且骄。牧民者，厚收善岁以充仓廪，⑰禁薮泽，此谓先之以事。随之以刑，敬之以礼乐，以振其淫，⑱此谓先之以政。飘风暴雨为民害，涸旱为民患，年谷不熟，岁饥籴贷贵，民疾疫，当此时也，民贫且罢。牧民者，发仓廪，山林薮泽以共其财，后之以事，先之以恕，以振其罢，此谓先之以德。其收之也，不夺民财。⑲其施之也，不失有德。⑳富上而足下，此圣王之至事也。"桓公曰："善。"

①疾，谓患苦也。

②烦力役,则止而不来。

③谓四言虽善,然以之理国,恐其太少。

④患在不能行,不在寡少也。

⑤该,备也。谓四言足以备千里之化,不为少。

⑥疾,谓憎嫌之也。

⑦设诈以避罪也。

⑧创其力役之苦。

⑨鸷,疑也。距,止也。闻其役烦,则疑而止。

⑩其事既善,虽然,不但如是而已,更有何事以行此四言也?

⑪质,主也。谓主能得信,又极忠也。

⑫谓恩泽之命,不有渝变,如此者,信也。《诗》:"舍命不渝。"盖"泽"乃"释"字,"释"同"舍"。

⑬仁者,忠于人也。

⑭主行于信,又能逊让,如此者礼也。

⑮百川之流,皆从故道。

⑯年谷熟,则禽兽食人之食。

⑰善岁,谓有年。

⑱振,止也。礼乐者,所以止人淫放。

⑲谓善岁也。

⑳谓凶年也。

　　桓公问管仲曰:"寡人欲霸,以二三子之功,既得霸矣。今吾有欲王,其可乎?"管仲对曰:"公尝召易牙而问焉。"①鲍叔至,公又问焉,鲍叔对曰:"公当召宾胥无而问焉。"宾胥无趋而进,公又问焉。宾胥无对曰:"古之王者,其君丰,其臣教。②今君之臣丰。③公遵遁缪然远,二三子遂徐行而进。"④公曰:"昔者大王贤,王季贤,文王贤,武王贤。武王伐殷,克之,七年而崩。周公旦辅成王而治天下,仅能制于四海之内矣。今寡人之子不若寡人，寡人不若二三子，以此观之，则吾不王必矣。"

①管仲知桓公不可王，难以实对，故推令问易牙。

②君丰臣教，则君能制臣，故可以王也。

③言德丰于君也。

④言公之所遵行者，皆流遁缪妄之事，无所比，可谓远于二三子。但当涂而渐以取进耳。欲王天下，恐未可。

桓公曰："我欲胜民，①为之奈何？"管仲对曰："此非人君之言也。②胜民为易，夫胜民之为道，非天下之大道也。君欲胜民，则使有司疏狱而谒，有罪者偿，③数省而严诛，④若此则民胜矣。虽然，胜民之为道，非天下之大道也。使民畏公而不见亲，⑤祸亟及于身，⑥虽能不久，⑦则持莫之弑也，危哉。⑧君之国岌乎！"

①言欲胜服于民。

②人君之言，当仁以化之，不可直用刑胜也。

③谓疏录狱囚，谒告有罪者则偿之也。

④数省有过，严其诛罪。

⑤严刑故也。

⑥二世严刑，身戮望夷。

⑦虽能胜人，不可久安。

⑧持，谓见劫执也。弑，谓杀亲也。

桓公观于厩，问厩吏曰："厩何事最难？"厩吏未对。管仲对曰："夷吾尝为圉人矣，①傅马栈最难。②先傅曲木，曲木又求曲木，③曲木已傅，直木无所施矣。④先傅直木，直木又求直木，直木已傅，曲木亦无所施矣。"⑤

①圉，养马也。

②谓编次之栈，马所立木也。

③编栈者先附曲木,其次还须曲木,求其类。

④既用曲木,又施直木,则失其类而栈败矣。喻小人用则君子退也。

⑤喻君子用则小人退。

桓公谓管仲曰:"吾欲伐大国之不服者,奈何?"管仲对曰:"先爱四封之内,然后可以恶竟外之不善者。①先定卿大夫之家,然后可以危邻之敌国。②是故先王必有置也,然后有废也。③必有利也,然后有害也。"④

①四封之内见爱,则人致死,可以恶竟外之不善者。

②卿大夫之家既定,则国强,故可以危邻国。

③己国有置,然后废他国也。

④能利己国,然后可以害他国也。

桓公践位,令衅社塞祷。①祝凫、已疵献胙。②祝曰:"除君苛疾,③与若之多虚而少实。"④桓公不说,瞑目而视祝凫、已疵。祝凫、已疵受酒而祭之。曰:"又与君之若贤。"⑤桓公怒,将诛之而未也,以复管仲。⑥管仲于是知桓公之可以霸也。⑦

①杀牲以血浇落于社曰"衅社"。

②祝,祝史。凫、已疵,其名也。胙,祭肉也。

③祝今除君烦苛之疾。

④若,似也。谓君之材能,多似有而非实,如此者,亦祝去之也。

⑤谓君似贤,亦当去之。

⑥复,犹告也。

⑦祝史诬君之恶,君怒而将诛之,是心务善也,故知可与霸也。

桓公乘马,虎望见之而伏。桓公问管仲曰:"今者寡人乘马,虎望见寡人而不敢行,其故何也?"管仲对曰:"意者君乘驳马而洀桓,迎日而驰乎?"①公曰:"然。"管仲对曰:"此驳象也。驳食虎豹，故虎疑焉。"

①泮，古"盘"字。

楚伐莒，莒君使人求救于齐，桓公将救之。管仲曰："君勿救也。"公曰："其故何也？"管仲对曰："臣与其使者言，三辱其君，颜色不变。①臣使官无满其礼三，②强其使者争之以死。③莒君，小人也，君勿救。"④桓公果不救而莒亡。

①辱其君而色不变，则无羞耻也。

②三加其礼，皆不满足。

③不识不满之意，才激强之，则争之以死，是不智。

④其使不贤，故知其君小人也。

桓公放春三月观于野，①桓公曰："何物可比于君子之德乎？"隰朋对曰："夫粟，内甲以处，中有卷城，外有兵刃，②未敢自恃，自命曰粟。③此其可比于君子之德乎？"管仲曰："苗，始其少也，眴眴乎其孺子也。④至其壮也，庄庄乎何其士也。⑤至其成也，由由乎兹免，何其君子也。⑥天下得之则安，⑦不得则危，故命之曰禾。⑧此其可比于君子之德矣。"桓公曰："善。"

①春物放发，故曰"放春"。

②种粟者，甲在内而处，叶居外而卷若城，苗之纤芒在外有兵刃。

③粟之物用虽如此，然不敢自恃，故自名曰粟，粟则仅促之名也。

④眴眴，柔顺貌。谷苗始则柔顺，故似孺子也。

⑤壮，谓苗转长大。庄庄，矜直貌也。

⑥由由，怳怿实貌。兹免，谓益有谨厉。

⑦人以谷为命。

⑧以其和调人之性命。

桓公北伐孤竹，未至卑耳之溪十里，闟然止，瞠然视，①援

弓将射，引而未敢发也。谓左右曰："见是前人乎？"左右对
曰："不见也。"公曰："事其不济乎！寡人大惑。今者寡人见
人，长尺而人物具焉，冠右袪衣，走马前疾，事其不济乎！寡人
大惑。岂有人若此者乎！"管仲对曰："臣闻登山之神，有俞貌
者，长尺而人物具焉。霸王之君兴而登山，神见且走马前疾，
道也。袪衣，示前有水也。右袪衣，示从右方涉也。"至卑耳之
溪，有赞水者，[②]曰："从左方涉，其深及冠。从右方涉，其深至
膝。若右涉，其大济。"桓公立拜管仲于马前曰："仲父之圣至
若此，寡人之抵罪也久矣。"[③]管仲对曰："夷吾闻之，圣人先知
无形，今已有形而后知之，臣非圣也，善承教也。"[④]

　①阘，住立貌。瞠，惊视貌。

　②谓赞引渡水者。

　③抵，当也。不知仲父之圣，是寡人当有罪久矣。

　④善承古人之法。

　　桓公使管仲求宁戚。宁戚应之曰："浩浩乎！育育乎！"管
仲不知，至中食而虑之。婢子曰："公何虑？"管仲曰："非婢子
之所知也。"婢子曰："公其毋少少，毋贱贱。昔者吴干战，[①]未
亂不得入军门。[②]国子擿其齿，遂入，为干国多。[③]百里奚，秦国
之饭牛者也，穆公举而相之，遂霸诸侯。由是观之，贱岂可贱，
少岂可少哉？"管仲曰："然。公使我求宁戚，宁戚应我曰'浩
浩乎'，吾不识。"婢子曰："《诗》有之：'浩浩者水，育育者
鱼。[④]未有室家，而安召我居。'[⑤]宁子其欲室乎？"

　①干，江边地也。

　②亂，毁齿也。

　③战功曰多。言于干战，国子功多也。

　④水浩浩然盛大，鱼育育然相与而游其中，喻时人皆得配偶以居其室
家。宁戚有伉俪之思，故陈此诗以见意。

⑤言谁当召我，授之配匹，与之为居乎也。

桓公与管仲阖门而谋伐莒，未发也，而已闻于国矣。桓公怒曰："寡人与仲父阖门而谋伐莒，未发也，而已闻于国，其故何也？"管仲曰："国必有圣人。"桓公曰："然。夫日之役者，有执席食以视上者，必彼是邪。"①于是乃令之复役，毋复相代。②少焉，[1]东郭邮至，桓公令傧者延而上，③与之分级而上，④问焉。曰："子言伐莒者乎？"东郭邮曰："然，臣也。"桓公曰："寡人不言伐莒，而子言伐莒，其故何也？"东郭邮对曰："臣闻之，君子善谋，而小人善意。⑤臣意之也。"桓公曰："子奚以意之？"东郭邮曰："夫欣然喜乐者，钟鼓之色也。夫渊然清静者，缞绖之色也。澪然丰满，⑥而手足拇动者，⑦兵甲之色也。日者臣视二君之在台上也，口开而不阖，是言莒也。⑧举手而指，势当莒也。且臣观小国诸侯之不服者，唯莒于是。⑨臣故曰伐莒。"桓公曰："善哉。以微射明，此之谓乎。⑩子其坐，寡人与子同之。"⑪

①桓公与管仲谋时，役人于前，乃有执席而食，私目上视，所以察君也。必是人者知吾谋也。

②时执席而食者，代人入役，因得察君。今不令相代，彼亦知君觉己，必当来也。

③傧，谓赞相宾客者也。

④公以客礼待之，故与之分级而上。谓使之就宾阶也。

⑤善以意度之也。

⑥心在兵武，形气盛，故其貌丰满。

⑦中勇，外形必应，故手足拇动也。

⑧莒字两口，故二君开口相对，即知其言莒。

⑨唯莒不服，于是知之。

---

[1]焉，原本误作"马"，据杨本改。

⑩言以形色之微,知伐国之明也。

⑪同伐莒之谋也。

　　客或欲见于齐桓公,请仕上官,授禄千钟。公以告管仲,曰:"君予之。"客闻之,曰:"臣不仕矣。"公曰:"何故?"对曰:"臣闻取人以人者,^①其去人也亦用人。吾不仕矣。"

　　①以人之言然后取人。

卷第十七

七臣七主第五十二 杂篇三

　　或以平虚，请论七主之过，^①得六过一是，以还自镜，以知得失。^②以绳七臣，得六过一是。呼呜美哉，成事疾。^③申主任势守数以为常，^④周听近远以续明，^⑤皆要审则法令固，赏罚必则下服度。^⑥不备待而得和，则民反素也。^⑦惠主丰赏厚赐以竭藏，赦奸纵过以伤法。藏竭则主权衰，法伤则奸门闾。故曰：泰则反败矣。^⑧侵主好恶反法以自伤，^⑨喜决难知以塞明，^⑩从狙而好小察，^⑪事无常而法令申。不酐则国失势。^⑫芒主目伸五色，耳常五声，^⑬四邻不计，^⑭司声不听，^⑮则臣下恣行，而国权大倾。不酐则所恶及身。^⑯劳主不明分职，上下相干，^⑰臣主同则，刑振以丰，丰振以刻，^⑱去之而乱，临之而殆，则后世何得。^⑲振主喜怒无度，严诛无赦，^⑳臣下振怒，不知所错，则人反其故。^㉑不酐则法数日衰而国失固。^㉒芒主通人情以质疑，故臣下无信，尽自治其事则事多，^㉓多则昏，昏则缓急俱植。^㉔不酐则见所不善，^㉕馀力自失而罚。^㉖故主虞而安，^㉗吏肃而严，民朴而亲，官无邪吏，朝无奸臣，下无侵争，世无刑民。^㉘

　　①谓平意虚心也。七主，据下唯有六者，皆过主。能无此六者过，则为一是主也。过主六，是主一，故曰"七主"也。

　　②得六过，则为一是，以自鉴，得失可知也。

　　③疾，美也。绳，谓弹正也。言以六过绳六臣，令臣无六过，是故为一。君臣咸有一德，故能成美也。

　　④申，谓陈用法。【补】"申"字乃"中"字之误，盖谓得中道之主。

· 347 ·

⑤远近之事,周而听之,则其明不绝。

⑥事皆得要而详审,则法令固,赏罚必,而下皆服其法度也。

⑦谓以道德理世之君,至仁[1]感物,德和自此而至,故人皆反于朴素,今申主不能然,故以为过也。

⑧谓为惠太过,故反成败也。

⑨越法行事谓之侵。所好所恶,皆反于法,故自伤。

⑩决难知则理不当,故明塞也。

⑪狙,伺也。谓既任臣有所为,必从而伺之。

⑫䇱,古“伍”字,谓偶合也。言虽申而法令于事不合,法既不行,所以失势也。○绩按,䇱从午吾声,或作“悟”,周觉悟之悟也。下放此。

⑬芒,谓芒然不晓识之貌。伸,谓放恣也。

⑭四邻与己为隙,不计度而知之也。

⑮司声之官,随君所好,不为听其理乱之音也。

⑯所为既不合理,故恶还及身也。

⑰言失任臣之理,劳而无功,故曰“劳主”。

⑱臣主同势,则俱奋威权,故刑罚太振,而且丰多。刑丰而又妄振,非刻而何也?

⑲权臣振主,君欲去之,必为乱。任而临之,必危殆。既乱且危,败亡必及,故后代无得也。

⑳动发威严,谓之振也。

㉑故谓先君之理。

㉒举措既不合理,故数衰而国失固。

㉓既不自晓,故下通人情,以闻所疑,则臣下无所取信,皆自任胸臆,以理其事,人人生事,故事多也。

㉔植,立也。既昏而不明,故缓急之事俱可立。

㉕所为既不合理,故于难易之事皆不善。

㉖尚有权势馀力,己不自责,乃迁怒而罚之。

---

[1]人,原本误作“仁”,据杨本改。

㉗虞,度也。主能度宜而行故安。但主能度而安,则致下数事。

㉘凡此皆主虞而安故也。

故一人之治乱在其心,①一国之存亡在其主,②天下得失,道一人出。③主好本,则民好垦草莱。④主好货,则人贾市。主好宫室,则工匠巧。主好文采,则女工靡。夫楚王好小腰,而美人省食。吴王好剑,而国士轻死。死与不食者,天下之所共恶也,然而为之者,何也? 从主之所欲也,而况愉乐音声之化乎?

①在其心之邪正。

②在其主之愚智。

③道,从也。一人为主也,明主得,闇主失。

④本,谓农业也。

夫男不田,女不缁,①工技力于无用,②而欲土地之毛,③仓库满实,不可得也。土地不毛则人不足,人不足则逆气生,④逆气生则令不行,然强敌发而起,虽善者不能存。⑤何以效其然也? 曰:昔者桀纣是也。诛贤忠,近谗贼之士,而贵妇人,好杀而不勇,好富而忘贫,驰猎无穷,鼓乐无厌,瑶台玉餔不足处,⑥驰车千驷不足乘材。女乐三千人,⑦钟石丝竹之音不绝。百姓罢乏,君子无死,⑧卒莫有人,人有反心。遇周武王,遂为周氏之禽。⑨此营于物而失其情者也,⑩愉于淫乐而忘后患者也。故设用无度,国家踣。⑪举争不时,必受其菑。

①缁,谓黑缯。

②谓勤力于无用之器物也。

③毛,谓嘉苗。

④不足则怒,怒故逆上之气生。

⑤谓善为计谋。

⑥玉餔,犹玉食。

⑦谓有材能之女乐也。

⑧言不为君致死。

⑨为周所禽获也。

⑩物,谓台榭车马,所以为侈靡者。

⑪蹈,谓散亡。

夫仓库非虚空也,^①商宦非虚坏也,^②法令非虚乱也,^③国家非虚亡也。^④彼时有春秋,岁有败凶,政有急缓。政有急缓,故物有轻重。^⑤岁有败凶,故民有义不足。^⑥时有春秋,故谷有贵贱,^⑦而上不调淫,故游商得以什伯其本也。^⑧百姓之不田,贫富之不訾,皆用此作。^⑨城郭不守,兵士不用,皆道此始。^⑩夫亡国蹈家者,非无壤土也,其所事者,非其功也。夫凶岁雷旱,非无雨露也,其燥湿非其时也。乱世烦政,非无法令也,其所诛赏者,非其人也。暴主迷君,非无心腹也,其所取舍,非其术也。

①必违费无度,故空。

②必弃本逐末,故坏也。

③必上替下陵,故乱。

④必倒[1]道背理,故亡也。

⑤政急物轻,政缓物重。

⑥岁既败凶,虽有义事,不足行其礼。

⑦春谷贵,秋谷贱。

⑧淫,过也。谓谷物过于贵贱,则上当收散以调之。此之不为,故游商得什伯之赢,以弃其本也。

⑨訾,限也。皆从不调淫而作也。

⑩道,从。

故明主有六务四禁。六务者何也? 一曰节用,二曰贤佐,三

---

[1]倒,原本误作"到",据杨本改。

曰法度，四曰必诛，五曰天时，六曰地宜。四禁者何也？春无杀伐，无割大陵，^①倮大衍，^②伐大木，斩大山，行大火，诛大臣，收谷赋。^③夏无遏水，达名川，^④塞大谷，动土功，射鸟兽。^⑤秋毋赦过释罪缓刑。冬无赋爵赏禄，伤伐五藏。^⑥故春政不禁，则百长不生。夏政不禁，则五谷不成。秋政不禁，则奸邪不胜。冬政不禁，则地气不藏。四者俱犯，则阴阳不和，风雨不时，大水漂州流邑，^⑦大风漂屋折树，火暴焚，地燋草，^⑧天冬雷，地冬霆。^⑨草木夏落而秋荣，蛰虫不藏，宜死者生，宜蛰者鸣，苴多臘蜃，^⑩山多虫螱，^⑪六畜不蕃，民多夭死，国贫法乱，逆气下生。故曰：台榭相望者，亡国之庑也。驰车充国者，追寇之马也。^⑫羽剑珠饰者，斩生之斧也。文采纂组者，燔功之窑也。明王知其然，故远而不近。能去此取彼，则人主道备矣。^⑬

①割，谓掘徙之也。

②倮，谓焚烧令荡然俱尽。

③凡此春之禁也。

④谓偃塞小水合大水。

⑤凡此夏之禁。

⑥五谷之藏。

⑦漂，流。谓满溢于堤防，故漂流城邑。

⑧旱甚则草燋。

⑨霆[1]，震。

⑩苴，谓草之翳荟。

⑪螱，即蚊。

⑫追，犹召也。言驰车所以召寇。

⑬此，谓珠饰等物。彼，谓节用爱民。

夫法者，所以兴功惧暴也。律者，所以定分止争也。令者，

---

[1]霆，原本误作"雷"，据杨本改。

所以令人知事也。法律政令者，使民规矩绳墨也。夫矩不正，不可以求方。绳不信，不可以求直。法令者，君臣之所共立也。权势者，人主之所独守也。故人主失守则危，臣吏失守则乱。罪决于吏则治，^①权断于主则威，民信其法则亲。是故明王审法慎权，下上有分。^②

①有罪者,吏必能决。决之故理。

②下慎罚,上执权,各有其分也。

夫凡私之所起，必生于主。^①夫上好本，则端正之士在前。^②上好利，则毁誉之士在侧。^③上多喜善赏而不随其功，则士不为用。^④数重出法而不克其罪，则奸不为止。^⑤明王知其然，故见必然之政，立必胜之罚，故民知所必就，而知所必去。推则往，召则来，如坠重于高，如渎水于地。^⑥故法不烦而吏不劳，民无犯禁。故有百姓无怨于上，上亦法臣法，^⑦断名决，无诽誉。^⑧故君法则主位安，臣法则货赂止，而民无奸。呜呼美哉，名断言泽。^⑨

①主不好本则私生。

②本,谓道德之政。

③好利则倾巧,故毁誉之士在侧。

④虽曰好善,及其有功则不能赏,故曰"士不为用"。

⑤克,谓胜伏。

⑥以譬招来之易也。

⑦言亦为臣立法。

⑧依名而断决,则理当而事惬,故无诽誉。

⑨依名而断,则其言顺而泽。

饰臣^①克亲贵以为名，^②恬爵禄以为高。^③好名则无实，^④为高则不御。^⑤故记曰：无实则无势，^⑥失辔则马焉制。^⑦侵臣事小察以折法令，^⑧好佼反而行私请。^⑨故私道行则法度侵，^⑩刑法繁则奸不禁，主严诛则失民心。乱臣多则造钟鼓，众饰妇女以惛上，故上惛则隙不计而司声直禄，⑪是以谄臣贵而法臣贱，此之谓微孤。⑫愚臣深罪厚罚以为行，⑬重赋敛，多兑道，以为上，⑭使身见憎而主受其谤。⑮故记称之曰"愚忠谗贼"，此之谓也。⑯奸臣痛言人情以惊主，⑰开罪党以为雠。⑱除雠则罪不辜，⑲罪不辜则与雠居。⑳故善言可恶以自信，而主失亲。㉑乱臣㉒自为辞功禄，明为下请厚赏。㉓居为非母，动为善栋，㉔以非买名，以是伤上。㉕而众人不知之谓微攻。㉖

①绩按，自此以下举六臣，此其一也。

②虚名求实之饰。克，胜也。谓不求亲贵以自克胜，持此为名。

③佯弃爵禄，以自安恬，以此为高。

④美名外扬，内实必丧。

⑤恬爵禄者，君不能御也。

⑥势必以实生。

⑦制马必以辔，制臣必以禄。

⑧枉法行事谓之侵。

⑨佼，谓很诈也。背理为反。〇绩按，疑作"交友"。

⑩不侵法度，则无以成其私。

⑪上既惛闇，虽有危亡之隙，不能计度而知之。其司声之官，直得禄而已，不忧其职务也。

⑫谄贵法贱，则危亡日至，故其君衰微而孤独。

⑬深文入罪，厚致其罚，此愚臣之行。

⑭兑，悦也。谓多赋敛以悦道于君。

⑮厚罚多敛，人必憎之。

⑯愚臣虽有损于主，乃比之谗贼。

⑰痛，甚极之词。

⑱开引罪党，上闻[1]于君，与之为雠。

---

[1]闻，原本误作"开"，据杨本改。

⑲彼但雠耳，未必皆有罪。今而除之，则罪不辜之人也。

⑳既杀不辜，则人皆雠己，故所与居者，莫非雠也。

㉑好言可恶之事以告于君，此求君之信己也。君果信之，则失其所亲也。

㉒按，前有"乱臣"，此"乱"字误。

㉓己有功，当得禄，则佯辞之以为名。其下未必当赏，则明然为之请，以求众心也。

㉔其居也，与众犯者为母。其动也，与佯为善者为栋梁。

㉕其所以买名者用非道，虽曰为之，必伤于上。

㉖言为伪善，渐攻于君。

禁藏第五十三 杂篇四

　　禁藏于胸胁之内，而祸避于万里之外，能以此制彼者，唯能以己知人者也。①夫冬日之不滥，非爱冰也。②夏日之不炀，非爱火也。为不适于身，便于体也。③夫明王不美宫室，非喜小也。不听钟鼓，非恶乐也。为其伤于本事，而妨于教也。④故先慎于己而后彼，官亦慎内而后外。⑤民亦务本而去末。⑥居民于其所乐，⑦事之于其所利，⑧赏之于其所善，⑨罚之于其所恶，⑩信之于其所馀财，⑪功之于其所无诛。⑫于下无诛者，必诛者也。⑬有诛者，不必诛者也。⑭以有刑至无刑者，其法易而民全。⑮以无刑至有刑者，其刑烦而奸多。⑯夫先易者后难，⑰先难而后易，⑱万物尽然。⑲明王知其然，故必诛而不赦，必赏而不迁者，非喜予而乐其杀也，所以为人致利除害也。⑳于以养老长弱，完活万民，莫明焉。㉑

　　①言度己以察彼，则无隐情，故奸谋藏于胸胁。奸藏祸息，故远避于万里

之外。彼不能兴奸生祸,则我能制之。凡此皆以己知人故也。

②滥,谓泛冰于水以求寒[1],所谓滥浆。

③冬之冰,夏之火,皆于身体不适便。

④美宫室,听钟鼓,则伤事而妨教。

⑤内则本务,外则末业,君慎之则臣效也。

⑥官慎之则民效也。

⑦居其所乐,则敦土而不迁。

⑧事其所利,则不劝而自励。

⑨赏其所善,则皆悦而立功。

⑩罚其所恶,则忌慎而不犯。

⑪君人者莫不有馀财,期赏而必,故曰“信”。

⑫必胜残息诛,然后可以为成功。

⑬有罪必诛,故能息。所谓以刑止刑,以杀止杀也。

⑭有罪不必诛,故诛不息也。

⑮刑兹无赦,人不敢犯,故曰“以有刑至无刑”。若此者,其法简易,而民完全。

⑯缓诛宥[2]死,人则轻而犯之,故曰“无刑至有刑”。若此者,其刑繁漫,而奸人多。

⑰无刑至有刑,故曰“先易而后难”。

⑱有刑至无刑,故曰“先难而后易”。

⑲皆同之于用法。

⑳赏不迁,非喜与。诛不赦,非乐杀。然必其诛赏,则为人致利除害故也。

㉑言养老活人,无明于必诛赏。

夫不法法则治。①法者, 天下之仪也, ②所以决疑而明是非

---

[1]求寒,原本误作“泛冰”,据杨本改。

[2]宥,原本误作“有”,据杨本改。

也，百姓所县命也，③故明王慎之。不为亲戚故贵易其法，④吏不敢以长官威严危其命，⑤民不以珠玉重宝犯其禁。⑥故主上视法严于亲戚，⑦吏之举令，敬于师长。⑧民之承教，重于神宝。⑨故法立而不用，刑设而不行也。⑩夫施功而不钧，位虽高，为用者少。⑪赦罪而不一，德虽厚，不誉者多。⑫举事而不时，力虽尽，其功不成。⑬刑赏不当，断斩虽多，其暴不禁。夫公之所加，罪虽重，下无怨气。私之所加，赏虽多，士不为欢。刑法不道众，民不能顺。⑭举错不当众，民不能成。⑮不攻不备，⑯当今为愚人。

①言不法者，必以法正之，故治。

②仪，谓表也。

③刑罚一差，人无所措手足，故曰"县命"。

④故，谓恩旧。

⑤危，谓毁败。

⑥所谓君无欲焉，虽赏之不窃。

⑦不为亲戚易法，故法严。

⑧不为师长危令，故令敬也。

⑨不为重宝犯禁，故教重。夫宝有灵，故曰"神宝"。

⑩无犯之人，则无所用其刑法。

⑪施功，谓施恩于有功者。施恩不钧，则有功者怨，故虽有高位，人不为用。

⑫赦罪不一，则毒流不辜，虽有厚德，人谁誉之。

⑬方冬植禾[1]，虽勤似后稷，不能成其嘉苗。

⑭有道之人，必顺于道。

⑮众尚不成，况无众乎。

⑯夫设备者，必防攻[2]也。

---

[1] 禾，原本误作"木"，据杨本改。

[2] 攻，原本误作"故"，据杨本改。

故圣人之制事也，能节宫室、适车舆以实藏，^①则国必富，位必尊。能适衣服、去玩好以奉本，^②而用必赡，身必安矣。能移无益之事，无补之费，通币行礼，而党必多，交必亲矣。^③夫众人者，多营于物而苦其力，劳其心，故因而不赡。^④大者以失其国，小者以危其身。

①不费于宫室车舆，则库藏自实也。

②本，谓农桑。

③移无益无补之费而行礼，故党多交亲也。

④营物过分，故劳而不赡。

凡人之情，得所欲则乐，逢所恶则忧，此贵贱之所同有也。近之不能勿欲，^①远之不能勿恶，人情皆然，而好恶不同。各行所欲，^②而安危异焉，^③然后贤不肖之形见也。夫物有多寡而情不能等，^④事有成败而意不能同，^⑤行有进退而力不能两也。^⑥故立身于中，^⑦养有节。宫室足以避燥湿，食饮足以和血气，衣服足以适寒温，礼仪足以别贵贱，游虞足以发欢欣，棺椁足以朽骨，衣衾足以朽肉，坟墓足以道记。^⑧不作无补之功，^⑨不为无益之事，故意定而不营气情。气情不营，则耳目穀，^⑩衣食足。耳目穀，衣食足，则侵争不生，怨怒无有，上下相亲，兵刃不用矣。

①谓所好之物。

②各以所欲行之。

③适理而欲则安，背理而欲则危。

④贤者欲寡，不肖者欲多也。

⑤贤者意多成，不肖者意多败也。

⑥贤者能进，不肖者唯退也。

⑦谓多寡成败进退之中也。

⑧道识其处，各有记也。

⑨虽曰有功，于身无补。

⑩穀,善也。谓聪明不亏。

　　故适身行义,俭约恭敬,其唯无福,祸亦不来矣。①骄傲佚泰,离度绝理,其唯无祸,福亦不至矣。②是故君子上观绝理者,以自恐也。③下观不及者,以自隐也。④故曰:誉不虚出,⑤而患不独生,⑥福不择家,⑦祸不索人。⑧此之谓也。⑨能以所闻瞻察,则事必明矣。⑩

　　①祸福两来,乃善之至。

　　②祸福两有,乃祸之至。

　　③观绝理者致祸,故[1]恐。

　　④隐,度也。度己有不及之事,当致之也。

　　⑤必出于行善。

　　⑥必生于为恶。

　　⑦虽贱家行善,福亦来矣。

　　⑧虽贵人行恶,祸亦至矣。

　　⑨凡此,欲令修己以致福,无恃贵以招祸。

　　⑩谓耳所闻,目所瞻,则能审察其是非。如此,则无事不明矣。

　　故凡治乱之情,皆道上始。①故善者圉之以害,牵之以利,②能利害者,财多而过寡矣。③夫凡人之情,见利莫能勿就,见害莫能勿避。其商人通贾,倍道兼行,夜以续日,千里而不远者,利在前也。④渔人之入海,海深万仞,就彼逆流,⑤乘危百里,宿夜不出者,利在水也。故利之所在,虽千仞之山,无所不上,深源之下,无所不入焉。故善者,势利之在而民自美安,⑥不推而往,不引而来,不烦不扰,而民自富。⑦如鸟之覆卵,无形无声,而唯见其成。⑧

　　①道,从也。事明则理,反是则乱也。

───────────

[1]故,原本误作"致",据杨本改。

②有害则圉，有利则牵。

③利害由己，则避害而取利。取利则财多，避害故过寡矣。

④疾至则得利，故速行而不倦也。

⑤谓海潮起，则水逆流。

⑥势利在身，则人羡而安之。

⑦凡此，皆势利之所致。

⑧夫势利致人，若鸟之覆卵焉，虽无形声，俄见其成也。

夫为国之本，得天之时而为经，①得人之心而为纪，②法令为维纲，③吏为网罟，④什伍以为行列，⑤赏诛为文武。⑥缮农具当器械，⑦耕农当攻战，⑧推引铫耨以当剑戟，⑨被蓑以当铠鑐，⑩菹笠以当盾橹。⑪故耕器具则战器备，⑫农事习则功战巧矣。⑬当春三月，萩室熯造，⑭钻燧易火，杼井易水，所以去兹毒也。⑮举春，祭塞久祷，以鱼为牲，以蘖为酒，相召，⑯所以属亲戚也。毋杀畜生，毋拊卵，⑰毋伐木，毋夭英，⑱毋拊竿，⑲所以息百长也。⑳赐鳏寡，赈孤独，贷无种，与无赋，所以劝弱民。㉑发五正，㉒赦薄罪，出拘民，解仇雠，㉓所以建时功，施生谷也。㉔夏赏五德，㉕满爵禄，迁官位，礼孝弟，复贤力，所以劝功也。㉖秋行五刑，诛大罪，所以禁淫邪，止盗贼。㉗冬收五藏，㉘最万物，㉙所以内作民也。㉚四时事备，而民功百倍矣。[1]㉛故春仁，夏忠，秋急，冬闭，㉜顺天之时，约地之宜，忠人之和。㉝故风雨时，五谷实，草木美多，六畜蕃息，国富兵强，民材而令行，㉞内无烦扰之政，外无强敌之患也。夫动静顺然后和也，不失其时然后富，不失其法然后治。故国不虚富，㉟民不虚治。㊱不治而昌，不乱而亡，自古至今，未尝有也。㊲

①经，所以本之也。

②纪，所以总之也。

---

[1] "凡此皆冬"以下至此注语及正文十五字原本脱，据杨本补。

③维纲所以张也。

④网罟所以苞也。

⑤行列所以开具之也。

⑥赏则文,诛则武。

⑦农具既缮,则器械可修也。

⑧耕农之不怠,若攻战之不退也。

⑨用铫耨者,必推引之,若剑戟击刺。

⑩襃,雨衣。被着之,所惧雨露。若武备之有铠鑐,着甲周身若褐炙,故曰"鑐"。

⑪取菹泽草以为笠,若武备之有盾橹也。

⑫具耕器,则备战用也。

⑬习农,则当功战。

⑭熯,谓以火干也。三月之时,阳气盛发,易生瘟疫。萩木鬱臭,以辟毒气,故烧之于新造之室以襄袚也。

⑮四时易火,至春则取榆柳之火,春时之井又当复杼之,以易其水。凡此,皆去时滋长之毒。

⑯久祷而未报者,当享塞之。相召,谓因此时召亲宾。

⑰拊,谓击剥之也。

⑱英,为草木之初生也。

⑲竿,笋之初生也。

⑳所以生息百物之长。

㉑谓劝勉贫弱之人也。

㉒正,谓五官正也。

㉓仇雠者和雠令反去。

㉔谓及时立农功,施力为生谷。凡此皆春令。

㉕五德,谓五常之德。

㉖贤而有功,赏复除之。此皆夏令。

㉗凡此皆秋令。

㉘五谷之藏。

㉙最,聚。

㉚凡此皆冬作。

㉛于四时事皆备,故人有百倍之功。

㉜生者,仁也。长者,忠也。收当急也,藏当闭也。

㉝忠,犹称也。事称人理则和。

㉞人多材艺而顺上命,故令行也。

㉟必不失时,然后富也。

㊱必不失法,然后治。

㊲昌必国理,亡必国乱。反是者,古今所未有。

　　故国多私勇者其兵弱,^①吏多私智者其法乱,^②民多私利者其国贫。^③故德莫若博厚,使民死之。^④赏罚莫若必成,使民信之。夫善牧民者,非以城郭也,辅之以什,司之以伍。^⑤伍无非其人,^⑥人无非其里,^⑦里无非其家。^⑧故奔亡者无所匿,迁徙者无所容。^⑨不求而约,不召而来,^⑩故民无流亡之意,吏无备追之忧。^⑪故王政可往于民,民心可系于主。^⑫

　　①私勇则怯于公战,故兵弱。

　　②私智则营己而背公,故多乱。

　　③私利则积之于家,故国贫。

　　④博厚则感人深,故死之也。

　　⑤谓什长、伍长。

　　⑥虽伍长,亦选能者为之也。

　　⑦谓无客寄。

　　⑧言不离居他人家。其非之。

　　⑨有什伍司之,不容他寄也。

　　⑩亡徙无所容匿,故不求召而自来约。

　　⑪人说不亡,何所备而追之?

⑫谓系属于主。

夫法之制民也，犹陶之于埴，冶之于金也。^①故审利害之所在，民之去就，如火之于燥湿，水之于高下。^②夫民之所生，衣与食也。食之所生，水与土也。所以富民有要，食民有率。率三十亩而足于卒岁，岁兼美恶，亩取一石，则人有三十石。果蓏素食当十石，^③糠秕六畜当十石，则人有五十石。布帛麻丝，旁入^[1]奇利，未在其中也。^④故国有馀藏，民有馀食。^⑤夫錣钩者，所以多寡也。^⑥权衡者，所以视重轻也。户籍田结者，所以知贫富之不訾也。^⑦故善者必先知其田，乃知其人。^⑧田备然后民可足也。

①人之从法，若埴、金之从陶、冶也。

②火、水之就燥、下，犹人之就利。

③果蓏不以火化而食，故曰"素食"。

④奇，馀。言不在五十石之中也。

⑤每年人有五十石，故藏皆馀也。

⑥錣钩，谓錣比其钩平。

⑦谓每户置籍，每田结其多少，则贫富不依訾限^[2]者可知也。

⑧田多则人多，田少则人少。

凡有天下者，以情伐者帝，^①以事伐者王，^②以政伐者霸。^③而谋有功者五：^④一曰视其所爱以分其威权。^⑤一人两心，其内必衰也。^⑥臣不用，其国可危。^⑦。二曰视其阴所憎。厚其货赂，得情可深。^⑧身内情外，其国可知。^⑨三曰听其淫乐以广其心。^⑩遗以竽瑟美人以塞其内，^⑪遗以谄臣文马以蔽其外。^⑫外内蔽塞，可以成败。^⑬四曰必深亲之如典之同生。^⑭阴内辩士使图其计，^⑮内

---

[1]入，原本误作"人"，据杨本改。

[2]限，原本误作"良"，据杨本改。

勇士使高其气，⑯内人他国使倍其约，绝其使，拂其意。⑰士斗，两国相敌，必承弊。⑱五曰深察其谋。⑲谨其忠臣，⑳揆其所使，㉑令内不信，使有离意。㉒离气不能令，必内自贼。㉓忠臣已死，故政可夺。㉔此五者，谋功之道也。

①谓深知敌之内情而伐者，帝也。

②见其于事有失而伐者王。

③见其政有失而伐者霸。

④谓计谋可以成功。

⑤今敌国之所爱者各权，则其威分也。

⑥威分，则每人各怀二心，心二[1]则力不齐，故内衰也。

⑦臣既不为君用力，故其国可危。

⑧视敌所憎者多与贿，令以国情告己，故深得其情。

⑨谓所憎者身在国内，情乃告外，其国可知也。

⑩使之听淫乐，心广于嗜欲。

⑪耽于竽瑟美女，则心惑乱，故其内闭塞也。

⑫耳惑于谄臣，目惑于文马，则耳目丧矣，故其外蔽也。

⑬内外蔽塞，则理拥而见惑也，莫不败。

⑭典，常也。若常与之同生也。

⑮私使辩士，令与敌国图计。

⑯彼得勇士，则恃而气高也。

⑰更纳人于他国，今背绝，使两国之意相违也。

⑱亦既相疑，其士必斗。两国敌则小伤，大国以承其弊，乃有一举两获之功也。

⑲欲知其谋得失也。

⑳欲知其臣之用不。

㉑欲知其所使贤不肖。

㉒内既不信相疑，则使其君臣之意绝。

[1]二，原本误作"一"，据杨本改。

㉓君臣意离别, 不可使令。既不命, 则自相残杀。

㉔人之云亡, 邦国殄瘁, 故其政可夺。

卷第十八

入国第五十四^①

杂篇五

入国四旬，五行九惠之教。^②一曰老老，^③二曰慈幼，三曰恤
孤，四曰养疾，五曰合独，六曰问疾，七曰通穷，八曰振困，九
曰接绝。

①谓始有国，入而行化。

②旬，即巡也。谓四面五方行而施九惠之教。

③以养老之礼养老者。

所谓老老者，凡国都皆有掌老。^①年七十已上，一子无征，^②
三月有馈肉。^③八十已上，二子无征，月有馈肉。九十已上，尽家
无征，日有酒肉。死，上共棺椁，劝子弟，精膳食，问所欲，求
所嗜。^④此之谓老老。

①谓置掌老之官。

②不预国之征伐。

③谓官馈之肉。

④问老者何所欲求，访其所以嗜欲而供之。

所谓慈幼者，凡国都皆有掌幼。士民有子，子有幼弱不胜养
为累者，^①有三幼者无妇征，四幼者尽家无征，五幼又予之葆。^②
受二人之食，^③能事而后止。^④此之谓慈幼。

①胜，堪也。谓不堪自养，故为累。

②葆，今之教母。

③官给二人之食。

④幼者渐长,能自管事,然后止其养。

所谓恤孤者,凡国都皆有掌孤。士人死,子孤幼,无父母所养,^①不能自生者,属之其乡党知识故人。养一孤者,一子无征。养二孤者,二子无征。养三孤[1]者,尽家无征。掌孤数行问之,必知其食饮饥寒。身之腌胜[2],而哀怜之。^②此之谓恤孤。

①既无父母,又无所养之亲也。

②腌,瘦也。胜,肥也。

所谓养疾者,凡国都皆有掌养疾。聋盲喑哑,跛躄偏枯握递,^①不耐自生者,上收而养之,疾。^②官而衣食之,^③殊身而后止。^④此之谓养疾。

①递,著也。谓两手相拱著而不申者,谓之握递。

②既养之,又与疗疾。

③谓官给之衣食。

④殊,犹离也。疾离身而后止其养。

所谓合独者,凡国都皆有掌媒,丈夫无妻曰鳏,妇人无夫曰寡,取鳏寡而合和之,予田宅而家室之,三年然后事之。^①此之谓合独。

①事,谓供国之职役也。

所谓问疾者,凡国都皆有掌病。士人有病者,掌病以上令问之。九十以上,日一问。八十以上,二日一问。七十以上,三日一问。众庶,五日一问。疾甚者以告,上身问之。掌病行于国

[1]孤,原本误作"子",据杨本改。
[2]胜,原本误作"肬",据杨本改,下注同。

中，以问病为事。此之谓问病。

所谓通穷者，凡国都皆有通穷。若有穷夫妇无居处，穷宾客绝粮食，居其乡党，以闻者有赏，不以闻者有罚。此之谓通穷。

所谓振困者，岁凶，庸人訾厉，[1]多死丧。弛刑罚，赦有罪，散仓粟以食之。此之谓振困。

①訾，疾也。厉，病也。

所谓接绝者，士民死上事，死战事，使其知识故人受资于上，[1]而祠之，此之谓接绝也。

①资，谓财用。

九守第五十五　　　　　　杂篇六

主位　主明　主听　主赏　主问　主因　主周　主参　督名

安徐而静，[1]柔节先定，[2]虚心平意以待须。[3]

右主位[4]

①人居位，当安徐而又静默。
②以和柔为节，先能定己，然后可定人。
③虚其心，平其意，以待臣之谏说。须，亦待也。
④人主居位当如此。

目贵明，耳贵聪，心贵智。以天下之目视，则无不见也。以天下之耳听，则无不闻也。以天下之心虑，则无不知也。辐凑并进，则明不塞矣。[1]

右主明[2]

①言圣人不自用其聪明思虑，而任之天下，故明者为之视，听聪者为之

听,智者为之谋,辐凑并进,不亦宜乎? 故曰"明不可塞"。

②主明,在于用天下耳目视听之。

听之术曰，勿望而距，勿望而许。①许之则失守，距之则闭塞。②高山仰之，不可极也。深渊度之，不可测也。③神明之德，正静其极也。④

右主听

①听言之术,必须审察,不可望风即有所距、有所许也。

②既未审察,辄有距而许之,故或失守,或闭塞。

③不审察者,常为彼所知,故戒之当如高山深渊,不可极而测之。

④既如山渊,则其德配神明,而正且静。如此者,乃其穷极矣。

用赏者贵诚，用刑者贵必。刑赏信必于耳目之所见，则其所不见，莫不闇化矣。诚畅乎天地，通于神明，见奸伪也。①

右主赏

①既畅天地,通于神明,故有奸伪必能见之。

一曰天之，二曰地之，三曰人之，①四曰上下左右前后。②荧惑，其处安在? ③

右主问

①言三才之道,幽邃[1]深远,必问于贤者,而后行之。

②凡此皆有逆顺之宜,故须问之。

③又须知法星所在也。

心不为九窍，九窍治。①君不为五官，五官治。②为善者君予之赏，为非者君予之罚。君因其所以来，因而予之，则不劳

---

[1]邃,原本误作"遂",据杨本改。

矣。③圣人因之，故能掌之。④因之修理，故能长久。⑤

右主因

①心任九窍，九窍自治。

②君任五官，故五官自治。

③因来而加赏，何劳之有。

④掌，主也。因来而赏，物皆属己，故能主之。

⑤绩按，所以来谓为善，非因而予之谓赏罚。

人主不可不周，①人主不周则群臣下乱。②寂乎其无端也，③外内不通，安知所怨。④关闭不开，善否无原。⑤

右主周

①周，谓谨密也。

②不周则泄其机事，故臣下交争而乱也。

③慎密者当如是。

④外内不通则事不泄，故无怨。

⑤既不开其关闭，故善之与不善，不得知其原矣。

一曰长目，二曰飞耳，三曰树明。明知千里之外，隐微之中，曰动奸。奸动则变更矣。①

右主参

①奸在隐微，其理将动。奸既动矣，自然变更。

修名而督实，按实而定名。名实相生，反相为情。名实当则治，不当则乱。名生于实，实生于德，德生于理，理生于智，智生于当。

右督名

桓公问第五十六　　杂篇七

　　齐桓公问管仲曰："吾念有而勿失，得而勿忘，为之有道乎？"对曰："勿创勿作，时至而随。毋以私好恶害公正，察民所恶，以自为戒。①黄帝立明台之议者，上观于贤也。尧有衢室之问者，下听于人也。舜有告善之旌，而主不蔽也。禹立建鼓于朝，而备讯唉。②汤有总街之庭，以观人诽也。武王有灵台之复，而贤者进也。③此古圣帝明王所以有而勿失，得而勿忘者也。"桓公曰："吾欲效而为之，其名云何？"对曰："名曰啧室之议。④曰法简而易行，刑审而不犯，事约而易从，求寡而易足。人有非上之所过，谓之正士。⑤内于啧室之议，⑥有司执事者，咸以厥⑦事奉职，而不忘焉，此啧室之事也。请以东郭牙为之，此人能以正事争于君前者也。"桓公曰："善。"

①人有所恶己行之非。

②讯，问也。唉，惊问也。

③复，谓白也。

④谓议论者言语讙啧。

⑤见上有过而非之，可谓正士。

⑥纳正士之言，著为啧室之议。

⑦绩按，作"夫"。

度地第五十七　　杂篇八

　　昔者桓公问管仲曰："寡人请问度地形而为国者，其何如而可？"管仲对曰："夷吾之所闻：能为霸王者，盖天子圣人也。故圣人之处国者，必于不倾之地。①而择地形之肥饶者，乡山，左右经水若泽，②内为落渠之写，因大川而注焉。③乃以其天材，地之所生利，养其人以育六畜。④天下之人皆归其德而惠其义，⑤乃别制断之。⑥州者谓之术，⑦不满术者谓之里。⑧故百家为里，里十为术，术十为州，州十为都，都十为霸国，不如霸国者，国也，⑨以奉天子。⑩天子有万诸侯也，其中有公侯伯子男焉，天子中而处。此谓因天之固，⑪归地之利，内为之城，城外为之郭，郭外为之土阆，⑫地高则沟之，下则堤之，命之曰金城。树以荆棘，上相穑著者，所以为固也。⑬岁修增而毋已，时修增而无已，福及孙子。此谓人命万世无穷之利，人君之保守也。⑭臣服之以尽忠于君，君体有之，以临天下，故能为天下之民先也。此宰之任，则臣之义也。⑮

　①言其处深厚冈原复壮者，谓之不倾。

　②其国都或在山左，或向山右，及缘水泽然后见。

　③谓于都内更为落水之渠，以注于大川。

　④天材，谓五谷之属，因天时而植者也。

　⑤惠，顺。

　⑥乃分别其地，制之断之也。

　⑦地数充为州者，谓之术。

　⑧不成术而馀者，谓之里。

　⑨不成于霸国者，诸侯之国也。

　⑩霸国率诸侯以奉天子也。

　⑪所处之处，自然不倾，故曰“因之”。

　⑫阆，谓隍。

　⑬穑，钩也。谓荆棘刺条相钩连也。

　⑭谨置国都，缮修城郭，此人君所保全而守。

　⑮宰，谓执君之政者也。

故善为国者，必先除其五害，人乃终身无患害而孝慈焉。"

桓公曰：“愿闻五害之说。”管仲对曰：“水一害也，旱一害也，风雾雹霜一害也，厉一害也，虫一害也。^①此谓五害。五害之属，水最为大，五害已除，人乃可治。”桓公曰：“愿闻水害。”管仲对曰：“水有大小，又有远近。水之出于山而流入于海者，命曰经水。^②水别于他水，^③入于大水及海者，命曰枝水。^④山之沟，一有水，一毋水者，命曰谷水。水之出于他水沟，流于大水及海者，命曰川水。出地而不流者，命曰渊水。此五水者，因其利而往之可也，^⑤因而扼之可也。^⑥而不久常，有危殆矣。”^⑦桓公曰：“水可扼而使东西南北及高乎？”管仲对曰：“可。夫水之性，以高走下则疾，至于漂石。^⑧而下向高，即留而不行，故高其上领瓴之，尺有十分之三，里满四十九者，水可走也。^⑨乃迁其道而远之，以势行之。^⑩水之性，行至曲必留退，满则后推^[1]前。^⑪地下则平，行地高即控，^⑫杜曲则捣毁，^⑬杜曲激则跃，跃则倚，^⑭倚则环，环则中，^⑮中则涵，^⑯涵则塞，塞则移，移则控。^⑰控则水妄行，水妄行则伤人，伤人则困，困则轻法，轻法则难治，难治则不孝，不孝则不臣矣。故五害之属，伤杀之类，祸福同矣。知备此五者，人君天地也。”^⑱

①厉，疾病也。

②言为众水之经。

③谓从他水分流，若江别为沱。

④言为之枝。

⑤谓因地之势，疏引以溉灌。

⑥扼，塞也。恐其泛溢而塞之，亦可也。

⑦谓卒有暴溢，或能漂没居人，故危殆也。

⑧谓能漂于浮石。

⑨上，谓水从来处。高之者欲注下，取势也。领，谓瓴甋也。言欲令水上高，必大为瓴甋，私空其中，使前后相受，以尺为分，每领而有十尺，而长一丈

[1]推，原本误作“堆”，据杨本改。

也。分之于三里间之每里，满此九。如此，则水可走上矣。

⑩迁，曲也。谓下曲水道，远张其势，而以行之。

⑪谓水至曲，必流而却退。其处既满，则后水推前水令去。

⑫控，谓顿也。言水顿挫而却。

⑬杜，犹冲也。捣，触也。言水行至曲，则冲而触，有所毁伤。

⑭倚，排也。谓前后相排也。

⑮前后相排，则圆流生，空若环之中，所谓齐。

⑯圆流无所通，则相涵激也。

⑰控，亦塞也。

⑱所谓与天地合其德。

桓公曰："请问备五害之道。"管子对曰："请除五害之说，以水为始。请为置水官，令习水者为吏大夫、大夫佐各一人，率部校长官佐各财[1]足，①乃取水左右各一人，使为都匠水工，②令之行水道。城郭、堤川、沟池、官府寺舍及州中当缮治者，给卒财足。③令曰：常以秋岁末之时阅其民，④案家人比地，定什伍口数，⑤别男女大小。其不为用者辄免之。⑥有锢病不可作者疾之，⑦可省作者半事之。⑧并行，以定甲士当被兵之数，上其都。⑨都以临下，视有馀不足之处，辄下水官。水官亦以甲士当被兵之数。⑩与三老里有司伍长行里，因父母案行阅其备水之器。⑪以冬无事之时，笼臿板筑各什六，⑫土车什一，雨蔂什二，⑬食器两具，⑭人有之。锢藏里中，以给丧器。⑮后常令水官吏与都匠，因三老里有司伍长案行之。常以朔日始出具阅之，取完坚，补弊久，去苦恶。⑯常以冬少事之时，令甲士以更次益薪，积之水旁，州大夫将之，唯毋后时。⑰其积薪也，以事之已。⑱其作土也，以事未起。⑲天地和调，日有长久。以此观之，其利百倍，故常以毋事具器，毋事用之。水常可制，而使毋败。此谓素

---

[1]财，原本误作"则"，据杨本改，下注同。

有备而豫具[1]者也。"

　　①财,谓其禄廪。

　　②为水工之都匠。

　　③卒,谓所当治水者。财,其粮用也。

　　④阅,谓省视。

　　⑤案人比地,有十口五口之数,当受地若干。

　　⑥谓其幼小不在役者则免之。

　　⑦著其名于疾者之数,有以赒恤之也。

　　⑧谓疾者虽不任伇,可以省视作者,取其半功也。

　　⑨因力役之际,并行视之。强壮者预定之以为甲士[2],而被兵之数。既而上其名籍于国都也。

　　⑩都既临下,视其兵不足之处,即甲士下之于水官。水官既得甲士,还以备兵数也。

　　⑪谓水官与三老五长等行视其里,因其家之父母与之阅其备水之器。

　　⑫谓什人共贮六具。下准此。

　　⑬车輂所以御雨,故曰"雨輂"。

　　⑭每人两具。

　　⑮谓人既有财器,当锢藏于里中,兼得给凶丧之用也。

　　⑯其具既补弊,而久有苦恶者,除去之。

　　⑰谓将领之,毋得后时。

　　⑱已,毕也。农事既毕,然后益薪。

　　⑲谓春事未起。

　　桓公曰:"当何时作之?"管子曰:"春三月,天地干燥,水纠列之时也。山川涸落,天气下,地气上,万物交通,故事已,新事未起,草木荑生可食。寒暑调,日夜分。分之后,夜日

────────────

[1]具,原本误作"其",据杨本改。
[2]士,原本误作"上",据杨本改。

益短，昼日益长，利以作土功之事。土乃益刚，令甲士作堤大水之傍，大其下，小其上，随水而行。地有不生草者，必为之囊。大者为之堤，小者为之防，夹水四道，禾稼不伤。岁埤增之，树以荆棘，以固其地，杂之以栢杨，以备决水。民得其饶，是谓流膏。令下贫守之，往往而为界，可[1]以毋败。当夏三月，天地气壮，大暑至，万物荣华，利以疾薅杀草薉，使令不欲扰，命曰不长。不利作土功之事，故农焉。利皆耗十分之五，土功不成。当秋三月，山川百泉踊，降雨下，山水出，海路距，雨露属，天地凑汐，利以疾作收敛毋留。一日把，百日铺，民毋男女，皆行于野，不利作土功之事。濡湿日生，土弱难成，利耗什分之六，土功之事亦不立。当冬三月，天地闭藏，暑气止，大寒起，万物实熟，利以填塞空郄，缮边城，涂郭术，平度量，正权衡，虚牢狱，实廪仓。君修乐，与神明相望。凡一年之事毕矣。举有功，赏贤，罚有罪，迁有司之吏而第之。不利作土功之事，利耗什分之七，土刚不立。昼日益短，而夜日益长，利以作室，不利以作堂。四时以得，四害皆服。"

桓公曰："寡人悖，不知四害之服，奈何？"管仲对曰："冬作土功，发地藏，则夏多暴雨，秋霖不止。春不收枯骨朽，春伐枯木而去之，则夏旱之矣。夏有大露，原烟噎，下百草，人采食之，伤人，人多疾病而不止。民乃恐殆。君令五官之吏，与三老里有司伍长，行里顺之，令之家起火为温，其田及宫中皆盖井，毋令毒下及食器，将饮伤人。有下虫伤禾稼。凡天菑害之下也，君子谨避之，故不入九死也。大寒大暑，大风大雨，其至不时者，此谓四刑。或遇以死，或遇以生，君子避之，是亦伤人。故吏者，所以教顺也，三老里有司伍长者，所以为率也。五者已具，民无怨者，愿其毕矣。故常以冬日，顺三老里有司伍长，以冬赏罚，使各应其赏而服其罚，五者不可害，则君之法犯矣。此

---

[1]可，原本误作"毋"，据杨本改。

示民而易见，故民不比也。"

　　桓公曰："凡一年之中，十二月作土功，有时则为之，非其时而败，将何以待之？"管仲对曰："常令水官之吏，冬时行堤防，可治者，章而上之都，都以春少事作之。已作之后，常案行。堤有毁，作大雨，各葆其所。可治者，趣治。以徒隶给大雨，堤防可衣者衣之。[①]冲水可据者据之。终岁以毋败为效，此谓备之常时，祸何从来。所以然者，独水蒙壤自塞而行者，江河之谓也。岁高其堤，所以不没也。春冬取土于中，秋夏取土于外。浊水入之，不能为败。"桓公："善。仲父之语寡人毕矣，然则寡人何事乎哉？亟为寡人教侧臣。"

　　①绩按，衣，谓以衣覆其上，公所谓蓑城之类。

卷第十九

地员第五十八 ①

夫管仲之匡[1]天下也，其施七尺，②渎田悉徙，③五种无不宜。其立后而手实，④其木宜蚖荫与杜松，⑤其草宜楚棘。见是土也，命之曰五施。五七三十五尺而至于泉，⑥呼音中角，⑦其水仓，其民强。[2]赤垆，历强肥，⑧五种无不宜。其麻白，其布黄，其草宜白茅与藋，其木宜赤棠[3]。见是土也，命之曰四施，四七二十八尺而至于泉，呼音中商，其水白而甘，其民寿。

①地员者，土地高下，水泉深浅，各有其位也。

②施者，大尺之名也，其长七尺。

③渎田，谓穿[4]沟渎而溉田。悉徙，谓其地每年皆须更易也。

④谓立君以主之，手当握此地之实数也。

⑤蚖荫，二木名也。○绩按，蚖，恐作"杬"，出豫章，煎汁藏果及卵不坏。荫，律春切，恐作"楡"。杜，木名，《诗》："有杕之杜。"

⑥谓其地深五施，每施七尺，故五七三十五而至于泉也。

⑦谓此地号呼之声，其音中角。[5]【补】言居是土之民，其语音合乎角声也。

⑧历，疏也。强，坚也。

黄唐，无宜也。①唯宜黍秫也。宜县泽，②行廥落，③地润数

---

[1]匡，原本误作"臣"，据杨本改。

[2]"其水仓其民强"六字，原本脱，据杨本补。

[3]棠，原本误作"裳"，据杨本改。

[4]穿，原本误作"川"，据杨本改。

[5]此条注语原本脱，据杨本补。

毁，难以立邑置廥。④其草宜黍秫与茅，其木宜櫄扰桑。⑤见是土也，命之曰三施，三七二十一尺而至于泉，呼音中宫，其泉黄而糗。流徙。⑥

①唐，虚脆也。

②常宜县注而泽。

③土既虚脆，不堪板筑，故为行廥及篱落也。

④其地遇润则数颓[1]毁，故不可立邑置廥也。

⑤櫄，木名。扰，柔。又曰柔桑也。

⑥谓水糗糒之气。其泉居地中而流，故曰"流徙"也。

斥埴，宜大菽与麦，其草宜萯蓲，其木宜杞。①见是土也，命之曰再施，二七一十四尺而至于泉，呼音中羽，其泉咸。水流徙，黑埴，宜稻麦，其草宜苹蓨，②其木宜白棠。见是土也，命之曰一施，七尺而至于泉，呼音中徵，其水黑而苦。凡听徵，如负猪豕，觉而骇。凡听羽，如鸣马在野。凡听宫，如牛鸣窖中。凡听商，如离群羊。凡听角，如雉登木以鸣，音疾以清。③凡将起五音，凡首，④先主一而三之，四开以合九九，⑤以是生黄钟小素之首以成宫。⑥三分而益之以一，为百[2]有八，为徵。⑦不无有，三分而去其乘，适足以是生商。⑧有三[3]分而复于其所，以是成羽。⑨有三分去其乘，适足以是角。⑩

①杞，木名也。

②苹蓨，草名也。

③绩按，此言呼以听土地之音，非谓他音皆然也。【补】言五土之民语音合乎五音，所谓中乎五音之声响，又似乎猪马牛羊雉之鸣，各有不同也。今以五音想象，合之良然，可见古人譬物之精妙处。

---

[1]颓，原本误作"类"，据杨本改。

[2]百，原本误作"有"，据杨本改。

[3]三，原本脱，据杨本补。

④凡首,谓音之总先也。

⑤一而三之,即四也。以是四开合于五者,九也。又九九之为八十一也。

⑥素本宫八十一数,生黄钟之宫,而为五音之本。

⑦黄钟之数本八十一,益以三分之一[1]二十七,通前为百有八,是为徵之数。

⑧不无有,即有也。乘亦三分之一也。三分百八而去一,馀七十二,是商之数也。

⑨三分七十二,而益其一分二[2]十四,合为九十六,是羽之数。

⑩三分九十六,去其一分,馀六十四,是角之数。

坟延者六施,六七四十二尺而至于泉。①陕之芳七施,七七四十九尺而至于泉。祀陕八施,七八五十六尺而至于泉。杜陵九施,七九六十三尺而至于泉。延陵十施,七十尺而至于泉。环陵十一施,七十七尺而至于泉。蔓山十二施,八十四尺而至于泉。付山十三施,九十一尺而至于泉。付山白徒十四施,九十八尺而至于泉。中陵十五施,百五尺而至于泉。青山十六施,百一十二尺而至于泉。青龙之所居,庚泥不可得泉。②赤壤势山十七施,③百一十九尺而至于泉。其下青商,不可得泉。④陛山白壤十八施,百二十六尺而至于泉。其下骈石,不可得泉。⑤徒山十九施,百三十三尺而至于泉。其下有灰壤,不可得泉。高陵土山二十施,百四十尺而至于泉。

①坟延,地名。下皆此类。

②庚,续。其处既有青龙居,又沙泥相续,故不可得泉也。

③绩按,势,吾高切。《广韵》:"俊健也。"

④青商,神怪之名。

---

[1]三分之一,原本误作"二分之益",据杨本改。
[2]二,原本误作"三",据杨本改。

⑤言有石骈密，故不可得泉。

山之上命之曰县泉，其地不干，其草如茅与走。^①其木乃橣，^②凿之二尺，乃至于泉。山之上命曰复吕，其草鱼肠与荶，其木乃柳，凿之三尺而至于泉。山之上命之曰泉英，其草薪白昌，其木乃杨，凿之五尺而至于泉。山之材，^③其草兢与蔷，其木乃格，凿之二七十四尺而至于泉。山之侧，其草菖与蒌，其木乃品榆，凿之三七二十一尺而至于泉。

①如茅、走，皆草名。

②橣，木名。

③材，犹旁也。

凡草土之道，各有谷造。^①或高或下，各有草木。叶下于蔷，^②蔷下于苋，苋下于蒲，蒲下于苇，苇下于蓷，蓷下于蒌，蒌下于荓，荓下于萧，萧下于薜，薜下于萑，^③萑下于茅。凡彼草物，有十二衰，^④各有所归。^⑤

①谓此地生某草，宜某谷。造，成也。

②叶，亦草名。唯生叶无茎，在蔷之下。蔷，即郁也，庄周所谓"郁西"也。

③萑音追，芜蔚草也，一作"萑"。

④衰，谓草上下相重次也。

⑤谓短者生于高者之下。

九州之土，为九十物。每州有常，而物有次。

群土之长，是为五粟。五粟之状，或赤，或青，或白，或黑，或黄。五粟五章。五粟之状，淖而不肕，^①刚而不觳，^②不泞车轮，^③不污手足。其种大重、细重、白茎、白秀，无不宜也。五粟之土，若在陵在山，在隤在衍，其阴其阳，尽宜桐柞，莫不秀长。其榆其柳，其檿其桑，其柘其栎，其槐其杨，群木蕃滋，数大条直以长。其泽则多鱼，牧则宜牛羊。其地其樊，俱宜竹箭，藻龟楢檀，五臭生之。薜荔白芷，蘪芜椒连，五臭所校。④寡疾难老，士女皆好，其民工巧。其泉黄白，其人夷姤。⑤五粟之土，干而不格，⑥湛而不泽，无高下，葆泽以处，⑦是谓粟土。

①绩按，朒，如振切，坚也。

②嗀，薄。

③泞，泥。

④校，谓馨烈[1]之锐。

⑤夷，平也。姤，好也。言均善也。

⑥格，谓坚御也。

⑦言常润也。

粟土之次曰五沃。五沃之物，或赤，或青，或黄，或白，或黑。五沃五物，各有异则。五沃之状，剽怸[2]橐土，虫易全处。①怸剽不白，下乃以泽。②其种大苗、细苗、赨茎、黑秀、箭长。③五沃之土，若在丘在山，在陵在冈，若在陬。陵之阳，其左其右，宜彼群木，桐柞枎櫄，及彼白梓，其梅其杏，其桃其李，其秀生茎起。其棘其棠，其槐其杨，其榆其桑，其杞其枋，群木数大，条直以长。其阴则生之楂[3]梨，其阳则安树之五麻。若高若下，不择畴所。其麻大者如箭如苇，大长以美。其细者如菫如蒸，欲有与名，大者不类。④小者则治，揣而藏之，若众练丝。⑤五臭畴生，⑥莲与蘪芜，藁本白芷。其泽则多鱼，牧则宜牛羊。其泉白青，其人坚劲，寡有疛骚，终无痟醒。⑦五沃之土，干而不斥，⑧湛而不泽，无高下，葆泽以处，是谓沃土。

①剽，坚也。怸，密也。橐土，谓其土多窍穴，若橐多窍，故虫[4]处之易全。

---

[1]烈，原本误作"列"，据杨本改。
[2]怸，原本脱，据杨本补。
[3]楂，原本误作"柱"，据杨本改。
[4]虫，原本误作"出"，据杨本改。

②既坚密，故常润湿而不干白。此乃葆泽之地也。

③蚀，或赤也。箭长，谓若箭竹之长也。

④欲有施与，则以麻之大而类也。

⑤言细麻既治揣而藏，故若练丝。〇绩按，类，当作"颣"，疵节也。言大麻疏美无疵节，小麻条理易治，故如练丝也。

⑥畴，陇也。谓为陇而种[1]也。

⑦痏，首[2]疾也。酲，酒病也。

⑧斥，舄卤。

沃土之次曰五位。五位之物，五色杂英[3]，各有异章。五位之状，[4]不塥不灰，①青怤以菭及。②其种大苇无，细苇无，蚀茎、白秀。五位之土，若在冈在陵，在隰在衍，在丘在山，皆宜竹箭、求鼋、③栝檀。其山之浅，有茏与斥，④群木安逐，条长数大。⑤其桑其松，其杞其茸。⑥种木胥容，榆桃柳楝。群药安生，姜与桔梗，小辛大蒙。⑦其山之枭，⑧多桔符榆。其山之末，有箭与苑。其山之旁，有彼黄蚤，及彼白昌。山藜苇芒，群药安聚，以围民殃。其林其漉，其槐其楝，其柞其穀[5]，群木安逐。鸟兽安施，⑨既有麋麂，又且多鹿。其泉青黑，其人轻直，省事少食。⑩无高下，葆泽以处，是谓位土。

①塥，谓坚不[6]相著。

②谓色青而细密，和菭以相及也。

③求鼋，亦竹类也。

④茏斥，并古草名。

---

[1] 种，原本误作"众"，据杨本改。
[2] 首，原本误作"者"，据杨本改。
[3] 英，原本误作"色"，据杨本改。
[4] 状，原本误作"扶"，据杨本改。
[5] 穀，原本误作"穀"，据杨本改。
[6] 不，原本误作"下"，据杨本改。

⑤安,和易。逐,竞。长数,谓速长。

⑥茸,木名也。

⑦大蒙,药名。

⑧枭,犹颠也。

⑨施,谓有以为生。

⑩言其性廉,省事少[1]食。

位土之次曰五蘟[2]。五蘟之状,黑土黑菭,①青怵以肥,芬然若灰。②其种楄葛,秫茎、黄秀。恚目,③其叶若苑。④以蓄殖果木,不若三土,⑤以十分之二,⑥是谓蘟土。

①菭,地衣也。

②芬然,壤起貌。

③恚目,谓殻实怒开也。

④苑,谓蕴结。○绩按,苑,同"鬱"。

⑤三土,谓五粟、五沃[3]、五位。

⑥言于三土十分,已不如其二分。馀仿此。

蘟土之次曰五壤。五壤之状,芬然若泽若屯土。①其种大水肠,细水肠,秫茎、黄秀,以慈忍,水旱无不宜也。②蓄殖果木,不若三土,以十分之二,是谓壤土。

①言其土得泽,则坟起为堆,故曰"屯土"也。

②忍,耐。

壤土之次曰五浮。五浮之状,捍然如米,①以葆泽,不离不坼。其种忍蘟,②忍叶如蓳,叶以长狐茸,③黄茎、黑茎、黑秀,

[1]少,原本误作"以",据杨本改。
[2]蘟,原本误作"隐",据杨本改,下同。
[3]沃,原本误作"夭",据杨本改。

其粟大，无不宜也。蓄植果木，不如三土，以十分之二。凡上土三十物，种十二物。

①捍，坚貌。其土屑碎如米。

②忍蔩，草名。蔩，于谨切。

③草之状若狐也。

中土曰五怸。五怸之状，廪焉如壏，^①润湿以处。其种大稷、细稷，赦茎、黄秀，慈忍，水旱细粟如麻。^②蓄植果木，不若三土，以十分之三。

①壏，犹强也。

②其繁美若麻也。

怸土之次曰五纑。五纑之状，强力刚坚，其种大邯郸、细邯郸，^①茎叶如扶穑，^②其粟大。^③蓄殖果木，不若三土，以十分之三。

①草名。

②扶穑，亦草名。

③言其粒大。

纑土之次曰五坚。五坚之状，芬焉若糠以肥。^①其种大荔、细荔，青茎、黄秀。蓄植果木，不若三土，以十分之三。

①谓其地色黄而虚。

坚土之次曰五剽。五剽之状，华然如芬以脉。^①其种大秬、细秬，^②黑茎、青秀。蓄殖果木，不若三土，以十分之四。

①谓其地色青紫，若脉然也。

②秬，黑黍。

剽土之次曰[1]五沙。五沙之状，粟焉如屑尘厉。^①其种大蕡、细蕡，^②白茎、青秀以蔓。蓄殖果木，不如三土，以十分之四。

①言其地粟碎，故若屑尘之厉。厉，踊起也。

②蕡，草名。蕡，房久切。小豆，四月生。

沙土之次曰五壏。五壏之状，累然如仆累。^①不忍水旱。其种大樛杞、细樛杞，^②黑茎、黑秀。蓄殖果木，不若三土，以十分之四。凡中土三十物，种十二物。

①仆，附也。言其地附着而重累也。

②木名。

下土曰五犹。五犹之状如粪。其种大华、细华，^①白茎、黑秀。蓄植果木，不如三土以十分之五。犹土之次曰五弘。五弘之状如鼠肝。其种青粱，黑茎、黑秀。蓄植果木，不如三土，以十分之五。弘土之次曰五殖。五殖之状，甚泽以疏，离坼以璸埼。其种雁膳，^②黑实，朱跗，黄实。^③蓄植果木，不如三土，以十分之六。五殖之次曰五觳。五觳之状，娄娄然，^④不忍水旱。其种大菽、细菽，多白实。蓄植果木，不如三土，以十分之六。觳土之次曰五凫。五凫之状，坚而不觡，^⑤其种陵稻、^⑥黑鹅、马夫。^⑦蓄殖果木，不如三土，以十分之七。凫土之次曰五桀。五桀之状，甚咸以苦，其物为下。其种白稻长狭。^⑧蓄殖果木，不如三土，以十分之七。凡下土三十物，其种十二物。

①草名。

②草名。

③跗，花足也。

④娄娄，疏也。

⑤虽坚，不同骨之觡也。

[1]"曰"字原本脱，据杨本补。

⑥陵稻,谓六生稻。

⑦皆草名也。

⑧谓稻之形长而狭也。

凡土物九十,其种三十六。

弟子职第五十九　　　　　　杂篇十

　　先生施教,弟子是则。温恭自虚,①所受是极。②见善从之,闻义则服。温柔孝悌,毋骄恃力。③志无虚邪,④行必正直。游居有常,必就有德。颜色整齐,中心必式。⑤夙兴夜寐,衣带必饬。朝益暮习,小心翼翼。一此不懈,是谓学则。

①必虚其心,然后有所容也。

②极,谓尽其本原。

③骄而恃力,则羝羊触藩。

④虚,谓虚诈。

⑤式,法。

　　少者之事,夜寐蚤作。既拚盥漱,①执事有恪。摄衣共盥,②先生乃作。沃盥彻盥,③泛拚正席,④先生乃坐。出入恭敬,如见宾客。危坐乡师,颜色毋怍。⑤

①扫席前曰"拚"。盥,洁手。漱,涤口。

②谓供先生之盥器也。

③谓既盥而彻盥器也。

④泛拚,谓泛水而拚之。

⑤怍,谓变其容貌。

受业之纪，必由长始。^①一周则然，其馀则否。^②始诵必作，其次则已。^③凡言与行，思中以为纪。^④古之将兴者，必由此始。^⑤后至就席，狭坐则起。^⑥若有宾客，弟子骏作。^⑦对客无让，^⑧应且遂行。趋进受命，^⑨所求虽不得，必以反命。^⑩反坐复业，若有所疑。捧手问之，师出皆起。

①先从长者教也。

②谓施教一周，则从长始。一周之外，则不必然。

③绩按，始诵而作，以敬事端也。至于次诵则不必然。

④思合中和，以为纲纪。○注：中者，无过不及之名，以此为纪纲，然后可兴也。

⑤必先中和，然后可兴。

⑥狭坐之人，见后至者则当起。

⑦迅起也。

⑧对客而让，则有不足，故敬心。○绩按，弟子供给使令不敢亢礼也。

⑨受先生命。

⑩求虽不得，必当反白。

至于食时，先生将食。弟子馔馈，^①摄衽盥漱，跪坐而馈。置酱醋食，陈膳毋悖。凡置彼食，鸟兽鱼鳖。必先菜羹，^②羹胾中别。^③胾在酱前，^④其设要方。^⑤饭是为卒，^⑥左酒右酱。^⑦告具而退，捧手而立。三饭二斗，^⑧左执虚豆，右执挟匕。^⑨周还而贰，^⑩唯嗛之视。^⑪同嗛以齿，^⑫周则有始。柄尺不跪，是谓贰纪。^⑬

①馈，谓选具其食。

②先菜后肉，食之次也。

③胾，谓肉而细切。

④远胾近酱，食之便也。

⑤其陈设食器要令成方也。

⑥既饭而食则卒也。

⑦左酒右酱，阴阳也。○绩按，《礼》三饭而食胾，而辨殽，皆毕，又用酒以酳，用浆以漱。故言饭胾而食，终乃言酒浆，明在胾外也。酱，盖"浆"之误。

⑧三饭食必二毁斗也。

⑨匕者，所以载鼎实，故曰"挟匕"也。○绩按，挟，犹箸也。

⑩贰，谓再益。

⑪食尽曰嗛。

⑫齿，类也。谓食尽者则以其所尽之类而进。○绩按，齿，次序也。如菜肉同尽，则先益菜，后益肉也。

⑬豆有柄长尺，则立而进之，此是再益之纲纪也。

先生已食，弟子乃彻。趋走进漱，拚前敛祭。①
①既席毕，扫席前，并搜敛所祭也。

先生有命，弟子乃食。以齿相要，坐必尽席。①饭必捧擥，羹不以手。②亦有据膝，毋有隐肘。③既食乃饱，循咡覆手。④振衽扫席，⑤已食者作，抠衣而降，旋而乡席。各彻其馈，如于宾客。⑥既彻并器，乃还而立。⑦
①所谓食坐尽前。
②当以挟也。
③隐乎肘则大伏也。
④咡，口。覆手而循之，所以拭其不洁也。
⑤谓振其底衽，以扫席之污。
⑥宾客食毕，亦自彻也。
⑦并，谓藏去也。

凡拚之道，实水于盘，①攘臂袂及肘。②堂上则播洒，室中握手。③执箕膺擖，厥中有帚。④入户而立，其仪不忒。执帚下箕，倚于户侧。⑤凡拚之纪，必由奥始。⑥俯仰磬折，折毋有彻。⑦拚前而退，⑧聚于户内。⑨坐板排之，⑩以叶适己。⑪实帚于箕。先生若作，乃兴而辞，⑫坐执而立，⑬遂出弃之。既拚反立，是协是稽，⑭暮食复礼。⑮昏将举火，执烛隅坐。错捴之法，横于坐所。⑯枎之远近，乃承厥火。⑰居句如矩，⑱蒸间容蒸。然者处下，⑲捧椀以为绪。⑳右手执烛，左手正枎。有堕代烛，㉑交坐毋倍尊者。乃取厥枎，遂出是去。㉒

①次用泛洒。

②恐湿其袂，且不便于事也。

③堂上宽，故播散而洒。室中隘，故握手为掬以洒。

④揲，舌也。既洒水将扫之，故执箕以舌，自当置帚于箕[1]中也。

⑤谓倚箕于户侧也。

⑥西南隅也。

⑦彻，动也。不得触动他物也。

⑧谓从前扫而却退也。

⑨谓聚其所扫之秽壤于户内也。

⑩板秽时，以手排之也。

⑪适己，犹向己也。

⑫以拚未毕，故辞之令止也。

⑬坐执，谓独坐执箕也。

⑭协，合也。稽，考也。谓合考书义也。

⑮谓复朝食之礼也。

⑯捴，设烛之束也。○别注：捴，束也。古者束薪蒸以为烛，故谓之捴。其未然者，则横于坐之所也。

⑰枎，谓烛尽。察其将尽之远近，乃更以烛承取火也。

⑱句，谓着烛处。言居烛于句，如前烛之法。矩，法也。

⑲蒸细薪著，蒸之间必令容蒸，然烛者必处下以焚也。○别注：句，曲也。

---

[1]箕，原本误作"其"，据杨本改。

旧烛既尽则更,使人以新烛继之,一横一直,其两端相接之处势曲如[1]矩,则方正不邪也。蒸,细薪也。言稍宽其束,使其蒸间可以各容一蒸,以通火气,又使已然者居下,未然者居上,则火易然也。

⑳绪,然烛烬也。椀,所以贮[2]绪也。

㉑烧烛者有堕,即令其次代之也。

㉒〇别注:先执烛者既捧椀以贮栉之馀绪,遂以左手正栉,而投其绪于椀中。至其栉渐短,有堕而不可执者,则后执烛者代之,而交坐于其处,前执烛者乃取栉而出弃之也。

先生将息,弟子皆起。敬奉枕席,问所何趾。俶衽则请,有常则否。①先生既息,各就其友。相切相磋,各长其仪。周则复始,是谓弟子之纪。

①俶,始也。变其衽席,则当问其所趾。若有常处,则不请也。

言昭第六十　　　　　杂篇十一
亡

修身第六十一　　　　杂篇十二
亡

问霸第六十二　　　　杂篇十三
亡

牧民解第六十三　　　　管子解一
亡

---

[1]如,原本误作"加",据杨本改。
[2]贮,原本误作"绪",据杨本改。

卷第二十

形势解第六十四　　　管子解二

　　山者，物之高者也。惠者，主之高行也。慈者，父母之高行也。忠者，臣之高行也。孝者，子妇之高行也。故山高而不崩，则祈羊至。主惠而不解，则民奉养。父母慈而不解，则子妇顺。臣下忠而不解，则爵禄至。子妇孝而不解，则美名附。故节高而不解，则所欲得矣，解则不得。故曰：山高而不崩，则祈羊至矣。

　　渊者，众物之所生也，能深而不涸，则沉玉至。主者，人之所仰而生也，能宽裕纯厚而不苛忮，则民人附。父母者，子妇之所受教也，能慈仁教训而不失理，则子妇孝。臣[1]下者，主之所用也，能尽力事上，则当于主。子妇者，亲之所以安也，能孝弟顺亲，则当于亲。故渊涸而无水，则沉玉不至。主苛而无厚，则万民不附。父母暴而无恩，则子妇不亲。臣下随而不忠，则卑辱困穷。子妇不安亲，则祸忧至。故渊不涸则所欲者至，涸则不至。故曰：渊深而不涸，则[2]沉玉极。

　　天覆万物，制寒暑，行日月，次星辰，天之常也。治之以理，终而复始。主牧万民，治天下，莅百官，主之常也。治之以法，终而复始。和子孙，属亲戚，父母之常也。治之以义，终而复始。敦敬忠信，臣下之常也。以事其主，终而复始。爱亲善养，思敬奉教，子妇之常也。以事其亲，终而复始。故天[3]不失

――――――――――
[1]孝臣，原本误作"者鸿"，据杨本改。
[2]"不至故曰渊深而不涸则"十字，原本脱，据杨本补。
[3]天，原本误作"大"，据杨本改。

其常，则寒暑得其时，日月星辰得其序。主不失其常，则群臣得
其义，百官守其事。父母不失其常，则子孙和顺，亲戚相驩。臣
下不失其常，则事无过失，而官职政治。子妇不失其常，则长幼
理而亲疏和。故用常者治，失常者乱，天未尝变其所以治也。故
曰：天不变其常。

地生养万物，地之则也。治安百姓，主之则也。教护家事，
父母之则也。正谏死节，臣下之则也。尽力供养，子妇之则也。
地不易其则，故万物生焉。主不易其则，故百姓安焉。父母不易
其则，故家事辨焉。臣下不易其则，故主无过失。子妇不易其
则，故亲养备具。故用则者安，不用则者危，地未尝易其所以安
也。故曰：地不易其则。

春者阳气始上，故万物生。夏者阳气毕上，故万物长。秋者
阴气始下，故万物收。冬者阴气毕下，故万物藏。故春夏生长，
秋冬收藏，四时之节也。赏赐刑罚，主之节也。四时未尝不生杀
也，主未尝不赏罚也。故曰：春秋冬夏不更其节也。天覆万物而
制之，地载万物而养之，四时生长万物而收藏之，古以至今，不
更其道。故曰：古今一也。

蛟龙，水虫之神者也。乘于水则神立，失于水则神废。人主，
天下之有威者也，得民则威立，失民则威废。蛟龙待得水而后立其
神，人主待得民而后成其威。故曰：蛟龙得水而神可立也。

虎豹，兽之猛者也，居深林广泽之中，则人畏其威而载之。
人主，天下之有势者也，深居则人畏其势。故虎豹去其幽而近于
人，则人得之而易其威。人主去其门而迫于民，则民轻之而傲其
势。故曰：虎豹托幽而威可载也。

风，漂物者也。风之所漂，不避贵贱美恶。雨，濡物者也。
雨之所堕，不避大小强弱。风雨至公而无私，所行无常乡，人虽
遇漂濡而莫之怨也。故曰：风雨无乡而怨怒不及也。

人主之所以令则行，禁则止者，必令于民之所好，而禁于民

之所恶也。民之情，莫不欲生而恶死，莫不欲利而恶害。故上令于生利人则令行，禁于杀害人则禁止。令之所以行者，必民乐其政也，而令乃行。故曰：贵有以行令也。

人主之所以使下尽力而亲上者，必为天下致利除害也。故德泽加于天下，惠施厚于万物，父子得以安，群生得以育。故万民驩尽其力而乐为上用，入则务本疾作以实仓廪，出则尽节死敌以安社稷，虽劳苦卑辱而不敢告也。此贱人之所以亡其卑也。故曰：贱有以亡卑也。

起居时，饮食节，寒暑适，则身利而寿命益。起居不时，饮食不节，寒暑不适，则形体累而寿命损。人惰而侈则贫，力而俭则富。夫物莫虚至，必有以也。故曰：寿夭贫富，无徒归也。法立而民乐之，令出而民衔之。法令之合于民心，如符节之相得，则主尊显。故曰：衔令者，君之尊也。

人主出言，顺于理，合于民情，则民受其辞。民受其辞，则名声彰。故曰：受辞者，名之运也。

明主之治天下也，静其民而不扰，佚其民而不劳。不扰则民自循，不劳则民自试。故曰：上无事而民自试。

人主立其度量，陈其分职，明其法式，以莅其民，而不以言先之，则民循正。所谓抱蜀者，祠器也。故曰：抱蜀不言，而庙堂既修。

将将鸿鹄，貌之美者也。貌美，故民歌之。德义者，行之美者也。德义美，故民乐之。民之所歌乐者，美行德义也，而明主鸿鹄有之。故曰：鸿鹄将将，维民歌之。

济济者，诚庄事断也。多士者，多长者也。周文王诚庄事断，故国治。其群臣明理以佐主，故主明。主明而国治，竟内被其利泽。殷民举首而望文王，愿为文王臣。故曰：济济多士，殷民化之。

纣之为主也，劳民力，夺民财，危民死，冤暴之令加于百姓，慆毒之使施于天下，故大臣不亲，小民疾怨。天下畔之，而愿为文王臣者，纣自取之也。故曰：纣之失也。

无仪法程序，蚩摇而无所定，谓之蚩蓬之问。蚩蓬之问，明主不听也。无度之言，明主不许也。故曰：蚩蓬之问，不在所宾。道行则君臣亲，父子安，诸生育。故明主之务，务在行道，不顾小物。燕爵，物之小者也。故曰[1]：燕爵之集，道行不雇。

明主之动静得理义，号令顺民心，诛杀当其罪，赏赐当其功，故虽不用牺牲珪璧祷于鬼神，鬼神助之，天地与之，举事而有福。乱主之动作失义理，号令逆民心，诛杀不当其罪，赏赐不当其功，故虽用牺牲珪璧祷于鬼神，鬼神[2]不助，天地不与，举事而有祸。故曰：牺牲珪璧不足以享鬼神。

主之所以为功者，富强也。故国富兵强，则诸侯服其政，邻敌畏其威。虽不用宝币事诸侯，诸侯不敢犯也。

主之所以为罪者，贫弱也。故国贫兵弱，战则不胜，守则不固，虽出名器重宝以事邻敌，不免于死亡之患。故曰：主功有素，宝币奚为？

羿，古之善射者也，调和其弓矢而坚守之，其操弓也，审其高下，有必中之道，故能多发而多中。明主犹羿也，平和其法，审其废置而坚守之，有必治之道，故能多举而多当。道者，羿之所以必中也，主之所以必治也。射者，乃弦发矢也。故曰：羿之道非射也。

造父，善驭马者也，善视其马，节其饮食，度量马力，审其足走，故能取远道而马不罢。明主犹造父也，善治其民，度量其力，审其技能，故立功而民不困伤。故术者，造父之所以取远道也，主之所以立功名也。驭者，操辔也。故曰：造父之术非驭也。

奚仲之为车器也，方圜曲直，皆中规矩钩绳。故机旋相得，

---

[1] "燕爵物之小者也故曰"九字，原本脱，据杨本补。
[2] 鬼神，原本脱，据杨本补。

用之牢利，成器坚固。明主犹奚仲也，言辞动作皆中术数，故众理相当，上下相亲。巧者，奚仲之所以为器也，主之所以为治也。斲削者，斤刀也。故曰：奚仲之巧，非斲削也。

民，利之则来，害之则去。民之从利也，如水之走下，于四方无择也。故欲来民者，先起其利，虽不召而民自至。设其所恶，虽召之而民不来也。故曰：召远者，使无为焉。

莅民如父母，则民亲爱之。道之纯厚，遇之真实，虽不言曰吾亲民，而民亲矣。莅民如仇雠，则民疏之。道之不厚，遇之无实，诈伪并起，虽言曰吾亲民，民不亲也。故曰：亲近者，言无事焉。

明主之使远者来而近者亲也，为之在心，所谓夜行者，心行也。能心行德，则天下莫能与之争矣。故曰：唯夜行者独有之也。

为主而贼，为父母而暴，为臣下而不忠，为子妇而不孝，四者，人之大失也。大失在身，虽有小善，不得为贤。所谓平原者，下泽也，虽有小封，不得为高。故曰：平原之隰，奚有于高。为主而惠，为父母而慈，为臣下而忠，为子妇而孝，四者，人之高行也。高行在身，虽有小过，不为不肖。所谓大山者，山之高者也，虽有小隰，不以为深。故曰：大山之隰，奚有于深。毁訾贤者之谓訾，推誉不肖之谓讆。訾讆之人得用，则人主之明蔽，而毁誉之言起。任之大事，则事不成而祸患至。故曰：訾讆之人，勿与任大。

明主之虑事也，为天下计者，谓之谳臣，谳臣则海内被其泽。泽布于天下，后世享其功，久远而利愈多。故曰：谳臣者可与远举。

圣人择可言而后言，择可行而后行。偷得利而后有害，偷得乐而后有忧者，圣人不为也。故圣人择言必顾其累，择行必顾其[1]忧。故曰：顾忧者，可与致道。

---

[1]"累择行必顾其"六字，原本脱，据杨本补。

小人者，枉道而取容，适主意而偷说，备利而偷得。如此者，其得之虽速，祸患之至亦急，故圣人去而不用也。故曰：其计也速，而忧在近者，往而勿召也。

举一而为天下长利者，谓之举长。举长则被其利者众，而德义之所见远。故曰：举长者可远见者也。

天之裁大，故能兼覆万物。地之裁大，故能兼载万物。人主之裁大，故容物多而众人得比焉。故曰：裁大者，众之所比也。

贵富尊显，民归乐之，人主莫不欲。故欲民之怀乐己者，必服道德而勿厌也，则民怀乐之。故曰：美人之怀，定服而勿厌也。

圣人之求事也，先论其理义，计其可否。故义则求之，不义则止。可则求之，不可则止。故其所得事者，常为身宝。小人之求事也，不论其理义，不计其可否。不义亦求之，不可亦求之。故其所得事者，未尝为赖也。故曰：必得之事，不足赖也。

圣人之诺已也，先论其理义，计其可否。义则诺，不义则已。可则诺，不可则已。故其诺未尝不信也。小人不义亦诺，不可亦诺。言而必诺，故其诺未必信也。故曰：必诺之言，不足信也。

谨于一家则立于一家，谨于一乡则立于一乡，谨于一国则立于一国，谨于天下则立于天下。是故其所谨者小，则其所立亦小。其所谨者大，则其所立亦大。故曰：小谨者不大立。

海不辞水，故能成其大。山不辞土，故能成其高。明主不厌人，故能成其众。士不厌学，故能成其圣。饕者，多所恶也。谏者，所以安主也。食者，所以肥体也。主恶谏则不安，人饕食则不肥。故曰：饕食者不肥体也。[①]

①音桑。

言而语道德、忠信、孝弟者，此言无弃者。天公平而无私，故美恶莫不覆。地公平而无私，故小大莫不载。无弃之言，公平而无私，故贤不肖莫不用。故无弃之言者，参伍于天地之无私也。故曰：有无弃之言者，必参之于天地也。

明主之官物也，任其所长，不任其所短，故事无不成，而功无不立。乱主不知物之各有所长所短也，而责必备。夫虑事定物，辩明礼义，人之所长，而蝼蟥之所短也。缘高出险，蝼蟥之所长，而人之所短也。以蝼蟥之所长责人，故其令废而责不塞。故曰：坠岸三仞，人之所大难也，而蝼蟥饮焉。

明主之举事也，任圣人之虑，用众人之力，而不自与焉，故事成而福生。乱主自智也，而不因圣人之虑，矜奋自功，而不因众人之力，专用己而不听正谏，故事败而祸生。故曰：伐矜好专，举事之祸也。

马者，所乘以行野也，故虽不行于野，其养食马也，未尝解惰也。民者，所以守战也，故虽不守战，其治养民也，未尝解惰也。故曰：不行其野，不违其马。

天生四时，地生万财，以养万物而无取焉。明主，配天地者也，教民以时，劝之以耕织，以厚民养，而不伐其功，不私其利。故曰：能予而无取者，天地之配也。

解惰简慢，以之事主则不忠，以之事父母则不孝，以之起事则不成。故曰：怠倦者不及。

以规矩为方圆则成，以尺寸量短长则得，以法数治民则安。故事不广于理者，其成若神。故曰：无广者疑神。[①]

①绩按，谓操其要而不泛求也。

事主而不尽力则有刑，事父母而不尽力则不亲，受业问学而不加务则不成。故朝不勉力务进，夕无见功。故曰[1]：朝忘其事，夕失其功。

中情信诚则名誉美矣，修行谨敬则尊显附矣。中无情实则名

---

[1]曰，原本脱，据杨本补。

声恶矣，修行慢易则污辱生矣。故曰：邪气袭内，正色乃衰也。

为人君而不明君臣之义以正其臣，则臣不知于为臣之理以事其主矣。故曰：君不君则臣不臣。

为人父而不明父子之义，以教其子而整齐之，则子不知为人子之道以事其父矣。故曰：父不父则子不子。

君臣亲，上下和，万民辑，故主有令则民行之，上有禁则民不犯。君臣不亲，上下不和，万民不辑，故令则不行，禁则不止。故曰：上下不和，令乃不行。

言辞信，动止庄，衣冠正，则臣下肃。言辞慢，动作亏，衣冠惰，则臣下轻之。故曰：衣冠不正，①则宾者不肃。

①绩按，解作"整"。

仪者，万物之程序也。法度者，万民之仪表也。礼仪者，尊卑之仪表也。故动有仪则令行，无仪则令不行。故曰：进退无仪，则政令不行。

人主者，温良宽厚则民爱之，整齐严庄则民畏之。故民爱之则亲，畏之则用。夫民亲而为用，主之所急也。故曰：且怀且威，则君道备矣。

人主能安其民，则事其主如事其父母，故主有忧则忧之，有难则死之。主视民如土则民不为用，主有忧则不忧，有难则不死。故曰：莫乐之则莫哀之，莫生之则莫死之。

民之所以守战至死而不衰者，上之所以加施于民者厚也。故上施厚则民之报上亦厚，上施薄则民之报上亦薄。故薄施而厚责，君不能得之于臣，父不能得之于子。故曰：往者不至，来者不极。

道者，扶持众物，使得生育而各终其性命者也。故或以治乡，或以治国，或以治天下。故曰：道之所言者一也，而用之者异。

闻道而以治一乡，亲其父子，顺其兄弟，正其习俗，使民乐其上，安其土，为一乡主干者，乡之人也。故曰：有闻道而好为乡者，一乡之人也。

民之从有道也，如饥之先食也，如寒之先衣也，如暑之先阴也。故有道则民归之，无道则民去之。故曰：道往者，其人莫来；道来者，其人莫往。

道者，所以变化身而之正理者也。故道在身，则言自顺，行自正，事君自忠，事父自孝，遇人自理。故曰：道之所设，身之化也。

天之道，满而不溢，盛而不衰。明主法象天道，故贵而不骄，富而不奢，行理而不惰，故能长守贵富，久有天下而不失也。故曰：持满者与天。

明主，救天下之祸，安天下之危者也。夫救祸安危者，必待万民之为用也，而后能为之。故曰：安危者与人。

地大国富，民众兵强，此盛满之国也。虽已盛满，无德厚以安之，无度数以治之，则国非其国，而民非其民也。故曰：失天之度，虽满必涸。

臣不亲其主，百姓不信其吏，上下离而不和，故虽自安必且危之。故曰：上下不和，虽安必危。

主有天道以御其民，则民一心而奉其上，故能贵富而久王天下。失天之道，则民离畔而不听从，故主危而不得久王天下。故曰：欲王天下而失天之道，天下不可得而王也。

人主务学术数，务行正理，则化变日进，至于大功，而愚人不知也。乱主淫佚邪枉，日为无道，至于灭亡而不自知也。故曰：莫知其为之，其功既成。莫知其释之也，藏之而无形。[①]

①按，《经》作"莫知其释之，藏之无形"。

古者三王五伯，皆人主之利天下者也，故身贵显而子孙被其泽。桀纣幽厉，皆人主之害天下者也，故身困伤而子孙蒙其祸。故曰：疑今者察之古，不知来者视之往。

神农教耕生谷，以致民利。禹身决渎，斩高桥下，以致民利。汤武征伐无道，诛杀暴乱，以致民利。故明王之动作虽异，其利民同也。故曰：万事之任也，异趣而同归，古今一也。

栋生桡不胜任，则屋覆而人不怨者，其理然也。弱子，慈母之所爱也，不以其理动者下瓦，则慈母笞之。故以其理动者，虽覆屋不为怨。不以其理动者，下瓦必笞。故曰：生栋覆屋，怨怒不及。弱子下瓦，慈母操棰。

行天道，出公理，则远者自亲。废天道，行私为，则子母相怨。故曰：天道之极，远者自亲。人事之起，近亲造怨。

古者武王地方不过百里，战卒之众不过万人，然能战胜攻取，立为天子，而世谓之圣王者，知为之之术也。桀纣贵为天子，富有海内，地方甚大，战卒甚众，而身死国亡，为天下僇者，不知为之之术也。故能为之则小可为大，贱可为贵。不能为之，则虽为天子，人犹夺之也。故曰：巧者有馀，而拙者不足也。

明主上不逆天，下不圹地，故天予之时，地生之财。乱主上逆天道，下绝地理，故天不予时，地不生财。故曰：其功顺天者天助之，其功逆天者天违之。

古者武王，天之所助也，故虽地小而民少，犹之为天子也。桀纣天之所违也，故虽地大民众，犹之困辱而死亡也。故曰：天之所助，虽小必大。天之所违，虽成必败。

与人交，多诈伪，无情实，偷取一切，谓之乌集之交。乌集之交，初虽相驩，后必相咄。故曰：乌集之交，虽善不亲。

圣人之与人约结也，上观其事君也，内观其事亲也，必有可知之理，然后约结。约结而不袭于理，后必相倍。故曰：不重之结，虽固必解。道之用也，贵其重也。

明主与圣人谋，故其谋得；与之举事，故其事成。乱主与不肖者谋，故其计失。与之举事，故其事败。夫计失而事败，此与不可之罪。故曰：毋与不可。

明主度量人力之所能为而后使焉，故令于人之所能为则令行，使于人之所能为则事成。乱主不量人力，令于人之所不能为，故其令废。使于人之所不能为，故其事败。夫令出而废，举事而败，此强不能之罪也。故曰：毋强不能。

狂惑之人，告之以君臣之义、父子之理、贵贱之分，不信圣人之言也，而反害伤之，故圣人不告也。故曰：毋告不知。

与不肖者举事则事败，使于人之所不能为则令废，告狂惑之人则身害。故曰：与不可，强不能，告不知，谓之劳而无功。

常以言翘明其与人也，其爱人也，其有德于人也。以此为友则不亲，以此为交则不结，以此有德于人则不报。故曰：见与之友，几于不亲。见爱之交，几于不结。见施之德，几于不报。四方之所归，心行者也。

明主不用其智，而任圣人之智；不用其力，而任众人之力。故以圣人之智思虑者，无不知也。以众人之力起事者，无不成也。能自去而因天下之智力，则身逸而福多。乱主独用其智，而不任圣人之智；独用其力，而不任众人之力，故其身劳而祸多。故曰：独任之国，劳而多祸。

明主内行其法度，外行其理义。故邻国亲之，与国信之。有患则邻国忧之，有难则邻国救之。乱主内失其百姓，外不信于邻国，故有患则莫之忧也，有难则莫之救也。外内皆失，孤特而无党，故国弱而主辱。故曰：独国之君，卑而不威。明主之治天下也，必用圣人而后天下治。妇人之求夫家也，必用媒而后家事成。故治天下而不用圣人，则天下乖乱而民不亲也。求夫家而不用媒，则身丑耻而人不信也。故曰：自媒之女，丑而不信。

明主者，人未之见而有亲心焉者，有使民亲之之道也，故其位安而民往之。故曰：未之见而亲焉，可以往矣。

尧舜，古之明主也，天下推之而不倦，誉之而不厌，久远而不忘者，有使民不忘之道也，故其位安而民来之。故曰：远而不忘焉，可以来矣。①

①"远"，《经》作"久"。

日月，昭察万物者也。天多云气，蔽盖者众，则日月不明。人主犹日月也，群臣多奸立私，以拥蔽主，则主不得昭察其臣下，臣下之情不得上通，故奸邪日多而人主愈蔽。故曰：日月不明，天不易也。

山，物之高者也，地险秽不平易，则山不得见。人主犹山也，左右多党比周，以壅其主，则主不得见。故曰：山高而不见，地不易也。

人主出言，不逆于民心，不悖于理义。其所言足以安天下者也，人唯恐其不复言也。出言而离父子之亲，疏君臣之道，害天下之众，此言之不可复者也，故明主不言也。故曰：言而不可复者，君不言也。

人主身行方正，使人有礼，遇人有信，行发于身而为天下法式者，人唯恐其不复行也。身行不正，使人暴虐，遇人不信，行发于身而为天下笑者，此不可复之行，故明主不行也。故曰：行而不可再者，君不行也。

言之不可复者，其言不信也。行之不可再者，行贼暴也。故言而不信则民不附，行而贼暴则天下怨。民不服，天下怨，此灭亡之所从生也，故明主禁之。故曰：凡言之不可复，行之不可再者，有国者之大禁也。

立政九败解第六十五　　管子解三

人君唯毋听寝兵，则群臣宾客莫敢言兵。然则内之不知国之治乱，外之不知诸侯强弱，如是则城郭毁坏，莫知筑补，甲兵弊凋，莫知修缮，如是则守围之备毁矣。辽远之地谋，边竟之士修，百姓无围敌之心。故曰：寝兵之说胜，则险阻不守。

人君唯毋听兼爱之说，则视天下之民如其民，视国如吾国，如是则无并兼攘夺之心，无覆军败将之事。然则射御勇力之士不厚禄，覆军杀将之臣不贵爵，如是则射御勇力之士出在外矣。我能毋攻人，可也，不能令人毋攻我。彼求[1]地而予之，非吾所欲也。不予而与战，必不胜也。彼以教士，我以驱众。彼以良将，我以无能，其败必覆军杀将。故曰：兼爱之说胜，则士卒不战。

人君唯毋好全生，则群臣皆全其生，而生又养生。养何也？曰，滋味也，声色也，然后为养生。然则从欲妄行，男女无别，及于禽兽。然则礼义廉耻不立，人君无以自守也。故曰：全生之说胜，则廉耻不立。

人君唯毋听私议自贵，则民退静隐伏，窟穴就山，非世间上，轻爵禄而贱有司。然则令不行，禁不止。故曰：私议自贵之说胜，则上令不行。

人君唯毋好金玉货财，必欲得其所好，然则必有以易之。①所以易之者何也？大官尊位，不然则尊爵重禄也。如是则不肖者

---

[1]求，原本误作"来"，据杨本改。

在上位矣。然则贤者不为力，智者不为谋，信者不为约，勇者不为死。如是则欧国而捐之也。故曰：金玉货财之说胜，则爵服下流。

①按，易，谓易金土货财以官爵也。

人君唯毋听群徒比周，则群臣朋党，蔽美扬恶，然则国之情伪不见于上，如是则朋党者处前，寡党者处后。夫朋党者处前，贤不肖不分，则争夺之乱起，而君在危殆之中矣。故曰：群徒比周之说胜，则贤不肖不分。

人君唯毋听观乐玩好则败。凡观乐者，宫室台池，珠玉声乐也。此皆费财尽力，伤国之道也。而以此事君者，皆奸人也。而人君听之，焉得无败？然则府仓虚，蓄积竭，且奸人在上，则壅遏贤者而不进。然则国适有患，则优倡侏儒起而议国事矣，是欧国而捐之也。故曰：观乐玩好之说胜，则奸人在上位。

人君唯毋听请谒任举，则群臣皆相为请，然则请谒得于上，党与成于乡。如是则货财行于国，法制毁[1]于官，群臣务佼而求用，然则无爵而贵，无禄而富。故曰：请谒任举之说胜，则绳墨不正。

人君唯毋听谄谀饰过之言则败。奚以知其然也？夫谄臣者，常使其主不悔其过，不更其失者也，故主惑而不自知也。如是则谋臣死而谄臣尊矣。故曰，谄谀饰过之说胜，则巧佞者用。

<h2>版法解第六十六　　　　　管子解四</h2>

版法者，法天地之位，象四时之行，以治天下。四时之行，

---

[1]毁，原本误作"设"，据杨本改。

有寒有暑，圣人法之，故有文有武。天地之位，有前有后，有左有右，圣人法之，以建经纪。春生于左，秋杀于右，夏长于前，冬藏于后。生长之事，文也。收藏之事，武也。是故文事在左，武事在右。圣人法之，以行法令，以治事理。凡法事者，操持不可以不正。操持不正，则听治不公。听治不公，则治不尽理，事不尽应。治不尽理，则疏远微贱者无所告诉。事不尽应，则功利不尽举，功利不尽举则国贫。疏远微贱者无所告诉，则下饶。故曰：凡将立事，正彼天植。天植者，心也。天植正，则不私近亲，不孽疏远。不私近亲，不孽疏远，则无遗利，无隐治。无遗利，无隐治，则事无不举，物无遗者。欲见天心，明以风雨。故曰：风雨无违，远近高下，各得其嗣。万物尊天而贵风雨。所以尊天者，为其莫不受命焉也。所以贵风雨者，为其莫不待风而动，待雨而濡也。若使万物释天而更有所受命，释风而更有所仰动，释雨而更有所仰濡，则无为尊天而贵风雨矣。今人君之所尊安者，为其威立而令行也。其所以能立威行令者，为其威利之操，莫不在君也。若使威利之操不专在君，而有所分散，则君日益轻，而威利日衰，侵暴之也。故曰：三经既饰，君乃有国。

乘夏方长，审治刑赏，必明经纪。陈义设法，断事以理，虚气平心，乃去怒喜。若倍法弃令而行怒喜，祸乱乃生，上位乃殆。故曰：喜无以赏，怒无以杀。喜以赏，怒以杀，怨乃起，令乃废。骤令而不行，民心乃外。外之有徒，祸乃始牙。众之所忿，寡不能图。

冬既闭藏，百事尽止，往事毕登，来事未起。方冬无事，慎观终始，审察事理。事有先易而后难者，有始不足见而终不可及者，此常利之所以不举，事之所以困者也。事之先易者，人轻行之。人轻行之，则必困难成之事。始不足见者，人轻弃之。人轻弃之，则必失不可及之功。夫数困难成之事，而时失不可及之功，衰耗之道也。是故明君审察事理，慎观终始，为必知其所成,成必知其所用,用必知其所利害。为而不知所成,成而不知所用,用而不知所利害,谓之妄举。妄举者,其事不成,其功不立。故曰:举所美必观其所终,废所恶必计其所穷。

凡人君者,欲民之有礼义也。夫民无礼义,则上下乱而贵贱争。故曰:庆勉敦敬以显之,富禄有功以劝之,爵贵有名以休之。

凡人君者,欲众之亲上乡意也,欲其从事之胜任也。而众者不爱则不亲,不亲则不明,^①不教顺则不乡意。是故明君兼爱以亲之,明教顺以道之,便其势,利其备,爱其力,而勿夺其时以利之。如此则众亲上乡意,从事胜任矣。故曰:兼爱无遗,是为君心。必先顺教,万民乡风。旦暮利之,众乃胜任。

① 〔绩〕按,此五字疑衍。

治之本二,一曰人,二曰事。人欲必用,事欲必工。人有逆顺,事有称量。人心逆则人不用[1],失称量则事不工。事不工则伤,人不用则怨。故曰:取人以己,成事以箟。^①

① 【补】箟,竹器所以量物者,音质。经言作成事以质,此解曰:用称量也。则作"箟"是。言事必较量以求其实也。

成事以箟者,用称量也。取人以己者,度恕而行也。度恕者,度之于己也。己之所不安,勿施于人。故曰:审用财,慎施报,察称量。故用财不可以啬,用力不可以苦。用财啬则费,用力苦则劳矣。

奚以知其然也?用力苦则事不工,事不工而数复之,故曰劳矣。用财啬则不当人心,不当人心则怨起,用财而生怨,故曰费。怨起而不复反,众劳而不得息,则必有崩弛堵坏之心。故

---

[1]此处原衍一"事"字,据杨本删。

曰：民不足，令乃辱，民苦殃，令[1]不行。施报不得，祸乃始昌。祸昌而不悟，民乃自图。

凡国无法，则众不知所为；无度，则事无机。有法不正，有度不直则治辟，治辟则国乱。故曰：正法直度，罪杀不赦。杀僇必信，民畏而惧。武威既明，令不再行。

凡民者，莫不恶罚而畏罪。是以人君严教以示之，明刑罚以致之。故曰：顿卒怠倦以辱之，罚罪有过以惩之，杀戮犯禁以振之。

治国有三器，乱国有六攻。明君能胜六攻。君能胜六攻而立三器则国治，不肖之君不能胜六攻而立三器，故国不治。三器者何也？曰：号令也，斧钺也，禄赏也。六攻者何也？亲也，贵也，货也，色也，巧佞也，玩好也。三器之用何也？曰：非号令无以使下，非斧钺无以畏众，非禄赏无以劝民。六攻之败何也？曰：虽不听而可以得存，虽犯禁而可以得免，虽无功而可以得富。夫国有不听而可以得存者，则号令不足以使下。有犯禁而可得免者，则斧钺不足以畏众。有无功而可以得富者，则禄赏不足以劝民。号令不足以使下，斧钺不足以畏众，禄赏不足以劝民，则人君无以自守也。然则明君奈何？

明君不为六者变更号令，不为六者疑错斧钺，不为六者益损禄赏。故曰：植固而不动，奇邪乃恐。奇革邪化，令往民移。

凡人君者，覆载万民而兼有之，烛临万族而事使之，是故以天地日月四时为主为质以治天下。天覆而无外也，其德无所不在。地载而无弃也，安固而不动，故莫不生殖。圣人法之，以覆载万民，故莫不得其职。百姓得其职姓，则莫不为用。故曰：法天合德，象地无亲。日月之明无私，故莫不得光。圣人法之，以烛万民，故能审察，则无遗善，无隐奸。无遗善，无隐奸，则刑

---

[1]自"凡人君者，欲众之亲上乡意也"至此，原误置于下"则人君无以自守也然则明君奈何"之后，据杨本改。

赏信必。刑赏信必，则善劝而奸正。故曰：参于日月。

四时之行，信必而著明。圣人法之，以事万民，故不失时功，故曰：伍于四时。

凡众者，爱之则亲，利之则至。是故明君设利以致之，明爱以亲之。徒利而不爱，则众至而不亲。徒爱而不利，则众亲而不至。爱施俱行，则说君臣，说朋友，说兄弟，说父子。爱施所施设四，固不能守。故曰：四说在爱施。①

①绩按，当作"悦众在爱施"。

凡君所以有众者，爱施之德也。爱有所移，利有所并，则不能尽有。故曰：有众在废私。

爱施之德，虽行而无私。内行不修，则不能朝远方之君。是故正君臣上下之义，饰父子兄弟夫妻之义，饰男女之别，别疏数之差，使君德臣忠，父慈子孝，兄爱弟敬，礼义彰明，如此则近者亲之，远者归之。故曰：召远在修近。

闭祸在除怨，非有怨乃除之，所事之地常无怨也。凡祸乱之所生，生于怨咎。怨咎所生，生于非理。是以明君之事众也必经，使之必道，施报必当，出言必得，刑罚必理。如此则众无郁怨之心，无憾恨之意。如此则祸乱不生，上位不殆。故曰：闭祸在除怨也。

凡人君所以尊安者，贤佐也。佐贤则君尊、国安、民治，无佐则君卑、国危、民乱。故曰：备长存乎任贤。

凡人者，莫不欲利而恶害，是故与天下同利者，天下持之；擅天下之利者，天下谋之。天下所谋，虽立必隳。天下所持，虽高不危。故曰：安高在乎同利。

凡所谓能以所不利利人者，舜是也。舜耕历山，陶河滨，渔雷泽，不取其利，以教百姓，百姓举利之。此所谓能以所不利利人者也。所谓能以所不有予人者，武王是也。武王伐纣，士卒往者，人有书社。入殷之日，决巨桥之粟，散鹿台之钱，殷民大说。此所谓能以所不有予人者也。

桓公谓管子曰："今子教寡人法天合德，合德长久。合德而兼覆之，则万物受命，象地无亲，无亲安固。无亲而兼载之，则诸生皆殖。参于日月，无私葆光。无私而兼照之，则美恶不隐。然则君子之为身，无好无恶，然已乎？"管子对曰："不然。夫学者所以自化，所以自抚。故君子恶称人之恶，恶不忠而怨妬，恶不公议而名常称，恶不位下而位上，恶不亲外而内放。此五者，君子之所恐行，而小人之所以亡，况人君乎？"

明法解第六十七　　　管子解五

明主者，有术数而不可欺也，审于法禁而不可犯也，察于分职而不可乱也。故群臣不敢行其私，贵臣不得蔽其贱，近者不得塞远，孤寡老弱不失其所职，竟内明辨而不相逾越。此之谓治国。故《明法》曰：所谓治国者，主道明也。

明主者，上之所以一民使下也。私术者，下之所以侵上乱主也。故法废而私行，则人主孤特而独立，人臣群党而成朋。如此则主弱而臣强，此之谓乱国。故《明法》曰：所谓乱国者，臣术胜也。

明主在上位，有必治之势，则群臣不敢为非。是故群臣之不敢欺主也，非爱主也，以畏主之威势也。百姓之争用，非以爱主也，以畏主之法令也。故明主操必胜之数，以治必用之民。处必尊之势，以制必服之臣。故令行禁止，主尊而臣卑。故《明法》曰：尊君卑臣，非计亲也，以势胜也。

明主之治也，县爵禄以劝其民，民有利于上，故主有以使之。立刑罚以威其下，下有畏于上，故主有以牧之。故无爵禄则主无以劝民，无刑罚则主无以威众，故人臣之行理奉命者，非以爱主也，且以就利而避害也。百官之奉法无奸者，非以爱主也，欲以受爵禄而避害也。故《明法》曰：百官论职，非惠也，刑罚必也。

人主者，擅生杀，处威势，操令行禁止之柄，以御其群臣，此主道也。人臣者，处卑贱，奉主令，守本任，治分职，此臣道也。故主行臣道则乱，臣行主道则危。故上下无分，君臣共道，乱之本也。故《明法》曰：君臣共道则乱。

人臣之所以畏恐而谨事主者，以欲生而恶死也。使人不欲生，不恶死，则不可得而制也。夫生杀之柄专在大臣，而主不危者，未尝有也。故治乱不以法断，而决于重臣。生杀之柄不制于主，而在群下，此寄生之主也。故人主专以其威势予人，则必有劫杀之患。专以其法制予人，则必有乱亡之祸。如此者，亡主之道也。故《明法》曰：专授则失。

凡为主而不得行其令，废法而恣群臣，威严已废，权势已夺，令不得出，群臣弗为用，百姓弗为使，竟内之众不制，则国非其国，而民非其民。如此者，灭主之道也。故《明法》曰：令不出谓之灭。

明主之道，卑贱不待尊贵而见，大臣不因左右而进，百官条通，群臣显见。有罚者，主见其罪。有赏者，主知其功。见知不悖，赏罚不差，有不蔽之术，故无壅遏之患。乱主则不然，法令不得至于民，疏远隔闭而不得闻。如此者，壅遏之道也。故《明法》曰：令出而留谓之壅。①

①〔绩〕按，经作"出而道留"。

人臣之所以乘而为奸者，擅主也。臣有擅主者，则主令不得行，而下情不上通。人臣之力，能隔君臣之间，而使美恶之情不扬闻，祸福之事不通彻，人主迷惑而无从悟。如此者，塞主之道也。故《明法》曰：下情不上通谓之塞。①

①〔绩〕按，经作"下情求不上通"。

明主者，兼听独断，多其门户。群臣之道，下得明上，贱得言贵，故奸人不敢欺。乱主则不然，听无术数，断事不以参伍，故无能之士上通，邪枉之臣专国，主明蔽而聪塞，忠臣之欲谋谏者不得进。如此者，侵主之道也。故《明法》曰：下情上而道止，谓之侵。

人主之治国也，莫不有法令，赏罚具，故其法令明。而赏罚之所立者当，则主尊显而奸不生。其法令逆，而赏罚之所立者不当，则群臣立私而壅塞之，朋党而劫杀之。故《明法》曰：灭塞侵壅之所生，从法之不立也。

法度者，主之所以制天下而禁奸邪也，所以牧领海内而奉宗庙也。私意者，所以生乱长奸而害公正也，所以壅蔽失正而危亡也。故法度行则国治，私意行则国乱。明主虽心之所爱，而无功者不赏也；虽心之所憎，而无罪者弗罚也。案法式而验得失，非法度不留意焉。故《明法》曰：先王之治国也，不淫意于法之外。

明主之治国也，案其当宜，行其正理。故其当赏者，群臣不得辞也。其当罚者，群臣不敢避也。夫赏功诛罪，所以为天下致利除害也。草茅弗去，则害禾谷；盗贼弗诛，则伤良民。夫舍公法而行私惠，则是利奸邪而长暴乱也。行私惠而赏无功，则是使民偷幸而望于上也。行私惠而赦有罪，则是使民轻上而易为非也。夫舍公法，用私惠，明主不为也。故《明法》曰：不为惠于法之内。

凡人主莫不欲其民之用也。使民用者，必法立而令行也。故治国使众莫如法，禁淫止暴莫如刑。故贫者非不欲夺富者财也，然而不敢者，法不使也。强者非不能暴弱也，然而不敢者，畏法诛也。故百官之事，案之以法，则奸不生。暴慢之人，诛之以刑则祸不起。群臣并进，筴之以数，则私无所立。故《明法》曰：动无非法者，所以禁过而外私也。

人主之所以制臣下者，威势也。故威势在下则主制于臣，威势在上则臣制于主。夫蔽主者，非塞其门、守其户也，然而令不行，禁不止，所欲不得者，失其威势也。故威势独在于主，则群臣畏敬；法政独出于主，则天下服听。故威势分于臣则令不行，法政出于臣则民不听。故明主之治天下也，威势独在于主，而不与臣共；法政独制于主，而不从臣出。故《明法》曰：威不两错，政不二门。

明主者，一度量，立表仪，而坚守之，故令下而民从。法者，天下之程式也，万事之仪表也。吏者，民之所悬命也。故明主之治也，当于法者赏之，违于法者诛之，故以法诛罪，则民就死而不怨；以法赏功，则民受赏而无德也。此以法举错之功也。故《明法》曰：以法治国，则举错而已。

明主者，有法度之制，故群臣皆出于方正之治，而不敢为奸。百姓知主之从事于法也，故吏之所使者，有法则民从之，无法则止。民以法与吏相距，下以法与上从事，故诈伪之人不得欺其主，嫉妒之人不得用其贼心，谗谀之人不得施其巧，千里之外不敢擅为非。故《明法》曰：有法度之制者，不可巧以诈伪。

权衡者，所以起轻重之数也。然而人不事者，非心恶利也，权不能为之多少其数，而衡不能为之轻重其量也。人知事权衡之无益，故不事也。故明主在上位，则官不得枉法，吏不得为私。民知事吏之无益，故财货不行于吏。权衡平正而待物，故奸诈之人不得行其私。故《明法》曰：有[1]权衡之称者，不可欺以轻重。

尺寸寻丈者，所以得短长之情也。故以尺寸量短长，则万

---

[1]有，原本脱，据杨本补。

举而万不失矣。是故尺寸之度，虽富贵众强不为益长，虽贫贱卑辱不为损短，公平而无所偏，故奸诈之人不能误也。故《明法》曰：有寻丈之数者，不可差以长短。

国之所以乱者，废事情而任非誉也。故明主之听也，言者责之以其实，誉人者试之以其官。言而无实者诛，吏而乱官者诛。是故虚言不敢进，不肖者不敢受官。乱主则不然，听言而不督其实，故群臣以虚誉进其党；任官而不责其功，故愚污之吏在庭。如此，则群臣相推以美名，相假以功伐，务多其交，而不为主用。故《明法》曰：主释法以誉进能，则臣离上而下[1]比周矣。以党举官，则民务交而不求用矣。

乱主不察臣之功劳，誉众者则赏之；不审其罪过，毁众者则罚之。如此者，则邪臣无功而得赏，忠正无罪而有罚。故功多而无赏，则臣不务尽力；行正而有罚，则贤圣无从竭能。行货财而得爵禄，则污辱之人在官。寄托之人不肖而位尊，则民倍公法而趋有势。如此，则悫愿之人失其职，而廉洁之吏失其治。故《明法》曰：官之失其治也，是主以誉为赏，而以毁为罚也。

平吏之治官也，行法而无私，则奸臣不得其利焉，此奸臣之所务伤也。人主不参验其罪过，以无实之言诛之，则奸臣不能无事贵重而求推誉，以避刑罚而受禄赏焉。故《明法》曰：喜赏恶罚之人，离公道而行私术[2]矣。

奸臣之败其主也，积渐积微，使主迷惑而不自知也。上则相为候望于主，下则买誉于民。誉其党而使主尊之，毁不誉者而使主废之，其所利害者，主听而行之。如此则群臣皆忘主而趋私佼矣。故《明法》曰：比周以相为慝，是故忘主私佼以进其誉。①

①〔绩〕按，佼，同"交"。后放此。

---

[1]下，原本误作"不"，据杨本改。
[2]术，原本误作"述"，据杨本改。

主无术数则群臣易欺之，国无明法则百姓轻为非。是故奸邪之人用国事，则群臣仰利害也。如此则奸人为之视听者多矣，虽有大义，主无从知之。故《明法》曰：佼众誉多，外内朋党，虽有大奸，其蔽主多矣。

凡所谓忠臣者，务明法术，日夜佐主，明于度数之理以治天下者也。奸邪之臣，知法术明之必治也，治则奸臣困而法术之士显，是故邪之所务事者，使法无明，主无悟，而己得所欲也。故方正之臣得用，则奸邪之臣困伤矣。是方正之与奸邪不两进之势也。奸邪在主之侧者，不能勿恶也。惟恶之，则必候主闲而日夜危之。人主不察而用其言，则忠臣无罪而困死，奸臣无功而富贵。故《明法》曰：忠臣死于非罪，而邪臣起于非功。

富贵尊显，久有天下，人主莫不欲也。令行禁止，海内无敌，人主莫不欲也。蔽侵欺凌，人主莫不恶也。失天下，灭宗庙，人主莫不恶也。忠臣之欲明法术，以致主之所欲，而除主之所恶者，奸臣之擅主者有以私危之，则忠臣无从进其公正之数矣。故《明法》曰：所死者非罪，所起者非功，然则为人臣者，重私而轻公矣。

乱主之行爵禄也，不以法令、案功劳；其行刑罚也，不以法令、案罪过，而听重臣之所言。故臣有所欲赏，主为赏之；臣欲有所罚，主为罚之。废其公法，专听重臣。如此，故群臣皆务其党重臣而忘其主，趋重臣之门而不庭。故《明法》曰：十至于私人之门，不一至于庭。

明主之治也，明于分职而督其成事，胜其任者处官，不胜其任者废免。故群臣皆竭能尽力以治其事。乱主则不然，故群臣处官位，受厚禄，莫务治国者，期于管国之重而擅其利，牧渔[1]其民以富其家。故《明法》曰：百虑其家，不一图国。

明主在上位，则竟内之众尽力以奉其主，百官分职致治以

---

[1]渔，原本误作“鱼”，据杨本改。

安国家。乱主则不然，虽有勇力之士，大臣私之，而非以奉其主也；虽有圣智之士，大臣私之，非以治其国也。故属数虽众，不得进也；百官虽具，不得制也。如此者，有人主之名而无其实。故《明法》曰：属数虽众，非以尊君也。百官虽具，非以任国也。此之谓国无人。

明主者，使下尽力而守法分，故群臣务尊主，而不敢顾其家。臣主之分明，上下之位审，故大臣各处其位，而不敢相贵。乱主则不然，法制废而不行，故群臣得务益其家。君臣无分，上下无别，故群臣得务相贵。如此者，非朝臣少也，众不为用也。故《明法》曰：国无人者，非朝臣衰也。家务相益，不务尊君也；大臣务相贵，而不任国也。①

①《经》作"家与家务于相益"。

人主之张官置吏也，非徒尊其身，厚奉之而已也，使之奉主之法，行主之令以治百姓而诛盗贼也。是故其所任官者大，则爵尊而禄厚。其所任官者小，则爵卑而禄薄。爵禄者，人主之所以使吏治官也。乱主之治也，处尊位，受奉禄，养所与佼，而不以官务为。如此者，则官失其能矣。故《明法》曰：小臣持禄养佼，不以官为事，故官失职。①

①〔绩〕按，经作"故官失其能"。

明主之择贤人也，言勇者试之以军，言智者试之以官。试于军而有功者则举之，试于官而事治者则用之。故以战攻之事定勇怯，以官职之治定愚智。故勇怯愚智之见也，如白黑之分。乱主则不然，听言而不试，故妄言者得用。任人而不官，故不肖者不困。故明主以法案其言而求其实，以官任其身而课其功，专任法，而不自举焉。故《明法》曰：先王之治国也，使法择人，不自举也。

凡所谓功者，安主上，利万民者也。夫破军杀将，战胜攻取，使主无危亡之忧，而百姓无死虏之患，此军士之所以为功者也。奉主法，治竟内，使强不凌弱，众不暴寡，万民驩尽其力，而奉养其主，此吏之所以为功也。匡主之过，救主之失，明礼义以道其主，主无邪辟之行，蔽欺之患，此臣之所以为功也。故明主之治也，明分职而课功劳，有功者赏，乱治者诛。诛赏之所加，各得其宜，而主不自与焉。故《明法》曰：使法量功，不自度也。

明主之治也，审是非，察事情，以度量案之。合于法则行，不合于法则止。功充其言则赏，不充其言则诛。故言智能者，必有见功而后举之。言恶败者，必有见过而后废之。如此则士上通而莫之能妬，不肖者困废而莫之能举。故《明法》曰：能不可蔽，而败不可饰也。

明主之道，立民所欲以求其功，故为爵禄以劝之。立民所恶以禁其邪，故为刑罚以畏之。故案其功而行赏，案其罪而行罚。如此则群臣之举，无功者不敢进也。毁，无罪者[1]不能退也。故《明法》曰：誉者不能进，而诽者不能退也。

制群臣，擅生杀，主之分也；县令仰制，臣之分也。威势尊显，主之分也；卑贱畏敬，臣之分也。令行禁止，主之分也；奉法听从，臣之分也。故君臣相与，高下之处也，如天之与地也。其分画之不同也，如白之与黑也。故君臣之间明别，则主尊臣卑。如此，则下之从上也，如响之应声；臣之法主也，如影之随形。故上令而下应，主行而臣从。以令则行，以禁则止，以求则得。此之谓易治。故《明法》曰：君臣之间，明别则易治。①

①〔绩〕按，经作"君臣之间明别，明别则易治也"。

---

[1]"者"字原本脱，据杨本补。

明主操术任臣下，使群臣效其智能，进其长技。故智者效其计，能者进其功，以前言督后事，所效当则赏之，不当则诛之。张官任吏治民，案法试课成功。守法而法之，身无烦劳而分职。故《明法》曰：主虽不身下为，而守法为之可也。

匡乘马第六十八　　管子轻重一

桓公问管子曰："请问乘马。"管子对曰："国无储在令。"桓公曰："何谓国无储在令？"管子对曰："二农之量壤百亩也，春事二十五日之内。"桓公曰："何谓春事二十五日之内？"管子对曰："日至六十日而阳冻释，七十日而阴冻释。阴冻释而秧稷，百日不秧稷，故春事二十五日之内耳也。①今君立扶台，五衢之众皆作。君过春而不止，民失其二十五日，则五衢之内，阻弃之地也。起一人之繇，百[1]亩不举。起十人之繇，千[2]亩不举。起百人之繇，万亩不举。起千人之繇，十万亩不举。[3]春已失二十五日，而尚有起夏作，是春失其地，夏失其苗，秋起繇而无止，此之谓谷地数亡。谷失其时，君之衡藉而无止。民食十五之谷，则君已藉九矣。有衡求币焉，此盗暴之所以起，刑罚之所以众也。随之以[4]暴，谓之内战。"桓公曰："善哉。""筴乘马之数求尽也。彼王者不夺民时，故五谷兴丰。五谷兴丰，则士轻禄，民简赏。彼善为国者，使农夫寒耕暑耘，力归于上，女勤于纤微，而功归于府者，②非怨民心，伤民意，高下之筴，不得不然之理也。"桓公曰："为之奈何？"管子曰："虞国得筴乘马之数矣。"桓公曰："何谓筴乘马之数？"管子曰：

[1]百，原本误作"万"，据杨本改。
[2]千，原本误作"十万"，据杨本改。
[3]"起百……不举"十九字，原本脱，据杨本补。
[4]之以，原本误作"以之"，据杨本改。

"百亩之夫予之筴，率二十七日为子之春事，资子之币。春秋子谷大登，国谷之重去分。谓农夫曰：币之在子者，以为谷而廪之州里。国谷之分在上，国谷之重再十倍。谓远近之县，里邑百官皆当奉器械备。曰：国无币，以谷准币。国谷之𪮶，一切什九。还谷而应谷，国器皆资，无藉于民。此有虞之筴乘马也。"

①〔绩〕按，阳冻地上也，阴冻地下也。秋，同"藃"。别本作"种言七十，阴冻释，秋稷若百日，则过时不秋矣。是秋种惟在二十五日之内"。【补】日至六十日而阳冻释，七十日而阴冻释。自此七十日以后，农夫播种黍稷之时，但诸种作，只在此以后一十五日之内。七十日加二十五日为九十五日，更过五日而为百日，则为失时，不可以种稷矣，故曰"百日不秋稷"。秋，藃也，种也。

②后作"缉绩微织，而功归于府"。

乘马数第六十九　　管子轻重二

桓公问管子曰："有虞筴乘马已行矣。吾欲立筴乘马，为之奈何？"管子对曰："战国修其城池之功，故其国常失其地用。王国则以时行也。"桓公曰："何谓以时行？"管子对曰："出准之令，守地用人筴。故开[1]阖皆在上，无求于民。霸国守，分上分下，游于分之间而用足。王国守始，国用一不足则加一焉，国用二不足则加二焉，国用三不足则加三焉，国用四不足则加四焉，国用五不足则加五焉，国用六不足则加六焉，国用七不足则加七焉，国用八不足则加八焉，国用九不足则加九焉，国用十不足则加十焉。人君之守高下，岁藏三分，十年则必有五年之馀。若岁凶旱水泆，民失本，则修宫室台榭，以前无狗、后无彘者为

[1]开，原本脱，据杨本补。

庸。故修宫室台榭，非丽其乐也，以平国筴也。今至于其亡筴乘马之君，春秋冬夏不知时终始，作功起众，立宫室台榭，民失其本事，君不知其失诸春筴，又失诸夏秋之筴数也。民无糧卖子，数矣。猛毅之人淫暴，贫病之民乞请。君行律度焉，则民被刑僇而不从于主上，此筴乘马之数亡也。乘马之准，与天下齐准。彼物轻则见泄，重则见射。此斗国相泄，轻重之家相夺也。至于王贵，则持流而止矣。"桓公曰："何谓持流？"管子对曰："有一人耕而五人食者，有一人耕而四人食者，有一人耕而三人食者，有一人耕而二人食之。此齐力而功地，田筴相员。此国筴之时守也。君不守以筴，则民且守于上，此国筴流已。"桓公曰："乘马之数尽于此乎？"管子对曰："布织财物，皆立其贳。财物之贳与币高下，谷独贵独贱。"桓公曰："何谓独贵独贱？"管子对曰："谷重而万物轻，谷轻而万物重。"公曰："贱筴乘马之数奈何？"管子对曰："郡县上腴之壤守之若干，间壤守之若干，①下壤守之若干。故相壤定籍而民不移，振贫补不足，下乐上。故以上壤之满，补下壤之众。章四时，守诸开阖，民之不移也，如废方于地。此之谓筴乘马之数也。"②

①〔绩〕按，间，上下之间，中筭也。

②〔绩〕按，方则不行，故曰废方。

问乘马第七十　　　　　　　管子轻重三

亡

卷第二十二

事语第七十一 管子轻重四

　　桓公问管子曰："事之至数可闻乎？"管子对曰："何谓至数？"桓公曰："秦奢教我曰：帷盖不修，衣服不众，则女事不泰。俎豆之礼不致牲，诸侯大牢，大夫少牢。不若此，则六畜不育。非高其台榭，美其宫室，则群材不散，①此言何如？"管子曰："非数也。"桓公曰："何谓非数？"管子对曰："此定壤之数也。彼天子之制，壤方千里。齐诸侯，方百里，负海子七十里，男五十里，若胸臂之相使也。故淮徐疾嬴不足，虽在下也，不为君忧。彼壤狭而欲举与大国争者，农夫寒耕暑耘，力归于上，女勤于缉绩徽织，功归于府者，非怨民心，伤民意也。非有积蓄，不可以用人；有积财，无以劝下。泰[1]奢之数，不可用于危隘之国。"桓公曰："善。"

　　①绩按，此言上用之则下为之。

　　桓公又问管子曰："佚田谓寡人曰：善者用非其有，使非其人，何不因诸侯权以制天下？"管子对曰："佚田之言非也。彼善为国者，壤辟举则民留处，仓廪实则知礼节。且无委致围，城脆致冲。①夫不定内，不可以持天下。佚田之言非也。"管子曰："岁藏一，十年而十也。岁藏二，五年而十也。谷十而守五，绨素满之，五在上。故视岁而藏，县时积岁，国有十年之蓄。富胜

---

[1]泰，原本误作"秦"，据杨本改。

贫，勇胜怯，智胜愚，微胜不微，有义胜无义，练士胜欧众，凡
十胜者尽有之。故发如风雨，动如雷霆，独出独入，莫之能禁
止，不待权与。故佚田之言非也。"桓公曰："善。"

①绩按，委，委积也。无食则人欲围而取之，脆不坚也。冲，冲车也。城不
坚，则人思而毁之。

海王第七十二　　管子轻重五

桓公问于管子曰："吾欲藉于台雉，何如？"管子对
曰："此毁成也。""吾欲藉于树木。"管子对曰："此伐生
也。""吾欲藉于六畜。"管子对曰："此杀生也。""吾欲藉
于人，何如？"管子对曰："此隐情也。"桓公曰："然则吾何
以为国？"管子对曰："唯官山海为可耳。"桓公曰："何谓官
山海？"管子对曰："海王之国，谨正盐筴。"①桓公曰："何谓
正盐筴？"②管子对曰："十口之家，十人食盐；百口之家，百
人食盐。终月，大男食盐五升少半，③大女食盐三升少半，吾子
食盐二升少半。④此其大历也。⑤盐百升而釜。⑥令盐之重升加分
强，釜五十也。⑦升加一强，釜百也。升加二强，釜二百也。钟二
千，⑧十钟二万，百钟二十万，千钟二百万。万乘之国，人数开
口千万也。⑨禺筴之，商日二百万，⑩十日二千万，一月六千万，
万乘之正九百万也。⑪月人三十钱之籍，为钱三千万。⑫今吾非籍
之诸君吾子，而有二国之籍者六千万。⑬使君施令曰：吾将籍于
诸君吾子，则必嚣号。今此给之盐筴，则百倍归于上，人无以避
此者，数也。

①海王，言以负海之利而王其业。

②正，税也。

③少半,犹劣薄也。

④吾子,谓少男小女也。

⑤历,数。

⑥盐十三两七铢一桼十分之一为升,当米六合四勺也。百升之盐,七十六斤十二两十九铢二累为釜,当米六斗四升。

⑦分强,半强也。令使盐官税其盐之重,每一斗加半合为强而取之,则一釜之盐,得五十合而为之强。

⑧十釜之盐,七百六十八斤为钟,当米六斛四斗是也。

⑨举其大数而言之也。开口,谓大男大女之所食盐也。

⑩禺,读为偶。偶,对也。商,计也。对其大男大女食盐者之口数而立筴,以计所税之盐。一日计二百万合,为二百钟。

⑪万乘之国,大男大女食盐者千万人,而税之盐一日二百钟,十日二千钟,一月六千钟也。今又施其税数以千万人如九百万人之数,则所税之盐一日百八十钟,十日千八百[1]钟,一月五千四百钟也。

⑫又变其五千四百钟之盐而籍其钱,计一月每人籍钱三十,凡千万人,为钱三万万矣。以此籍之数而比其常籍,则当一国而有三千万人矣。

⑬诸君,谓老男老女也。六十以上为老男,五十以上为老女。既不籍于老男老女,又不籍于小男小女,乃能以千万人而当三千万人者,盖盐官之利耳。盐官之利既然,则铁官之利可知也。盐官之利当一国而三万人,铁官之利当一国而三万人焉,故能有二国之籍者六千万人耳。其常籍人之数犹在此外也。

今铁官之数曰:一女必有一针一刀,若其事立。①耕者必有一耒一耜一铫,若其事立。②行服连③辎輂④者,⑤必有一斤一锯一锥一凿,若其事立。不尔而成事者,天下无有。今针之重加一也,三十针一人之籍也。⑥刀之重加六,五六三十,五刀一人之籍也。⑦耜铁之重加七,三耜铁一人之籍也。⑧其馀轻重,皆准此

---

[1]八百,原本误作"百八",据杨本改。

而行。⑨然则举臂胜事，无不服藉者。"

①若，犹然后。

②大锄谓之铫。羊[1]昭反。

③辇名，所以载作器，人挽之。

④居玉反。

⑤大车驾马者也。

⑥针之重，每十分加一分为强而取之，则二女之籍得三十针也[2]矣。绩按，一无"也"字。

⑦刀之重，每十分加六分以为强而取之。五六为三十也，则一女之籍得五刀也。

⑧耜铁[3]之重，每十分加七分以为强而取之，则一农之籍得三耜铁也。

⑨其器弥重，其加弥多。

桓公曰："然则国无山海不王乎？"管子曰："因人之山海，假之名有海之国，①售盐于吾国，②釜十五，吾受而官出之以百。③我未与其本事也，④受人之事，以重相推。⑤此人用之数也。"⑥

①虽无海而假名有海，则亦虽无山而假名有山。

②彼国有盐，而粜于吾国为售耳。

③受，取也。假令彼盐平价釜当十钱者，吾又加五钱而取之，所以求之也。既得彼盐，则令吾国盐官又出而粜之，釜以百钱也。

④与，用也。本事在盐也。

⑤以重相推，谓加五钱之类也。推，犹度也。

⑥彼人所有，而皆为我用也。

---

[1] 羊，原本误作"子"，据浙本改。

[2] 也，原本脱，据杨本补。

[3] 铁，原本误作"针"，据杨本改。

国蓄第七十三　　管子轻重六

　　国有十年之蓄，而民不足于食，皆以其技能望君之禄也。君有山海之金，而民不足于用，是皆以其事业交接于君上也。故人君挟其食，守其用，据有馀而制不足，故民无不累于上也。五谷食米，民之司命也。黄金刀币，民之通施也。故善者执其通施，以御其司命，故民力可得而尽也。夫民者信亲而死利，海内皆然。民予则喜，夺则怒，民情皆然。先王知其然，故见予之形，不见夺之理。①故民爱可洽于上也。②租籍者，③所以强求也。租税者，所虑而请也。④王伯之君，去其所以强求，废其所虑而请，故天下乐从也。

　　①民可使由之，不可使知之。

　　②洽，通也。

　　③在工商曰租籍。

　　④在农曰租税。虑，犹计也。请，求[1]也。○绩按，后《轻重乙》作"租籍，君之所宜得也。正籍者，君之所强求也"，此有缺误。

　　利出于一孔者，①其国无敌。出二孔者，其兵不诎。②出三孔者，不可以举兵。出四孔者，其国必亡。先王知其然，故塞民之养，③隘其利途。故予之在君，夺之在君，贫之在君，富之在君。故民之戴上如日月，亲君若父母。凡将为国，不通于轻重，不可为笼以守民。不能调通民利，不可以语制为大治。是故万乘之国，有万金之贾。千乘之国，有千金之贾。然者何也？国多失利，则臣不尽其忠，士不尽其死矣。岁有凶穰，故谷有贵贱。令有缓急，故物有轻重。④然而人君不能治，故使蓄贾游市，⑤乘民之不给，百倍其本。⑥分地若一，强者能守。分财若一，智者能收。智者有十倍人之功，⑦愚者有不赓本之事。⑧然而人君不能

　　[1]求，原本误作"故"，据杨本改。

调，故民有相百倍之生也。夫民富则不可以禄使也，贫则不可以罚威也。法令之不行，万民之不治，贫富之不齐也。

①凡言利者，不必货[1]利，庆赏威刑皆是。

②诎，与"屈"同。屈，穷也。

③养，利也。羊向反。

④别注：上令急于求米，则民重米。缓于求米，则民轻米。所缓则贱，所急则重也。

⑤别注：谓贾人之多蓄积也。

⑥别注：给，足也。以十取百。

⑦以一取什。

⑧赓，犹偿也。

且君引锲①量用，耕田发草，上得其数矣。民人所食，人有若干步亩之数矣。计本量委②则足矣，然而民有饥饿不食者，何也？谷有所藏也。③人君铸钱立币，民庶之通施也。④人有若干百千之数矣。然而人事不及，用不足者，何也？利有所并也。⑤然则人君非能散聚，钧羡⑥不足，分并财利，而调民事也，则君虽强本趣耕，⑦而自为铸币而无已，乃今使民下相役耳，恶能以为治乎？⑧

①锲，筹也。

②委，积也。

③言一国之内，耕垦之数，君悉知。凡有计口授田，家族多少，足以自给，而人乏于食者，谓豪富之家收藏其谷故也。

④钱币无补于饥寒之用，人君所立以均制，则物通交有无，使人之所求，各得其欲。

⑤民事，谓偿费也。言人之所有，多少各随其分而自足，君上不能均调其事，则豪富并藏财货，专擅其利，是故人常费不给，以致匮乏。○绩按，一本

---

[1]货，原本误作"债"，据杨本改。

"并"字下有"藏"字。

⑥馀也。

⑦本,谓务农。

⑧言人君不能其权其利,间制其轻重,虽铸币无限极而与人,徒使豪富夺贫弱,终不能致理也。

岁适美,则市粜无予,而狗彘食人食。岁适凶,则市籴釜十缲,而道有饿民。然则岂壤力固不足,而食固不赡也哉?夫往岁之粜贱,狗彘食人食,故来岁之民不足也。物适贱,则半力而无予,民事不偿其本。物适贵,则什倍而不可得,民失其用。然则岂财物固寡,而本委不足也哉?夫民利之时失而物利之不平也。故善者委施于民之所不足,操事于民之所有馀。夫民有馀则轻之,故人君敛之以轻。民不足则重之,故人君散之以重。敛积之以轻,散行之以重,故君必有什倍之利,而财之櫎可得而平也。凡轻重之大利,以重射轻,以贱泄平。万物之满虚,随财准平而不变。衡绝则重见。人君知其然,故守之以准平。使万室之都必有万钟之藏,藏缲千万。使千室之都必有千钟之藏,藏缲百万。春以奉耕,夏以奉芸,耒耜械器,种馕粮食,毕取赡于君。故大贾蓄家不得豪夺吾民矣。然则何?君养其本谨也。春赋以敛缯帛,夏贷以收秋实,①是故民无废事,而国无失利也。②

①盖方春蚕,家阙乏而赋与之,约收其缯帛也。方夏,农人阙乏,亦赋与之,约取其谷实也。

②人之所乏,君悉与人,则豪商富人不得擅其利也。

凡五谷者,万物之主也。谷贵则万物必贱,谷贱则万物必贵。两者为敌,则不俱平。故人君御谷物之秩相胜,而操事于其不平之间。①故万民无籍,而国利归于君也。

①秩,积也。食为人天,故五谷之要可与万物为敌,其价常不俱平,所以

人君视两事之委积,可彼此相胜。轻重于其间,则国利不散也。

夫以室庑籍,谓之毁成。^①以六蓄籍,谓之止生。^②以田亩籍,谓之禁耕。^③以正人籍,谓之离情。^④以正户籍,谓之养赢[1]。^⑤五者不可毕用,故王者遍行而不尽也。故天子籍于币,诸侯籍于食。中岁之谷,粜石十钱。大男食四石,月有四十之籍。大女食三石,月有三十之籍。吾子食二石,月有二十之籍。岁凶谷贵,粜石二十钱,则大男有八十之籍,大女有六十之籍,吾子有四十之籍。^⑥是人君非发号令收穚[2]而户籍也。彼人君守其本委谨,而男女诸君吾子无不服籍者也。^⑦

①小曰室,大曰庑。是使人毁攘虚室。

②是使人不竞牧养也。

③是止其稼耕也。

④正数之人,若丁壮也。离情,谓离心也。

⑤赢,谓大贾畜家也。正数之户,既避其籍,则至浮浪,为大贾畜家之所役属,增其利耳。

⑥六十为大男,五十为大女。吾子,谓小男小女也。按,古之石准[3]今之三斗三升三合。平岁每石税十钱,凶岁税二十者,非必税其人,谓于操事轻重之间,约收其利也。

⑦啬,敛也。委者,谓所委积之物也。谨,严也。言人君不用下令税敛于人,但严收利途,轻重在我,则无所逃其税也。

一人廪食,十人得馀。十人廪食,百人得馀。百人廪食,千人得馀。夫物多则贱,寡则贵,散则轻,聚则重。人君知其然,故视国之羡不足而御其财物。谷贱则以币予食,布帛贱则以币

[1]赢,原本误作"嬴",据杨本改,下注同。
[2]穚,原本误作"穚",据杨本改。
[3]准,原本误作"推",据杨本改。

予衣。视物之轻重，而御之以准，故贵贱可调，而君得其利。[①]
前有万乘之国，而后有千乘之国，谓之抵国。前有千乘之国，而
后有万乘之国，谓之距国。壤正方，四面受敌，谓之衢国。以百
乘衢处，谓之托食之君。千乘衢处，壤削少半。万乘衢处，壤削
大半。何谓百乘衢处，托食之君也？夫以百乘衢处，危慑围阻千
乘万乘之间，夫国之君不相中，举兵而相攻，必以为杆格蔽圉
之用。有功利不得乡，[②]大臣死[1]于外，分壤而功。列陈系累获
虏，分赏而禄。是壤地尽于功赏，而税藏殚于继孤也。是特名罗
于为君耳，无壤之有。号有百乘之守，而实无尺壤之用，故谓托
食之君。然则大国内款，小国用尽，何以及此？曰：百乘之国，
官赋轨符。乘四时之朝夕，御之以轻重之准，然后百乘可反也。
千乘之国，封天财之所殖，械器之所出，财物之所生，视岁之满
虚而轻重其禄，然后千乘可足也。万乘之国，守岁之满虚，乘民
之缓急，正其号令，而御其大准，然后万乘可资也。

①《通典》注：谷贱则以币与食，布帛贱则以币帛与衣者，"与"当为"易"，
随其所贱而以币易取之，则轻重贵贱由君上也。

②一作"享"。

玉起于禺氏，[①]金起于汝汉，珠起于赤野，东西南北距周七
千八百里，水绝壤断，舟车不能通。先王为其途之远，其至之
难，故托用于其重，以珠玉为上币，以黄金为中币，以刀布为下
币。三币握之则非有补于暖也，食之则非有补于饱也，先王以守
财物，以御民事，而平天下也。[②]

①绩按，音虞。

②绩按，《通典》引此"天下也"下有"是以命之曰衡。衡者，使物一高一
下，不得有调也"。注曰："若五谷与万物平，则人无其利，故设上中下之币而行

---

[1]死，原本误作"妃"，据杨本改。

轻重之术,使一高一下,乃可权制利门,悉归于上。"

今人君籍求于民,令曰十日而具,则财物之贾什去一。令曰八日而具,则财物之贾什去二。令曰五日而具,则财物之贾什去半。朝令而夕具,则财物之贾什去九。先王知其然,故不求于万民,而籍于号令也。

山国轨第七十四　　　　管子轻重七

桓公问管子曰:"请问官国轨。"管子对曰:"田有轨,人有轨,用有轨,乡有轨,人事有轨,币有轨,县有轨,国有轨。不通于轨数而欲为国,不可焉。"桓公曰:"行轨数何?"对曰:"某乡田若干,人事之准若干,谷重若干,曰:某[1]县之人若干,田若干,币若干而中用?谷重若干而中币?终岁度人食,其馀若干?曰:某乡女胜事者终岁绩,其功业若干?以功业直时而櫎之,终岁人已衣被之后,馀衣若干,别群轨,相壤宜。"

桓公曰:"何谓别群轨,相壤宜?"管子对曰:"有莞蒲之壤,有竹箭檀柘之壤,有氾下渐泽之壤,有水潦鱼鳖之壤。今四壤之数,君皆善官而守之,则籍于财物,不籍于人。亩十亩之壤,君不以轨守,则民且守之。民有过移长力,不以本为得,此君失也。"

桓公曰:"轨意安出?"管子对曰:"不阴据其轨者下制其上。"桓公曰:"此若言何谓也?"管子对曰:"某乡田若干,食者若干,某乡之女事若干,馀衣若干,谨行州里,曰:田若干,人若干,人众田不度食若干,曰:田若干,馀食若干,必得

---

[1]某,原本误作"椠",据杨本改。

轨程。此调之泰轨也。然后调立环乘之币。田轨之有馀于其人食者，谨置公币焉。大家众，小家寡。山田间田，曰：终岁其食不足于其人若干，则置公币焉，以满其准。重岁丰年，五谷登。谓高田之萌，[①]曰：吾所寄币于子者若干，乡谷之攟若干，请为子什减三。谷为上，币为下。高田摭间田。山不被谷，十倍山田，以君寄币，振其不赡，未淫决[②]也。高田以时抚于主上，坐长加十也。女贡织帛，苟合于国奉者，皆置而券之。以乡攟市准，曰：上无币，有谷，以谷准币。环谷而应筴，国奉决。谷反准，赋轨币。谷廪，重有加什。谓大家委赀家曰：上且邻循，游人出若干币。谓邻县曰：有实者皆勿左右。不赡，则且为人马假其食民。邻县四面皆攟，谷坐长而十倍。上下令曰：赀家假币，皆以谷准币，直币而庚之。谷为下，币为上。百都百县轨据，谷坐长十倍。环谷而应假币。国币之九在上，一在下。币重而万物轻，敛万物，应之以币。币在下，万物皆在上，万物重十倍。府官以市攟出万物，除而止。国轨布于未形，据其已成。乘令而进退，无求于民，谓之国轨。"

①绩按，萌，田民也。

②一作"失"。

桓公问于管子曰："不籍而赡国，为之有道乎？"管子对曰："轨守其时，有官天财，何求于民？"桓公曰："何谓官天财？"管子对曰："泰春，民之功繇。泰夏，民之令之所止，令之所发。[①]泰秋，民令之所止，令之所发。泰冬，民令之所止，令之所发。此皆民所以时守也，此物之高下之时也，此民之所以相并兼之时也。君守诸四务。"桓公曰："何谓四务？"管子对曰："泰春，民之且所用者，君已廪之矣。泰夏，民之且所用者，君已廪之矣。泰秋，民之且所用者，君已廪之矣。泰冬，民之且所用者，君已廪之矣。[②]泰春功布尔日，春缝衣，夏单衣，捍笼累箕胜龠屑粮，若干日之功，用人若干。无赀之家，皆假之械器胜龠屑粮公衣。功已而归公，衣折券。故力出于民，而用出于上。春十日不害耕事，夏十日不害耕事，秋十日不害敛实，冬二十日不害除田。此之谓时作。"桓公曰："善。"

①谓山泽之所禁发。

②廪，藏也。言四时人之所要，皆先备之，所谓耒耜器械种穰粮食，必取赡焉，则豪人大贾不得擅其利。

"吾欲立轨官，为之奈何？"管子对曰："盐铁之筴足以立轨官。"桓公曰："奈何？"管子对曰："龙夏之地，布黄金九千。以币货金，巨家以金，小家以币。周岐山至于峥丘之西塞丘者，山邑之田也，布币称贫富而调之。周寿陵而东至少沙者，中田也，据之以币，巨家以金，小家以币。三壤已抚，而国谷再十倍。梁渭阳琐之牛马满齐衍，请殴之颠齿，量其高壮，曰：国为师旅，战车殴就，敛子之牛马。上无币，请以谷视市橾而庚子牛马，为上粟二家。立赀散其粟，反准，牛马归于上。"

管子曰："请立赀于民，有田倍之内，毋有其外，外皆为赀壤。被鞍之马千乘，齐之战车之具具于此，无求于民，此去丘邑之籍也。国谷之朝夕在上，山林廪械器之高下在上，春秋冬夏之轻重在上。行田畴，田中有木者，谓之谷贼。宫中四荣，树其馀，曰害女功。宫室械器，非山无所仰，然后君立三等之租于山，曰：握以下者为柴楂，把以上者为室奉，三围以上为棺椁之奉。柴楂之租若干，室奉之租若干，棺椁之租若干。"

管子曰："盐铁抚轨。谷一廪十，君常操九，民衣食而繇，下安无怨咎。去其田赋，以租其山。巨家重葬其亲者，服重租。小家菲葬其亲者，服小租。巨家美修其宫室者，服重租。小家为室庐者，服小租。上立轨于国，民之贫富如加之以绳，谓之国轨。"

山权数第七十五　　　管子轻重八

　　桓公问管子曰："请问权数。"管子对曰："天以时为权，地以财为权，人以力为权，君以令为权。失天之权，则人地之权亡。"桓公曰："何谓失天之权则人地之权亡？"管子对曰："汤七年旱，禹五年水，民之无糧卖子者。①汤以庄山之金铸币，而赎民之无糧卖子者。禹以历山之金铸币，而赎民之无糧卖子者。故天权失，人地之权皆失也。故王者岁守十分之参，三年与少半成岁。三十一年而藏十一年，与少半藏参之一，不足以伤民，而农夫敬事力作，故天毁埊，②凶旱水泆，民无入于沟壑乞请者也。此守时以待天权之道也。"桓公曰："善。"

　　①绩按，糧，章延反，糜也。
　　②古"地"字。

　　"吾欲行三权之数，为之奈何？"管子对曰："梁山之阳绪絪紃，夜石之币，天下无有。"管子曰："以守国谷。岁守一分，以行五年，国谷之重，什倍异日。"管子曰："请立币。国铜以二年之粟顾之，立黔落，力重与天下调。彼重则见射，轻则见泄，故与天下调。泄者，失权也。见射者，失筴也。不备天权下相求，备准下阴相隶，此刑罚之所起，而乱之之本也。故平则不平，民富则不如贫，委积则虚矣。此三权之失也已。"

　　桓公曰："守三权之数奈何？"管子对曰："大丰则藏分，阤亦藏分。"桓公曰："阤者，所以益也，何以藏分？"管子对曰："隘则易益也。一可以为十，十可以为百。以阤守丰，阤之准数一上十，丰之筴数十去九，则吾九为馀。于数筴丰，则三权皆在君。此之谓国权。"

　　桓公问于管子曰："请问国制。"管子对曰："国无制，地有量。"桓公曰："何谓国无制，地有量？"管子对曰："高田十石，闲田五石，庸田三石，其馀皆属诸荒田。地量百亩，一夫之力也。粟贾一，粟贾十，粟贾三十，粟贾百。其在流筴者，百亩从中千亩之筴也。然则百乘从千乘也，千乘从万乘也。故地有量，国无筴。"桓公曰："善。""今欲为大国，大国欲为天下，不通权筴，其无能者矣。"

桓公曰："今行权奈何？"管子对曰："君通于广狭之数，不以狭畏广。通于轻重之数，不以少畏多。此国筴之大者也。"桓公曰："善。盖天下，视海内，长誉而无止，为之有道乎？"管子对曰："有。曰轨守其数，准平其流，动于未形，而守事已成。物一也而十，是九为用。徐疾之数，轻重之筴也。一可以为十，十可以为百，引十之半而藏四，以五操事，在君之决塞。"

桓公曰："何谓决塞？"管子曰："君不高仁，则固不相被。君不高慈孝，则民简其亲而轻过。此乱之至也。则君请以国筴十分之一者，树表置高，乡之孝子聘之币，孝子兄弟众寡不与师旅之事。树表置高，而高仁慈孝，财散而轻。乘轻而守之以筴，则十之五有在上，运五如行事，如日月之终复。此长有天下之道，谓之准道。"桓公问于管子曰："请问教数。"管子对曰："民之能明于农事者，置之黄金一斤，直[1]食八石。民之能蕃育六畜者，置之黄金一斤，直食八石。民之能树艺者，置之黄金一斤，直[2]食八石。民之能树瓜瓠、荤菜、百果，使蕃育者，置之黄金一斤，直食八石。民之能已民疾病者，置之黄金一斤，直食八石。民之知时，曰岁且陁，曰某谷不登，曰某谷丰者，置之黄金一斤，直食八石。民之通于蚕桑，使蚕不疾病者，皆置之黄金一斤，直食八石。谨听其言而藏之官，使师旅之事无所与，此国筴之者也。国用相靡而足，相因[3]揲而咨，然后置

---

[1]直，原本误作"宜"，据杨本改。
[2]直，原本误作"宜"，据杨本改。
[3]因，原本误作"困"，据杨本改。

四限高下，令之徐疾，欧屏万物，守之以筴，有五官技。"桓公曰："何谓五官技？"管子曰："诗者，所以记物也。时者，所以记岁也。春秋者，所以记成败也。行者，道民之利害也。易者，所以守凶吉成败也。卜者，卜凶吉利害也。民之能此者，皆一马之田，一金之衣。此使君不迷妄之数也。六家者，即见其时，使豫先蚤闲之日受之。故君无失时，无失筴，万物兴丰无失利。远占得失以为末教，诗记人无失辞，行殫道无失义，易守祸福凶吉不相乱，此谓君揲。"桓公问于管子曰："权楱之数吾已得闻之矣，守国之固奈何？"曰："能皆已官，时皆已官，得失之数，万物之终始，君皆已官之矣。其馀皆以数行。"桓公曰："何谓以数行？"管子对曰："谷者，民之司命也。智者，民之辅也。民智而君愚，下富而君贫，下贫而君富，此之谓事名二。国机，徐疾而已矣。君道，度法而已矣。人心，禁缪而已矣。"桓公曰："何谓度法？何谓禁缪？"管子对曰："度法者，量人力而举功。禁缪者，非往而戒来。故祸不萌通，而民无患咎。"

桓公曰："请问心禁。"管子对曰："晋有臣不忠于其君，虑杀其主，谓之公过。诸公过之家，毋使得事君。此晋之过失也。齐之公过，坐立长差。恶恶乎来刑，善善乎来荣，戒也。此之谓国戒。"

桓公问管子曰："轻重准施之矣，筴尽于此乎？"管子曰："未也。将御神用宝。"桓公曰："何谓御神用宝？"管子对曰："北郭有掘阙而得龟者，①此检数百里之地也。"②桓公曰："何谓得龟百里之地？"管子对曰："北郭之得龟者，令过之平盘之中。③君请起十乘之使，百金之提，④命北郭得龟之家曰：赐若服中大夫。⑤曰：东海之子类于龟，⑥托舍于若。⑦赐若大夫之服以终而身，⑧劳若以百金。⑨之龟为无赀，⑩而藏诸泰台。⑪一日而宣之以四牛，立宝曰无赀。⑫还四年，伐孤竹。⑬丁氏之家粟⑭可食三军之师行五月，⑮召丁氏而命之曰：吾有无赀之宝于此，吾今将有大事，请以宝为质于子，以假子之邑粟。⑯丁氏北乡再拜，入粟，不敢受宝质。桓公命丁氏曰：寡人老矣，为子者不知此数。终受吾质。丁氏归，革筑室，赋籍藏龟。⑰还四年，伐孤竹，谓丁氏之粟中食三军五月之食。桓公立贡数，文行中七年龟中四千金，黑白之子当千金。凡贡制，中二齐之壤筴也。用贡，国危出宝，国安行流。"

①掘，穿也。求物反。穿地至泉曰阙。

②检，犹比也。以此龟为用者，其数可比百里之地。

③过之，犹置之也。平盘者，大盘也。

④起，发也。提，装也。

⑤若，汝也。中大夫，齐爵也。

⑥东海之子，其状类龟。假言此龟东海之子耳。东海之子者，海神之子也。

⑦托舍，犹寄居也。

⑧而，若也。

⑨劳，赐之也。

⑩之，是也。是龟至宝而无贲也。无贲，无价也。

⑪泰台，高台也。

⑫立龟为宝，号为无贲。

⑬还四年，后四年。

⑭丁氏，齐之富人，所谓丁惠也。

⑮可，以意料。行五月，经五月。

⑯即家粟也。

⑰革，更也。赋，敷也。籍，席也。

桓公曰："何谓流？"管子对曰："物有豫，则君失筴而民失生矣。故善为天下者，操于二豫之外。"桓公曰："何谓二豫之外？"管子对曰："万乘之国不可以无万金之蓄饰，千乘之国不可以无千金之蓄饰，百乘之国不可以无百金之蓄饰。以此与令进退，此之谓乘时。”

山至数第七十六　　管子轻重九

　　桓公问管子曰："梁聚谓寡人曰：古者轻赋税而肥籍敛，取下无顺于此者矣。梁聚之言何如？"管子对曰："梁聚之言非也。彼轻赋税则仓廪虚，肥籍敛则械器不奉，器械不奉而诸侯之皮币不衣。仓廪虚，则倳贱无禄。外皮币不衣于天下，内国倳贱。梁聚之言非也。君有山，山有金，以立币。以币准谷而授禄，故国谷斯在上，谷贾什倍。农夫夜寝蚤起，不待见使，五谷什倍。士半禄而死君，农夫夜寝蚤起，力作而无止。彼善为国者，不曰使之，使不得不使；不曰贫之，使不得不用。故使民无有不得不使者。夫梁聚之言非也。"桓公曰："善。"桓公又问于管子曰："有人教我，谓之请士。曰：何不官百能？"管子对曰："何谓百能？"桓公曰："使智者尽其智，谋士尽其谋，百工尽其巧。若此则可以为国乎？"管子对曰："请士之言非也。禄肥则士不死，币轻则士简赏，万物轻则士偷幸。三怠在国，何数之有？彼谷十藏于上，三游于下，谋士尽其虑，智士尽其知，勇士轻其死，请士所谓妄言也。不通于轻重，谓之妄言。"

　　桓公问于管子曰："昔者周人有天下，诸侯宾服，名教通于天下，而夺于其下，何数也？"管子对曰："君分壤而贡入，市朝同流。黄金，一笑也。江阳之珠，一笑也。秦之明山之曾青，一笑也。此谓以寡为多，以狭为广，轨出之属也。"桓公曰："天下之数尽于轨出之属也？""今国谷重什倍而万物轻，大夫谓贾，之子为吾运谷而敛财。谷之重一也，今九为馀。谷重而万物轻，若此则国财九在大夫矣。国岁反一，财物之九者，皆倍重而出矣。财物在下，币之九在大夫。然则币谷羡在大夫也。天子以客行，令以时出，熟谷之人亡，诸侯受而官之，连朋而聚与，高下万物，以合民用。内则大夫自还而不尽忠，外则诸侯连朋合与，熟谷之人则去亡，故天子失其权也。"桓公曰："善。"

桓公又问管子曰："终身有天下而勿失，为之有道乎？"管子对曰："请勿施于天下，独施之于吾国。"桓公曰："此若言何谓也？"管子对曰："国之广狭、壤之肥硗有数，终岁食馀有数，彼守国者，守谷而已矣。"曰："某县之壤广若干，某县之壤狭若干，[①]则必积委币，[②]于是县州里受公钱。[③]泰秋，国谷去参之一，[④]君下令，谓郡县属大夫里邑皆籍粟入若干。谷重一也，以藏于上者，[⑤]国谷参分，则二分在上矣。[⑥]泰春，国谷倍重，数也。泰夏，赋谷以市㯑，民皆受上谷以治田土。泰秋，田谷之存予者若干，今上敛谷以币，民曰无币以谷，则民之三有归于上矣。[⑦]重之相因，时之化举，无不为国筴。[⑧]君用大夫之委，以流归于上。君用民，以时归于君。藏轻，出轻以重，数也。则彼安有自还之大夫独委之。彼诸侯之谷十，使吾国谷二十，则诸侯谷归于吾国矣。诸侯谷二十，吾国谷十，则吾国谷归于诸侯矣。故善为天下者，谨守重流。[⑨]而天下不吾泄矣。[⑩]彼重之相归，如水之就下。吾国岁非凶也，以币藏之，故国谷倍重，故诸侯之谷至也。是藏一分以致诸侯之一分也，利不夺于天下，大夫不得以富侈。以重藏轻，国常有十，国之筴也。故诸侯服而无止，臣㯑从而以忠。此以轻重御天下之道也，谓之数应。"

①国之广狭肥硗，人之所食多少，其数君素皆知之。

②委，蓄也。各于县州里，蓄积钱币，所谓万室之邑，必有万钟之藏，藏繦千万。千室之邑，必有千钟之藏，藏繦百万。

③公钱，即积委之币。

④去，减也。

⑤一其谷价而收藏之。

⑥言先贮币于县邑,当秋时下令收籴也。则魏李悝行平籴之法,上熟籴三舍一,中熟籴二舍一,下熟中分之,盖出于此。今言出三之一者,纳中熟为准耳。

⑦言当春谷贵之时,计其价,以谷赋与人。秋则敛其币。虽设此令,本意收其谷入,既无币,请输谷,故归于上矣。

⑧重之相因,若春时谷贵与谷也。时之化举,若秋时谷贱收谷也。因时之轻重,无不以术权之。

⑨重流,谓严守谷价,不使流散。

⑩泄,散也。吾谷不散出。

桓公问管子曰:"请问国会。"管子对曰:"君失大夫为无伍,失民为失下。故守大夫以一县之筴,守一县以一乡之筴,守一乡以一家之筴,守一家以一人之筴。"桓公曰:"其会数奈何?"管子对曰:"币准之数,一县必有一县中田之筴,一乡必有一乡中田之筴,一家必有一家直人之用。故不以时守,郡为无与。不以时守,乡为无伍。"桓公曰:"行此奈何?"管子对曰:"王者藏于民,霸者藏于大夫,残国亡家藏于箧。"桓公曰:"何谓藏于民?""请散栈台之钱散诸城阳,鹿台之布散诸济阴。君下令于百姓曰:民富,君无与贫。民贫,君无与富。故赋无钱布,府无藏财,赀藏于民。岁丰,五谷登,五谷大轻,谷贾去上岁之分。以币据之,谷为君,币为下。国币尽在下,币轻谷重,上分上岁之二分在下,下岁之二分在上,则二岁者四分在上。则国谷之一分在下,谷三倍重。邦布之籍,终岁十钱。人家受食,十亩加十,是一家十户也。出于国谷筴而藏于币者也。以国币之分,复布百姓。四缄国谷,三在上,一在下。复筴也。大夫聚壤而封,积实而骄上,请夺之以会。"桓公曰:"何谓夺之以会?"管子对曰:"粟之三分在上,谓民萌皆受上粟,度君藏焉。五谷相靡而重，去什三为馀，以国币谷准反行，大夫无什于重。君以币赋禄，什在上。君出谷，什而去七。君敛三，上赋七。散振不资者，仁义也。五谷相靡而轻，数也。以乡重而籍国，数也。出实财，散仁义，万物轻，数也。乘时进退。故曰：王者乘时，圣人乘易。"桓公曰："善。"

桓公问管子曰："特命我曰：天子三百领，泰啬而散。大夫准此而行。此如何？"①管子曰："非法家也。大夫高其垄，美其室，此夺农事及市庸，此非便国之道也。民不得以织为緵绡，而狸之于地。彼善为国者，乘时徐疾而已矣，谓之国会。"

①【补】特命我者，独教我也。三百百□迈勉力也。领，去也。教我如古之天子勉力领去侈泰，啬省其用以散之大夫，使大夫不致取民。依此而行，为何如也？故仲答以非法家也。

桓公问管子曰："请问争夺之事何如？"管子曰："以戚始。"桓公曰："何谓用戚始？"管子对曰："君人之主，弟兄十人，分国为十，兄弟五人，分国为五。三世则昭穆同祖，十世则为祏。故伏尸满衍，兵决而无止。轻重之家，复游于其间。故曰：毋予人以壤，毋授人以财。财终则有始，与四时废起。圣人理之以徐疾，守之以决塞，夺之以轻重，行之以仁义，故与天壤同数。此王者之大辔也。"

桓公问管子曰："请问币乘马。"管子对曰："始取夫三大夫之家，方六里而一乘，二十七人而奉一乘。币乘马者，方六里，田之恶美若干，谷之多寡若干，谷之贵贱若干，凡方六里用币若干，谷之重用币若干。故币乘马者，布币于国，币为一国陆地之数，谓之币乘马。"桓公曰："行币乘马之数奈何？"①管子对曰："士受资以币，大夫受邑以币，人马受食以币，则一国之谷赀在上，币赀在下，国谷什倍，数也。万物财物去什二，筴也。皮革、筋角、羽毛、竹箭、器械、财物，苟合于国器君用者，皆有矩券于上。②君实乡州藏焉，③曰：某月某日，苟从贵者，乡决州决。故曰：就庸一日而决。国筴出于谷，轨国之筴，货币乘马者也。④今刀布藏于官府，巧币万物轻重皆在贾之。彼币重而万物轻，币轻而万物重。彼谷重而谷轻。人君操谷币金衡而天下可定也。此守天下之数也。"

①即臣乘马，所谓筴乘马者。臣，犹实也。筴者，以币为筴，而泄重射轻。

②矩券，常券。

③周制，万二千五百为乡。二千五百家为州。齐虽霸国，尚用周制。

④货，价也。言应自受公家之所乡，皆与之币，则谷之价君上权之，其币在下，故谷倍重。其有皮革之类堪于所用者，所在乡州有其数，若今官曹簿帐，人有负公家之债，若耒耜种粮之类者，官司如要器用；若皮革之类者，则与其准纳。如要功庸者，令就役一日，除其簿书耳。此盖君上一切权之也。详轻重之本旨，权抑富商兼并之家，隘塞利门，则与夺贫富，悉由号令，然可易为理也。

桓公问于管子曰："准衡、轻重、国会，吾得闻之矣。请问县数。"管子对曰："狼壮以至于冯会之日，龙夏以北至于海庄，禽兽羊牛之地也，何不以此通国筴哉？"桓公曰："何谓通国筴？"管子对曰："冯市门一吏书赘直事，若其事唐国牧食之人，养视不失扞殂者，去其都秩，与其县秩。大夫不乡赘合游者，谓之无礼义，大夫幽其春秋，列民幽其门山之祠，冯会、龙夏牛羊牺牲月贾十倍异日。此出诸礼义，籍于无用之地，因扞牢筴也，谓之通。"

桓公问管子曰："请问国势。"管子对曰："有山处之国，有泛下多水之国，有山地分之国，有水泆之国，有漏壤之国。此国之五势，人君之所忧也。山处之国，常藏谷三分之一。泛下多水之国，常操国谷三分之一。山地分之国，常操国谷十分之三。水泉之所伤，水泆之国，常操十分之二。漏壤之国，谨下诸侯之五谷，与工雕文梓器，以下天下之五谷。此准时五势之数也。"

　　桓公问管子曰："今有海内，县诸侯，则国势不用已乎？"
管子对曰："今以诸侯为竿，公州之饰焉。以乘四时，行扪牢之
筴，以东西南北相彼，用平而准。故曰：为诸侯，则高下万物以
应诸侯。遍有天下，则赋币以守万物之朝夕，调而已利，有足则
行，不满则有止。王者乡州以时察之，故利不相倾，县死其所，
君守大奉一，谓之国薄。"

地数第七十七　　　　管子轻重十

　　桓公曰：“地数可得闻乎？”管子对曰：“地之东西二万八千里，南北二万六千里。其出水者八千里，受水者八千里。出铜之山四百六十七山，出铁之山三千六百九山。此之所以分壤树谷也。戈矛之所发，刀币之所起也。能者有馀，拙者不足。封于泰山，禅于梁父。封禅之王七十二家，得失之数皆在此内。是谓国用。”桓公曰：“何谓得失之数皆在此？”管子对曰：“昔者桀霸有天下而用不足，汤有七十里之薄而用有馀。天非独为汤雨菽粟，而地非独为汤出财物也。伊尹善通移轻重、开阖、决塞，通于高下徐疾之笑，坐起之费，时也。黄帝问于伯高曰：‘吾欲陶天下而以为一家，为之有道乎？’伯高对曰：‘请刘其莞而树之，吾谨逃其薋牙，则天下可陶而为一家。’黄帝曰：‘此若言可得闻乎？’伯高对曰：‘上有丹沙者，下有黄金。上有慈石者，下有铜金。上有陵石者，下有金锡赤铜。上有赭者，下有铁。此山之见荣者也。苟山之见其荣者，君谨封而祭之，距封十里而为一坛，是则使乘者下行，行者趋。若犯令者，罪死不赦。然则与折取之远矣。’修教十年，而葛卢之山发而出水，金从之。蚩尤受而制之，以为剑铠矛戟。是岁相兼者诸侯九。雍狐之山发而出水，金从之，蚩尤受而制之，以为雍狐之戟芮戈，是岁相兼者诸侯十二。故天下之君顿戟一怒，伏尸满野，此见戈之本也。’”

　　桓公问于管子曰：“请问天财所出，地利所在。”管子对曰："山上有赭者其下有铁，上有铅者其下有银[1]。一曰：上有铅者其下有䥺银，上有丹沙者其下有䥺金，上有慈石者其下有铜金。此山之见荣者也。苟山之见荣者，谨封而为禁。有动封山者，罪死而不赦。有犯令者，左足人，左足断，右足人，右足断。然则其与犯之远矣。此天财地利之所在也。"桓公问于管子曰："以天财地利立功成名于天下者，谁子也？"管子对曰："文武是也。"桓公曰："此若言何谓也？"管子对曰："夫玉起于牛氏、边山，金起于汝汉之右衢，珠起于赤野之末光。此皆距周七千八百里，其涂远而至难，故先王各用于其重，珠玉为上币，黄金为中币，刀布为下币。令疾则黄金重，令徐则黄金轻。先王权度其号令之徐疾，高下其中币，而制下上之用，则文武是也。"

桓公问于管子曰："吾欲守国财而毋税于天下，而外因天下，可乎？"管子对曰："可。夫水激而流渠，令疾而物重。先王理其号令之徐疾，内守国财而外因天下矣。"

桓公问于管子曰："其行事奈何？"管子对曰："夫昔者武王有巨桥之粟，贵籴之数。"①桓公曰："为之奈何？"管子对曰："武王立重泉之戍，②令曰：民自有百鼓之粟者不行。③民举所最粟，④以避重泉之戍，而国谷二什倍，巨桥之粟亦二什倍。武王以巨桥之粟二什倍而市缯帛，军五岁毋籍衣于民。以巨桥之粟二什倍而衡黄金百万，⑤终身无籍于民，准衡之数也。"

①武王既胜殷，得巨桥粟，欲使籴贵。巨桥仓在今广平郡曲周县。

②戍，名也。假设此戍名，欲人惮役而竞取粟。

③鼓，十二斛。

④举，尽也。最，聚也。

⑤衡，平也。

---

[1] 银，原本误作"鋥"，据杨本改。

　　桓公问于管子曰："今亦可以行此乎？"管子对曰："可。夫楚有汝汉之金，齐有渠展之盐，燕有辽东之煮。此三者，亦可以当武王之数。十口之家，十人咶盐。百口之家，百人咶盐。凡食盐之数，一月丈夫五升少半，妇人三升少半，婴儿二升少半。盐之重，升加分耗而釜五十，升加一耗而釜百，升加什耗而釜千。君伐菹薪，煮沸水为盐，正而积之三万钟。至阳春，请籍于时。"桓公曰："何谓籍于时？"管子曰："阳春农事方作，令民毋得筑垣墙，毋得缮冢墓。丈夫毋得治宫室，毋得立台榭。北海之众毋得聚庸而煮盐。然盐之贾必四什倍。君以四什之贾，修河济之流，南输梁、赵、宋、卫、濮阳。恶食无盐则肿。守圉之本，其用盐独重。君伐菹薪，煮沸水以籍于天下，然则天下不减矣。"

　　桓公问于管子曰："吾欲富本而丰五谷，可乎？"管子对曰："不可。大本富而财物众，不能守则税于天下。五谷兴丰，巨钱而天下贵，则税于天下，然则吾民常为天下虏矣。夫善用本者，若以身济于大海，观风之所起，天下高则高，天下下则下。天高我下，则财利税于天下矣。"

　　桓公问于管子曰："事尽于此乎？"管子对曰："未也。夫齐衢处之本，通达所出也，游子胜商之所道。人求本者，食吾本粟，因吾本币，骐骥、黄金然后出。令有徐疾，物有轻重，然后天下之宝一为我用。善者用非有，使非人。"

揆度第七十八　　轻重十一

　　齐桓公问于管子曰："自燧人以来，其大会可得而闻乎？"管子对曰："燧人以来，未有不以轻重为天下也。共工之王，[①]水处什之七，陆处什之三，乘天势以隘制天下。至于黄帝之王，谨逃其爪牙，不利其器，②烧山林，破增薮，焚沛泽，③逐禽兽，实以益人，然后天下可得而牧也。至于尧舜之王，所以化海内者，北用禹氏之玉，④南贵江汉之珠。其胜禽兽之仇，以大夫随之。"⑤桓公曰："何谓也？"管子对曰："令诸侯之子将委质者，⑥皆以双武之皮，⑦卿大夫豹饰，⑧列大夫豹幨。⑨大夫散其邑粟与其财物，以市武豹之皮。故山林之人刺⑩其猛兽，若从亲戚之仇。此君冕服于朝，而猛兽胜于外，大夫已散其财物，万人得受其流。此尧舜之数也。"⑪

①帝共工氏继女娲有天下。

②藏于锋芒，不以示人。行机权之道，使人日用而不知。

③沛，大[1]泽也。一说木草兼处曰沛。

④禹氏，西北戎名，玉之所出。

⑤胜，犹益也。禽兽之仇者，使其逐禽兽如徙仇雠也。以大夫随之者，使其大夫散邑粟财物，随山泽之人求其禽兽之皮。

⑥诸国君之子，若卫公子开方、鲁公子季友之类。

⑦双武之皮以为裘。

⑧卿大夫，上大夫也。袖谓之饰。

⑨列大夫，中大夫也。襟谓之幨。

⑩七亦反。

⑪言尧舜尝用此数。

　　桓公曰："事名二，正名五，而天下治。何谓事名二？"对曰："天筴，阳也。壤筴，阴也。此谓事名二。""何谓正名五？"对曰："权也，衡也，规也，矩也，准也，此谓正名五。其在色者，青、黄、白、黑、赤也。其在声者，宫、商、羽、徵、角也。其在味者，酸、辛、咸、苦、甘也。二五者，童山竭泽，

---

[1]大，原本误作"火"，据杨本改。

人君以数制之。人味者，所以守民口也；声者，所以守民耳也；色者，所以守民目也。人君失二五者亡其国，大夫失二五者亡其势，民失二五者亡其家。此国之至机也，谓之国机。"轻重之法曰："自言能为司马不能为司马者，杀其身以衅其鼓。自言能治田土不能治田土者，杀其身以衅其社。自言能为官不能为官者，劓以为门父。"故无敢奸能诬禄至于君者矣。故相任寅为官都，重门击拆不能去，亦随之以法。

桓公问于管子曰："请问大准。"管子对曰："大准者，天下皆制我而无我焉，此谓大准。"桓公曰："何谓也？"管子对曰："今天下起兵加我，臣之能谋厉国定名者，割壤而封；臣之能以车兵进退成功立名者，割壤而封。然则是天下尽封君之臣也，非君封之也。天下已封君之臣十里矣，天下每动，重封君之民二十里。君之民非富也，邻国富之。邻国每动，重富君之民。贫者重贫，富者重富，大准之数也。"桓公曰："何谓也？"管子对曰："今天下起兵加我，民弃其耒耜，出持戈于外，然则国不得耕。此非天凶也，此人凶也。君朝令而夕求具，民肆其财物与其五谷为雠，厌分而去，贾人受而廪之，然则国财之一分在贾人。师罢，民反其事，万物反其重，贾人出其财物，国币之少分廪于贾人。若此则币重三分，财物之轻重三分。贾人市于三分之间，国之财物尽在贾人，而君无筴焉。民吏相制，君无有事焉。此轻重之大准也。"管子曰："人君操本，民不得操末。人君操始，民不得操卒。其在涂者，籍之于衢塞。其在谷者，守之春秋。其在万物者，立赀而行。故物动则应之。故豫夺其涂则民无遵，君守其流则民失其高。故守四方之高下，国无游贾，贵贱相当，此谓国衡。以利相守，则数归于君矣。"

管子曰："善正商任者省有肆，省有肆则市朝间，市朝间则田野充，田野充则民财足，民财足则君赋敛焉不穷。今则不然，民重而君重，重而不能轻；民轻而君轻，轻而不能重。天下善者不然，民重则君轻，民轻则君重。此乃财[1]馀以满不足之数也。故凡不能调民利者，不可以为大治。不察于终始，不可以为至矣。动左右以重相因，二十，国之筴也。①盐铁二十，国之筴也。锡金二十，国之筴也。五官之数，不籍于民。”

①〔续〕按，别本"二十"作"世"字。下放此。

桓公问于管子曰："轻重之数恶终？"管子对曰："若四时之更举，无所终。国有患忧，轻重五谷以调用，积馀臧羡以备赏。天下宾服，有海内，以富诚信仁义之士。故民高辞让，无为奇怪者。彼轻重者，诸侯不服以出战，诸侯宾服以行仁义。"管子曰："一岁耕，五岁食，粟贾五倍。一岁耕，六岁食，粟贾六倍。二年耕，而十一年食。夫富能夺，贫能予，乃可以为天下。且天下者，处兹行兹，若此而天下可一也。夫天下者，使之不使，用之不用。故善为天下者，毋曰使之，使不得不使。毋曰用之，使不得不用也。"

管子曰："善为国者，如金石之相举，重钧则金倾，故治权则势重，治道则势嬴。今谷重于吾国，轻于天下，则诸侯之自泄，如原水之就下。故物重则至，轻则去。有以重至而轻处者。我动而错之，天下即已于我矣。物藏则重，发则轻，散则多。币重则民死利，币轻则决而不用，故轻重调于数而止。""五谷者，民之司命也。刀币者，沟渎也。号令者，徐疾也。令重于宝，社稷重于亲戚。胡谓也？"对曰："夫城郭拔，社稷不血食，无生臣。亲没之后，无死子。此社稷之所重于亲戚者也。故有城无人，谓之守平虚。有人而无甲兵而无食，谓之与祸居。"

桓公问管子曰："吾闻海内玉币有七筴，可得而闻乎？"管子对曰："阴山之礝碈，一筴也。燕之紫山白金，一筴也。发、朝鲜之文皮，一筴也。汝汉水之右衢黄金，一筴也。江阳之珠，

[1]财，原本误作"则"，据杨本改。

一筴也。秦明山之曾青，一筴也。禺氏边山之玉，一筴也。此谓以寡为多，以狭为广，天下之数尽于轻重矣。"

桓公问于管子曰："阴山之马具驾者千乘。马之平贾万也，金之平贾万也。吾有伏金千斤，为此奈何？"管子对曰："君请使与正籍者，皆以币还于金，吾至四万。此一为四矣。吾非埏埴摇炉橐而立黄金也，今黄金之重一为四者，数也。珠起于赤野之末光，黄金起于汝汉水之右衢，玉起于禺氏之边山。此度去周七千八百里，其涂远，其至阨，故先王度用其重而因之，珠玉为上币，黄金为中币，刀布为下币。先王高下中币，制下上之用。百乘之国，中而立，东西南北度五十里。一日定虑，二日定载，三日出竟，五日而反。百乘之制，轻重毋过五日。百乘为耕田万顷，为户万户，为开口十万人，为分者万人，为轻车百乘，为马四百匹。千乘之国，中而立市，东西南北度百五十馀里。二日定虑，三日定载，五日出竟，十日而反。千乘而制，轻重毋过一旬。千乘为耕田十万顷，为户十万户，为开口百万人，为当分者十万人，为轻车千乘，为马四千匹。万乘之国，中而立市，东西南北度五百里。三日定虑，五日定载，十日出竟，二十日而反。万乘而制，轻重毋过二旬。万乘为耕田百万顷，为户百万户，为开口千万人，为当分者百万人，为轻车万乘，为马四万匹。"

管子曰："匹夫为鳏，匹妇为寡，老而无子者为独。君问其若有子弟师役而死者，父母为独，上必葬之，衣衾三领，木必三寸，乡吏视事，葬于公壤。若产而无弟兄，上必赐之匹马之壤。故亲之杀其子以为上用，不苦也。君终岁行邑里。其人力同而宫室美者，良萌也，力作者也，脯二束、酒一石以赐之。力足荡游不作，老者谯之，当壮者遣之边戍。民之无本者，贷之圃强。故百事皆举，无留力失时之民。此皆国筴之数也。"

上农挟五，中农挟四，下农挟三。上女衣五，中女衣四，下女衣三。农有常业，女有常事。一农不耕，民有为之饥者。一女不织，民有为之寒者。饥寒冻饿，必起于粪土，故先王谨于其始。事再其本，民无糒者卖其子。三其本，若为食。四其本，则乡里给。五其本，则远近通，然后死得葬矣。事不能再其本，而上之求焉无止，然则奸涂不可独遵，货财不安于拘。随之以法，则中内撕民也。轻重不调，无糒之民不可责理，鬻子不可得使，君失其民，父失其子，亡国之数也。管子曰："神农之数曰：一谷不登，减一谷，谷之法什倍。二谷不登，减二谷，谷之法再什倍。夷疏满之，无食者予之陈，无种者贷之新，故无什倍之贾，无倍称之民。"

国准第七十九　　轻重十二

桓公问于管子曰："国准可得而闻乎？"管子对曰："国准者，视时而立仪。"桓公曰："何谓视时而立仪？"对曰："黄帝之王，谨逃其爪牙。有虞之王，枯泽童山。夏后之王，烧增薮，焚沛泽，不益民之利。殷人之王，诸侯无牛马之牢，不利其器。周人之王，官能以备物。五家之数殊，而用一也。"桓公曰："然则五家之数，籍何者为善也？"管子对曰："烧山林，破增薮，焚沛泽，猛兽众也。童山竭泽者，君智不足也。烧增薮，焚沛泽，不益民利，逃械器，闭智能者，辅己者也。诸侯无牛马之牢，不利其器者，曰淫器而壹民心者也。以人御人，逃戈刃，高仁义，乘天固以安己者也。五家之数殊，而用一也。"

桓公曰："今当时之王者，立何而可？"管子对曰："请兼用五家而勿尽。"桓公曰："何谓？"管子对曰："立祈祥以固山泽，立械器以使万物，天下皆利而谨操重筴，童山竭泽，益利抟流。出山金立币，存菹丘，立骈牢，以为民饶。彼菹菜之壤，非五谷之所生也，麋鹿牛马之地，春秋赋生杀老，立施以守五谷。此以无用之壤臧民之羸，五家之数皆用而勿尽。"

桓公曰："五代之王以尽天下数矣，来世之王者可得而闻乎？"管子对曰："好讥而不乱，亟变而不变。时至则为，过则去。王数不可豫致，此五家之国准也。"

轻重甲第八十　　　　轻重十三

桓公曰："轻重有数乎？"管子对曰："轻重无数。物发而应之，闻声而乘之。故为国不能来天下之财，致天下之民，则国不可成。"桓公曰："何谓来天下之财？"管子对曰："昔者桀之时，女乐三万人，端噪晨乐，闻于三衢，是无不服文绣衣裳者。伊尹以薄之游女工文绣纂组，一纯得粟百钟于桀之国。夫桀之国者，天子之国也。桀无天下忧，饰妇女钟鼓之乐，故伊尹得其粟而夺之流。此之谓来天下之财。"桓公曰："何谓致天下之民？"管子对曰："请使州有一掌，里有积五窌。民无以与正籍者予之长假，死而不葬者予之长度。饥者得食，寒者得衣，死者得葬，不资者得振，则天下之归我者若流水。此之谓致天下之民。故圣人善用非其有，使非其人。动言摇辞，万民可得而亲。"桓公曰："善。"

桓公问管子曰："夫汤以七十里之薄，兼桀之天下，其故何也？"管子对曰："桀者，冬不为杠，夏不束柎，以观冻溺。弛牝虎充市，以观其惊骇。至汤而不然，夷竞而积粟，饥者食之，寒者衣之，不资者振之，天下归汤若流水。此桀之所以失其天下也。"桓公曰："桀使[1]汤得为是，其故何也？"管子曰："女

---

[1]使，原本误作"死"，据杨本改。

华者，桀之所爱也，汤事之以千金。曲逆者，桀之所善也，汤事之以千金。内则有女华之阴，外则有曲逆之阳，阴阳之议合，而得成其天子。此汤之阴谋也。"

桓公曰："轻重之数，国准之分，吾已得而闻之矣。请问用兵奈何？"管子对曰："五战而至于兵。"桓公曰："此若言何谓也？"管子对曰："请战衡，战准，战流，战权，战势。此所谓五战而至于兵者也。"桓公曰："善。"

桓公欲赏死事之后，曰："吾国者，衢处之国，馈食之都，虎狼之所接也。今每战，舆死扶伤如孤，荼首之孙，邛傅戟之宝，吾无由予之，为之奈何？"①管子对曰："吾国之豪家，迁封食邑而居者，君章之以物则物重，不章以物则物轻，守之以物则物重，不守以物则物轻。故迁封食邑，富商蓄贾，积馀藏羡蹛蓄之家，此吾国之豪也。故君请缟素而就士室，朝功臣世家，迁封食邑，积馀藏羡蹛蓄之家，曰：城脆致冲，无委致围。天下有虑，齐独不与其谋。于大夫有五谷菽粟者，勿敢左右，请以平贾取之子，与之定其券契之齿。釜鏂之数，不得为侈赢焉。困穷之民，闻而籴之，釜鏂无止，远通不推，国粟之贾坐长而四十倍。君出四十倍之粟，以振孤寡，收贫病，视独老穷而无子者，靡得相鬻而养之，勿使赴于沟浍之中。若此，则士争前战为颜行，不偷而为用，舆死扶伤，死者过半。此何故也？士非好战而轻死，轻重之分使然也。"

①【补】如孤，"如"字乃"之"字也。言舆死扶伤者之孤也。荼首，白首也。言白首事征战，其子又死于难者之孙也。宝，乃"室"字之误。言持戟死事者之室也。室，妻也。言此三等人在所当恤，而欲予之财弊而给养之也。故云云。

桓公曰："皮干筋角之徵甚重，重籍于民而贵市之皮干筋角，非为国之数也。"管子对曰："请以令高杠柴池，使东西不相睹，南北不相见。"桓公曰："诺。"行事期年，而皮干筋角之徵去分，民之籍去分。桓公召管子而问曰："此何故也？"管子对曰："杠池平之时，夫妻服箪，轻至百里。今高杠柴池，东西南北不相睹。天酸然雨，十人之力不能上。广泽遇雨，十人之力不可得而恃。夫舍牛马之力所无因，牛马绝罢而相继死其所者相望，皮干筋角徒予人而莫之取，牛马之贾必坐长而百倍。天下闻之，必离其牛马而归齐若流。故高杠柴池，所以致天下之牛马，而损民之籍也。《道若秘》云：物之所生，不若其所聚。"

桓公曰："弓弩多匡軗者，①而重籍于民，奉缮工而使弓弩多匡軗者，其故何也？"②管子对曰："鹈鸯之舍近，鸥鸡鹄鴄③之通远。鹄鸥之所在，君请式璧而聘之。"桓公曰："诺。"行事期年，而上无阙者，前无趋人。三月解劚，弓弩无匡軗者。召管子而问曰："此何故也？"管子对曰："鹄鸥之所在，君式璧而聘之。菹泽之民闻之，越平而射远，非十钧之弩不能中鸥鸡鹄鴄。彼十钧之弩，不得韄撒不能自正。故三月解劚，而弓弩无匡軗者。此何故也？以其家习其所也。"

①绩按，軗，苦礼切。碍也。

②【补】匡軗，弓弩之戾碍不能应弦以射者之名，俗谓之"打调"也。言重资藉民财，以奉缮工，而反作此不堪用之弓弩，其故何也？故仲云云。

③鴄，布老切。

桓公曰："寡人欲籍于室屋。"管子对曰："不可。是毁成也。""欲籍于万民。"管子曰："不可。是隐情也。""欲籍于六畜。"管子对曰："不可。是杀生也。""欲籍于树木。"管子对曰："不可。是伐生也。""然则寡人安籍而可？"管子对曰："君请籍于鬼神。"桓公忽然作色曰："万民、室屋、六畜、树木且不可得籍，鬼神乃可得而籍夫？"管子对曰："厌宜乘势，事之利得也。计议因权，事之囷大也。王者乘势，圣人乘幼，与物皆宜。"桓公曰："行事奈何？"管子对曰："昔尧之五更五官无所食，君请立五厉之祭，祭尧之五吏。春献兰，秋敛落，原鱼以为脯，鲩以为殽。若此，则泽鱼之正百倍异日，则无屋粟邦布之籍。此之谓设之以祈祥，推之以礼义也。然则自足，何求于民也？"

桓公曰："天下之国，莫强于越。今寡人欲北举事孤竹、离枝，恐越人之至，为此有道乎？"管子对曰："君请遏原流，大夫立池沼，令以矩游为乐，则越人安敢至？"桓公曰："行事奈何？"管子对曰："请以令隐三川，立员都，立大舟之都。大身之都有深渊，垒十仞，令曰：能游者赐千金。"未能用金千，齐民之游水不避吴越。桓公终北举事于孤竹、离枝，越人果至，隐曲蔷以水齐。管子有扶身之士五万人，以待战于曲蔷，大败越人。此之谓水豫。

齐之北泽烧火，[1]光照堂下。管子入贺桓公曰："吾田野辟，农夫必有百倍之利矣。"是岁租税九月而具，粟又美。桓公召管子而问曰："此何故也？"管子对曰："万乘之国，千乘之国，不能无薪而炊。今北泽烧，莫之续，则是农夫得居装而卖其薪荛，[2]一束十倍。则春有以傅耜，夏有以决芸。此租税所以九月而具也。"

①猎而行火曰烧。式照反。

②大曰薪，小曰荛。

桓公忧北郭民之贫，召管子而问曰："北郭者，尽屦缕之甿也，以唐园为本利，为此有道乎？"管子对曰："请以令禁百钟之家，不得事鞯；千钟之家，不得为唐园；去市三百步者，不得树葵菜。若此，则空闲有以相给资，则北郭之甿，有所雠其手搔之功，唐园之利。故有十倍之利。"

管子曰："阴王之国有三，而齐与在焉。"桓公曰："此若言可得闻乎？"管子对曰："楚有汝汉之黄金，而齐有渠展之盐，燕有辽东之煮，此阴王之国也。且楚之有黄金，中齐有菑石也。苟有操之不工，用之不善，天下倪而是耳。使夷吾得居楚之黄金，吾能令农毋耕而食，女毋织而衣。今齐有渠展之盐，^①请君伐菹薪，^②煮水为盐，^③正而积之。"桓公曰："诺。"十月始正，至于正月，成盐三万六千钟。召管子而问曰："安用此盐而可？"管子对曰："孟春既至，农事且起。大夫无得缮冢墓，理宫室，立台榭，筑墙垣。北海之众无得聚庸^④而煮盐。^⑤若此，则盐必坐长而十倍。"桓公曰："善。行事奈何？"管子对曰："请以令粜之梁、赵、宋、卫、濮阳。彼尽馈食之国也，^⑥无盐则肿。守圉之国，^⑦用盐独甚。"桓公曰："诺。"乃以令使粜之，得成金万一千余斤。桓公召管子而问曰："安用金而可？"管子对曰："请以令使贺献，出正籍者必以金，金坐长而百倍。运金之重，以衡万物，尽归于君。故此所谓用若挹于河海，若输之给马。此阴王之业。"

①渠展，齐地，泲水所流入海之处，可煮盐之所也。故曰"渠展之盐"。

②草枯曰菹。

③煮海水也。

④庸，功也。

⑤北海之众，谓北海煮盐之人。本意禁人煮盐，下令托以农事，虑有妨夺，先自大夫起，欲人不知其机，斯为权术。

⑥本国自无，远馈而食。

⑦圉，与"御"同。

管子曰："万乘之国，必有万金之贾。千乘之国，必有千金之贾。百乘之国，必有百金之贾。非君之所赖也，君之所与。故为人君而不审其号令，则中一国而二君二王也。"桓公曰："何谓一国而二君二王也？"管子对曰："今君之籍取以正，万物之贾轻去其分，皆入于商贾，此中一国而二君二王。故贾人乘其弊，以守民之时。贫者失其财，是重贫也。农夫失其五谷，是重竭也。故为人君而不能谨守其山林菹泽草莱，不可以立为天下王。"桓公曰："此若言何谓也？"管子对曰："山林菹泽草莱者，薪蒸之所出，牺牲之所起也。故使民求之，使民籍之，因以给之。私爱之于民，若弟之与兄，子之与父也，然后可以通财交殷也。故请取君之游财，而邑里布积之。阳春，蚕桑且至，请以给其口食箟曲之强。若此，则絓丝之籍去分而敛矣。[1]且四方之不至，六时制之。春日傅耜，次日获麦，次日薄芋，次日树麻，次日绝菹，次日大雨且至，趣芸壅培。六时[2]制之，臣给至于国都。善者乡因其轻重，守其委庐，故事至而不妄，然后可以立为天下王。"

[1]【补】谓蚕月，君以游财给民之养蚕者口食箟曲之用，至蚕熟则去分絓丝，以偿昔日游财也。去分，三分，乃去声读，如名分之分，言去分其分数也。

[2]【补】六时，春日傅耜以下六日之时。

管子曰："一农不耕，民或为之饥。一女不织，民或为之寒。故事再其本，则无卖其子者。事三其本，则衣食足。事四其本，则正籍给。事五其本，则远近通，死得藏。今事不能再其本，而上之求焉无止，是使奸涂不可独行，遗财不可拘止。随之以法，则是下艾民。食三升，则乡有正食而盗。食二升，则里有正食而盗。食一升，则家有正食而盗。今操不反之事，而食四十倍之粟，而求民之毋失，不可得矣。且君朝令而求夕具，有者出其财，无有者卖其衣屦，农夫粜其五谷，三分贾而去。是君朝令一怒，布帛流越而之天下。君求焉而无止，民无以待之，走亡而栖山阜。持戈之士，顾不见亲，家族失而不分。民走于中而士遁于外，此不待战而内败。"管子曰："今为国有地牧民者，务在四时，守在仓廪。国多财则远者来，地辟举则民留处，仓廪实则知礼节，衣食足则知荣辱。今君躬犁垦田，耕发草土，得其谷矣。民人之食，有人若干步亩之数，然而有饿馁于衢闾者何也？谷有所藏也。今君铸钱立币，民通移，人有百十之数，然而民有卖子者何也？财有所并也。故为人君不能散积聚，调高下，分并财[1]，君虽强本趣耕，发草立币而无止，民犹若不足也。"

　　桓公问于管子曰："今欲调高下，分并财，散积聚。不然，则世且并兼而无止，蓄馀藏羡而不息，贫贱鳏寡独老不与得焉。散之有道，分之有数乎？"管子对曰："唯轻重之家为能散之耳。请以令轻重之家。"桓公曰："诺。"东车五乘，迎癸乙于周下原。桓公问四，因与癸乙、管子、宁戚相与四坐。桓公曰："请问轻重之数。"癸乙曰："重籍其民者失其下，数欺诸侯者无权与。"管子差肩而问曰："吾不籍吾民，何以奉车革？不籍吾民，何以待邻国？"癸乙曰："唯好心为可耳。夫好心则万物通，万物通则万物运，万物运则万物贱，万物贱则万物可因。知万物之可因而不因者，夺于天下。夺于天下者，国之大贼也。"桓公曰："请问好心万物之可因。"癸乙曰："有馀富无馀乘者，责之卿诸侯。足其所，不赂其游者，责之令大夫。若此则万物通，万物通则万物运，万物运则万物贱，万物贱则万物可因矣。故知三准同筴者能为天下，不知三准之同筴者不能为天下。故申之以号令，抗之以徐疾也。民乎其归我若流水。此轻重之数也。"

　　桓公问于管子曰："今傅戟十万，薪菜之靡，日虚中里之衍。顿戟一计，而靡币之用，日去千金之积。久之，且何以待之？"管子对曰："粟贾平四十，则金贾四千。粟贾釜四十，则钟四百也，十钟四千也，二十钟者为八千也。金贾四千，则二金中八千也。然则一农之事，终岁耕百亩，百亩之收不过二十钟，一农之事乃中二金之财耳。故粟重黄金轻，黄金重而粟轻，两者

---

[1]财，原本误作"则"，据杨本改。

不衡立。故善者重粟之贾，釜四百，则是钟四千也，十钟四万，二十钟者八万。金贾四千，则是十金四万也，二十金者为八万。故发号出令曰：一农之事，有二十金之筞。然则地非有广狭，国非有贫富也，通于发号出令，审于轻重之数然。"

管子曰："渢然击鼓，士忿怒。鎗然击金，士帅然。筞桐鼓从之，舆死扶伤，争进而无止。口满用，手满钱，①非大父母之仇也，重禄重赏之所使也。故轩冕立于朝，爵禄不随，臣不为忠。中军行战，委予之赏不随，士不死其列陈。然则是大臣执于朝而列陈之士执于赏也。故使父不得子其子，兄不得弟其弟，妻不得有其夫，唯重禄重赏为然耳。故不远道里而能威绝域之民，不险山川而能服有恃之固，发若雷霆，动若风雨，独出独入，莫之能圉。"

①【补】用，食用也。言人勇于攻战，死而可顾者，为有重禄而口满食用，有重赏而手满钱，为利所动也。

桓公曰："四夷不服，恐其逆政游于天下而伤寡人。寡人之行，为此有道乎？"管子对曰："吴越不朝，珠象而以为币乎？发、朝鲜不朝，请文皮毨①服而以为币乎？禹氏[1]不朝，请以白璧为币乎？昆仑之虚不朝，请以璆琳琅玕为币乎？故夫握而不见于手，含而不见于口，而辟千金者殊也，然后八千里之吴越可得而朝也。一豹之皮，容金而金也，然后八千里之发、朝鲜可得而朝也。怀而不见于抱，挟而不见于掖，而辟千金者，白璧也，然后八千里之禹氏可得而朝也。簪珥而辟千金者，璆琳琅玕也，然后八千里之昆仑之虚可得而朝也。故物无主，事无接，远近无以相因，则四夷不得而朝矣。"

①他卧反。落毛也。

---

[1]禹氏，原本误作"万民"，据杨本改。

卷第二十四

轻重乙第八十一 轻重第四

桓公曰："天下之朝夕可定乎？"管子对曰："终身不定。"桓公曰："其不定之说，可得闻乎？"管子对曰："地之东西二万八千里，南北二万六千里。天子中而立，国之四面，面万有馀里，民之入正籍者，亦万有馀里。故有百倍之力而不至者，有十倍之力而不至者，有倪而是者。则远者疏，疾怨上，边竟诸侯受君之怨民，与之为善，缺然不朝。是天子塞其涂，熟谷者去，天下之可得而伯。"桓公曰："行事奈何？"管子对曰："请与之立壤列天下之旁，天子中立，地方千里，兼伯之壤三百有馀里，仳[1]诸侯度百里，负海子男者度七十里。若此，则如胸之使臂，臂之使指也。然则小不能分于民，推徐疾羡不足，虽在下不为君忧。夫海出沸[2]无止，山生金木无息。草木以时生，器以时靡币，沸水之盐以日消，终则有始，与天壤争，是谓立壤列也。"

武王问于癸度曰："贺献不重，身不亲于君。左右不足友，不善于群臣。故不欲收穑户籍而给左右之用，为之有道乎？"癸度对曰："吾国者，衢处之国也，远秸之所通，游客蓄商之所道，财物之所遵。故苟入吾国之粟，因吾国之币，然后载黄金而出。故君请重重而衡轻轻，运物而相因，则国笑可成。故谨毋失其度，未与民可治。"武王曰："行事奈何？"癸度曰："金出于

[1] 仳，原本误作"仳"，据杨本改。

[2] 沸，原本误作"沸"，据杨本改。

458

汝汉之右衢，珠出于赤野之末光，玉出于禺氏之旁山，此皆距周
七千八百馀里。其涂远，其至阨，故先王度用于其重，因以珠玉
为上币，黄金为中币，刀布为下币。故先王善高下中币，制下上
之用，而天下足矣。"

　　桓公曰："衡谓寡人曰，一农之事，必有一耜、一铫、一
镰、一鎒、一椎、一铚，然后成为农。一车必有一斤、一锯、一
釭、一钻、一凿、一銶、①一轲，然后成为车。一女必有一刀、一
锥、一箴、一鉥，②然后为女。请以令断山木，鼓山铁，是可以毋
籍而用足。"管子对曰："不可。今发徒隶而作之，则逃亡而不
守。发民，则下疾怨上。边竟有兵，则怀宿怨而不战。未见山铁
之利而内败矣。故善者不如与民量其重，计其赢，民得其十，君
得其三。有杂之以轻重，守之以高下，若此，则民疾作而为上虏
矣。"

　　①奇休反。凿也。
　　②时橘反。长镵也。

　　桓公曰："请问壤数。"管子对曰："河坳，诸侯亩钟之
国也。碛，①山诸侯之国也。河坳诸侯常不胜山诸侯之国者，豫
戒者也。"桓公曰："此若言何谓也？"管子对曰："夫河坳诸
侯，亩钟之国也，故谷众多而不理，固不得有。至于山诸侯之
国，则敛蔬藏菜，此之谓豫戒。"桓公曰："壤数尽于此乎？"
管子对曰："未也。昔狄诸侯，亩钟之国也，故粟十钟而锱金。
程诸侯，山诸侯之国也。故粟五釜而锱金。故狄诸侯十钟而不得
僤戟，程诸侯五釜而得僤戟。十倍而不足，或五分而有馀者，通
于轻重高下之数。国有十岁之蓄，而民食不足者，皆以其事业望
君之禄也。君有山海之财，而民用不足者，皆以其事业交接于上
者也。故租籍，君之所宜得也。正籍者，君之所强求也。亡君废
其所宜得，而敛其所强求，故下怨上而令不行。民，夺之则怒，

予之则喜。民情固然。先王知其然，故见予之形，不见夺之理。故五谷粟米者，民之司命也，黄金刀布者，民之通货也。先王善制其通货，以御其司命，故民力可尽也。"

①侧革反。

管子曰："泉雨五尺，其君必辱。食称之国必亡。待五谷者众也。①故树木之胜霜露者，不受令于天。家足其所者，不从圣[1]人。故夺然后予，高然后下，喜然后怒，天下可举。"

桓公曰："强本节用，可以为存乎？"管子对曰："可以为益愈，而未足以为存也。昔者纪氏之国，强本节用者，其五谷丰满而不能理也，四流而归于天下。若是，则纪氏其强本节用，适足以使其民谷尽而不能理，为天下虏，是以其国亡而身无所处。故可以益愈，而不足以为存。故善为国者，天下下我高，天下轻我重，天下多我寡，然后可以朝天下。"

①【补】泉雨五尺，以喻人君惠泽及人之浅，不足以鼓舞其民而取辱也。国之委积之食，亦若是之浅少者，国必不可以战守而亡。

桓公曰："寡人欲毋杀一士，毋顿一戟，而辟方都二，为之有道乎？"管子对曰："泾水十二空，汶渊洙浩满三之于，乃请以令，使九月种麦，日至而获，则时雨未下而利农事矣。"桓公曰："诺。"令以九月种麦，日至而获。量其艾，一收之积中方都二。故此所谓善因天时，辨于地利，而辟方都之道也。

管子入复桓公曰："终岁之租金四万二千金，请以一朝素赏军士。"桓公曰："诺。"以令至鼓期，于泰舟之野期军士。桓公乃即坛而立，宁戚、鲍叔、隰朋、易牙、宾胥无皆差肩而立。管子执枹而揖军士曰："谁能陷陈破众者，赐之百金。"三问不对。有一人秉剑而前，问曰："几何人之众也？"管子曰："千

---

[1]圣，原本误作"望"，据杨本改。

人之众。""千人之众，臣能陷之。"赐之百金。管子又曰：
"兵接弩张，谁能得卒长者，赐之百金。"问曰："几何人卒之
长也？"管子曰："千人之长。""千人之长，臣能得之。"赐
之百金。管子又曰："谁能听旌旗之所指，而得执将首者，赐
之千金。"言能得者垒千人，赐之人千金。其馀言能外斩首者，赐
之人十金。一朝素赏，四万二千金廓然虚。桓公惕然太息曰：
"吾曷以识此？"管子对曰："君勿患。且使外为名于其内，乡
为功于其亲，家为德于其妻子。若此，则士必争名报德，无北
之意矣。吾举兵而攻，破其军，并其地，则非特四万二千金之
利也。"五子曰："善。"桓公曰："诺。"乃诫大将曰："百人
之长，必为之朝礼。千人之长，必拜而送之，降两级。其有亲戚
者，必遗之酒四石，肉四鼎。其无亲戚者，必遗其妻子酒三石，
肉三鼎。"行教半岁，父教其子，兄教其弟，妻谏其夫，曰：
"见其若此其厚，而不死列陈，可以反于乡乎？"桓公终举兵攻
莱，战于莒必市里。鼓旗未相望，众少未相知，而莱人大遁。故
遂破其军，兼其地，而虏其将。故未列地而封，未出金而赏，破
莱军，并其地，禽其君。此素赏之计也。

桓公曰："曲防之战，民多假贷而给上事者。寡人欲为之出
赂，为之奈何？"管子对曰："请以令令富商蓄贾百符而一马，
无有者取于公家。若此，则马必坐长，而百倍其本矣。是公家之
马不离其牧皁，而曲防之战赂足矣。"

桓公问于管子曰："崇弟蒋弟，丁惠之功世，[①]吾岁罔，寡
人不得籍斗升焉。去菹莱咸卤斥泽山间墟壤不为用之壤，寡人
不得籍斗升焉。去一列稼，缘封十五里之原，强耕而自以为落其
民，寡人不得籍斗升焉。则是寡人之国五分，而不能操其二，是
有万乘之号，而无千乘之用也。以是与天子提衡争秩于诸侯，[②]
为之有道乎？"管子对曰："唯籍于号令为可耳。"桓公曰：
"行事奈何？"管子对曰："请以令发师置屯籍农，[③]十钟之家

不行，④百钟之家不行，千钟之家不行。行者不能百[1]之一、千之十，而困窌之数⑤皆见于上矣。君案困窌之数，令之曰：国贫而用不足，请以平价取之，予皆案困窌而不能挹损焉。⑥君直币之轻重以决其数，⑦使无券契之责，⑧则积藏困窌之粟皆归于君矣。故九州无敌，竟上无患。"令曰："罢师归农，无所用之。"管子曰："天下有兵，则积藏之粟足以备其粮。天下无兵，则以赐贫氓。若此，则菹菜咸卤斥泽山间墝墲之壤无不发草。此之谓籍于号令。"

①【补】□人者，其高子国子诸人乎？或是同姓世家，其封邑分其国之五分之一也。

②提，持也。合众弱以事一强者谓之衡。秩，次也。

③屯，戍也。发师置戍，人有粟者则不行。

④六[2]斛四斗为钟。

⑤困，丘伦反。窌，力救反。

⑥挹损，谓减其数。

⑦直，犹当也。谓决其积粟之数。

⑧分之曰券，合之曰契。使百姓皆称贷于君，则无契券之债。

管子曰："滕鲁之粟釜百，则使吾国之粟釜千。滕鲁之粟四流而归我，若下深谷者，非岁凶而民饥也。辟之以号令，引之以徐疾，施乎其归我若流水。"

桓公曰："吾欲杀正商贾之利，而益农夫之事，为此有道乎？"管子对曰："粟重而万物轻，粟轻而万物重，两者不衡立。故杀正商贾之利，而益农夫之事，则请重粟之价金三百。若是则田野大辟，而农夫劝其事矣。"桓公曰："重之有道乎？"管子对曰："请以令与大夫城藏，使卿诸侯藏千钟，令大夫藏五

----

[1]百，原本误作"不"，据杨本改。
[2]六，原本误作"次"，据杨本改。

百钟，列大夫①藏百钟，富商蓄贾藏五十钟。内可以为国委，外可以益农夫之事。"桓公曰："善。"下令卿诸侯令大夫城藏。农夫辟其五谷，三倍其贾。则正商失其事，而农夫有百倍之利矣。

①列大夫，中大夫。

桓公问于管子曰："衡有数乎？"管子对曰："衡无数也。衡者，使物一高一下，不得常固。"桓公曰："然则衡数不可调耶？"管子对曰："不可调。调则澄，澄则常，常则高下不贰，高下不贰则万物不可得而使固。"桓公曰："然则何以守时？"管子对曰："夫岁有四秋，而分有四时。故曰：农事且作，请以什伍农夫赋耜铁，此之谓春之秋。大夏且至，丝纩之所作，此之谓夏之秋。而大秋成，五谷之所会，此之谓秋之秋。大冬营室中，女事纺绩缉缕之所作也，此之谓冬之秋。故岁有四秋，而分有四时。已得四者之序，发号出令，物之轻重相什而相百。故物不得有常固，故曰衡无数。"桓公曰："皮干筋角竹箭毛羽齿革不足，为此有道乎？"管子曰："惟曲衡之数为可耳。"桓公曰："行事奈何？"管子对曰："请以令，为诸侯之商贾立客舍，一乘者有食，三乘者有刍菽，五乘者有伍养，天下之商贾归齐若流水。"

轻重丙第八十二　　　管子轻重十五

亡

轻重丁第八十三　　　管子轻重十六

桓公曰："寡人欲西朝天子，而贺献不足，为此有数乎？"

管子对曰："请以令城阴里，^①使其墙三重而门九袭。^②因使玉人刻石而为璧，^③尺者万泉，八寸者八千，七寸者七千，珪中四千，瑗中五百。"^④璧之数已具，管子西见天子曰："弊邑之君，欲率诸侯而朝先王之庙，观于周室。请以令使天下诸侯朝先王之庙，观于周室者，不得不以彤弓石璧。不以彤弓石璧者，^⑤不得入朝。"天子许之曰："诺。"号令于天下。天下诸侯载黄金珠玉五谷文采布泉输齐以收石璧。石璧流而之天下，天下财物流而之齐，故国八岁而无籍。阴里之谋也。

右石璧谋

①城者，筑城也。阴里，齐地也。

②袭，亦重也。欲其事密而人不知，又先托筑城。

③刻石，刻其蔺石。

④好倍肉曰瑗。

⑤彤弓，朱弓也。非齐之所出，盖不可独言石璧，兼以彤弓者，犹藏其机。

桓公曰："天子之养不足，号令赋于天下，则不信诸侯，为此有道乎？"管子对曰："江淮之间，有一茅而三脊，毋^[1]至其本，名之曰菁茅。请使天子之吏环封而守之。夫天子则封于太山，禅于梁父，号令天下诸侯曰：诸从天子封于太山，禅于梁父者，必抱菁茅一束以为禅籍，不如令者不得从。"天子下诸侯，载其黄金，争秩而走。江淮之菁茅，坐长而十倍，其贾一束而百金。故天子三日即位，天下之金四流而归周若流水。故周天子七年不求贺献者，菁茅之谋也。

右菁茅谋

桓公曰："寡人多务，令衡籍吾国之富商蓄贾称贷家，以利吾贫萌，农夫不失其本事。反此有道乎？"管子对曰："惟反之

---

[1] 毋，原本误作"每"，据杨本改。

以号令为可耳。"桓公曰："行事奈何？"管子对曰："请使宾胥无驰而南，隰朋驰而北，宁戚驰而东，鲍叔驰而西。四子之行定，夷吾请号令，谓四子曰：子皆为我君视四方称贷之间，其受息之氓几何千家，以报吾。"鲍叔驰而西，反报曰："西方之氓者，带济负河，菹泽之萌也。渔猎取薪蒸而为食。其称贷之家，多者千钟，少者六七百钟。其出之，钟也一钟。其受息之萌九百馀家。"宾胥无驰而南，反报曰："南方之萌者，山居谷处，登降之萌也。上断轮轴，下采杼栗，田猎而为食。其称贷之家，多者千万，少者六七百万。其出之，中伯伍也。其受息之萌八百馀家。"宁戚驰而东，反报曰："东方之萌，带山负海，若处，上断福，渔猎之萌也。治葛缕而为食。其称贷之家，丁惠高国，多者五千钟，少者三千钟。其出之，中钟五釜也。其受息之萌八九百家。"隰朋驰而北，反报曰："北方萌者，衍处负海，煮沸为盐，梁济取渔之萌也。薪食。其称贷之家，多者千万，少者六七百万。其出之，中百二十也。受息之萌九百馀家。"凡称贷之家，出泉参千万，出粟参千万钟，受子息民参万家。四子已报，管子曰："不弃我君之有萌，中一国而五君之正也。然欲国之无贫，兵之无弱，安可得哉？"桓公曰："为此有道乎？"管子曰："惟反之以号令为可。请以令贺献者，皆以镂枝兰鼓，则必坐长什倍其本矣。君之栈台之职，亦坐长什倍。请以令召称贷之家。"君因酌之酒，太宰行觞。桓公举哀而问曰："寡人多务，令衡籍吾国，闻子之假贷吾贫萌，使有以终其上，令寡人有镂枝兰鼓，其贾中纯万泉也，愿以为吾贫萌决其子息之数，使无券契之责。"称贷之家皆齐首而稽颡曰："君之忧萌至于此，请再拜以献堂下。"桓公曰："不可。子使吾萌春有以倳耜，夏有以决耘。寡人之德子无所宠，若此而不受，寡人不得于心。"故称贷之家曰："皆再拜受。"所出栈台之职未能参千纯也，而决四方子息之数，使无券契之责。四方之萌闻之，父教其子，兄教其弟，曰："夫垦田发务，上之所急，可以无庶乎？君之忧我至于此。"此之谓反准。

管子曰："昔者，癸度居人之国，必四面望于天下，天下高亦高。天下高，我独下，必失其国于天下。"桓公曰："此若言曷谓也？"管子对曰："昔莱人善染，练茈之于莱纯锱，绢缓之于莱亦纯锱也。其周中十金。莱人知之，闻綦茈空。周且敛马作见于莱人操之，莱有推马。是自莱失綦茈而反准于马也。故可因者因之，乘者乘之，此因天下以制天下。此之谓国准。"

桓公曰："齐西水潦而民饥，齐东丰庸而粜贱。①欲以东之贱被西之贵，为之有道乎？"管子对曰："今齐西之粟釜②百泉，则鏂二十也。③齐东之粟釜十泉，则鏂二钱也。请以令籍人三十泉，得以五谷菽粟决其籍。若此，则齐西出三斗而决其籍，齐东出三釜而决其籍，然则釜十之粟皆实于仓廪。西之民饥者得食，寒者得衣，无食者予之陈，无种者予之新。若此，则东西之相被[1]，远近之准平矣。"④

①庸，用也。谓丰稔而足用。

②三钟为釜。

③斗二升八合曰鏂。乌区反。泉，钱[2]也。

④君下令税人三十钱，准以五谷。令齐西之人纳三斗，东之人纳三釜，以赈西之人，则东西俱平矣。管子曰：智用无穷。以区区之齐一匡天下，本仁祖义，成其霸业。所行权术，因机而发，非为常道，故别篇云"偏行不尽"也。

桓公曰："衡数吾已得闻之矣。请问国准。"管子对曰："孟春且至，沟渎阮而不遂，溪谷报上之水不安于藏，内毁室屋，坏墙垣，外伤田野，残禾稼，故君谨守泉金之谢物，且为之举。大夏，帷盖衣幕之奉不给，谨守泉布之谢物，且为之举。大

---

[1]被，原本误作"彼"，据杨本改。
[2]泉钱，原本误作"钱泉"，据杨本改。

秋，甲兵求缮，弓弩求弦，谨丝麻之谢物，且为之举。大冬，任甲兵，粮食不给，黄金之赏不足，谨守五谷黄金之谢物，且为之举。已守其谢，富商蓄贾不得如故。此之谓国准。"

龙斗于马谓[1]之阳，牛山之阴。管子入复于桓公曰："天使使者临君之郊，请使大夫初饬，左右玄服，天之使者乎？天下闻之曰：神哉齐桓公，天使使者临其郊。不待举兵而朝者八诸侯，此乘天威而动天下之道也。故智者役使鬼神而愚者信之。"

桓公终神。管子入复桓公曰："地重投之哉，兆国有㤉。风重投之哉，兆国有枪星，其君必辱。国有篲星，必有流血。浮丘之战，篲之所出，必服天下之仇。今篲星见于齐之分，请以令朝功臣世家，号令于国中。"曰："篲星出，寡人恐服天下之仇。请有五谷收粟布帛文采者，皆勿敢左右。国且有大事，请以平价取之。"功臣之家、人民百姓皆献其谷菽粟泉金，归其财物，以佐君之大事。此谓乘天菑而求民邻财之道也。

桓公曰："大夫多并其财而不出，腐朽五谷而不散。"管子对曰："请以令召城阳大夫而请之。"桓公曰："何哉？"管子对曰："城阳大夫嬖宠被緟绖，鹅鹜含馀秫，齐钟鼓之声，吹笙篪，同姓不入，伯叔父母远近兄弟皆寒而不得衣，饥而不得食。子欲尽忠于寡人，能乎？故子毋复见寡人。灭其位，杜其门而不出。功臣之家皆争发其积藏，出其资财，以予其远近兄弟。以为未足，又收国中之贫病孤独老、不能自食之萌，皆与得焉。故桓公推仁立义，功臣之家兄弟相戚，骨肉相亲，国无饥民。此之谓缪数。"

桓公曰："峥丘之战，[1]民多称贷，负子息以给上之急，度上之求。寡人欲复业产，[2]此何以洽？"[3]管子对曰："惟缪数为可耳。"[4]桓公曰："诺。"令左右州曰："表称贷之家，[5]皆亚

[1]谓，原本误作"请"，据杨本改。

白其门而高其闾。"⑥州通之师执拆篆曰："君且使使者。"桓
公使八使者式璧而聘之，以给盐菜之用。⑦称贷之家皆齐首稽颡
而问曰："何以得此也？"使者曰："君令曰，寡人闻之，《诗》
曰'恺悌君子，民之父母'也。寡人有峥丘之战，吾闻子假贷吾
贫萌，使有以给寡人之急，度寡人之求。使吾萌春有以倳耜，夏
有以决芸而给上事，子之力也。是以式璧而聘子，以给盐菜之
用。故子中民之父母也。"称贷之家皆折其券而削其书，⑧发其
积藏，出其财物，以振贫病，分其故赀，故国中大给。峥丘之谋
也。此之谓缪数。

①峥丘，地名，未闻。说即葵丘。

②业产者，本业也。

③洽，通也。言百姓为戎事失其本业，今欲取之，何以通于此也？

④缪，读曰谬。假此术以陈其事也。

⑤旌，表也。

⑥亦所以贵重之。

⑦令使者赍石璧而与，仍存问之，谦言盐菜之用。

⑧旧执之券，皆折毁之。所书之债，皆削除之不用。

桓公曰："四郊之民贫，商贾之民富。寡人欲杀商贾之民，
以益四郊之民，为之奈何？"管子对曰："请以令决瓃洛之水，
通之杭庄之间。"桓公曰："诺。"行令未能一岁，而郊之民殷
然益富，商贾之民廓然益贫。桓公召管子而问曰："此其故何
也？"管子对曰："决瓃洛之水，通之杭庄之间，则屠酤之汁肥
流水，则蟊虻巨雄、翡燕小鸟皆归之，宜昏饮。此水上之乐也。
贾人蓄物，而卖为雠，买为取，市未央毕，而委舍其守列，投蟊
虻巨雄。新冠五尺，请挟弹怀丸游水上，弹翡燕小鸟，被于暮。
故贱卖而贵买。四郊之民卖贱，何为不富哉？商贾之人何为不贫
乎？"桓公曰："善。"

桓公曰："五衢之民衰然多衣弊而屦穿，寡人欲使帛布丝纩之贾贱，为之有道乎？"管子曰："请以令沐途旁之树枝，使无尺寸之阴。"桓公曰："诺。"行令未能一岁，五衢之民皆多衣帛完屦。桓公召管子而问曰："此其何故也？"管子对曰："途旁之树未沐之时，五衢之民，男女相好往来之市者，罢市，相赌树下，谈语终日不归。男女当壮，扶辇推舆，相赌树下，戏笑超距，终日不归。父兄相赌树下，论议玄语，终日不归。是以田不发，五谷不播，麻桑不种，蚕缕不治。内严一家而三不归，则帛布丝纩之贾安得不贵？"桓公曰："善。"

桓公曰："粜贱，寡人恐五谷之归于诸侯。寡人欲为百姓万民藏之，为此有道乎？"管子曰："今者夷吾过市，有新成囷京者二家。^①君请式璧而聘之。"^②桓公曰："诺。"行令半岁，万民闻之，舍其作业，而为囷京以藏菽粟五谷者过半。桓公问管子曰："此其何故也？"管子曰^[1]："成囷京者二家，君式璧而聘之，名显于国中，国中莫不闻。是民上则无功显名于百姓也，功立而名成，下则实其囷京，上以给上为君，壹举而名实俱在也。民何为也？"

①大囷曰京。

②式，用也。璧，石璧也。聘，问也。赐之以璧，仍存问之。

桓公问管子曰："请问王数之守终始，可得闻乎？"管子曰："正月之朝，谷始也。日至百日，黍秋之始也。九月敛实，平麦之始也。"管子问于桓公："敢问齐方于几何里？"桓公曰："方五百里。"管子曰："阴雍长城之地，其于齐国三分之一，非谷之所生也。池龙夏，其于齐国四分之一也。朝夕外之，所墁齐地者五分之一，非谷之所生也。然则吾非托食之主也。"桓公遽然起曰："然则为之奈何？"管子对曰："动之以

[1]"此其何故也管子曰"八字，原本脱，据杨本补。

言，溃之以辞，可以为国基。且君币籍而务，则贾人独操国趣。君谷籍而务，则农人独操国固。君动言操辞，左右之流，君独因之。""物之始，吾已见之矣。物之终，吾已见之矣。物之贾，吾已见之矣。"管子曰："长城之阳，鲁也。长城之阴，齐也。三败杀君二重臣定社稷者，吾此皆以狐突之地封者也。故山地者山也，水地者泽也，薪刍之所生者斥也。"公曰："托食之主及吾地亦有道乎？"管子对曰："守其三原。"公曰："何谓三原？"管子对曰："君守布则籍于麻，十倍其贾，布五十倍其贾，此数也。君以织籍于系，未为系，籍系抚织，再十倍其贾。如此则云五谷之籍。是故籍于布则抚之系，籍于谷则抚之山，籍于六畜则抚之术。籍于物之终始，而善御以言。"公曰："善。"

管子曰："以国一籍臣右守布万两，而右麻籍四十倍其贾，术布五十倍其贾。公以重布决诸侯贾，如此而有世齐之故。是故轻轶于贾谷制畜者，则物轶于四时之辅。善为国者，守其国之财。汤之以高下，注之以徐疾，一可以为百。未尝籍求于民，而使用若河海，终则有始。此谓守物而御天下也。"公曰："然则无可以为有乎？贫可以为富乎？"管子对曰："物之生未有形，而王霸立其功焉。是故以人求人，则人重矣。以数求物，则物重矣。"公曰："此若言何谓也？"管子对曰："举国而一则无贷，举国而十则有百。然则吾将以徐疾御之，若左之授右，若右之授左，是以外内不蜷，终身无咎。王霸之不求于人，而求之终始，四时之高下，令之徐疾而已矣。源泉有竭，鬼神有歇，守物之终始，身不竭，此谓源究。"

轻重戊第八十四　　　　轻重十七

　　桓公问于管子曰："轻重安施?"管子对曰："自理国虙戏以来，未有不以轻重而能成其王者也。"公曰："何谓?"管子对曰："虙戏作，造六峜以迎阴阳，作九九之数以合天道，而天下化之。神农作，树五谷淇山之阳，九州之民乃知谷食，而天下化之。黄帝作，钻䥭生火，以熟荤臊，民食之，无兹𦙆之病，而天下化之。黄帝之王，童山竭泽。有虞之王，烧曾薮，斩群害，以为民利，封土为社，置木为闾，始民知礼也。当是其时，民无愠恶不服，而天下化之。夏人之王，外凿二十亖，蟜十七湛，疏三江，凿五湖，道四泾之水，以敌九州之高，以治九薮，民乃知城郭门闾室屋之筑，而天下化之。殷人之王，立皂牢，服牛马以为民利，而天下化之。周人之王，循六峜，合阴阳，而天下化之。"公曰："然则当世之王者，何行而可?"管子对曰："并用而毋俱尽也。"公曰："何谓?"管子对曰："帝王之道备矣，不可加也。公其行义而已矣。"公曰："其行义奈何?"管子对曰："天子幼弱，诸侯亢强，聘享不上。公其弱强继绝，率诸侯以起周室之祀。"公曰："善。"

　　桓公曰："鲁梁之于齐也，千谷也，蠭螫也，齿之有唇也。①今吾欲下鲁梁，何行而可?"管子对曰："鲁梁之民，俗为绨。②公服绨，令左右服之，民从而服之。公因令齐勿敢为，必仰于鲁梁，则是鲁梁释其农事而作绨矣。"桓公曰："诺。"即为服于泰山之阳，③十日而服之。管子告鲁梁之贾人曰："子为我致绨千匹，赐子金三百斤。什至而金三千斤。"则是鲁梁不赋于民，财用足也。鲁梁之君闻之，则教其民为绨。十三月，而管子令人之鲁梁。鲁梁郭中之民，道路扬尘，十步不相见，绁缟而踵相随，④车毂𫐉骑连伍而行。⑤管子曰："鲁梁可下矣。"公曰："奈何?"管子对曰："公宜服帛，率民去绨，闭关，毋与鲁梁通使。"公曰："诺。"后十月，管子令人之鲁梁，鲁梁之民饿馁相及，^⑥应声之正无以给上。^⑦鲁梁之君即令其民去绨修农。谷不可以三月而得，鲁梁之人籴十百，^⑧齐粜十钱。^⑨二十四月，鲁梁之民归齐者十分之六。三年，鲁梁之君请服。

①蠭，古"蜂"字。言鲁梁二国常为齐患也。

②徒溪反。缯之厚者谓之绨也。

③鲁梁二国在泰山之南，故为服于此，近其境也，欲鲁梁人速知之。

④绁繑，谓连续也。绁，息列反。繑，丘乔反。

⑤齺，士^[1]角反。啮也。言其车毂往来相啮，而骑东西连行，皆趋绨利耳。

⑥相及，犹相继也。

⑦应声之正，谓急速之赋。正音征。

⑧谷斗千钱。

⑨谷斗十钱。

桓公问管子曰："民饥而无食，寒而无衣，应声之正无以给上，室屋漏而不居，墙垣坏而不筑，为之奈何？"管子对曰："沐涂树之枝也。"桓公曰："诺。"令谓左右伯沐涂树之枝。左右伯受沐涂树之枝阔。其年，民被白布^[2]，清中而浊，应声之正有以给上，室屋漏者得居，墙垣坏者得筑。公召管子问曰："此何故也？"管子对曰："齐者，夷莱之国也。一树而百乘息其下者，以其不捎也。众鸟居其上，丁壮者胡丸操弹居其下，终日不归。父老拊枝而论，终日不归。归市亦惰倪，终日不归。今吾沐涂树之枝，日中无尺寸之阴，出入者长时，行者疾走，父老归而治生，丁壮者归而薄业。彼臣归其三不归，此以乡不资也。"

[1]士，原本误作"工"，据杨本改。
[2]布，原本误作"而"，据杨本改。

　　桓公问于管子曰："莱莒与柴田相并，为之奈何？"管子对曰："莱莒之山生柴。君其率白徒之卒，铸庄山之金以为币，重莱之柴贾。"莱君闻之，告左右曰："金币者，人之所重也。柴者，吾国之奇出也。以吾国之奇出，尽齐之重宝，则齐可并也。"莱即释其耕农而治柴。管子即令隰朋反[1]农。二年，桓公止柴，莱莒之籴三百七十，齐籴十钱，莱莒之民降齐者十分之七。二十八月，莱莒之君请服。

　　桓公问于管子曰："楚者，山东之强国也，其人民习战斗之道。举兵伐之，恐力不能过，兵弊于楚，功不成于周，为之奈何？"管子对曰："即以战国之道与之矣。"公曰："何谓也？"管子对曰："公贵买其鹿。"桓公即为百里之城，使人之楚买生鹿。楚生鹿当一而八万。管子即令桓公与民通轻重，藏谷什之六。令左司马伯公将白徒而铸钱于庄山。令中大夫王邑载钱二千万，求生鹿于楚。楚王闻之，告其相曰："彼金钱，人之所重也，国之所以存，明主之所以赏有功。禽兽者，群害也，明王之所弃逐也。今齐以其重宝贵买吾群害，则是楚之福也。天且以齐私楚也。子告吾民，急求生鹿，以尽齐之宝。"楚民即释其耕农而田鹿。管子告楚之贾人曰："子为我至生鹿二十，赐子金百斤。什至而金千斤也。则是楚不赋于民而财用足也。"楚之男子居外，女子居涂。隰朋教民藏粟五倍，楚以生鹿藏钱五倍。管子曰："楚可下矣。"公曰："奈何？"管子对曰："楚钱五倍，其君且自得而修谷。钱五倍，是楚强也。"桓公曰："诺。"因令人闭关，不与楚通使。楚王果自得而修谷。谷不可三月而得也，楚籴四百。齐因令人载粟处楚之南，楚人降齐者十分之四。三年而楚服。

　　桓公问于管子曰："代国之出何有？"管子对曰："代之

---

[1] 反，原本误作"友"，据杨本改。

出，狐白之皮。公其贵买之。"管子曰：[①] "狐白应阴阳之变，六月而一见。公贵买之，代人忘其难得，喜其贵买，必相率而求之。则是齐金钱不必出，代民必去其本而出山林之中。离枝闻之，必侵其北。离枝侵其北，代必归于齐。公因令齐载金钱而往。"桓公曰："诺。"即令中大夫王师北将人徒载金钱之代谷之上，求狐白之皮。代王闻之，即告其相曰："代之所以弱于离枝者，以无金钱也。今齐乃以金钱求狐白之皮，是代之福也。子急令民求狐白之皮，以致齐之币，寡人将以来离枝之民。"代人果去其本，处山林之中，求狐白之皮。二十四月而不得一。离枝闻之，则侵其北。代王闻之，大恐，则将其士卒葆于代谷之上。离枝遂侵其北，王即将其士卒，愿以下齐。齐未亡一钱币，修使三年而代服。

①续按，疑衍此三字。

桓公问于管子曰："吾谷制衡山之术，为之奈何？"管子对曰："公其令人贵买衡山之械器而卖之，燕代必从公而买之。秦赵闻之，必与公争之，衡山之械器必倍其贾。天下争之，衡山械器必什倍以上。"公曰："诺。"因令人之衡山求买械器，不敢辩其贵贾。齐修械器于衡山十月，燕代闻之，果令人之衡山求买械器。燕代修三月，秦国闻之，果令人之衡山求买械器。衡山之君告其相曰："天下争吾械器，令其贾再什以上。"衡山之民释其本，修械器之巧。齐即令隰朋漕粟于赵。赵释十五，隰朋取之石五十。天下闻之，载粟而之齐。齐修械器十七月，修粜五月，即闭关不与衡山通使。燕、代、秦、赵即引其使而归。衡山械器尽，鲁削衡山之南，齐削衡山之北。内自量无械器以应二敌，即奉国而归齐矣。

轻重己第八十五 　　　　轻重十八

清神生心，心生规，规生矩，矩生方，方生正，正生历，历生四时，四时生万物。圣人因而理之，道遍矣。以冬日至始，数四十六日，冬尽而春始。天子东出其国四十六里而坛，服青而絻青，搢玉总，带玉监，朝诸侯卿大夫列士，循于百姓，号曰祭日，牺牲以鱼。发号出令曰："生而勿杀，赏而勿罚。罪狱勿断，以待期年。"教民樵室钻鐩，墐灶泄井，所以寿民也。耜耒耨，怀鉊铇，又橿权渠縄絤，所以御春夏之事也。①必具教民为酒食，所以为孝敬也。民生而无父母，谓之孤子。无妻无子，谓之老鳏。无夫无子，谓之老寡。此三人者皆就官，而众可事者、不可事者食如言而勿遗。多者为功，寡者为罪，是以路无行乞者也。路有行乞者，则相之罪也。天子之春令也。

①绩按，鉊，之姚切，鐮也。铇，辞理切。

以冬日至始，数九十二日，谓之春至。天子东出其国九十二里而坛，朝诸侯卿大夫列士，循于百姓，号曰祭星。十日之内，室无处女，路无行人。苟不树艺者，谓之贼人。下作之地，上作之天，谓之不服之民。处里为下陈，处师为下通，谓之役夫。三不树而主使之，天子之春令也。

以春日至始，数四十六日，春尽而夏始。天子服黄而静处，朝诸侯卿大夫列士，循于百姓，发号出令曰："毋聚大众，毋行大火，毋断大木，诛大臣，毋斩大山，毋戮大衍。灭三大而国有害也。"天子之夏禁也。

以春日至始，数九十二日，谓之夏至，而麦熟。天子祀于太宗，其盛以麦。麦者，谷之始也。宗者，族之始也。同族者人，殊族者处。皆齐大材，出祭王母。天子之所以主始而忌讳也。

以夏日至始，数四十六日，夏尽而秋始，而黍熟。天子祀于太祖，其盛以黍。黍者，谷之美者也。祖者，国之重者也。大功者太祖，小功者小祖，无功者无祖。无功者皆称其位而立沃，有功者观于外。祖者所以功祭也，非所以戚祭也。天子之所以异贵贱而赏有功也。

以夏日至始，数九十二日，谓之秋至，秋至而禾熟。天子祀于大惢，西出其国百[1]三十八里而坛，服白而絻白，搢玉总，带锡监，吹埙篪之风凿，动金石之音，朝诸侯卿大夫列士，循于百姓，号曰祭月，牺牲以羲。发号出令，罚而勿赏，夺而勿予。罪狱诛而勿生。终岁之罪，毋有所赦。作衍牛马之实，在野者王。天子之秋计也。

以秋日至始，数四十六日，秋尽而冬始。天子服黑絻黑而静处，朝诸侯卿大夫列士，循于百姓，发号出令曰："毋行大火，毋斩大山，毋塞大水，毋犯天之隆。"天子之冬禁也。

以秋日至始，数九十二日，天子北出九十二里而坛，服黑而絻黑，朝诸侯卿大夫列士，号曰发繇。趣山人断伐，具械器。趣渣人薪蕍苇，足蓄积。三月之后，皆以其所有易其所无，谓之大通三月之蓄。凡在趣耕而不耕，民以不令，不耕之害也。宜芸而不芸，百草皆存，民以仅存，不芸之害也。宜获而不获，风雨将作，五谷以削，士民零落，不获之害也。宜藏而不藏，雾气阳阳，宜死者生，宜蛰者鸣，不臧之害也。张耜当弩，铫耨当剑戟，获渠当胁轲，蓑笠当拔橹。故耕械具则战械备矣。

轻重庚第八十六

亡

---

[1]百，原本误作"日"，据杨本改。

附 录

序

刘 向

护左都水使者光禄大夫臣向言：所校雠中管子书三百八十九篇，太中大夫卜圭书二十七篇，臣富参书四十一篇，射声校尉立书十一篇，太史书九十六篇，凡中外书五百六十四，以校除复重四百八十四篇，定著八十六篇，杀青而书，可缮写也。管子者，颍上人也，名夷吾，号仲父。少时尝与鲍叔牙游，鲍叔知其贤。管子贫困，常欺叔牙，叔牙终善之。鲍叔事齐公子小白，管子事公子纠。及小白立为桓，公子纠死，管仲囚，鲍叔荐管仲。管仲既任政于齐，齐桓公以霸，九合诸侯，一匡天下，管仲之谋也。故管仲曰："吾始困时，与鲍叔分财，多自予，鲍叔不以我为贪，知吾贫也。尝为鲍叔谋事而更穷困，鲍叔不以我为愚，知吾有利有不利也。公子纠败，召忽死之，吾幽囚受辱，鲍叔不以我为无耻，知吾不羞小节，而耻功名不显于天下也。生我者父母，知我者鲍叔。"鲍叔既进管仲，而己下之，子孙世禄于齐，有封邑者十馀世，常为名大夫。管子既相，以区区之齐在海滨，通货积财，富国强兵，与俗同好丑。故其书称曰："仓廪实而知礼节，衣食足而知荣辱，上服度则六亲固。""四维不张，国乃灭亡。"下令犹流水之原，令顺人心，故论卑而易行。俗所欲，因予之；俗所否，因去之。其为政也，善因祸为福，转败为功，贵轻重，慎权衡。桓公怒少姬，南袭蔡，管仲因伐楚，责包茅不入贡于周室。桓公北征山戎，管仲因而令燕修召公之政。柯之会，桓公背曹沫之盟，管仲因而信之，诸侯归之。管仲聘于周，不敢受上卿之命，以让高国。是时诸侯为管仲城谷，以为之乘邑，《春秋》书之，褒贤也。管仲富拟公室，有三归反坫，齐人不以为侈。管子卒，齐国遵其政，常强于诸侯。孔子曰："微管仲，吾其被发左衽矣。"太史公曰："余读管氏《牧民》、《山高》、《乘马》、《轻重九府》，详哉言之也。"又曰："将顺其美，匡救其恶，故上下能相亲爱，岂管仲之谓乎？"《九府》书民闲无有，《山高》一名《形势》。凡管子书，务富国安民，道约言要，可以绕合经义。

　　向谨第录上。

序

杨 忱

　　杨忱撰序曰：春秋尊王不尊霸，与中国不与夷狄，始于平王避夷难也。是王室迁而微也，见于《周书·文侯之命》。微王也，是王者失赏也。《费誓》善其备夷，是诸侯之正也。《秦誓》专征伐，是诸侯之失礼也。《书》、《春秋》合体而异世也。《书》以《文侯之命》终其治也，《春秋》以平王东迁始其微也。自东迁六十五年，《春秋》无晋，以其亡护乱也。及其灭中国之国，而后见其行事，讥失赏也。周之微也，幸不夷其宗稷，齐桓之功也。其中国无与加其盛也，其夷狄无与抗其力也，见于《卫诗》，美其存中国也。《春秋》无与辞，何异也？存一国之风，无其人，则卫夷矣。全王道之正，与之霸，是诸侯可专征伐也。夫晋之为霸也，异齐远矣。桓正文谲：夫桓之为正，抑夷狄，存中国；文之为谲，陵中国，微王室。晋之风也，无美其美，无功其功，外无他焉，虽国人不与也。然而桓之正，非王道之正也，以文谲而桓正也。桓之功，非王道之功也，以攘狄而存周也。无桓周灭，有周桓贼。桓卒齐衰，楚人灭周。周之不幸，桓之早死也。故曰：周之存，桓之功也。桓之不幸，管仲之早死也。故曰：桓之功，管仲之力也。自是楚灭诸国而炽矣。今得其著书，然后知攘狄之功皆远略也。儒讥霸信刑赏，岂王者诋民哉？霸严政令，岂王者怠忽哉？霸乡方略，岂王者不先谋哉？霸审劳佚，岂王者暴师哉？霸谨畜积，岂王者使民不足哉？亦时夷狄内聘，大者畏威，小者怀仁，功亦至矣。不幸名之不正，然奈衰世何？孔子曰："微管仲，吾其被发左衽。"此其据也。

　　时大宋甲申秋九月二十三日序。

读管子

张　嵲

　　余读《管子》，然后知庄生、晁错、董生之语时出于管子也。不独此耳，凡《汉书》语之雅驯者，率多本《管子》。《管子》，天下之奇文也。所以著见于天下后世者，岂徒其功烈哉？及读《心术》、《白心》上下、《内业》诸篇，则未尝不废书而叹，益知其功业之所本，然后知世之知管子者殊浅也。《管子》书多古字，如"专"作"抟"，"忒"作"貣"，"宥"作"侑"，"况"作"兄"，"释"作"泽"，此类甚众。《大匡》载召忽语曰"百岁之后，吾君下世，犯吾命而废吾所立，夺吾纠也。虽得天下，吾不生也，兄与我齐国之政也"，而注乃谓"召忽呼管仲为兄"，曰"泽命不渝"，而注乃以为泽恩之命。甚陋不可遍举。书既雅奥难句，而为之注者复缪于训故，益使后人疑惑，不能究知。世传房玄龄所注，恐非是。予求《管子》书久矣，绍兴己未，乃从人借得之后，而读者累月，始颇窥其义训。然舛脱甚众，其所未解尚十二三。用上下文义，及参以经史刑政，颇为改正其讹谬。疑者表而发之，其所未解者置之，不敢以意穿凿也。既又取其闲奥于理，切于务者，抄而藏于家，将得善本而卒业焉。

四库全书提要

旧本题管仲撰。刘恕《通鉴外纪》引傅子曰管仲之书，过半便是后之好者所加，乃说管仲死后事，轻重篇尤复鄙俗。叶适《水心集》亦曰：《管子》非一人之笔，亦非一时之书，以其言毛嫱、西施、吴王好剑推之，当是春秋末年。今考其文，大抵后人附会多于仲之本书。其他姑无论，即仲卒於桓公之前，而篇中处处称桓公，其不出仲手，已无疑义矣。书中称经言者九篇，称外言者八篇，称内言者九篇，称短语者十九篇，称区言者五篇，称杂篇者十一篇。称管子解者五篇，称管子轻重者十九篇。意其中孰为手撰，孰为记其绪言如语录之类，孰为述其逸事如家传之类，孰为推其义旨如笺疏之类，当时必有分别。观其五篇明题管子解者，可以类推，必由后人混而一之，致滋疑窦耳。晁公武《读书志》曰：刘向所校本八十六篇，今亡十篇。考李善注陆机《猛虎行》曰，江邃《文释》引《管子》云，夫士怀耿介之心，不荫恶木之枝，恶木尚能耻之，况与恶人同处？今检《管子》，近亡数篇，恐是亡篇之内而邃见之。则唐初已非完本矣。明梅士享所刊，又复颠倒其篇次。如以牧民解附牧民篇下，形势解附形势篇下之类，不一而足，弥为窜乱失真。此本为万历壬午赵用贤所刊，称由宋本翻雕。前有绍兴己未张嵲后跋云，舛脱甚众，颇为是正。用贤序又云，正其脱误者逾三万言。则屡经点窜，已非刘向所校之旧，然终愈于他氏所妄更者，在近代犹善本也。旧有房玄龄注，晁公武以为尹知章所托，然考《唐书·艺文志》，玄龄注《管子》不著录，而所载有尹知章注《管子》三十卷。则知章本未托名，殆后人以知章人微，玄龄名重，改题之以炫俗耳。案《旧唐书》，知章，绛州翼城人。神龙初，官太常博士。睿宗即位，拜礼部员外郎，转国子博士。有《孝经注》、《老子注》，今并不传，惟此注藉元龄之名以存。其文浅陋，颇不足采。然蔡绦《铁围山丛谈》，载苏轼、苏辙同入省试，有一题轼不得其出处，辙以笔一卓而以口吹之，轼因悟出《管子注》。则宋时亦采以命题试士矣。且古来无他注本，明刘绩所补注，亦仅小有纠正，未足相代。故仍旧本录之焉。

黄庭坚词集·秦观词集
　　　　　[宋] 黄庭坚 著 [宋] 秦观 著

李清照诗词集 [宋] 李清照 著

辛弃疾词集 [宋] 辛弃疾 著

纳兰性德词集 [清] 纳兰性德 著

西厢记 [元] 王实甫 著
　　　　　[清] 金圣叹 评点

牡丹亭 [明] 汤显祖 著
　　　　　[清] 陈同 谈则 钱宜 合评

长生殿 [清] 洪昇 著 [清] 吴人 评点

桃花扇 [清] 孔尚任 著
　　　　　[清] 云亭山人 评点

古文辞类纂 [清] 姚鼐 纂集

古文观止 [清] 吴楚材 吴调侯 选注

文心雕龙 [南朝梁] 刘勰 著
　　　　[清] 黄叔琳 注 纪昀 评
　　　李详 补注 刘咸炘 阐说

诗品 [南朝梁] 钟嵘 著 古直 笺

人间词话·王国维词集 王国维 著

部分将出书目
（敬请关注）

周礼	三国志	金刚经
公羊传	水经注	文选
穀梁传	史通	曹植全集
说文解字	孔子家语	李白全集
史记	日知录	杜甫全集
汉书	文史通义	白居易诗集
后汉书	传习录	花间集

上海古籍出版社
官方微信

《国学典藏》丛书
官方公众号